조선 인물 이렇게 본다

조선 인물 이렇게 본다

조선사회연구회 지음

景仁文化社

머리말

조선사회연구회가 결성된 것이 1989년이었으니 26년 전의 일이다. 강산이 두 번 이상 바뀔 세월이다. 처음에는 구성원들의 학위논문 준비과정에서 서로 도움을 주는 의미에서 토론하는 것을 주목적으로 했었다. 그러나 지금은 모든 사람들이 학위를 받고, 일부는 벌써 정년퇴직을 한 사람도 있다.

조선사회연구회의 목표도 달라져야 했다. 구성원들이 이미 조선사회 연구에 전문가가 되었으니, 조선사회의 제문제를 공동 연구하는 새로운 목표로 상정하게 되었다. 그리하여 2010년 9월에 『조선 사회 이렇게 본다』라는 첫 번째 책을 지식산업사에서 출간하게 되었다. 조선사회를 정치와 경제, 사회와 문화, 외교와 국방, 사상과 교육으로 나누어 각자가 관심 있는 주제를 골라 집필했다. 그리고 이번에는 『조선 인물 이렇게 본다』라는 주제로 두 번째 책을 내기로 했다.

우리는 한국사에서 위인 만들기를 해야 한다. 지도자를 거론할 때마다 외국의 위인들을 들먹이고 그들의 행적과 발언을 인용한다. 한국 역사에는 위인이 없다는 말인가? 우리에게도 위인은 많다. 다만 찾지 않았을 뿐이다.

이런 의미에서 이번 조선사회연구회 두 번째 책은 조선시대 인물들에 대한 전기를 모으기로 했다. 물론 집필 지침을 미리 정해 일사불란하게 집필하도록 유도하기는 했다. 일인당 원고 매수는

80매 내외로 하고, 가계와 행적을 소개하며, 해당 인물에 대한 역사적 평가를 부가하도록 유도했다. 그러나 집필자의 강조점을 용인하기로 했다.

이번 2015년 모임에는 새로운 변화가 일고 있다. 권오영 교수의 박사과정 학생들이 대거 참여해 논문발표도 하고 토론에도 동참하게 되었기 때문이다. 조선사회연구회의 본래의 목표가 부활하게 된 셈이다. 그러니 선배 학자들도 후진들에게 지지 않기 위해서 일년에 두 차례 열리는 모임에 적극 참여하고 그동안 연구한 글들을 열성적으로 소개해야 할 것이다.

앞으로 역사는 인문학의 중심 학문으로서 세계인의 올바른 심성 수양을 고양하는 의미에서 동양적 심학을 연구하는 데 힘써야 할 것이다. 21세기는 동아시아의 시대이니 서양 과학만능주의의 부작용으로 훼손된 자연환경과 망가진 인간성을 소생시키는 역할을 해야 할 것이다. 동양적 심학은 과도한 서양화로 황폐해진 인간성과 자연을 회복시키는 새로운 가치로서 부각될 것이다.

끝으로 이 책이 나오기까지 애를 많이 쓴 이영춘 회장, 권오영 교수, 김학수, 이상규 회원에게 감사드린다. 25년간 회장으로서 봉사한 최봉영 교수에게도 고마움을 표하고 싶다. 지금 출판계가 어려운데도 이 책을 출판해준 경인문화사 한정희 사장 이하 임직원 여러분들에게 감사드린다.

2015년 8월 15일
한국역사문화연구원장 **이 성 무**

차 례

관 료

이원익: 청백과 진충의 명상

이 성 무
한국역사문화연구원장

1. 글을 시작하며

이원익이(李元翼, 1547~1634)은 선조·광해군·인조 3대에 걸쳐 40년간 재상으로 있었고, 영의정을 6번이나 지낸 종실 출신 현상(賢相)이다. 그는 태종의 12번 째 왕자인 익령군(益寧君)의 4세손으로 1569년(선조 2)에 문과에 급제해 1634년(인조 12)에 88세로 죽을 때까지 65년간 관직생활을 했다. 또한 그는 국난을 당할 때마다 4 차례나 도체찰사가 되어 이를 극복하는데 앞장섰다.

그러면 무엇이 이원익으로 하여금 목숨을 걸고 나라를 지키는데 앞장 설 수 있게 했을까? 그는 키가 작았으나(3척 3촌) 담대하고 사명감에 가득 차 있었다. 타고난 자질이 총명하고 기억력이 뛰어났으며, 자신에게 편리한 것만 일삼지 않고, 사사로운 뜻을 가지고 남을 대하지 않았다. 그는 도량이 넓었으며, 표리가 일치했다. 평소에는 사기(辭氣)가 온화하고 얼굴빛이 밝았으나, 일에 다다르면 마치 산악과 같이 우뚝해 움직이지 않았다. 그는 공무를 집행할 때는 책도 읽지 않았으며, 지은 글도 즉시 없애버려 집에 간직한 사고(私稿)가 없었다. 글을 지을 때는 이치를 근본으로 삼고 수식을 일삼지 않아 간략하고 담담한 것 같으나 의미는 매우 심장했다. 임금에게 아뢰는 말은 지성이 넘쳐 임금을 감동시켰다.

그는 백성을 사랑했다. 그리하여 그가 발하는 정령에 백성들이 기쁜 마음으로 따르고, 그가 떠날 때는 비석과 사당을 세워 추모했다. 그리하여 창석 이준(李埈)은 그를 "원우(元祐: 송 철종의 연호. 이때 당쟁이 심했다)의 완인(完人)"이라 했다. 당쟁에 불편부당(不偏不黨) 했다는 뜻이다. 그는 당파에 치우치지는 않았지만 남들은 그를 남인으로 치부했다. 유성룡, 이순신 등 남인 인사들과 생각이 같았기 때문이다.

그는 청렴결백해 재물을 탐하지 않았으며, 녹봉조차 남에게 나누어 주었다. 그래서 항상 가난하게 살았으며, 임금이 내려 주는 집이나 하사품도 극력 받으려 하지 않았다. 풍수도참설도 믿지 않아 모든 종원을 선산에 차례대로 묻도록 했다. 병이 있는데도 왕을 극진히 모셨으며, 국가의 환란이 있을 때는 목숨을 걸고 앞장서 싸웠다. 그러나 국왕이 원칙 없이 일을 처리하면 준엄하게 따졌다.

이러한 이원익의 성품이나 공무에 대한 자세는 가히 공직자의 모범이 될 만하다. 이에 본고에서는 그동안 잘 알려지지 않은 오리 이원익의 세계, 생애, 치적을 밝혀 후세사람들의 전범을 삼게 하고자 한다. 그는 양심적인 테크노크라트였기 때문에 그동안 연구자들의 관심을 끌지 못했던 것은 사실이다.

2. 가계

오리 이원익은 전주이씨다. 시조는 신라 문성왕 때 사공(司空)을 지낸 이한(李翰)이며, 중시조는 태종의 12남인 익령군 이치(李袳)

다. 이원익은 이치의 4세손이다. 왕손은 4대가 지나면 친진(親盡)이 되어 일반 양반처럼 과거시험을 보아 벼슬을 할 수 있었다. 이원익의 직계 존·비속을 도표로 그려 보면 [표 1]과 같다.

[표 1] 이원익의 직계존·비속

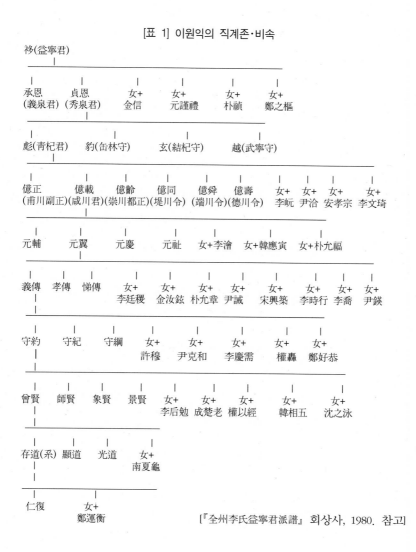

[『全州李氏益寧君派譜』 회상사, 1980. 참고]

이원익의 고조는 익령군 이치다. 그는 태종의 12남으로 유복자요 불천위였다. 1422년(세종 4) 10월에 태어나 1464년(세조 10) 7월 10일에 죽었다. 향년 43세. 어머니는 숙선옹주(淑善翁主: 뒤에 善嬪) 1468년(세조 14) 6월 7일에 죽었다. 첫째부인은 절제사 박종지(朴從智)의 딸이요, 청송박씨요, 둘째부인은 첨지중추부사 조철산(趙鐵山)의 딸 평양조씨다.

이원익의 증조는 수천군 이정은(李貞恩)이다. 익령군의 차자다. 처음에 수천부정이 되었다가 뒤에 도정, 군으로 추봉되었다. 그는 타고난 바탕이 총명하고 특히 음율에 능했다. 그는 나면서부터 부귀했으나 교만하지 않았고, 비단옷 대신 흰옷을 입었다. 증손인 영의정 이원익의 출세로 숭헌대부에 추증되었다. 한때 문학으로 이름이 있었으며, 검약을 좋아해 가난한 선비와 같았다. 평생에 사람을 좋아하고, 위태로운 말이나 의논을 좋아하지 않았다. 그리하여 갑자사화 때도 화를 당하지 않았다. 유고가 있었으나 모두 불태워 버려 전하지 않는다.

가야금을 잘 탔는데 곡조가 간략하고 뛰어난 소리라고 칭송했다. 이에 사화 이후에는 세상일을 다 버리고 매양 달밤에 사람이 없을 때 거문고를 타면서 탄식했다. 손자 함천군 이억재도 음악을 좋아해 수천군은 거문고를 타고 함천군은 경쇠를 쳤다고 한다. 추강(秋江) 남효온(南孝溫)의 수문(首門)으로 김굉필, 김시습, 안응세, 이총 등과 사귀었다. 남효온이 수천군의 음악을 평하기를 "수천군의 음율은 무풍정 백원(百源)과 이름이 가지런한데, 백원은 웅혼하지만 손이 거칠고, 수천군은 격조는 높으나 기(氣)가 편벽하다"고 하는데, "내가 친히 수천군의 거문고 뜯는 것을 보니 듣는자가 반드시 우는지라 백아(伯牙: 고대에 거문고를 잘 탄 사람)가 죽은 지 천 년 후에 이 사람이 제일이 아닌가?"라고 평했다. 수천군은 종실에 태어나 조정의 직책을 맡을 수 없었기 때문에 그가 가지고 있는 재능을 조금도 베풀지 못한 것이다. 첫째부인은 감찰 유중발(柳重發)의 딸 문화유씨요, 둘째부인은 양천허씨다.

이원익의 할아버지는 청기군 이표(李彪)다. 이표는 청기수가 되었다가 청기군으로 승진했다. 부인은 생원 조경(趙璥)의 딸인 배천조씨다.

이원익의 아버지는 이표(李彪)의 차자 함천군 이억재(李億載)다. 1503년(연산군 9) 11월 9일에 태어나 1584년(선조 17) 8월 13일에 죽었다. 향년 80세. 처음에는 함천부수가 되었다가 1535년(중종 30)에 시예(試藝)에 뽑혀 창선대부 함천정으로 승진되었다. 1560년(선조 15)에 나이 80이 되어 정의대부 함천군에 봉해졌다. 아들 이원익이 현달해 순충적덕보조공신(純忠積德補祚功臣)에 추봉되고, 1품 현록대부에 올랐다.

함천군은 충성스럽고 성실해서 착하지 않은 것을 보면 자기 몸이 더러워지는 것 같이 여겼다. 또한 음악에 조예가 깊어 수천군 이정은의 재주를 이었다고 했다. 매양 달밤에 사경(砂磬)을 치면서 스스로 마음을 붙이면 사람들이 눈물을 흘리지 않는 사람이 없었다. 그러니 지금 대악(大樂)이 사경에 그 소리가 전하는 것은 그로부터 시작되었다고 할 수 있다. 그는 오행(五行)의 운행을 잘 알아 항상 아들 이원익에게 경계하기를 "큰 나라에서는 경(卿)이 되고, 작은 나라에서는 상(相)이 될 것이나, 늦게는 화액(禍厄)이 있고 위험할 것이다"라고 했다고 한다.

부인은 둘이다. 첫째부인은 첨지 우정(禹鼎)의 딸인 예안(禮安)우씨요, 둘째부인은 감찰 정치(鄭錙)의 딸인 동래정씨다.

이원익은 함천군 이억재의 차자다. 1547년(명종 2) 10월 24일에 태어나 1634년(임조 12) 정월 29일에 죽었다. 향년 88세. 문과에 급제해 65년간 관직생활을 했으며, 그 중 40년간 재상의 지위에 있었고, 선조·광해군·인조 3조에 걸쳐 6번 영의정을 했고, 4번 도체찰사를 지냈다. 출장입상(出將入相)을 한 것이다. 그는 국난이 있을 때마다 자진해서 북노남왜(北虜南倭)를 막는데 앞장섰으며, 전후에 백성들을 안집(安集)하는 데 공로를 남겼다. 그리하여 호종공신(扈從功臣)에 녹훈되고, 완평부원군(完平府院君)에 책봉되었다. 그리고 만년에는 궤장(几杖)을 하사받았다. 시호는 문충(文忠)이다.

부인은 현신교위 정추(鄭樞)의 딸 정경부인 연일(延日) 정씨다. 이원익은 3남(義傳·孝傳·悌傳), 8녀(李廷稷·金汝鉉·朴允章·尹誠·宋興築·李時行·李喬·尹鏷)를 두었다.

이의전은 1568년(선조 1) 11월 23일에 태어나 1647년(인조 25)에 죽었다. 향년 80세. 과거에는 합격하지 못했으나 31세부터 벼슬하기 시작해 4현(고창·인천·양성·과천), 5군(풍덕·안산·양근 2·가평), 2부(철원·이천) 고을의 원을 지냈다. 영의정 이원익의 장자이기 때문에 역임한 관직들이다. 이원익은 이의전에게 항상 "청렴하면 공변되고 공변되면 밝아진다. 정치를 하는 데는 백성에게 어질게 하고, 물건을 사랑하는 것으로 마음을 삼아야 할 것이니, 호령이 공평하고 상벌이 사사롭지 않으면 백성이 따를 것이요, 인심이 흩어지면 만사가 다 그릇된다"고 훈계했다. 이에 그는 아버지의 훈계를 따랐더니 가는 곳마다 칭송을 들었다고 한다. 1634년(인조 12) 아버지 이원익이 죽자 67세의 나이에도 불구하고 효성을 다해 장례를 치루고 3년간 여묘살이를 했다.

1636년(인조 14)에 병자호란이 일어나 남한산성에 들어가 싸웠다. 이 공으로 가선대부에 승진하고, 완선군(完善君)에 봉해졌다. 70세가 되어 봉조하(奉朝賀)로 있다가 죽은 후에 좌찬성에 추증되었다. 그는 책을 읽기를 좋아했으며, 특히 5음(宮·商·角·徵·羽) 6율

(12율 중에 陽聲에 속하는 黃鐘·大簇·姑洗·蕤賓·夷則·無射)의 변화를 알아서 음악에 통달했다. 그러나 아버지가 죽은 후에는 거문고를 뜯지 않았다고 한다. 부인은 장사랑 안굉(安宏)의 딸인 정부인 순흥안씨. 이의전은 3남(守約·守紀·守綱), 5녀(許穆·尹克和·李慶需·權轟·鄭好恭)를 두었다.

이의전의 큰 아들은 이수약이다. 1590년(선조 23) 3월 18일에 태어나 1668년(현종 9) 2월 16일에 죽었다. 향년 79세. 10세부터 글을 배웠으나, 1615년(광해군 7)에 할아버지 이원익이 인목대비 폐비를 반대하다가 귀양가는 바람에 과거시험을 보지 못했다. 그러나 인조반정이 일어나 할아버지가 다시 영의정이 되자 이듬해 장원서 별좌가 되었다. 그 해 생원시 2등 제 9인에 뽑혀 사헌부 감찰, 장예원 사평, 연풍현감을 역임했다. 그후 사헌부 감찰, 공조좌랑, 양천현령을 지냈다. 그러나 인조가 삼전도에서 항복하자 아버지 이의전이 영남으로 귀양가 벼슬을 내놓고 따라갔다. 1639년(인조 17)에 형조좌랑으로 다시 기용되어 용담현령, 포천현감을 지내다가 병으로 물러났다. 1624년(인조 2)에 이괄난이 일어나자 상국 김모의 시장(諡狀)에서 기자헌(奇自獻) 등 37인을 죽일 때 "마땅히 3공(三公)을 죽여야 한다"고 했다. 이수약은 아버지 상중인데도 상소를 올려 할아버지의 죄를 변명해 무사하게 되었다. 1651년(효종 2)에 할아버지 이원익이 인조묘정에 배향되자 효종은 그를 장원서 별제에 임명했다. 1653년(효종 4)에 광흥창수로 옮겼다가 고성군수로 나갔는데, 1년 후에 상사의 미움을 받아 그만두었다. 그 후에도 사재감 첨정, 장악원 첨정, 광흥창수를 역임했으나 늙어서 그만두었다. 그때 그의 나이 73세였다. 그는 몇 해동안 앓다가 1668년(현종 9)에 죽었다. 『한중잡록』(閑中雜錄) 10권을 지었다. 손자 완성군(完成君) 이존도(李存道) 때문에 이조참판에 증직되었고, 완능군(完

陵君)에 봉해졌다. 부인은 둘인데 첫째부인은 도승지 백인영(白仁英)의 고손녀인 정부인 수원백씨요, 둘째부인은 감찰 서필화(徐必華)의 딸인 부여서씨다. 수원백씨는 5녀(李后勉·成楚老·權以經·韓相五·沈之泳)를 두었고, 부여서씨는 4남(曾賢·師賢·象賢·景賢을 두었다.

이수약의 장자는 이증현(李曾賢)이다. 그는 1629년(인조 7) 11월 4일에 태어나 1694년(숙종 20) 10월 23일에 죽었다. 향년 66세. 1657년(효종 8)에 선조 조 3대신의 후손을 녹용하라는 명이 있어 사옹원 참봉에 임명되어 예빈시 봉사, 종묘서 직장, 사축서 별제, 예빈시 별제, 광흥창 주부, 사재감 주부, 군자감 주부, 내섬시 주부, 장예원 사의, 교하현감, 고산현감, 영유현감, 회덕현감, 영천군수, 선산부사, 풍덕부사, 공주목사 등의 관직을 역임했다. 1634년(인조 12)에 성주목사에 임명되었으나, 나이가 많아 사임하고, 그해 10월 23일에 죽었다. 아들 이존도가 현달해 이조판서로 추증되고, 완성군(完成君)에 봉해졌다. 부인은 수찬 김설(金卨)의 딸인 상산(商山) 김씨다.

이수약의 3자는 이상현(李象賢)이다. 1635년(인조 13) 정월 5일에 태어나 1705년(숙종 31) 12월 6일에 죽었다. 향년 71세. 허목에게 배웠다. 1675년(숙종 1)에 학천(學薦)으로 의금부 도사로 추천되고 이어 전별서(典別署) 검교관(檢敎官), 세자익위사 익위(翊衛), 장악원 주부, 군자감 판관, 삭령군수에 임명되었으나 나가지 않았다. 그리고는 이원익의 영당(影堂)을 왕이 내려 준 집터 위에 세우고, 인조의 교서에 따라 당의 편액을 관감(觀感)이라 했다. 손자인 이인복(李仁復)이 상소해 영조의 특명으로 이조참의에 추증되었다.

이증현의 아들은 이존도(李存道)다. 이증현은 아들이 없어 동생 이상현의 장자 이존도를 양자로 들였다. 1659년(효종 10) 5월 14일에 태어나 1745년(영조 21) 정월 20일에 죽었다. 향년 87세. 1677년

(숙종 3)에 진사가 되고, 1692년(숙종 18)에 벼슬길에 올라 선공감역, 의금부 도사, 군기감 주부, 형조 좌랑·정랑, 세자익위사 위수(衛率)·익찬(翊贊) 등의 관직을 역임하고, 통정대부·가선대부로 승진해 동지중추부사에 제수되고, 완성군(完成君)에 습봉(襲封)되었다. 시종신(侍從臣)인 아들 이인복 덕으로 가의대부로 승진하고, 나이가 많다고 자헌대부·정헌대부로 승진해 지중추부사가 되었다. 5현, 2군, 2부의 수령을 지냈다. 아들 완양군(完陽君) 이인복(李仁復)이 원종공신이 되어 이상(貳相)으로 증직되었다. 『전사통감』(全史通鑑) 60권, 『망와만록』(忘窩漫錄) 4권, 등을 지었다. 1740년(영조 16)에 그린 영정이 전한다. 부인은 둘이다. 첫째부인은 군수 송수도(宋守道)의 딸인 정경부인 은진송씨요, 둘째부인은 첨지 권석(權碩)의 딸인 정경부인 안동권씨다.

이존도의 외아들은 이인복(李仁復)이다. 1683년(숙종 9)10월 14일에 태어나 1730년(영조 6) 정월 10일에 죽었다. 향년 48세. 1705년(숙종 31)에 진사가 되고, 1710년(숙종 36)에 금부도사가 되었다. 1714년(숙종 40)에 증광문과 갑과 제3인으로 급제해 홍문관 수찬·응교가 되고, 그 뒤 통정대부로 승진해 승지, 가선대부로 승진해 도승지, 참판이 되었으며, 완양군(完陽君)에 봉해졌다. 그 후 곡산부사, 안동부사로 나갔는데 치적이 좋다고 칭송이 자자했다. 문집 일부가 전한다. 부인은 목사 남수명(南壽明)의 딸인 정부인 의령남씨다. 이인복은 2남(彦秀·彦忠) 3녀(柳誠之·鄭雲衡)를 두었다.

이원익의 가계를 조사해 보니 두 가지 특징이 발견되었다. 하나는 장수(長壽)를 한 사람이 많다는 것과 천부적으로 노래를 잘 하는 사람이 많았다. 즉, 이억재 80세, 이억령 83세, 이원익 88세, 이수약 79세, 이증현 66세, 이사현 68세, 이상현 71세, 이존도 87세로 죽었다. 그리고 이정은(수천군), 이억재(함천군), 이원익(문충공),

이의전(완선군) 등은 다 악기를 잘 다루었다. 종실이기 때문에 경제적으로 넉넉하고 정치에 참여할 수 없었기 때문에 예능에 관심을 기지고 있었기 때문이 아닌가 한다.

3. 생애

이원익의 자는 공려(公勵)요, 호는 오리(梧里)다. 1547년(명종 2) 10월 24일에 태어나 1634년(인조 12) 정월 29일에 죽었다. 향년 88세. 이원익은 어려서부터 명민해 눈에 한 번 거치면 곧 외웠다고 한다. 그러나 이원익은 5살에 중병이 걸려 건강이 좋지 않았다. 그래서 키가 3척 3촌 밖에 안 되었다고 한다. 이준경이 이원익을 선조에게 추천할 때에도 산삼을 내려 주라고 할 정도로 건강이 좋지 않았다. 1559년(명종 14)에 13살의 나이로 동학(東學)에 입학해 침식을 잊을 정도로 글을 읽었다. 1564년(명종 19)에 생원초시에 합격하고, 가을에 복시에 3등 제 35인으로 합격했다. 그는 평소에 남과 어울리지 않았으나, 유성룡이 지나가다가 그를 보고 크게 찬탄했다.

이원익은 이준경의 제자였다. 1547년(명종 2)에 이준경이 성 중에서 보니 자색 기운이 있어 나라를 도울 인재가 태어났다고 생각했는데, 그가 바로 이원익이었다고 한다. 1565년(명종 20) 그가 19세가 되었을 때 정몽주의 7세손인 현신교위 정추(鄭樞)의 딸인 연일(延日) 정씨와 혼인했다. 그 후 1569년(선조 2) 10월에 부태묘별시(祔太廟別試)에 병과 제4인으로 급제했다. 그리하여 다음해에 승문원 권지정자에 임명되었다. 이 때 문관 5인을 뽑아 중국어를 가르쳤는데, 이원익은 매번 우등을 차지했다 한다. 그때 배운 중국어는 그가 대명외교를 하는 데 유용하게 쓰였다. 1571년(선조 4)에 그가 창릉(昌陵) 전사관(典祀官)으로 있을 때 태상시(太常寺)의 어린 종 곤이(昆伊)가 잣을 훔쳐 교수형을 당하게 된 것을 재상에게 잘 말해 살려 주었다. 이것을 보고 친구 강서(姜緖)가 "공이 이 아이를 살렸으니 공의 목숨이 길 것이다"라고 했다고 한다.

1573년(선조 6)에 그는 성절사 권덕여(權德輿)의 질정관(質正官)으로 다녀왔다. 그가 예부에 들어가 중국어로 볼일을 잘 해결하자 모두들 놀랐다고 한다. 1574년(선조 7) 9월에 황해도 도사에 임명되었다. 이원익은 그 동안 정리하지 못하던 군적을 깔끔하게 정리했다. 이 때문에 이원익은 사간원 정언으로 발탁되었다. 이원익은 여러 청요직(淸要職)을 역임했다. 그는 5~6년간 경연에 가장 많이 참석해 명쾌한 강설을 한 것으로 유명하다. 1582년(선조 15) 10월에 우부승지로서 영위사(迎慰使)가 되어 명 사신 황홍헌(黃洪憲)과 왕경민(王敬民)을 영접했는데, 황홍헌이 이원익의 행동거지를 보고 장차 소년재상이 될 것이라 했다.

1583년(선조 16)에 이원익은 다시 우부승지가 되었다. 이때는 동서분당이 있을 때였다. 동인인 도승지 박근원(朴謹元)은 서인 영의정 박순(朴淳)이 하는 일을 사사건건 물고 늘어졌다. 이에 8월에 왕자사부 하락(河洛)이 승정원이 언로를 막는다고 공격했다. 선조는 승지 중에 누가 계사(啓辭)를 지었느냐고 물었다. 이원익은 이 일은 승정원의 승지 전원이 한 것이니 특정한 집필자만 처벌하면 안 된다고 했다. 그 때문에 그도 삭직되었다.

1587년(선조 20) 10월에 이조참판 권극례의 추천으로 안주목사에 기용되었다. 그는 평안감사 김수(金睟)에게 환곡 만 석을 빌려 백성들에게 양식과 종자로 나누어주었다. 1년 후에 풍년이 들어 빌려 온 곡식을 다 갚고도 남았다 한다. 그리고 안주에는 도적이 많았는데, 법을 엄격하게 적용하자 도적이 없어졌다. 또한 뽕나무를 심어 수익을 올리게 했다. 그래서 그 뽕나무를 이공상(李公桑)이라 했다고 한다. 그는 인징(隣徵)·족징(族徵)을 없애기 위해 대동법을 실시하고자 했다. 또 주세(州稅)를 의례히 변읍에 갔다 내어 아전들이 그 사이에 농간을 부릴 여지가 있었다. 이원익은 자기가 직접 가서 주세를 직접 내게 해 아전들의 작간을 막게 했다. 안주가 다스려지자 평양감사 윤두수가 왕에게 보고해 가선대부로 승진시켜 주었다. 이때 이미 이원익은 정승감으로 지목되었던 것이다.

1591년(선조 24) 4월에 치적이 훌륭하다고 해 형조참판으로 불러 올라와 3월에 대사헌이 되었다. 그는 대사간 이덕형(李德馨)과 함께 기축옥사(己丑獄事)를 빌미로 동인을 과도하게 핍박한 정철(鄭澈)을 탄핵해 변방에 위리안치하도록 했다.

그런데 1592년(선조 25) 4월에 임진왜란이 일어났다. 이원익은 "신은 나라의 후한 은혜를 받았으므로 가만히 앉아서 나라가 전복되는 것을 볼 수 없으니, 전쟁터에서 죽음으로써 보답하기를 원합니다"라고 했다. 그러나 대신들은 "이원익은 하나의 병든 서생인데 주린 범에게 던지는 것이 무엇이 유익하겠습니까"라고 반대해 뜻을 이루지 못했다. 이에 선조는 그를 이조판서 겸 평안도도체찰사에 임명해 왕이 피난가기 전에 관서(關西)의 병마를 점검하고 민심을 수습하게 했다. 안주목사로 있을 때 백성들을 잘 보살핀 경험이 있기 때문에 선조가 그곳으로 피란가기 전에 파견한 것이다. 5월 3일 적이 선봉이 서울로 들어오자 선조는 개성을 거쳐 6일에 평양으로 피했다. 그러나 적이 10일에 대동강을 건너 진격하자 선조는 다시 의주로 달아났다. 선조가 여차하면 명나라에 귀부(歸附)하려 하자 이원익은 "국왕은 사직을 위해 죽음을 불사해야 합니다. 비록 부모의 나라라 하더라도 의리상 가서는 안 되는데 지금 가면 어디로 가겠습니까?"라고 반대했다. 선조는 평양을 철수하면서 이원익을 평양감사 겸 순찰사로 임명해 좌의정 윤두수와 함께 3천군을 거느리고 남아서 평양을 지키게 했다. 14일 이원익은 고언백(高彦伯) 등을 시켜 왜적을 쳐서 말 80여필을 빼앗았으나, 물이 깊지 않은 대동강 상류의 왕성탄(王城灘)이 노출되어 왜적이 그곳을 통해 평양으로 진격했다.

그런데 원수(元帥) 김명원(金命元), 한응인(韓應寅), 권징(權徵) 등이 모두 도순찰사라고 이원익과 자리를 다투자 스스로 몸을 낮추어 원수에게 배알하니 군령이 서게 되었다. 그는 "8도 중에 7도가 와해되고 평안도의 수십 고을만 온전하니 이곳이 7도를 회복할 근본이 되리라"하면서 밤낮으로 노력해 인심을 무마하고 선조의 봉공(捧供)이나 군량조달을 힘껏 마련했다. 그리하여 평양사람들은 생사당을 세워 숭배했다.

평양이 함락되자 선조는 이덕형을 명나라에 보내 원병을 청했다. 그리하여 7월 18일 요동총병 조승훈(祖承訓)과 유격 사유(史儒)가 5,000군을 거느리고 아군 3,000군과 함께 평양성을 공격했으나 대패했다. 8월 말에 절강인 유격 심유경(沈惟敬)이 와서 고니시 유기나가와 회담을 했는데 무슨 얘기가 오갔는지 알 수 없었다. 그 이후 평양성 밖 30리까지 서로 공격하지 않게 되었다. 이원익이 싸워야 한다고 설득했으나 허사였다. 12월 15일 이여송(李如松)이 4만 5천군을 이끌고 압록강을 건너왔다. 2월 6일 평양성을 공격해 함락했다. 이여송은 적의 수급 1,300여급을 베었다. 왜적들이 남쪽으로 도망했으나 명군은 추격하지 않았다. 오히려 조선군의 진격도 말렸다.

왜적들은 서울로 후퇴했다. 이여송은 마병 1,000여명을 거느리고 벽제참(碧蹄站)을 공격하다가 대패했다. 그리고는 개성으로 돌아와 심유경을 보내 왜적과 화친을 맺도록 했다. 이여송은 평양전투의 승리로 왜적을 서울까지 밀어낸 것만 해도 큰 성과라고 생각했다. 왜적을 요동으로 들어오지 못하게 했으니 황제에게 체면이 선 것이다. 더 진격할 뜻이 없었다. 이원익은 평양승전의 공으로 숭정대부(종1품 하계)로 승진했다.

1593년(선조 26) 10월에 선조는 서울로 돌아왔다. 이원익은 계속 관서지방을 진무하라고 했다. 그는 먼저 학교를 수리하고 생도를 유치했다. 부역을 경감하고 백성들의 곤궁을 완화해 주었다. 또 군사를 뽑아 훈련을 시켰다. 선조는 그를 숭록대부로 승진시켰다. 선조는 "오늘날 중외의 임무를 부여받은 신하 중에서 오직 이원익만이 나라를 위해 성의를 다하고 그 밖에는 한 사람도 비슷하게 하는 자가 없으니 나는 매우 통탄스럽다""평양감사 이원익은 재주가 있을 뿐 아니라 검박하게 처신하고, 나라를 위해 정성을 다하며, 무기와 군무에 대해서도 다 극진히 조치를 취하면서 밤낮으로 애쓴다고 하니 만일 8도에 다 이런 사람을 얻어서 임명한다면 힘을 들이지 않고서도 성과를 이룩할 수 있을 것이다"라고 했다.

1594년(선조 27) 4월 명은 도독 이종성(李宗城)과 총병 양방형(楊方亨)을 일본에 보내어 도요도미 히데요시를 왕으로 봉하려 했다. 명은 양방형을 일본에 파견했으나 도요도미 히데요시가 내가 왜명의 봉함을 받아 왕이 되어야 하느냐고 쫓아보내고 정유재란을 일으켰다.

동년 11월 유성룡은 이원익을 재상 후보로 추천했다. 그러나 누구로 하여금 평양감사를 이어받게 하느냐가 문제였다. 유성룡은

"평양감사의 임무가 오늘에 있어서 매우 중요하므로 경솔하게 교체해서는 안 될 것입니다. 설사 다른 사람으로 임명한다 하더라도 결국은 이원익

이 그대로 눌러 있는 것만 못할 것입니다. 신이 그 의도를 모르지 않습니다만 다만 그에게 인망이 집중되어 있기에 추천하지 않을 수 없습니다. 대신할 만한 사람은 창졸간에 잘 모르겠습니다."(『선조실록』 권57, 선조 27년 11월 경진)

라고 했다. 이원익만큼 잘할 사람이 없다는 것이다. 이에 대해 선조는

"평양감사는 실로 중요하기는 하나 아무렴 대신만 하겠는가? 만약 이원익을 정승으로 임명하고 이어 체찰사를 맡겨서 남쪽으로 내려가 여러 장수들을 닦달하고 통솔하게 하는 한편 이원익을 그의 대신으로 임명하면 어떻겠는가?"(『선조실록』 권57, 선조 27년 11월 경인)

라고 했다. 그리하여 1595년(선조 28) 2월에 그는 숭록대부(종1품 상계)로 승진했다. 이원익은 난리를 겪은 백성들을 안정시키고 군사 8,000명을 뽑아 훈련시켰다. 그해 6월 이원익은 우의정 겸 4도(경상·전라·충청·강원)도체찰사로 승진했다. 그는 김륵(金玏)을 부체찰사, 남이공(南以恭)을 종사관(從事官)으로 삼고 성주에 독부(督府)를 열었다. 8월에 한산도로 이순신을 찾아가 군사들에게 잔치를 베풀었다. 후인들은 군사들에게 잔치를 베푼 그 산을 정승봉(政丞峯)이라고 불렀다. 이원익은 군기를 점검하고 군율을 엄하게 적용했다. 군율을 지키지 않은 도원수 권율도 파직시켰다. 그는 이순신으로 하여금 거제(巨濟)를 지키게 하고, 곽재우로 하여금 남쪽 변방을 지키게 했다. 영남 사람인 정경세(鄭經世)에게는 성 쌓는 일을 맡기고, 호서안찰사 이시발(李時發)에게는 수천 명의 정병(精兵)을 육성하게 했다. 그리고 일본이 유리한 평지전보다는 우리가 유리한 산악전을 준비하기 위해 금오(金烏)·용기(龍紀)·부산(富山)·공

산(公山)·황석(黃石)·화왕(火王)·벽견(壁堅) 산성을 쌓았다. 파직된 권율도 도원수로 기용했다.

왜적이 다시 쳐들어오니 선조는 이원익으로 하여금 남쪽 변방을 진정시키게 했다. 그는 "적의 속셈은 예측할 수 없습니다. 그러나 그들에게는 천벌이 내릴 것이니 스스로 패망할 조짐도 없지 않습니다. 우리나라가 몇 해 동안만 좀 준비를 하면 자체로 해 볼 수 있을 것입니다"고 낙관론을 폈다. 그리고 선조에게는 "원컨대 성상께서는 의주에 계실 때의 일을 잊지 마시고, 재물을 절약해 백성을 편하게 해야 합니다"라고 충고했다. 이원익은 이순신을 여러 장수들 중에 제일 쟁쟁한 사람이라고 한 반면에 원균에게는 군사를 맡겨서는 안 된다고 조언했다. 선조는 서인의 시각에서 이순신을 평가하고 있었다. 선조는 인기가 없고, 이순신은 인기가 있으니, 그를 위험시하는 것이기도 하다. 서인은 남인 유성룡을 견제하기 위해 이순신을 비판하고 그 대신 원균을 지지한 것이다.

1597년(선조 30) 정월에 정유재란이 일어났다. 고니시 유기나가는 이중간첩 요시라(要時羅)를 김응서(金應瑞) 장군에게 보내 어느 날 어느 시에 가또 기요마사가 올 것이니 상륙할 때 잡으라고 했다. 선조가 이에 속아 이순신에게 나가서 잡으라 했다. 그러나 이순신은 속임수임을 알고 나가지 않았다. 선조는 왕명을 거역했다고 이순신을 투옥해 사형을 시키려 했다. 이원익은 두 번이나 상소를 올려 "이순신을 체직시켜도, 원균에게 맡겨도 안 된다"고 만류해도 듣지 않았다. 그러나 원균이 왜군에게 속아 칠천량(漆川梁) 전투에서 죽자 권율 휘하에서 백의종군(白衣從軍)하고 있는 이순신을 다시 삼도수군통제사로 임명했다. 이순신이 부임해 보니 배는 불타서 없어졌다. 그러나 남은 배 12척을 가지고 싸우는 족족 이겼다.

9월에 이원익은 성주에서 개령(開寧)으로 옮겨 성을 사수하려 했는데, 병이 나서 다시 청주로 갔다. 9월에 왜적이 다시 쳐들어와 직산을 공격하자 조선은 명에 원병을 요청했다. 명은 우첨도어사(右僉都御史) 양호(楊鎬)를 경리조선군무(經理朝鮮軍務)로 삼아 남·북군을 거느리고 와서 돕게 했다. 양호는 이원익에게 군량조달을 위탁했다. 양호는 12월에 제독 마귀(麻貴)와 함께 울산의 왜적을 쳤으나 외책(外柵)만 깨트리고, 내성(內城)은 깨트리지 못했다. 이 전투에서 명의 군마가 많이 다쳤다. 그러나 양호는 전과를 허위보고하다가 현지에 나와 있던 병부주사 정응태(丁應泰)에게 탄핵을 받아 불려 들어가고 만세덕(萬世德)이 대신 파견되었다. 정응태는 조선까지 무함했다. 왜적을 끌어다가 요동 땅을 회복하려 했다느니, 제후국으로서 참람하게 "조"(祖)와 "종"(宗)을 썼다는 등이었다.

선조는 이를 변명하기 위해, 양호를 변호하기 위해 사신을 보내고자 했다. 선조는 영의정 유성룡이 가주기를 바랐다. 그러나 유성룡은 양호가 점령군처럼 군림한 것을 미워해 노모를 핑계로 가지 않았다. 이에 이원익은 병이 있는데도 불구하고 자원해서 양경리변무사로 가게 되었다.

▣ 참고문헌

『조선왕조실록』(선조~인조)
『李相國行錄』(奎4250-49A)
『李相國日記』(奎4250-49A)
『全州李氏益寧君派譜』, 回想社, 1980.
『오리 이원익의 종가이야기』, 충현박물관, 2005.
李元翼, 『國譯 梧里先生文集』, 驪江出版社, 2005.

양원철 편저, 『梧里 李元翼 - 民의 정치를 추구한 經世濟民의 실천가』, 광명문
　　　화원.

이양희, 「오리 이원익의 임진왜란기 군사활동」, 『韓國人物史研究』제4호, 2005.

『梧里 李元翼의 學問과 思想』, 한국역사문화연구원, 2012.

이성무, 『조선시대 당쟁사1·2』, 아름다운 날, 2007.

李成茂, 『朝鮮兩班社會研究』, 一潮閣, 1995.

金堉, 『潛谷全集』, 성균관대학교 대동문화연구원, 1975.

姜周鎭, 『梧里大監 小傳』, 探求堂, 1990.

李肯翊, 『국역 연려실기술』, 민족문화추진회, 1966.

이재호, 『국역정본 징비록』, 역사의 아침, 2007.

한명기, 「임진왜란 시기 류성룡의 외교활동」, 『류성룡의 학술과 경륜』, 태학사, 2008.

崔永禧, 『임진왜란』, 세종대왕기념사업회, 1974.

이덕형: 난세의 명상

이 성 무

한국역사문화연구원장

1. 글을 시작하며

한음(漢陰) 이덕형(李德馨, 1561~1613)은 선조·광해군 조에 오리(梧里) 이원익(李元翼, 1547~1634)·백사(白沙) 이항복(李恒福, 1556~1618)과 함께 3이(三李)로 추앙받던 명상(名相) 중의 한 사람이다. 이덕형은 광주이씨(廣州李氏) 둔촌공파(遁村公派)에 속하는 좌의정 이극균(李克均)의 5대손으로, 1580년(선조 13) 20세에 문과에 급제한 이후 34년간 관직생활을 하면서 문형(文衡)에 3번, 영의정에 3번, 체찰사에 2번이나 임명된 훌륭한 지도자였다. 그는 31세에 대제학을, 38세에 재상(우의정)에 임명되었으며, 이후 16년간이나 재상자리에 있었다. 이는 종친을 빼고 가장 빠른 고속승진이다.

특히 백사 이항복은 이덕형보다 5살 위이나 절친한 친구로서 비슷한 시기에 문과에 급제해 앞서거니 뒤서거니 하면서 국정을 이끌었다. 그러나 어려서 같은 마을에 산 것은 아니었다. 오성(부원군)은 필운동(弼雲洞)에, 한음은 남대문 밖에 살았다. 야화(夜話)에 나오는 오성(鰲城)과 한음(漢陰) 이야기는 뒤에 윤색된 것이 아닌가 한다.

이덕형은 임진왜란이 일어나자 요동도사(遼東都司) 학걸(郝杰)을 찾아가 울면서 명나라 원병을 유치했고, 한편으로 이여송(李如松)·양호(楊鎬)·유정(劉綎) 등 명나라 장수들의 접반사(接伴使)가 되어 명군을 직접적으로 도왔으며, 다른 한편으로 일본사신의 접반사(接伴使)·강화사(講和使)로서 일본과의 강화회담에 앞장섰다. 뿐만 아니라 4도도체찰사가 되어 군사를 진두지휘해 국란극복에 앞장서기도 했다. 다시 말하면 임진왜란과 같은 미증유(未曾有)의 국란을 당해 유성룡(柳成龍)·이순신(李舜臣)·이원익·이항복·윤두수 등과 함께 국가의 국방과 외교, 군사문제에 중추적인 역할을 한 것이다. 국운(國運)이 있어서인지 임란 때에는 이와 같이 많은 인재들이 배출되었다.

그러나 광해군 조에 이르러서는 대북정권이 적자도 장자도 아닌 광해군의 정치적 위상을 지키기 위해 임해군(臨海君)·영창대군(永昌大君)을 죽이고, 인목대비(仁穆大妃)까지 폐위시키려 하자 3이가 함께 전은론(全恩論)을 내세워 목숨을 걸고 반대하다가 죽거나 귀양갔다. 이덕형은 영창대군을 죽여서는 안 된다고 주장하다가 삭탈관작되어 용진(龍津)에 물러가 울면서 찬술만 마시다가 죽었다. 이항복은 북청으로 귀양가서 죽고, 이원익은 홍천으로 귀양갔다.

이와 같이 이덕형은 임란을 당해 부인까지 자결하는 아픔을 겪으면서도 명·왜군 진영을 왕래하면서 나라를 구하기 위해 불철주야 노력한 훌륭한 지도자였다. 이에 본고에서는 이러한 이덕형의 생애와 업적을 간단히 소개하고자 한다.

2. 가계: 광릉세가

광주이씨의 시조는 신라 내물왕(奈勿王) 때 내사령(內史令)을 지낸 이자성(李自成)이다. 그는 광주의 호족(豪族)이었으나 그 자손의 일부가 왕건(王建)에게 저항하다가 역리(驛吏)로 격하되었다. 그 후 고려 말에 판전교시사(判典敎寺事)를 지낸 이집(李集)이 광주이씨의 중시조가 되었다. 이집의 아버지 이당(李唐)은 인령(仁齡)·원령(元齡: 集)·희령(希齡)·자령(自齡)·천령(天齡)을 두었고, 이원령(뒤에 이집)은 지직(之直)·지강(之剛)·지유(之柔)를 두었는데, 모두 문과에 급제했다.

이 중 이지직은 장손(長孫)·인손(仁孫)·예손(禮孫) 등 3 아들을 두었고, 이인손은 극배(克培)·극감(克堪)·극증(克增)·극돈(克墩)·극균(克均) 등 5 아들을 두었는데 모두 문과에 급제하고 봉군(封君)을 받았다. 5자등과를 한 셈이다. 그리고 이 이인손의 5자와 이장손의 아들 극규(克圭), 이예손의 아들 극기(克基)·극견(克堅)을 합해 8극(八克)이라 할 정도로 가세가 융성했다. 그리하여 성현(成俔)은 그의 『용재총화』(慵齋叢話)에서 광주이씨를 "오늘날 문벌이 성대하기는 광주이씨가 최고(當今門閥之盛 廣州李氏爲最)"라고 칭송했다.

이덕형의 5대조는 이극균이다. 이극균은 좌의정공파(左議政公派)의 시조로서 1437년(세종 19)에 태어나 1504년(연산군 10)에 죽었다. 향년 68세. 그는 1456년(세조 2)에 20세로 형 광천군(廣川君) 이극증과 동방(同榜)으로 문과에 급제해 세조 조에 유장(儒將)으로서 만포첨사(灣浦僉事)에 차출되어 1467년(세조 13)에 이만주(李滿住)를 칠 때 선봉장으로 큰 공을 세웠다. 그리하여 이극균은 1469년(예종 1)에 경상우도절제사로 승진하고, 1472년(성종 3)에는 명나라에 천추사(千秋使)로 다녀왔다. 그리고 또 1475년(성종 6) 2월에 좌의정 한명회와 함께 덕종(德宗)의 고명(誥命)을 내려 준 데 대해 감사하는 사은사(謝恩使)로 다시 명나라에 다녀왔다. 1477년(성종 7)에 영안도관찰사가 되었다가 형조참판으로 승진했다. 1482년(성종 13)에 평안도절제사로 나가 군병의 훈련을 엄하게 했다. 1485년(성종 16)에는 병조판서, 다음해에 이조판서가 되었다. 1487년(성종 18)에 다시 영안북도절도사가 되고, 1489년(성종 20)에 의금부지사, 1490년(성종 21)에 좌참찬에 올랐다. 다음해 이조판서, 좌찬성, 서북면도원수, 1493년(성종 24)에 경상도관찰사, 평안도관찰사에 올랐다. 1499년(연산군 5)에 광남군(廣南君)에 봉해지고, 1500년(연산군 6)에 우의정에 올랐다.

그런데 1502년(연산군 8) 에 우의정 성준(成俊)과 함께 연산군이 창기(娼妓)들과 놀아나는 것을 극간하다가 인동(仁同)에 중도부처(中途付處)되어 사사되었다. 이극균이 죄 없이 죽는 것을 항의하자 연산군은 그에게 쇄골장(碎骨葬)을 가했다. 부인은 군수 이철근(李鐵根)의 딸 성주이씨로 세준(世俊)·세걸(世傑) 두 아들을 두었다.

이 중 이덕형의 고조는 세준이다. 세준은 무과에 장원해 남양부사를 지냈으나 일찍 죽었다. 1504년(연산군 10) 갑자사화에 화가 세준의 묘에까지 미쳤다. 그러나 중종반정으로 풀려 이조참판에 증직되었다. 부인은 부사 우신(禹晨)의 딸인 예안우씨로, 수충(守忠)·수효(守孝) 두 아들을 두었다.

이 중 이덕형의 증조는 수충이다. 수충은 사과(司果)를 지냈는데, 뒤에 이덕형의 현달로 이조판서에 증직되었다. 부인은 현감 정뢰(鄭瀨)의 딸 연일(延日)정씨로, 진경(振慶)·태경(泰慶)·흥경(興慶) 세 아들을 두었다.

이 중 진경이 이덕형의 할아버지다. 진경은 이덕형의 현달로 뒤에 좌찬성에 증직되었다. 부인은 진사 김윤종(金胤宗)의 딸 상주김씨로, 아들 하나를 두었는데, 이민성(李民聖)이다.

이민성의 초명은 천각(天覺). 1539년(중종 34)에 태어나 1618년 (광해군 10)에 죽었다. 지중추부사를 지냈는데, 뒤에 아들 이덕형의 현달로 영의정에 추증되었다. 부인은 현감 증영의정 유예선(柳禮善)의 딸 문화유씨로, 덕형(德馨)·여형(餘馨)·상형(尙馨)·구형(久馨)·종형(鍾馨) 등 5 아들을 두었다.

이덕형은 1561년(명종 16) 2월 12일에 태어나 1613년(광해군 5)에 영창대군(永昌大君)을 구명하는 차자를 올렸다가 용진(龍津) 대아당(大雅堂)으로 물러나 절사(節死)했다. 향년 53세. 1580년(선조 13)에 문과에 급제해 청요직을 두루 거치다가 31세에 문형(文衡)을 잡고, 38세에 정승(우의정)이 되어 30여년간 관직에 있으면서 영의정 3번, 대제학 2번, 체찰사 2번을 지냈다. 특히 임진왜란을 당해 군사·외교에 앞장서 중흥(中興)의 공을 세웠다. 시호는 문익(文翼)이요, 한음유고(漢陰遺稿) 5권이 전한다. 포천의 용연서원(龍淵書院), 상주의 근암서원(近嵓書院)에 봉안되었다. 묘는 양평군 양서면 목왕리(木旺里)에 있다. 부인은 영의정 이산해(李山海)의 둘째딸인 한산이씨(1565~1592)다. 임란 때 절사해 정려(旌閭)를 받았다. 첩실은 양주목사 박의(朴宜)의 딸인 상주박씨(1572~1651)다.

이덕형은 7남(如圭·如璧·如璜·如璞·如珉·如㻞·如璇) 4녀(鄭基崇·李㟙·許棨·李瀟)를 두었다.

이여규는 1581년(선조 14)에 태어나 1635년(인조 13)에 죽었다. 1601년(선조 34)에 사마시에 합격해 상주목사, 판결사를 지냈다. 묘는 예산군 대흥면(大興面) 송림동(松林洞)에 있다. 그가 상주목사로 있을 때『한음유고』5권을 판각했다. 부인은 판서 권반(權盼)의 딸 안동권씨다. 이여규는 4남(象乾·象坤·象謙·象鼎)을 두었다.

이 중 첫째 이상건(1600~1637)은 1627년(인조 5)에 진사시에 합격해 금부도사를 지냈다. 부인은 판서 유량(柳亮)의 딸 문화유씨다. 이상범은 외아들 이윤원(李允元, 1629~1661)을 두었다. 이윤원은 1657년(효종 8)에 진사시에 합격해 빙고별감을 지내다가 33세에 죽었다. 부인은 송유효(宋孺孝)의 딸 여산송씨. 이윤원은 아들 하나(壽仁), 딸 하나(沈檀)를 두었는데, 이수인(1659~1696)은 1689년(숙종 15)에 진사가 되고, 문과에 급제해 예문 봉교를 지냈으나 38세에 죽었다. 심단은 문과에 급제해 이조판서를 지낸 남인의 명사다.

이여벽(1585~1622)은 1603년(선조 36)에 사마시에 합격해 임실현감을 지냈고, 좌승지에 추증되었다. 이여황(1590~1632)은 1606년(선조 39)에 진사시에, 1612년(광해군 4)에 문과에 급제해 홍문관의 여러 관직을 역임하고, 벼슬이 예조참판에 이르렀다. 외아들 이상진(李象震, 1626~1659)을 두었는데 1648년(효종 3)에 생·진시에 동시 합격하고, 1652년(효종 3)에 문과에 급제해 벼슬이 병조정랑에 이르렀다. 그의 장자 이윤문(李允文, 1646~1717)은 1677년(숙종 3)에 진사시 장원, 1692년(숙종 18)에 문과에 급제해 사헌부 집의를 지냈다. 동복오씨, 사천목씨, 남양홍씨 등 명문들과 통혼했다.

이여선은 5자(象觀·象恒·象泰·象臨·象隨) 4서(四壻: 李時泰·鄭錫啓·尹斗寅·鄭爾尚)가 모두 무과에 급제했으며, 형조판서에 증직되었다.

[이덕형의 가계도]

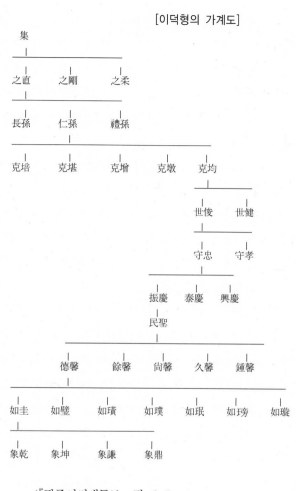

(『광주이씨대동보』권 1)

3. 유년시절과 입사(入仕)

이덕형은 1561년(명종 17) 2월 12일 사시(巳時)에 한양 남부 성명방(誠明坊: 지금의 대우재단빌딩)에서 아버지 지중추부사 이민성(李民聖, 1539~1618)과 금성현령(金城縣令) 유예선(柳禮善)의 딸인 어머니 문화유씨의 첫째아들로 태어났다. 초명은 천각(天覺)이요, 자는 명보(明甫), 호는 한양 북쪽에 살았다 해 한음(漢陰)이라 했다. 태어나면서부터 침착하고 굳세며 순박하고 조심성 있고 함부로 작난을 치지 않았다.

이덕형은 어릴 때 외가가 있는 포천에 살기도 했으며, 진외가가 있던 상주 화령(化寧)에 우거하기도 했다. 그런데 복술가(卜術家) 함충헌(咸忠憲)이 "운명이 지극히 좋아 40세 안에 내각(內閣)에 들어갈 것이니, 속히 서울로 올라가 올바른 교육을 시켜 성공하도록 하라"고 했다. 이에 이민성은 즉시 아들을 데리고 서울로 올라와 도저동(桃楮洞: 지금의 혜화동)에 살았다고 한다. 1568년(선조 1) 8살에 아버지가 『소학』을 가르쳤다. 이덕형은 아버지에게 원형이정(元亨利貞)의 뜻을 물었다. 아버지는 그 뜻이 깊고 오묘해 어린 아이들에게는 이해하기 어렵다고 했으나 한사코 해설해 달라고 했다고 한다. 그리고 의젓하고 덕기가 있어 "총각정승"이라 했다고 한다. 1574년(선조 7) 14세에 외삼촌 유전(柳琠)이 사는 포천에 가서 글을 읽었다. 이때 양사언(楊士彦)·양사준(楊士俊)·양사기(楊士奇) 3형제가 이덕형과 시를 겨루어 보고 "그대는 나의 스승이다. 나의 적수가 아니다"라고 했다고 한다. 14세 때 이귀(李貴) 등과 함께 지사(知事) 윤우신(尹又新)의 문하에서 공부했다.

1577년(선조 10) 17세에 이지함(李之菡: 이산해의 숙부)의 추천으로 이산해(李山海, 1539~1609)의 둘째딸 한산이씨와 혼인했다.

1578년(선조 11) 18세에 생원시에 장원, 진사시에 3등으로 합격했다. 이때 비로소 이항복과 과장에서 만나 사귀게 되었다. 그리고 1580년(선조 13) 3월에 20세로 부묘별시(祔廟別試) 을과 제1인으로 급제했다. 그러나 같은 마을에 사는 시관이 어린 나이에 1등을 하는 것은 불행이 될 수 있다고 2등으로 낮추었다고 한다. 조금 있다가 이항복이 알성시(謁聖試)에 급제했다. 등과하자 다 같이 승문원 권지 정자에 분관(分館)되었다.

1580년(선조 13) 12월에 일본에서 현소(玄蘇)·평조신(平調信)이 왔을 때 이덕형은 선위사(宣慰使)로서 응대했다고 했으나, 이 일은 1588년의 기사가 착간되어 기록된 듯하다. 문집의 연보에는 1588년(선조 21)에 이조정랑으로 재직할 때 선위사로 임명되어 현소·평의지를 응대했다고 기록되었다. 1582년(선조 15)에 중국사신 왕경민(王敬民)·황홍헌(黃洪憲)이 와서 한번 만나보기를 원했으나 "예의상 사사로이 만날 수 없다"고 사양했다.

1583년(선조 16) 23세에 승문원 저작에 올랐다. 그런데 병 때문에 체직해 줄 것을 청하자 "지금 이 사람이 아니면 안 된다"고 하면서 일을 계속하라고 했다. 이때 이항복과 함께 호당(湖堂)에 선임되고 홍문관 정자가 되었다. 율곡이 이 두 사람을 호당에 추천하자 어떤 사람이 "이 두 사람의 의향을 알 수 없으니, 경솔히 추천해서는 안 된다"고 하자 율곡은 "두 사람의 명망이 이제 한창 고조되고 있는데, 어찌 어진 사람이 있는 것을 임금에게 속일 수 있겠는가?" 하면서 그대로 추천했다고 한다.

1584년(선조 17) 3월에 선조가 서총대(瑞葱臺)에서 활 쏘러 나온 관료들에게 시회(詩會)를 열었는데, 이덕형이 일등을 했다. 이덕형은 시험이 있을 때마다 일등을 했다. 이때 또 정시(庭試)가 있었는데, 경쟁자가 내일도 이덕형이 나오느냐고 했다는 말을 듣고 병을 핑계로 시험장에 나가지 않았다 한다. 이즈음 이항복과 함께 숙직했는데, 선조가 『통감』 2질을 내 주면서 각각 제목을 써 올리게 했다. 써 올릴 때마다 술 한 잔씩 내렸다. 그런데 이덕형은 갈수록

필력(筆力)이 신기해지고 몸가짐이 단정해졌다고 한다.

1585년(선조 18) 25세에 홍문관 부수찬, 평안도 어사, 사간원 정언, 홍문관 부교리를 역임했다. 부교리로 있을 때는 심의겸(沈義謙)을 두둔한 서익(徐益)을 탄핵했다. 1588년(선조 21)에 교리로 있을 때 휴가를 얻어 안협현감(安峽縣監)으로 있는 아버지를 찾았다. 1587년(선조 20)에 대마도의 귤강광(橘康廣)이 와서 통신사(通信使)를 보내달라는 것을 거절한 바 있다. 이 때문에 왜사 현소(玄蘇)와 평의지(平義智)가 다시 왔다. 선조는 이덕형을 이조정랑으로 삼아 선위사에 임명했다. 이덕형은 동래에 내려가 3일 만에 일을 처리하니 그들도 깍듯이 공경했다. 1589년(선조 22) 봄 현소(玄蘇) 등이 서울에 와서 강력히 답방(答訪)을 요구했으나 이덕형은 예조판서 유성룡과 함께 잘 처리했다. 외교수완을 발휘한 것이다. 이에 선조는 그해 가을에 이덕형을 동부승지에 임명했다. 7월에 다시 왜사가 와서 포로 116명을 쇄환하고 변경을 침범한 사화동(沙火同) 등을 잡아 바쳤다. 이덕형은 유성룡과 의논해 통신사에 관한 일을 결정지었다. 1590년(선조 23)에 통신사 정사 황윤길(黃允吉), 부사 김성일(金誠一), 종사관 허성(許筬)을 부산포에서 전송했다. 가을 이후로 동부승지, 우승지, 대사간, 부제학 대사성, 이조참의를 역임했다.

1591년(선조 24) 2월에 대사간이 되었다. 이덕형은 홍여순이 이산해를 기축옥사(己丑獄事)에 연루시켜 극형에 처하려는 것을 만류했다. 선조는 "연소한 나이에 노성한 재덕이 있으니, 참으로 큰 그릇이로다"라고 했다. 7월에 예조참판으로서 홍문관·예문관 대제학, 지성균관사가 되었다. 31세에 문형(文衡)을 한 것이다.

4. 임진왜란과 탁월한 리더십

1592년(선조 25) 1월 1일에 대사헌이 되었다가 동지중추부사로 옮겼다. 그런데 그해 4월 23일에 임진왜란이 일어났다. 왜장 36명이 20만 대군을 이끌고 쳐들어온 것이다. 이덕형은 좌의정 유성룡을 설득해 광해군을 세자로 삼게 했다. 29일에 순변사 이일(李鎰)이 상주에서 패했다는 장계가 올라오자 온 조정이 어찌 할 줄 몰랐다. 이때 왜학통사 경응순(景應舜)이 왜서(倭書)를 가져다 바쳤다. "조선이 만약 강화의 뜻이 있으면 이덕형으로 하여금 22일에 충주에서 고니시 유기나가(小西行長)를 만나게 하라"는 것이었다. 이덕형은 "진실로 사직을 이롭게만 할 수 있다면 신이 죽어도 무엇이 아깝겠습니까"라고 하고 용인에 도착해 역관 경응순을 적진에 보냈다. 그러나 왜군은 역관은 죽이고 역졸을 시켜 봉서(封書)만 보내왔다. 그래서 적장을 만나지 못하고 서울로 돌아와 보니 선조는 이미 서쪽으로 피란가고 없었다. 할 수 없이 낮에는 숨고, 밤에만 걸어 죽을 고비를 넘어 20일 만에 행재소(行在所)인 평양에 도착했다.

선조는 조신들에게 회복할 대책을 강구해 보라고 했다. 이덕형은 명나라에 구원병을 요청해야 한다고 주장했다. 처음에는 대신들이 난색을 표했으나 뒤에는 동조했다. 그리하여 정곤수(鄭崑壽)를 명나라에 보내 원병을 청했다. 그리고 삼남에 조도사(調度使)를 보내 군량을 마련해 명군을 접대하게 했다.

6월에 대사헌이 되었다. 이덕형은 자청해 단기(單騎)로 배를 타고 대동강에서 현소(玄蘇)와 평의지(平義智)를 만났다. 5월 17일 도원수 김명원(金命元) 등이 임진강에서 패하자 적들이 평양으로 몰려들었다. 6월 2일 선조는 의주로 몽진했다. 그런데 대동강 가에 조그만 종이쪽지가 꽂혀 있었다. 가져다 읽어 보니 "조선국 예조 판서 이공 각하에게 올린다"고 되어 있었다. 이덕형은 강 가운데로 가서 "너희들이 아무런 이유도 없이 군사를 일으켜 수백 년 동안 맺어온 친교를 파괴한 것은 무슨 까닭이냐?"고 따졌다. 왜적들은 군사를 성대히 벌려놓고 짐짓 위세를 보였으나 그는 얼굴빛 하나 변하지 않고 말하는 태도도 평일과 다름이 없었다. 적들도 병위를 풀었다. 현소는 "우리는 명나라에 들어가는 길을 빌리려고 하는데, 조선이 허락지 않으니, 한 가닥 길을 빌려 주어 중원으로 들어가게만 하면 아무런 일이 없을 것이다"고 했다. 이에 이덕형은 "너희들이 우리 부모같은 나라를 침범하려고 우리를 위협해서 길을 빌리라 말하니, 나라가 망할지언정 길을 빌려 줄 수 없다"라고 하니, 적장들이 감히 다시 입을 열지 못했다. 이 일이 있은 후 현소는 번번히 이덕형의 도량을 칭찬하며 "이 판서는 창졸 간에도 언사와 안색이 지난 날 선위(宣慰)할 때 술자리에서 하던 것과 조금도 다름이 없으니, 보통사람으로서는 참으로 미칠 수 없는 분이다"라고 했다고 한다.

어가가 평양을 떠나야 하는데, 갈 만한 곳이 없었다. 어떤 사람은 함북 경성(鏡城)으로 가야 한다고 하고, 어떤 사람은 함흥으로 가야 한다고 했다. 그리하여 중전과 비빈들은 먼저 경성으로 떠났다. 12일에 선조도 뒤쫓아 출발해 숙천에서 유숙했는데, 이덕형이 이항복과 함께 "한 번 북쪽으로 가는 고개를 넘으면 명나라와는 동떨어지게 멀 것이니 어느 곳에 호소하겠습니까? 먼저 영변으로 가서 사태의 변동을 살피는 것이 어떻겠습니까?"하니 그대로 따랐다. 이덕형은 이항복과 함께 서로 청병사(請兵使)로 가겠다고 다투었다. 그러나 이항복이 병조판서이기 때문에 이덕형이 가게 되었다. 이덕형은 밤낮없이 200리를 달려 요동에 도착해 6차례나 안무사(按撫使) 학걸(郝杰)에게 글을 올려 원병을 애걸했다. 학걸은 자기 재량으로 요동병 5천을 차출해 총병 조승훈(祖承訓)에게 주고, 선조가 다급하면 요동으로 들어오는 것도 허락했다. 그러나 조승훈 등이 가벼이 평양성을 공격하다가 패해 요동으로 돌아갔다.

8월에 왕세자가 대리청정하라는 유서(諭書)가 내렸다. 그런데 그해 9월에 부인 한산이씨가 안협(安峽) 백암산(白巖山)에서 왜적에게 쫓기다가 순절했다. 이덕형은 부모가 안협에서 생사가 불명하니 대제학 직책을 바꿔달라고 했으나 들어주지 않았다. 그에게는 오히려 세자 우빈객, 동지경연사가 더 제수되었다.

9월 4일에 명나라에서 사신이 다녀갔다. 이덕형은 원접사(遠接使)로서 대군을 보내 줄 것을 애원했다. 이에 명나라는 다시 제독(提督) 이여송(李如松)에게 4만 5천군을 주어 25일에 압록강을 건너 28일에 평양으로 향했다. 이덕형은 제독접반사 한응인(韓應寅)과 함께 명병을 돕는 데 최선을 다했다.

1593년(선조 26) 1월 이여송이 왜인 한두 명을 잡았으면 좋겠다고 했다. 이덕형은 심유경(沈惟敬)이 강화회담을 하자고 한다고 하면 나올 것이니 그때 잡으면 된다고 했다. 그리하여 평호관(平好官) 등 왜노 3명을 생포했다. 그리고 그 정보를 이용해 평양성을 공격해 함락했다. 이덕형은 이여송을 따라 위험을 무릅쓰고 평양성 탈환에 참여했다. 그는 유성룡·이원익 등과 함께 명군의 군량을 지원하는 데 앞장섰다.

이여송이 평양에 주둔한 지 8일만에 왜적들은 서울로 후퇴했다. 이여송은 왜적을 얕보고 가정(家丁) 천여 명만 거느리고 진격했다가 벽제(碧蹄)에서 패해 동파(東坡) - 개성(開城) - 평양으로 후퇴했다. 이덕형 등은 패주하는 왜적을 계속 추격할 것을 요구했으나 듣지 않았다. 경략(經略) 송응창(宋應昌)은 심유경(沈惟敬)을 통해 왜적에게 화의를 제기하고 조선군도 왜적과 싸우지 못하게 했다. 왜적이 왕자와 배신(陪臣)을 송환하고 부산으로 철수하자 이여송은 평양에서 서울로 들어왔다. 이덕형은 불타버린 관아를 복구하고 전란에 시달리는 백성을 구제했다. 이여송은 충주를 거쳐 문경으로 내려갔는데, 5월 18일 송응창이 이여송에게 보낸 밀첩을 보고 "사세가 이와 같으니 하는 수 없이 군사를 거두어 돌아간다"고 하고 돌아갔다. 이덕형은 그 밀첩을 외워 조정에 보고했다.

5월에 심유경이 왜장 소서비(小西飛) 등을 데리고 도요토미 히데요시의 항복문서를 가지고 북경으로 들어가고자 했다. 이덕형은 왜장이 중국에 왕래하는 과정에서 조·명군의 허실을 탐지하면 곤란하다고 했다. 8월에 접반사로서 이여송을 송별하러 황주에 갔다가 선조를 만나 인견했다. 이여송에게는 명나라의 찰원(察院)이 따라붙었는데 그들을 설득해 이여송으로 하여금 남방에 남아있는 왜적을 토벌하게 해 달라고 사정해야 한다고 했다. 이덕형은 압록강에서 이여송을 전별했다. 이여송은 타의에 의해 끌려가면서도 선조보고 정치를 잘 하라고 충고했다.

10월 1일 선조는 환도한 후에 훈련도감을 설치하고 유성룡을 제조, 이덕형을 부제조, 조경(趙儆)을 대장으로 삼았다. 이덕형은 유성룡과 의논해 『기효신서』(紀效新書: 명의 戚繼光이 지은 신병법)에 입각해 병기를 개선하고 삼수(三手: 砲手·射手·殺手)법을 연습시켰다. 그리고 둔전(屯田)을 널리 설치하고 군비를 갖추었다.

1593년(선조 26) 윤 11월 28일에 이덕형은 병조판서가 되었다. 12월 16일 이덕형은 석성(石星)의 밀명을 띄고 송응창과 이여송을 조사하러 나온 주기(周基)와 척운(戚雲)을 만났다. 그들은 지금 명군이 출동하면 그 지방이 잔파되겠지만, 출동하지 않으면 왜적이 산동에 나타날 것이라 했다. 이덕형은 이런 내용을 조정에 보고했다.

12월에 충청도에서 송유진(宋儒眞)의 난이 일어났다. 선조는 영의정 유성룡과 병판 이덕형을 대궐에 들어와 숙직하라고 했다. 난이 진압된 후 12월 27일 이덕형에게 대사헌 겸 홍문·예문관 대제학, 지성균관사, 동지경연사를 제수했다. 두 번째 문형(文衡)을 잡은 것이다. 이때 석성은 오유충(吳惟忠) 등 남병을 평양전투에서 수고했다고 불러들이고 유정(劉綎)의 5천군만 남겨두었다. 그리고 송영창을 불러들이고 시랑(侍郎) 고양겸(顧養謙)을 경리로 임명했다. 이덕형은 고양겸에게 진주와 경주가 무너지면 조선이 무너지는데 믿고 있는 명군이 돌아가면 어떻게 하느냐고 항의했다. 그러나 그는 심유경만 믿고 있었다. 이덕형은 급히 제장에게 정병을 모집해 입방(入防)하게 해야 한다고 주장했다. 선조도 그 주장을 따랐다.

1594년(선조 27) 1월 낙상지(駱尙志)와 함께 종부시(宗簿寺) 터를 새 궁궐자리로 잡았다. 경복궁이 타버려 선조는 임시로 정동 별궁에 거처하고 있었다. 이덕형은 유성룡과 함께 낙상지에게 부탁해 『기효신서』의 전법을 전수받았다. 4월 30일 어머니가 통진에서 죽어 병판을 교체했다. 장례를 치를 때 훈련도감 군사들이 양식을 싸가지고 와서 역사(役事)를 도왔다. 장사가 끝나자 선조는 이덕형을 이조판서에 임명했다. 그는 이조판서로서 시무8조를 올렸다. 이덕형은 왜적이 다시 쳐들어 올 것 같으니 준비를 서둘러야 한다고 했다. 4월 17일 고양겸(顧養謙)의 위관(委官) 호대경(胡大經)을 면접했다. 호대경은 고양겸의 서신을 고니시 유기나가(小西行長)에게 보냈다. 현소(玄蘇)는 고양겸에게 잘 얘기해 심유경이 일본에서 돌아오기 전이라도 조선에 자문(咨文)을 띄워 일본과 통호하게 해달라고 했다. 그러면 자기들도 대마도로 물러가겠다고 했다. 그러면 왜 남해안에 진을 치고 있느냐고 하니, 현소는 조선이 계속 복수하려고 하니 방비를 하지 않을 수 없기 때문이라고 했다. 유성룡은 저들이 이유없이 물러가면 대마도가 무인지경이 될 것이기 때문에 통호를 요구하는 것이라 했다. 유성룡은 지금 송응창은 탄핵을 받아 두문불출하고, 양원(楊元)은 죄를 받아 요동으로 전임되었으며, 송응창·이여송도 곧 무사하지 못할 것으로 내다봤다.

4월 23일 명나라에서는 '이제 도와줄 만큼 도와주었으니, 조선은 스스로 국가를 지킬 준비를 하라고 했다. 명군은 한 번 싸워 평양을 비롯한 2천 여리의 땅을 수복했고, 돈도 많이 썼으며, 사람과 말도 많이 죽었다. 이제 더 보내줄 군사나 군량도 없고, 왜노들도 겁에 질려 항복을 청하니 받아 주어야 한다. 그런데도 조선은 걸핏하면 왜노의 성세(聲勢)를 과장하고 군사나 군량을 청할 계획만 꾸미고 있다'는 것이다. 지금 조선이 할 일은 왜노로 하여금 명에 조공을 바치게 권하는 것이라 했다.

1595년(선조 28) 1월 이덕형은 지경연사가 되었다. 2월에 화약제조법을 개발하고, 화포를 만들어 시험발포했으며, 독약 만드는 법, 칼 쓰는 기술을 연마했다. 3월에 다시 병조판서가 되고 예문 제학을 겸임했다. 9월에 이덕형은 호택(胡澤)이 손광(孫鑛)에게 보낸 문서 1통을 빼내왔다. 그 문서에 의하면 경리 손광은 파면되어 환국하게 되어 있었다. 그리고 군량을 마련하기 위해 은광을 개발하라고 했다. 호택의 명이었다. 그러나 이덕형은 우리 나라에는 광물이 나지 않는다고 회피했다.

이어서 10월에 4도(경기·황해·평안·함경) 부체찰사에 제수되었다.(체찰사는 유성룡) 11월 유성룡과 이덕형은 남한산성을 돌아보았다. 산성을 돌아보고 그 고을 사람 권응원(權應元)에게 수리를 맡겼다. 권응원은 임진란 때 향병을 거느리고 군공을 세운 사람이었다. 그리하여 병자호란 때 유용하게 쓸 수 있게 했다. 12월 누르하치가 조선과 교역을 원했으나 들어주지 않자, 선물을 주면 물러가겠다고 해 비단 32필을 주었다. 여진족이 준동하기 시작한 것이다. 그리고 왜에는 황신(黃愼)을 심유경에게 딸려 보냈다.

1596년(선조 29) 7월 충청도 홍산(鴻山)에서 이몽학(李夢鶴)의 난이 일어났다. 그런데 병조판서 이덕형이 내응했다는 유언비어가 떠돌았다. 사실이 아니었다. 1597년(선조 30) 1월에 조선에서 복수군(復讎軍)을 설치해 8도의 군사를 모집했다. 화의가 결렬되어 왜적이 재침할 것 같았기 때문이다. 이덕형은 이 일을 주관했다.

2월에 통제사 이순신이 하옥되었다. 이중간첩 요시라(要時羅)가 경상병사 김응서(金應瑞)에게 가또 기요마사가 언제 어디로 오니 잡으라고 했다. 선조는 즉시 두 번이나 출병을 명령했다. 그러나 속임수인 것을 간파한 이순신은 명령을 어기고 출병하지 않았다. 선조는 3도수군통제사를 원균으로 바꾸었다. 이덕형은 해상의 사정을 정확히 모르니 도원수의 장계를 기다려 보고 신중하게 대처하자고 했다. 선조는 이순신을 죽이려 했다. 그러나 정탁(鄭琢)이 힘써 구원해 도원수 권율 휘하에 백의종군하게 되었다. 원균은 칠전량에서 전사했다.

1597년(선조 30) 3월에 이덕형은 공조판서로서 훈련도감 일만 전담했다. 유성룡이 병으로 사임했기 때문이다. 그리고 6월에 우참찬이 되었다. 4월에 정유재란이 일어나 명군이 다시 들어왔다. 그러나 마귀(麻貴)가 거느리고 온 군사 1만으로 왜군 10만을 감당할 수 없었다. 그리하여 명군은 서울의 외성(外城)과 남원·전주만 지키게 했다. 이에 왜군은 호남과 호서를 석권하고 한강이 얼면 서울을 공략하고자 했다. 명에서도 양호(楊鎬)를 새로운 경리(經理)로 삼아 14만군을 파병했다. 선조는 이덕형을 좌의정으로 특진시켜 접반사로 임명했다. 양호는 이덕형에게 감복했다. 양호는 평양에 집과 사무실을 지으려 했으나 이덕형이 만류해 취소했다. 이덕형은 여러 차례 전진할 것을 하소연해 서울로 들어왔다. 8월 26일 양원(楊元)이 남원에서 패사하자 양호는 9월 2일 정병 2천을 거느리고 직산에서 왜적을 대파했다.

9월 29일 이덕형은 우찬성이 되었다. 이덕형은 시석(矢石)을 무릅쓰고 양호를 보필했다. 12월 11일 이조판서가 되었다. 명군이 도산(島山)을 공격했으나 비가 많이 내리고 바람이 심히 불어 외성만 깨고 내성은 함락하지 못했다. 왜적 5백수를 베었으나, 7백 명이 죽고(조선군 1천명), 3천 명이 부상했다. 그런데 전공을 과장해서 보고했다가 병부찬획주사(兵部贊畫主事) 정응태(丁應泰)가 탄핵해 양호는 서울로 올라와 명정의 처분만 기다리게 되었다. 남병과 북병의 갈등에서 빚어진 사건이다.

1598년(선조 31) 4월에 우의정이 되었다. 선조는 양호를 구원하고자 했다. 이 일이 조선과도 관계가 있기 때문이다. 처음 최천건(崔天健)을 보내고, 이원익·허성(許筬)을 잇달아 보내 변명했다. 그런데 실상 선조는 영의정 유성룡이 진주사(進奏使)로 가 주기 바랐다. 그러나 어머니가 아프다는 핑계로 가지 않았다. 실상 양호가 경리로서 조선을 직할하려 한 것에 대한 불만도 있었다. 그래서 이원익이 대신 간 것이다. 양호는 이덕형의 인품을 "입상출장"(入相出將)할 재목이라고 극찬했다.

9월 25일 진주사로 가지 않은 죄로 유성룡은 이이첨 등의 탄핵을 받아 삭탈관작되었다. 10월 8일에 이원익이 영의정, 이덕형이 좌의정이 되었다. 그러나 제독 유정(劉綎)을 따라 남원으로 내려갔다. 유정의 원에 의해서이다. 유정은 "이공(이덕형)을 얻었으니 내일은 성공한 셈이다"라고 했다고 한다. 이덕형은 8월에 전주로 내려가 수군을 시켜 군량을 운반할 배를 마련하게 했다. 유정이 진격하지 않고 고니시 유키나가를 놓아 보내려 하자, 통제사 이순신을 시켜 적을 공격해 대파했다. 적이 물러난 뒤에 유정은 성 안으로 들어와 사로잡힌 조선인이나 왜가 인질로 보낸 왜인의 목을 베어 전공(戰功)을 상신했다. 이덕형은 이를 미워해 조정에 밀계(密啓)했는데, 홍여순(洪汝諄)이 그를 해치려고 이 사실을 유정에게 알려주었다. 그래서 유정이 매우 미워했다. 이때 호남은 왜적이 분탕질을 치고 있었는데, 적이 이덕형이 왔다는 소식을 듣고 물러가 호남 일대가 안정되었다. 양호가 잡혀가자 만세덕(萬世德)이 3만 명 군을 거느리고 새 경리로 왔다.

1598년(선조 3) 11월에 통제사 이순신이 노량해전(露梁海戰)에서 전사했다. 이덕형은 여론을 들어보니 이순신은 훌륭한 사람이고 공로도 많아 마땅히 대치할 사람이 없다고 했다. 조정에서 표창해야 한다고 했다. 이덕형은 충청병사 이시언을 임시 통제사로 차출하고, 전라방어사 원신(元愼)을 임시 충청병사로 차출했다. 그리고 해남현감 유형(柳珩)을 경상수사에 임명했다가 통제사로 기용했다.

1598년(선조 31) 12월 22일 이덕형은 군문(軍門) 형개(邢玠)와 함께 대마도 정벌을 의논했다. 이덕형은 우선 항왜(降倭)와 왜군에게 포로가 되었다가 도망나온 사람을 연속적으로 정탐하게 한 다음, 풍파가 없는 정월 안에 들이쳐야 한다고 했다. 그러나 점령해 위압만 할 뿐 주둔해 지킬 수는 없다고 했다. 12월 18일 세자책봉을 세 번이나 건의했으나 선조가 듣지 않았다.

1599년(선조 32) 1월에 유성룡을 둘러싸고 붕당이 심해지자 이를 조정할 방안을 건의했으나 선조가 수용하지 않았다. 3월에 유정이 이덕형을 싫어해 동도(東道)로 내려가 남아있는 명군 3만의 군량을 조달하게 했다. 홍여순은 이를 악용해 이덕형을 탄핵했다. 이에 이덕형은 열 번이나 상소를 올려 재상직을 해임시켜 줄 것을 요청했으나 들어주지 않았다. 이덕형은 8도의 양식을 다 모은다해도 1만 명 정도밖에 먹일 수 없으니, 2만은 조선군을 뽑아 대체하자고 했다. 그러나 만세덕이 듣지 않고 2만 4천 명의 명군을 1600년(선조 33) 9월까지 주둔하다가 돌아갔다. 4월에 판중추부사가 되었다.

1600년 이덕형은 40세의 나이로 훈련도감 도제조를 맡았다. 그는 반년이나 앓아 사직 차자를 올렸으나 선조는 약물을 내려주며 만류했다. 그리하여 3월부터 이원익과 함께 비변사에 나아가 명군 철수에 대한 대책을 강구했다. 선조는 "이원익과 이덕형은 재주와 슬기가 가장 뛰어나니, 이렇게 국사가 어려운 때에 있어서는 마땅히 날마다 비변사에 출사해 군량을 마련하도록 해야 한다"고 했다. 그는 명군이 철수하면 대마도가 준동할 가능성이 있으니, 철수하기 전에 대마도를 들이치자고 했으나 조정의 의논이 합치하지 않아 무산된 것을 무척 아쉽게 생각했다. 그리고 명 조정의 허락을 받아 왜와 강화하고 명의 수군 일부를 남겨두어 대마도의 재침을 막아야 한다고 했다. 그리하여 선조는 처음에 육군 1천 명을 해안에, 수군 2천 명을 부산에, 도합 3천 명을 주둔해 줄 것을 청했으나 명 황제의 재가를 얻지 못해 다시 1천 명만 요청했다.

1600년 11월 25일 선조는 이덕형에게 『무경요람』(武經要覽) 8권을 내리고 군사를 열심히 조련하라고 했다. 사신(史臣)은

> "경륜(經綸)·절충(折衝)하는 재주와 감언(敢言)·항론(抗論)하는 실상은 없었으나, 특별히 문장과 사기(辭氣)로 한때의 중망을 얻었다. 나이 37세에 이조·호조판서, 대제학을 지내고 지위가 3공(三公)에 이르렀으니, 이렇게 갑자기 승진한 자는 일찍이 없었다. 유제독(劉提督)에게 있던 항왜(降倭)를 임의로 머물러 둔 일 때문에 임금의 돌봄이 조금 소홀해져 정승의 지위에서

물러났고, 훈련도감 제조도 파직되었다. 그런데 이때 일본에 대한 기미책(羈縻策)을 제정해 올리자 자주 등대(登對)하라는 언지를 내렸으며, 그의 말이 상의 뜻에 맞으니, 상이 매우 좋아했다. 사람됨이 막상 일에 임하면 자질구레해 큰 줄기를 세우지 못한 데다가 청절(淸節)에 힘쓰지 않으니, 사람들이 욕심장이라고 기롱했다."

고 논평했다.

1601년(선조 34) 1월에 이덕형은 이원익을 대신해 충청·전라·경상·강원 4도도체찰사가 되어 2월에 성주에 부(府)를 열었다. 부사는 한준겸(韓浚謙), 종사관은 오윤겸(吳允謙)이었다. 그는 소모관(召募官) 이귀(李貴)와 훈련첨정 한교(韓嶠)를 시켜 『기효신서』를 번역해 3책으로 간행하게 했다. 4월에 평의지(平義智)가 귤지정(橘智正)을 보내 포로를 쇄환하겠다고 했다. 그러나 이덕형은 대마도의 속임수라고 보아, 상륙하지 못하게 하고 조정에 치계했다. 예조에서는 즉시 화친과 개시(開市)를 허락하는 공문을 내려보냈다. 이덕형은 옳지 않게 여겨 답서를 환송하고, 명조에 알리고 나서 화친을 의논해야 한다고 했다. 선조는 이덕형에게 알아서 하라고 했다. 이덕형은 "명나라에서는 너희들이 무도한 짓을 반복한 때문에 우리나라에 군사를 남겨 뒤처리를 하려는 계책을 세우고 있다. 감히 이런 때 거짓으로 우리를 속이려 하느냐?"고 하고, 만세덕에게 통보해 왜를 효유하는 고시문(告示文)을 공고케 했다.

1601년 5월 3일 호종공신(扈從功臣)을 정하는데 이덕형은 공무로 남쪽에 내려가 있었기 때문에 처음부터 호종하지 않았다 해 공신 책정에서 빠졌다. 이원익은 이덕형이 명의 원군을 불러오는 데 공로가 크니 호종공신에 넣어야 한다고 주장했다. 이때 대마도의 평조신(平調信)이 내년 봄에 와서 화의를 청한다는 말이 있었다. 체찰사 이덕형은 사명대사(四溟大師)로 하여금 영남에 머물러 있다가 왜사를 맞이할 준비를 하라고 했다. 유정은 산성을 쌓고 1601년에 부산성에 곡식을 쌓아놓는 일을 맡고 있었다. 귤지정은 1602(선조 35) – 1605년(선조 38) 간에 7번이나 와서 포로를 쇄환하고 화의를 간청했다. 이덕형은 이를 만세덕에게 보고했으나 거절당했다.

1602년 42세에 이덕형은 영의정으로 승진했다. 이때 호서지방에서 일어난 무옥(誣獄)을 맡아서 다스렸다. 유영경(柳永慶)은 이를 이용해 무고한 사람을 많이 얽어 넣으려 했다. 영의정 이덕형은 고변한 자를 찾아내어 무고한 사람을 다 풀어주었다. 10월 15일 이덕형은 문신 368인, 무신 245인의 연명으로 명에 세자책봉을 청원했다. 그는 병을 이유로 사직을 청했으나 4도체찰사만 체직하고 영의정을 그대로 하라고 했다.

1603년(선조 36) 선조는 영의정 이덕형으로 하여금 임난 공신을 감정(勘定)하라고 했다. 그런데 1601년(선조 34)에 선조가 호성(扈聖)·청병(請兵)·선무(宣武) 공신을 녹훈하라는 명이 있었다. 이때 백사(白沙) 이항복(李恒福)이 청병한 것은 이덕형의 공이 가장 크다고 주장했으나 이덕형은 처음부터 선조에게 아뢴 단자(單子)에 이름이 없었으니 자기 이름을 삭제해 달라고 했다. 그러나 선조는 그대로 두라고 했다. 훈록을 사양하지 않았다고 비아냥을 받지 않은 것은 아니었다. 이때 전주사고에 있던 실록을 대본으로 실록을 다시 찍어 5사고(춘추관·묘향산·오대산·태백산·마니산 사고)에 간직하는 실록복간 사업의 총재를 맡았다. 이 일은 1606년(선조 39) 4월에 마무리되었다. 또 화폐를 만들어 쓰자고 했으나 조정에 어려운 일이 많아 시행되지 못했다.

1604년(선조 37) 4월 9일 이덕형은 판중추부사가 되엇다. 이때 포도대장 변양걸(邊良傑)이 임해군이 도적을 사주해 유성군(儒城君)

유희서(柳熙緖)를 살해하고 그 미첩을 가로챈 죄를 밝혀냈다. 선조는 왕자를 모해한다고 대노했다. 이덕형은 도적을 잡았다고 죽인다는 것이 말이 되느냐고 항의했다. 그리고 영의정을 사직하고 이항복이 영의정이 되었다. 이항복도 사직해 면직되었다.

1604년 6월에 훈안(勳案)이 개정되었는데, 이덕형은 호성 원종공신에 녹훈되었다. 이덕형이 물러난 뒤에 유영경(柳永慶)이 공신책정의 일을 맡아 이덕형을 정공신에 끼워주지 않았다. 공신도감에서 이의를 제기하자 선조는 대신 이덕형에게 가자해 주라고 했다. 7월 3일 이덕형은 영중추부사가 되었다. 9월 28일 이덕형은 유격(遊擊) 최우제(崔右濟) 후임으로 온 유격 동정의(董正誼)를 맞이했다. 동정의는 국왕의 병세, 세자책봉, 해상의 왜정(倭情)을 살피러 왔다고 했다. 그리고 부산과 서생포(西生浦) 일대를 돌아보려고 했다. 또 둘째아들을 세자를 시켜달라고 청하는 이유가 무엇이냐고 묻기도 했다.

1605년(선조 38) 8월 12일에 어머니 산소가 무너져 이를 보수하기 위해 양근(楊根)으로 내려갔다. 그리고 용진(龍津) 운길산(雲吉山) 아래 대아당(大雅堂)·진일헌(眞佚軒·읍수정(挹秀亭)·애일실(愛日室)을 지어 만년에 은거할 준비를 했다. 1606년(선조 39) 3월에 영창대군이 태어났다. 백관이 모두 하례했으나 유영경의 강권에도 불구하고 하례에 참여하지 않았다. 이항복도 배가 아프다고 참여하지 않았다. 이때 도구가와 이에야스가 새로 관백(關白)이 되어 평의지(平義智)를 보내 화친을 요구해 왔다. 영의정 유영경은 능침을 범한 죄인을 잡아보내면 화의를 하겠다고 했다. 일본은 두 어린애를 잡아 보냈다. 그런데도 유영경은 종묘에 아뢰고 용서하려 했다. 이덕형은 반대했다. 그러나 범인을 저자거리에서 참살하고 여우길(呂祐吉)을 회답정사(回答正使)로 일본에 파견했다. 본래 일본에 보내는 사신을 통신사라 했는데, 이를 격하해 회답사라 했다.

5. 대북정권 아래서 살다

1608년(선조 41) 2월 선조가 죽고 광해군이 섰다. 이덕형은 영중추부사의 자리에 있었다. 이덕형은 이산해·이원익·이항복 등과 함께 임해군 이진(李珒)을 집에 연금했다가 교동(喬桐)으로 유배해야 한다고 주장했다. 그러나 전은설(全恩說)을 내세워 임해군을 죽여서는 안 된다고 했다. 6월 5일 이덕형은 좌의정 직함으로 광해군을 왕으로 책봉해 달라는 진주사(進奏使)로 명나라에 갔다. 그런데 요동도사(遼東都司)가 엄일괴(嚴一魁)를 보내 임해군을 면담하려 했다. 이덕형은 임해군을 만나게 해서는 안 되고, 빨리 북경에 자문(咨文)을 보내 회답을 받아와야 한다고 했다. 그리하여 오봉(五峯) 이호민(李好閔)을 고부승습사(告訃承襲使)로 북경에 보냈으나 책봉을 받아오지 못했다. 그래서 이덕형이 진주사로 다시 간 것이다. 그리하여 광해군과 왕비 유씨(柳氏)의 책봉을 허락받았다. 광해군은 이덕형에게 전 30결, 노비 5구를 내려 노고를 치하했다.

1609년(광해군 1) 봄에 아버지가 아파 용진 별서(別墅)에 가서 간호하다가 자신도 병이 들어 사직하고자 했으나 명나라 사신 오니 빨리 상경하라는 왕명을 받고 조정으로 돌아왔다. 9월에 인목대비가 선조의 능을 참배하려는 것을 이항복과 함께 간곡히 말렸다. 그리고 이덕형은 이원익을 대신해 다시 영의정이 되었다. 11월에는 장인 이산해가 죽어 예산에 장사지냈다.

1610년(광해군 2) 윤 3월 광해군이 생모 공빈(恭賓)을 왕후로 추존하고 묘를 능으로 봉하려는 것을 만류했다. 그러나 공빈을 공성왕후(恭聖王后)로 묘를 성릉(成陵)으로 격상하고 종묘에까지 봉안했다. 3월 6일 이덕형은 왜관에서 시장을 열자고 했다. 명나라의 도움을 받아 국력을 회복할 때까지 유예기간을 갖자는 것이었다. 그러나 미포(米布)만 매매할 수 있게 하고 비단·삼·호피 등 돈이 되는 물품은 교역하지 못하게 했다. 그러다 보니 잠상(潛商)이 들끓어 모든 물건을 매매할 수 있게 하는 것만 못하다는 것이다. 사관은

"이덕형은 기국(器局)이 너그럽고 두터우며 재주가 뛰어났다. 약관에 벼슬길에 올라 청선(淸選)을 두루 거쳤으며, 문단의 맹주로 활약했고, 군사문제를 전담해 처리했다. 마흔 살이 채 못되어 정승에 올랐으나 아름다운 명성을 잃지 않으니, 세상에서 훌륭한 재상으로 평가했다. 다만 나라를 경영하는 데 필요한 실질적인 재주가 없고 낭묘에 있으면서도 별달리 시행하는 일 없이 녹을 부지하고 지위를 보존할 뿐이었다. 그러나 시세(時勢)가 어찌할 수 없다는 것을 알고 매번 상소해 해직되기를 구했는데, 성심으로 사직하면서 늘 몸을 받들고 돌아가고자 했으니, 이러한 점에서 훌륭하다고 하겠다."

라고 평가했다.

1611년(광해군 3) 7월 봄에 용진에 머물면서 사제곡(莎提曲)을 지었다. 3월 26일 이덕형은 『여지승람』을 간행할 때 자기 중시조인 이집(李集)이 조선에 들어와 벼슬한 것으로 잘못 기록되어 있는 것을 고쳐달라고 해 허락을 받았다. 4월에 정인홍의 회퇴변척(晦退辨斥) 사건이 일어났다. 이덕형은 세 차례나 차자를 올려 정인홍의 잘못을 지적했다. 그랬더니 정인홍의 추종자들의 공격을 받아 8월 24일 좌의정으로 강등되고 이원익이 영의정이 되었다.

1612년(광해군 4) 3월에 김직재(金直哉)의 난이 일어났다. 이덕형은 위관으로서 억울한 사람을 많이 풀어주었다. 9월에 이덕형은 다시 영의정이 되었다. 11월에 광해군의 책봉을 허락받은 공으로

익사(翼社)공신에, 김직재난의 위관으로 활동한 공으로 형난(亨難) 공신에 책봉되었다. 거기에 한원부원군(漢原府院君)에까지 책봉되었다. 그러나 이덕형은 달가워하지 않았다. "1592년 임진년의 훈록도 사양할 수 있었는데, 이번의 훈호(勳號)를 달게 받았으니, 그 기분이 어떠하겠는가"라고 부끄럽게 생각했다. 이 훈록은 1623년(인조 1) 인조반정으로 폐지되었다.

1613년(광해군 5) 봄 서인의 거두인 박순(朴淳)의 서자 박응서(朴應犀) 등 7명의 양반 서자들이 조령에서 은 장사를 털다가 잡혀 들어왔다. 이른바 7서지옥(七庶之獄)이다. 이이첨(李爾瞻)은 이들을 종용해 인목대비(仁穆大妃)의 아버지인 김제남(金悌男)과 거사를 함께 모의했다고 불게 했다. 그리하여 김제남은 사약을 받고, 영창대군(永昌大君)은 서인(庶人)으로 강등되어 강화로 유배되었다. 이덕형은 친구인 이항복(李恒福)을 만났다. 이항복은 영창대군을 죽이지 않고 밖으로 내치기만 한다면 반대하지 않겠다고 했다. 이 말을 듣고 이덕형은 영창대군을 대궐 밖에 안치하라고 했다. 이이첨 등이 이덕형을 죽여야 한다고 했으나 광해군은 삭탈관작하는 데 그쳤다. 이덕형은 집으로 돌아와 식사도 안 하고 찬 술만 마시다 1613년 10월 9일에 죽었다. 향년 53세.

▷ 참고문헌

『國譯 廣李世蹟』, 廣州李氏大宗會, 근세아언, 2005.
朴能緒, 『韓國系行譜』天·地·人, 寶庫社, 2005.
李鍾元 편저, 『黎明』, 廣州李氏大宗會, 2007.
이광수, 『새 시대를 이끌고간 정치안동고 이준경 선생 일대기』, 수원대출판부, 1993.
李時佑, 『漢陰 李德馨 先生 一代記』, 廣州李氏 漢陰宗會.

『廣州李氏族譜』, 回想社, 1988.

『조선왕조실록』(태종～광해군)

『경국대전』

廣州李氏大宗會, 『國譯 遁村先生遺稿』, 東禾書館, 1992.

『國譯漢陰先生文稿』, 東禾書館, 1992.

『漢陰 李德馨의 學問과 思想』, 한국역사문화연구원, 2013.

2부

성리학자

이황: 한국말로 주자학을 깊이 풀어낸 학자

최 봉 영

한국항공대학교 교수

1. 퇴계 이황을 어떻게 볼 것인가?

한국인이 쓰는 1000원 짜리 종이돈에는 앞쪽에 퇴계(退溪) 이황 (李滉)의 얼굴이 그려져 있고, 뒤쪽에 그가 지어서 제자들과 함께 공부하던 도산서당이 그려져 있다. 그런데 돈에 나오는 도산서당 은 실물을 바탕으로 그린 것인 반면에 퇴계의 얼굴은 짐작으로 그 린 것이다.

어떤 사람이 퇴계의 얼굴을 짐작으로 그려놓고서, 그것을 퇴계 의 얼굴이라고 말한다면 그냥 웃고 말거나 아니면 꾸짖고 나무랄 것이다. 그런데 나라에서 퇴계의 얼굴을 짐작으로 그려서 돈에다 박아놓고, 퇴계라고 일컬으니 웃기도 뭣하고 나무라기도 뭣하다.

한국인이 돈에다가 퇴계의 얼굴을 짐작으로 그려놓고서, 퇴계라 고 말하는 것은 그렇게라도 해야 하는 절실한 필요가 있기 때문이 다. 많은 사람들이 퇴계의 학문과 인격을 아주 높게 사서, 누구든 지 퇴계를 본으로 삼을 필요가 있다고 생각하게 된 결과로, 퇴계의 얼굴을 짐작으로라도 그려놓고 크게 받드는 일까지 하게 되었다고 보아야 한다.

사람들이 퇴계의 학문과 인격을 매우 높게 사서 우러러 받드는 일은 좋은 일이다. 그런데 이렇게 하려면 퇴계의 학문과 인격이 어떤 점에서 뛰어난 것인지 잘 알고 있어야 한다. 그렇지 않다면 이상한 생각으로 허튼짓을 하면서 다른 속셈을 차리는 일이 되고 만다.

퇴계의 학문과 인격이 뛰어나다고 말하는 사람은 매우 많지만 핵심을 또렷이 잡아서 알기 쉽게 이야기하는 사람은 보기 힘들다. 퇴계를 전공하는 학자들조차 문집이나 언행록에 나오는 글을 따다가 퇴계의 학문과 인격이 매우 뛰어나다는 점만을 거듭 말하고 있다. 이러니 듣고 또 듣고, 읽고 또 읽어도 퇴계의 학문과 인격은 마냥 허공을 떠돌고 있다.

학자들조차 퇴계의 학문과 인격을 구름을 잡듯이 어설프게 말하는 것은 퇴계를 앞에서 마주보지 못하고 밑에서 우러러보기 때문이다. 사람이 무엇이건 밑에서 위로 우러러보게 되면 바라볼 수 있는 것이 아주 적어서 이야기하는 것이 대부분 헛소리가 되고 만다. 우리가 퇴계의 학문과 인격을 제대로 알고자 한다면, 퇴계를 눈앞에 세워놓고 이리저리 돌려가면서 이모저모로 묻고 따지고 푸는 일을 당당하게 할 수 있어야 한다.

2. 퇴계 이황의 학문

한국인이 퇴계를 대단하다고 생각하는 것은 조선시대를 대표할 수 있는 가장 뛰어난 학자라고 여기기 때문이다. 퇴계는 살아 있을 때에 이미 학자로서 크게 이름이 났었고, 죽은 뒤에는 더욱 그러하였다. 퇴계가 세상을 떠나자, 선비들은 그의 신주를 종묘와 성균관과 전국의 향교, 그리고 스무 곳이 넘는 서원에 모셔놓고 제사를 지냈다. 그는 조선시대에 제사를 가장 많이 받은 사람으로서 최고의 영예를 누렸다. 그는 조선왕조가 사라진지 100년이 넘는 오늘날에도 많은 이들의 사랑과 존경을 받고 있다.

1) 학문에 대한 태도

퇴계가 학문으로써 이루고자 한 것은 다른 선비들과 크게 다르지 않다. 선비들이 학문을 한 것은 작게는 벼슬을 얻기 위한 것이고, 크게는 사람다운 사람이 되기 위한 것이었다.

선비들은 벼슬을 위한 학문이 사람다움을 위한 학문에 바탕을 두어야 한다고 말했다. 그러나 실제에서는 사정이 그렇지 못했다. 선비들이 벼슬에 나아가기 위해서 과거공부를 하게 되면, 오로지 합격을 위해서 모든 힘을 다해야 했기 때문에 사람다움을 위한 학문은 남의 일처럼 뒷전이 되고 말았다. 이런 까닭으로 선비들은 나이가 들어가고 공부가 깊어질수록, 벼슬을 위한 학문과 사람다움을 위한 학문을 놓고서 시름하는 일이 많았다.

퇴계는 새로이 이름을 떨치기 시작한 사대부가문의 촉망받는 자제로서 과거공부에 힘을 쏟지 않을 수 없었다. 그가 과거에 붙어서 벼슬에 나아가는 일은 홀어머니가 크게 바라는 바이기도 하였다. 그는 다행스럽게도 34세에 문과시험에 붙어서 벼슬길로 나아갈 수 있게 되어, 과거 준비를 위한 시험공부로부터 벗어날 수 있었다. 이때부터 그는 벼슬살이를 위한 학문보다는 사람다움을 위한 학문에 마음을 기울이게 되었다.

퇴계는 관리가 되고 나서, 더 높은 자리에 오르기 위해서 다른 이들과 겨루고, 다투고, 싸우는 일에는 관심이 적었다. 그는 사물

의 이치를 깨닫고 이루어서 사람다운 사람이 되는 일에서 더욱 큰
즐거움을 얻었다. 이 때문에 그는 학자로서 묻고, 따지고, 푸는 일
을 매우 좋아하였다. 그는 궁금한 일이 있을 때마다 깊이 생각에
빠져서 몸까지 돌보지 못할 정도였다. 그는 이러한 것이 고질처럼
되어서 어찌할 수 없다라고 말했다.

2) 주자학을 정리함

조선시대에 선비들은 남송(南宋)의 주희(朱熹)가 집대성한 성리
학, 곧 주자학을 좇아서 유학을 공부하였다. 선비들은 명나라가 주
자학을 천하의 학문으로 삼으려고 간행한 『소학집주』, 『근사록집
해』, 『사서대전』, 『오경대전』, 『성리대전서』, 『자치통감강목』, 『주
자대전서』, 『주자어류』와 같은 교과서를 그대로 따라서 배웠기 때
문에 저절로 주자학도가 되었다. 명나라가 꿈꾸던 주자학의 세계
가 조선에서 이루어지게 되었다.

퇴계에게 주자는 학자로서 공자와 맹자의 가르침을 배울 수 있
도록 교과서를 만들어준 사람이었고, 관료로서 임금을 섬기고 백성
을 다스리는 일에서 본을 보여준 사람이었다. 퇴계는 주자의 가르
침을 올바르게 배우고 이루어서 훌륭한 주자학도가 되고자 했다.

퇴계는 훌륭한 주자학도가 되기 위해서 주자가 집대성한 성리학
을 깊게 그리고 널리 연구하였다. 그는 『성리대전서』와 같은 책을
길잡이로 삼아서 성리학이 생겨나고 자란 북송의 주돈이, 정호, 정
이, 장재, 소옹, 나경언, 이연평 따위와 성리학이 꽃을 피우고 열매
를 맺은 남송의 주희, 육구연, 진순, 황간, 채침 따위를 공부하였
다. 그는 주자학에 대한 공부가 깊어지자, 주자학의 바탕을 쉽게
알아볼 수 있도록 『주자서절요(朱子書節要)』를 저술하고, 주자학의

계통을 쉽게 알아볼 수 있도록 『송계원명이학통록(宋季元明理學通錄)』을 저술하고, 주자학이 지역의 특성에 맞게 뿌리를 내릴 수 있도록 서원을 활성화시키고, 주자학의 세계가 일상에 뿌리를 내릴 수 있도록 향약을 보급하였다.

퇴계가 학자로서 널리 이름을 떨치게 된 것은 초학자의 경우에도 성리학의 규모와 내용을 쉽게 알 수 있도록 『성학십도(聖學十圖)』를 저술했기 때문이다. 그는 성리학의 방대한 내용들 가운데 핵심만을 가려 뽑아서 10개의 그림을 그리고, 밑에다 풀이를 덧붙여서 『성학십도』를 만들어 새로이 임금이 된 선조에게 바쳤다. 그는 열여섯 살의 어린 임금이 『성학십도』를 병풍으로 만들어 곁에 두고서, 밤낮으로 눈길이 닿게 하여 학문에 도움이 되기를 당부하면서, 백성을 덕으로 다스리는 어진 임금이 되기를 바랐다.

『성학십도』가 세상에 나오자, 초학자도 성리학의 골자를 한 눈으로 알아볼 수 있게 되었다. 사람들은 성리학의 뼈대를 이루는 우주론과 심성론과 수양론과 학문론과 교육론이 어떠한 관계로 엮여 있는지 쉽게 알아차릴 수 있었다. 율곡 이이는 이런 일에서 크게 자극을 받아, 성리학의 모든 내용을 하나의 체계에 요약하고 정리하여 『성학집요(聖學輯要)』를 저술하였다. 이때부터 학자들은 『성학십도』와 『성학집요』를 길잡이로 삼아서, 성리학의 핵심을 곧바로 파고들 수 있게 되었다. 그 결과로 성리학의 바탕을 이루는 리, 기, 심, 성, 정과 같은 기본 개념을 깊이 묻고 따지고 푸는 일이 일어나기 시작하였다. 이로부터 조선의 성리학이 아주 색다른 모습을 드러내게 되었다.

퇴계는 평생 동안 오로지 주자를 공부한 사람으로서 주자학에 대한 자부심이 매우 컸다. 그는 공자와 맹자에서 정자와 주자로 이어지는 성리학의 정통을 지키고 이어가는 일에 힘을 쏟았다. 그는 유학자일지라도 성리학의 정통에서 벗어난 이들을 단호하게 물리쳤다. 그는 주자와 어깨를 겨루었던 육구연(陸九淵)을 선불교에 흘렀다고 비난하였고, 치양지(致良知)를 강조한 명나라의 왕수인(王守仁)을 육구연의 주장과 맥이 닿아 있다고 비난하였다. 그리고 신라의 최치원(崔致遠)이 성리학과는 거리가 먼 학문을 한 까닭으로 문묘에서 내쳐야 한다고 주장했다.

3) 한국말로써 경전을 풀이함

퇴계가 뛰어난 학자가 될 수 있었던 것은 여느 선비와는 다른 점이 있었기 때문이다. 퇴계는 한문을 공부할 때에 한국말을 다루는 태도에서 다른 선비들과 크게 달랐다. 다른 선비들은 한문의 뜻을 한국말로써 풀어낼 때, 한국말의 뜻을 대충 알고서 풀어내는 반면에 퇴계는 한국말의 뜻을 하나하나 깊이 살펴서 속속들이 알고서 풀어내었다.

퇴계는 한문으로 적혀 있는 글의 내용을 올바로 알기 위해서 한문의 뜻을 풀어내는 한국말의 쓰임새와 짜임새를 깊이 파고들어, 토씨의 미묘한 차이까지 하나하나 살펴서 섬세하게 풀어내었다. 예컨대 그는 『논어』에 나오는 '사무사(思無邪)'라는 구절을 한국말을 가지고서 "○思이 邪이 업스미니라. ○思이 邪이 업게 흘디니라. '업게 흘디니라'는 공부의 뜻이 담겨 있다(此有工夫說). 지금 내가 두 가지 풀이, 곧 '업스미니라'와 '업게 흘디니라'를 살펴보니 두 가지 모두 살려두어야 마땅하지마는, 단지 뒤에 나오는 '업게 흘디니라'는 마땅히 '업게 호미니라'라고 말해야 한다(今按兩說皆當存之, 但下說當云 업게 호미니라)"라고 풀어내었다.

퇴계는 이미 살아 있을 때부터, 한문을 한국말로써 풀어내는 일을 가장 잘하는 사람으로서 이름이 났었다. 선조임금이 사서삼경과 같은 경서를 언해하는 일을 가지고, 신하들에게 경서의 토를 고치는 일에 대해서 묻자, 미암 유희춘은 "우리 동방에서 예부터 경전의 뜻을 곱씹어서 맛보고, 주자의 글과 말을 파고들어서 거듭해서 따지기로는 이황만한 사람이 있지 않습니다.(『宣祖實錄』, 7년 10월, 25일조, "東方自古未有咀嚼經訓, 沈潛反覆乎朱子文語, 如李滉者也")"라고 말하면서, 퇴계가 한국말로써 한문의 뜻을 풀어내는 일에서 가장 뛰어난 학자임을 말하였다. 퇴계는 한문의 뜻을 한국말로 토를 붙여서 간단히 풀어내는 언해(諺解)의 단계를 넘어서, 한국말의 낱말과 토씨의 뜻을 깊이 살펴서 자세히 풀어내는 석의(釋義)의 단계로 나아갔다.

조선시대에 선비들이 중국에서 가져온 한문을 배우고 쓰는 일은 한국말을 바탕으로 이루어졌다. 예컨대 사람들이 『천자문』을 배울 때에 천(天)과 지(地)를 '하늘 천'과 '땅 지'로 뜻을 새기고, 교(敎)와 미(美)를 '가르칠 교'와 '아름다울 미'로 뜻을 새겨서 배웠다. 이런 까닭으로 한국말에서 하늘과 땅, 가르치다와 아름답다가 무엇을 가리키는지 알지 못하면 천(天)과 지(地), 교(敎)와 미(美)와 같은 한자를 제대로 배우고 쓸 수가 없다.

그런데 하늘과 땅의 경우에는 눈에 보이는 구체적 사물이어서, 한국말에서 하늘과 땅이 무엇을 뜻하는지 잘 알지 못해도 천(天)과 지(地)를 배우고 쓸 수 있다. 그러나 가르치다와 아름답다는 눈에 보이지 않는 추상적 관념이어서, 한국말에서 가르치다와 아름답다가 무엇을 가리키는지 알지 못하면 교(敎)와 미(美)를 배우고 쓸 수 없다. 이런 까닭으로 추상적 관념을 뜻하는 한자를 배우는 경우에는 반드시 그것의 뜻을 새기는 한국말의 뜻이 무엇인지 제대로 알고 있어야 한다.

언제부터인가 한국인은 교(敎)와 미(美)를 '가르칠 교'와 '아름다울 미'로 새기면서도, 가르치다와 아름답다의 뜻이 무엇인지 묻지 않게 되었다. 그들은 교(敎)와 미(美)를 배울 때에 그냥 '가르칠 교'와 '아름다울 미'로 외워서 배운다. 이처럼 한자의 새김을 그냥 외워서 배우는 일이 오랫동안 계속되자, 어느 누구도 교(敎)와 미(美)를 새기는 가르치다와 아름답다의 뜻을 제대로 풀어내지 못하게 되었다. 이에 따라서 '가르칠 교'와 '아름다울 미'를 열심히 배우더라도 교(敎)와 미(美)의 뜻을 아는 일은 끝내 흐릿한 상태에 머무르게 된다.

한국말에서 가르치다는 갈다+치다로 이루어진 낱말이다. 이때 갈다는 어떤 것을 소리를 내어서 말하는 것을 말하고, 치다는 어떤 것이 자라나도록 기르는 것을 말한다. 가르치다는 사람이 다른 사람에게 어떤 것에 대해서 말해주어서 어떤 것에 대한 앎이나 느낌이 자라나도록 길러주는 일을 말한다. 그리고 아름답다는 아름+답다로 이루어진 낱말이다. 이때 아름은 낱낱의 개체를 말하고, 답다는 본래의 자질대로 된 상태를 말한다. 아름답다는 어떤 개체가 갖고 있는 본래의 자질이 다 이루어진 상태를 말한다.

한국인이 가르치다와 아름답다가 무엇을 뜻하는지 잘 아는 상태에서 敎와 美를 '가르칠 敎'와 '아름다울 美'로 새겨서 배우게 되면, 敎와 美의 뜻을 깊이 묻고, 따지고, 풀 수 있다. 그렇지 않으면 아무리 敎와 美의 뜻을 골똘히 생각을 하더라도 깊이 들어갈 수가 없다. 이런 까닭으로 한국인은 한문의 뜻을 새기고 푸는 한국말이 어설프면 아무리 한문을 열심히 배우더라도 낱말의 뜻을 대충 알아보는 얼치기 상태에 머물고 만다.

퇴계는 한문으로 된 경전의 뜻을 제대로 알아내기 위해서 한문의 뜻을 풀어내는 한국말에 많은 관심을 기울였다.

첫째, 퇴계는 책을 읽다가 어려운 한자 문구를 만나면 한국말을 가지고 뜻을 풀어서 알기 쉽도록 하였다. 예컨대 환(還)이라는 글자의 뜻을 '語辭, 又 도로혀, ○ 다함, 又 다시로, 又 갑다'로 풀고, 한(閒)이라는 글자의 뜻을 '노다, 又 속절없다, 又 힘힘타'로 풀었다. 송나라의 학자들이 일상말을 글로 적어놓은 경우에 이런 일이 많았다. 뒷사람들은 퇴계가 제자들에게 한자 문구를 한국말로 풀어준 것을 모으고 보태어서 『어록해(語錄解)』를 만들었다. 『어록해』가 세상에 나오자, 선비들은 한문의 뜻을 한층 또렷이 알 수 있었다.

둘째, 퇴계는 경전을 읽다가 뜻이 아리송한 곳을 만나면 한국말을 가지고 뜻을 또렷하게 풀어서 드러내었다. 예컨대 『대학』에 나오는 '치지재격물'에서 재격물의 뜻을 '物을 格ᄒ욤에 인ᄂ니라, 一云 物에 格홈에, 此說誤'라고 풀었다. 그는 한국말 토씨에서 볼 수 있는 '을'과 '에'의 차이를 가지고 재격물의 뜻을 '물을 격하는 것에 있다로 풀면 옳은 것이 되고, 물에 격하는 것에 있다로 풀면 그른 것이 된다는 것을 자세하게 보여주고 있다. 뒷사람들은 퇴계가 제자들에게 『사서』와 『삼경』과 『심경』에서 뜻이 아리송한 곳을 한국말로써 풀어준 것들을 모아서 『사서석의(四書釋義)』, 『삼경석의(三經釋義)』, 『심경석의(心經釋義)』를 만들었다. 이와 같은 석의(釋義)가 세상에 나오자, 선비들은 경전의 뜻을 한층 또렷하게 풀어나갈 수 있게 되었고, 이에 따라 갖가지로 의문이 일어나면서 여러 가지로 논쟁이 벌어져서 끝없이 이어지게 되었다.

4) 한국말로써 마음을 노래함

퇴계는 한국말로써 한문의 뜻을 또렷하게 풀어서 배우는 일에 머무르지 않고, 한국말로써 삶과 학문을 노래하여 『도산십이곡(陶

山十二曲)』을 지었다. 그는 앞의 여섯 곡에서 삶에 대한 포부를 노래하고, 뒤의 여섯 곡에서 학문에 대한 태도를 노래하였다. 『도산십이곡』에는 한국인으로서 한국말을 가지고 학문도 하고 생활도 했던 퇴계의 모습이 매우 잘 드러나 있다. 퇴계는 『도산십이곡』을 언문으로 지어놓고, 그것에 대한 발문을 한문으로 씀으로써 자신의 삶과 학문에서 한국말과 한문이 어떠한 관계에 있는지 분명하게 보여주었다.

퇴계는 『도산십이곡』을 짓게 된 까닭을 밝혀놓은 『도산십이곡발』에서 '내가 마음에 느끼는 것이 있을 때마다 시에 담아서 드러냈지만, 오늘날의 시는 옛날의 시와 달라서 읊을 수는 있지만 노래로 부를 수는 없다. 노래로 부르고 싶다면 반드시 일상으로 오가는 한국말로 엮어야 한다. 나라의 풍속과 쓰는 말에서 그렇게 하지 않을 수 없는 바가 있기 때문이다.'라고 말하였다. 그리고 그는 자신이 하는 일에 대해서 다른 사람이 헐뜯거나 나무랄 수도 있다고 생각하여 '돌이켜 생각하건대, 내가 하는 일이 이즈음의 세속과 약간 맞지 않는 점이 있어서, 이러한 한가로운 일로 말미암아 시끄러움을 일으킬지도 알 수 없거니와, 또한 이러한 노래가 마음의 곡조와 음악의 절조에 맞을지도 모르겠다.'고 가슴에 간직한 속뜻을 낮은 목소리에 담아서 조용하게 드러내었다.

퇴계가 『도산십이곡』에서 노래하고 있는 삶에 대한 포부와 학문에 대한 태도를 간추려보면 다음과 같다.

첫째, 퇴계는 이런들 어떠하며 저런들 어떠할 것인가라고 말하면서 모든 것을 있는 그대로 보아주고 알아주는 것을 바탕으로 하나의 큰 우리를 이루고자 한다. 그는 본래의 바탕에 터를 잡고 연기와 노을로 집을 삼고 바람과 달로 벗을 삼아서 허물이나 없는 사람으로 살고자 한다.

둘째, 퇴계는 사람의 본성이 어진 것을 바탕으로 세상에 순박한 풍속을 이룰 수 있다고 믿는다. 그는 골짜기의 난초와 산마루의 구름을 바라보면서 어진 임금이 다스리는 태평스런 세상을 꿈꾸면서 모든 것이 하나로 어울려서 생생하게 돌아가는 자연의 흐름과 함께 하고자 한다.

셋째, 퇴계는 책을 읽고 생각을 깊게 하여 이치를 깨달음으로써 귀와 눈이 밝아지는 즐거움을 이야기하고 있다. 그는 귀머거리는 벼락을 맞아서 산이 무너져도 듣지 못하고, 장님은 하늘 가운데 해가 떠 있어도 보지 못하는 것을 말하면서 학문으로 귀와 눈을 밝게 할 것을 말한다.

넷째, 퇴계는 옛사람이 나를 볼 수 없고, 나도 옛사람을 볼 수 없지만 그들이 걸어간 길이 앞에 있기 때문에 따라갈 수 있다고 말한다. 사람이 걸어가야 할 길은 어리석은 사람도 알고 할 수 있을 만큼 쉬운 것이지만 제대로 알고 하는 일은 성인도 다하지 못할 만큼 어려운 것이다. 사람은 올바른 길을 찾고서 따르기 위해서 끊임없이 깨치고 익히는 일에 힘을 쏟아야 한다.

3. 이발과 기발

주자는 주돈이·정호·정이·장재·소옹·나종언(羅從彦)·이동(李侗)과 같은 학자들이 주장한 바를 이리저리 엮어서 성리학을 집대성하는 과정에 논의를 말끔하게 마무리하지 못한 부분이 많았다. 그는 시기에 따라서 또는 경우에 따라서 말을 바꾸는 일이 많았기 때문에 속뜻을 알아차리기 어려웠다. 이로 말미암아 주자가 살아 있을 때부터 학자들 사이에 여러 가지로 개념에 대한 논란이 일어났다. 이러한 논란 가운데 대표적인 것으로는 리(理)와 기(氣)에 있어서 선(先)과 후(後), 동(同)과 이(異)에 대한 논란, 성(性)에 있어서 물성(物性)과 인성(人性), 본연지성(本然之性)과 기질지성(氣質之性)에 대한 논란, 심(心)에 있어서 인심(人心)과 도심(道心), 천리(天理)와 인욕(人欲)에 대한 논란을 꼽을 수 있다.

조선시대에 선비들이 처음으로 주자학을 배우기 시작하는 단계에서는 주자학의 바탕을 이해하는 것조차 버거웠기 때문에 리, 기, 성, 심과 같은 개념에 대한 논란은 일어나지 않았다. 그런데 시간이 지나면서 주자학에 대한 이해가 넓어지고 깊어지는 가운데, 선비들이 『성리대전서』, 『주자대전』, 『주자어류』와 같은 책을 바탕으로 주자학을 본격적으로 연구하는 단계에 이르자, 자연히 중요한 개념에 대한 논란이 일어나게 되었다.

퇴계는 한국말을 가지고 주자학을 깊이 파고들고 풀어내는 과정에 여러 가지로 논란의 씨앗을 만들었다. 퇴계로 말미암아 『대학』에 나오는 격물(格物)의 방법, 『태극도설』에 나오는 태극(太極)과 무극(無極)의 관계, 『중용』에 나오는 솔성(率性)의 성격, 사단(四端)과 칠정(七情)에 따른 이발(理發)과 기발(氣發)의 갈래와 같은 논의가 생겨나게 되었다.

퇴계의 주장에서 비롯한 논의들 가운데서 가장 크게 문제가 된 것은 사단과 칠정에 따른 이발과 기발에 대한 논쟁이었다. 퇴계는 정지운이 『천명도설』에서 '사단은 리에서 발단하고, 칠정은 기에서 발단한다(四端, 發於理. 七情, 發於氣)'라고 말한 것을 '사단은 리가 발동한 것이고, 칠정은 기가 발동한 것이다(四端, 理之發. 七情, 氣之發)'라고 고쳐야 뜻이 올바르게 된다고 보았다. 그런데 고봉 기대승은 퇴계의 주장대로 고치게 되면, 뜻을 그릇되게 할 수 있다고 주장함으로써, 퇴계가 논란의 중심에 자리하게 되었다.

고봉 기대승은 32살에 문과에 합격하여 벼슬길로 들어서자, 홍문관 부제학으로 있던 58세의 퇴계에게 편지를 보내서 사단과 칠정을 이발과 기발로 나누어서 풀이하는 것은 문제가 있다고 주장했다. 퇴계가 고봉에게 자신의 주장을 자세히 풀어서 친절하게 답장을 보내자, 두 사람은 나이를 잊은 채로 8년에 걸쳐서 많은 편지를 주고받으며 논쟁을 이어갔다. 이런 일이 있은 뒤로 율곡 이이와 우계 성혼과 같은 선비들이 논쟁에 뛰어들어 논란을 키우게 되자, 수백 년에 걸쳐서 숱한 시비가 끊임없이 일어나게 되었다.

퇴계는 고봉과 논쟁을 벌이는 과정에 자신이 주장한 바를 더욱 정밀하게 만들어서 사단은 '리가 발동하고 기가 따르는 것(理發而氣隨之)'으로, 칠정은 '기가 발동하고 리가 타는 것(氣發而理乘之)'으로 고쳤다. 이로써 그는 리와 기가 하나를 이루고 있지만 서로 섞이지도, 서로 떨어지지도 않는 관계에 있다는 성리학의 대전제에 충실하면서 동시에 사람의 마음이 일어나는 것에는 리가 발동하고 기가 따르는 경우와 기가 발동하고 리가 타는 경우가 있기 때문에 마음의 일어남은 리와 기로 나누어서 말해야 함을 분명히 하였다.

퇴계는 사람의 마음이 일어나는 것을 두 가지로 갈래를 나누어서, 이치에 대한 깨달음에서 일어나는 마음을 사단(惻隱之心, 羞惡之心, 辭讓之心, 是非之心)으로, 기질에서 비롯하는 이끌림에서 일어나는 마음을 칠정(喜, 怒, 哀, 樂, 愛, 惡, 欲)으로 보았다. 이로써 그는 사람이 말로써 생각을 펼쳐서 갖가지 것을 헤아리고 깨쳐서 갖게 된 이치로부터 마음이 일어나는 것을 따로 떼어서 또렷하게 보여줄 수 있게 되었다. 그가 이렇게 한 것은 인의예지에 대한 이치를 깨닫고 이룰 수 있는 사람과 그렇지 못한 개나 돼지가 마음이 일어나는 일에서 서로 다른 것이 있음을 분명하게 드러내고자 했기 때문이었다.

퇴계가 이발과 기발에 대한 주장을 폈을 때, 선비들은 그것에 담겨진 뜻을 제대로 알아보지 못했다. 그의 주장을 거부하는 쪽은 물론이고 그의 주장을 수용하는 쪽도 마찬가지였다. 그들은 퇴계가 마음에서 일어나는 일을 절로 일어나는 일과 뜻으로 일어나는 일, 지각에서 비롯하는 일과 생각에서 비롯하는 일, 기질에 바탕을 둔 일과 이치에 바탕을 둔 일을 나누어서 하나하나 정밀하게 묻고 따지는 것을 깊이 살피지 못하였다. 이 때문에 그들은 퇴계가 갈래를 섬세하게 나누어서 촘촘하게 풀어내는 단계에 이르면 퇴계의 생각을 따라가지 못한 상태에서 이리저리 제멋대로 주장을 달리하였다.

퇴계가 사단을 '이발이기수지', 칠정을 '기발이리승지'라고 말한 것을 제대로 알기 위해서는 한국인이 리(理), 기(氣), 발(發), 수(隨), 승(乘), 단(端), 심(心), 정(情)의 뜻을 어떻게 새기고 풀어왔는지 알아야 한다.

중종 때에 만들어진 『훈몽자회』와 선조 때에 만들어진 『한석봉 천자문』에는 리를 '다스릴 리', 기를 '기운 기', 발을 '베풀 발', 수를 '좇을 수', 승을 '탈 승', 단을 '끝 단', 심을 '마음 심', 정을 '뜻 정'으로 새기고 있다. 당시에 선비들이 한자를 배우고 한문의 뜻을 풀어내는 것은 모두 이러한 새김을 바탕으로 이루어졌다. 퇴계가 사단과 칠정을 이발과 기발로 푼 것도 당연히 이러한 것을 바탕으로 이루어졌다고 보아야 한다.

퇴계가 리를 발하는 것으로 주장한 것은 당시에 리를 '다스릴 리', 발을 '베풀 발'로 새겨온 전통과 깊이 연관되어 있다. 한국말에서 다스리는 일과 베푸는 일은 사람이 마음으로 이치를 헤아려서 스스로 알아서 하는 일을 말한다. 이러한 것은 퇴계가 어린 시절에 리에 대한 생각을 말한 것에 잘 드러나 있다. 『퇴계언행록』에 따르면 퇴계는 12살에 숙부인 송재선생에게 『논어』를 배웠는데, 하루는 '무릇 일에서 옳은 것이 리인 것입니까(凡事之是者, 是理乎)'라고 물었고, 송재는 기뻐하면서 '너는 이미 글의 뜻을 깨쳤다'라고 말하였다. 퇴계에게 리는 '옳은 것(是者)'이면서 '~인 것(是)'이다. 이 때문에 인의예지의 이치에서 비롯하는 사단을 리가 발하는 것으로 푸는 것은 당연한 일이다.

그런데 오늘날 한국인은 한자를 배울 때에 리를 '이치 리', 발을 '필 발'로 새긴다. 그런데 리를 '이치 리'로 새기는 것은 그 글자로써 그 글자를 푸는 것이어서 뜻을 새기는 것이라고 말할 수 없고, 발을 '필 발'로 새기는 것은 한자의 뜻을 새기는 것이 맞지만 '피다'가 무엇을 뜻하는지도 모른 상태에서 그냥 '필 발'로 새겨서 외운다. 이러니 퇴계가 살아가던 때에 리와 발을 어떻게 새기고 풀었는지 전혀 알 수가 없다. 학자들조차 '다스릴 리'에서 볼 수 있는 임자의 줏대와 '베풀 발'에서 볼 수 있는 임자의 펼침에 대해서 전혀 생각을 못한 상태에서 말하고 싶은 대로 마구 떠들어대고 있다.

4. 퇴계 이황과 인격

1) 퇴계와 큰 사람

조선시대에 선비들이 되고자 한 사람의 모습은 큰 사람이었다. 그들은 학문으로 덕(德)과 인(仁)을 깨치고 익혀서, 생활로 그것을 이루고 쌓음으로써 갖가지 것을 하나로 어우를 수 있는 큰 사람이 된다고 보았다. 그들은 덕과 인을 큰 사람으로 나아가는 바탕으로 보았기 때문에 덕을 '큰 덕', 인을 '클 인', 의를 '클 의'로 새기고 풀었다. 예컨대『광주천자문』에는 덕을 '큰 덕', 인을 '클 인', 의를 '클 의'로 새기고,『석봉천자문』에는 덕을 '큰 덕', 인을 '클 인'으로 새기고,『훈몽자회』에서는 덕을 '큰 덕', 인을 '클 인'으로 새기면서, 의에 경우에는 '맞을 의'라고 새기는 동시에 우리나라에서는 '클 의'라고 새겨왔다고 말하고 있다.

퇴계는 '큰 덕', '클 인', '클 의'를 바탕으로 세상에 널려 있는 모든 것을 하나로 어우를 수 있는 큰 사람이 되고자 했다. 그가 나이가 드는 것조차 잊어버릴 정도로 학문에 깊이 빠져든 것은 학문으로 인격을 도야하여 큰 사람이 되는 꿈을 이루고자 했기 때문이다. 그는 큰 사람이 되는 일에서 무엇보다도 큰 즐거움을 얻고 누렸다. 그는 이러한 즐거움을 더욱 고스란히 얻고 누리기 위해서, 자신의 삶을 두 개의 별호(別號), 곧 도산(陶山)과 퇴계(退溪)에 담아서 쉼 없이 열심히 가꾸어나갔다.

퇴계가 별호로 지은 도산은 사람이 끊임없는 도야(陶冶)의 과정을 거쳐서 큰 사람이 된다는 뜻을 담고 있다. 이러한 도야의 과정은 사람이 대상을 알아보고, 알아듣고, 알아차리고, 알아내고, 알아주고, 알아하는 과정을 통해서 이루어진다. 이런 까닭으로 인격을 도야하는 일에서 가장 중요한 것은 학문을 통해서 대상을 알아가는 일을 깊고 넓게 만들어가는 일이다. 퇴계에게 학문은 도야가 이루어지는 바탕을 갖추는 일이었다.

퇴계가 되고자 한 큰 사람은 이쪽과 저쪽의 사이를 좋게 하는 일에 바탕을 두고 있다. 한국인은 사람이 제 밖에 있는 다른 것을 보아주고, 들어주고, 알아주고, 돌보아주어서 사이좋게 만들 때에 그를 좋은 사람이라고 부른다. 사람은 사이를 좋게 함으로써 좋은 사람이 된다. 퇴계가 되기를 바라는 큰 사람은 널리 사이를 좋게 하는 사람이다. 그는 세상에 널려 있는 모든 것들과 사이를 좋게 함으로써 아주 큰 사람이 되고자 하였다.

사람이 인격을 도야하여 내 쪽과 네 쪽을 사이좋게 하는 것은 네 개의 단계를 밟아서 이루어진다.

첫째, 사람은 갓 태어났을 때에는 오로지 저만 좋은 상태에 있기를 바란다. 갓난아기는 다른 사람의 바람이나 처지를 전혀 알아볼 수 없기 때문에 오로지 제가 좋은 것만 찾는다. 이것이 오로지 저만이 좋기를 바라는 개체 좋음의 단계이다.

둘째, 사람은 태어나서 다른 사람들의 보살핌을 받으며 자라는 과정에서 함께 하는 이들의 바람이나 처지를 알아줄 수 있는 힘을 갖는다. 이때부터 사람은 저들이 함께 좋은 상태에 있기를 바라는 일을 할 수 있다. 이것이 저들끼리 함께 좋기를 바라는 집단 좋음의 단계이다.

셋째, 사람은 저들의 밖에 남이 있다는 것을 깨닫게 되면 남들을 알아줄 수 있는 힘을 갖는다. 남은 저들의 바깥에 있기 때문에 깊이 살피고 깨달아야 남을 알아주는 마음이 생겨난다. 이런 사람은 남들까지 함께 좋은 상태에 있기를 바라는 일을 할 수 있다. 이것이 저와 저들과 남들을 아우르는 모든 사람이 함께 좋기를 바라는 보편 좋음의 단계이다.

넷째, 사람은 남의 밖에 갖가지 것이 있다는 것을 깨닫게 되면 것들을 알아줄 수 있는 힘을 갖는다. 것은 남의 바깥에 그냥 물건으로 있기 때문에 아주 깊이 살피고 깨달아야 것을 알아줄 수 있는 마음이 생겨난다. 이런 사람은 것들까지 함께 좋은 상태에 있기를 바라는 일을 할 수 있다. 이것이 저와 저들과 남들과 것들을 모두 아우르는 존재 좋음의 단계이다.

사람은 인격을 도야하여 모든 것과 어울릴 수 있는 힘을 갖춤으로서, 저들끼리 고루하면서 남까지 두루 하고, 모든 것과 함께 하는 삶을 꿈꿀 수 있다. 이러한 사람은 세상의 모든 것과 함께 어울려서 천지만물과 하나를 이루는 물아일체, 무위자연의 삶을 살아가게 된다. 이것이 바로 퇴계가 도산서당을 지어서 이루고자 한 큰 뜻이라고 할 수 있다.

2) 퇴계와 세상살이

퇴계는 문과를 거쳐서 벼슬에 나아간 뒤에 큰 어려움을 겪지 않고 높은 자리에 오를 수 있었다. 그런데 그는 벼슬살이를 달갑게 여기지 않아서 언제나 자연을 노래하면서 전원으로 돌아가고자 하였다. 이런 까닭으로 임금은 퇴계에게 벼슬을 내려서 서울로 불러올리고, 퇴계는 임금에게 벼슬을 돌려주고 시골로 물러나는 일이 거듭되었다.

퇴계가 벼슬을 마다하고 시골로 물러나고자 한 것은 퇴계(退溪)라는 별호에 그 뜻이 잘 드러나 있다. 퇴계는 '물러나 있는 골짜기'를 뜻하는 동시에 '골짜기로 물러남'을 뜻한다. 그는 벼슬살이를 하는 일과 인격을 도야하는 일이 하나를 이루어야 한다고 생각했다. 그러나 그는 벼슬살이의 세계에서 권세를 다투는 일과 인격을 도야하여 큰 사람이 되는 일을 함께 할 수 없다고 보았기 때문에 벼슬을 버리고 골짜기로 물러나고자 하였다.

퇴계가 학자로서 꿈꾸었던 것은 끼리끼리 뭉쳐서 이익을 다투는 것을 벗어나서 남과 두루 하고, 것과 함께 하는 큰 사람으로 살아가는 일이었다. 이런 까닭으로 그는 선비들이 수십 년에 걸쳐서 인의예지를 공부한 사람임에도 끼리끼리 뭉쳐서 죽음까지 마다하지 않고 다투고 싸우는 일을 받아들일 수가 없었다. 그는 싸움을 함께 할 수도 없고, 그치게 할 수도 없고, 두고 볼 수도 없었기 때문에 마냥 물러나는 쪽을 생각했다.

퇴계는 시골로 물러나도 끼리끼리 뭉쳐서 이익을 다투는 모습을 완전히 벗어날 수 없었다. 시골에서도 양반이 상민을 누르고, 적자가 서자를 깔보고, 주인이 노비를 사고파는 일은 사람답게 살아가는 일은 아니었다. 이런 까닭으로 그는 가족이나 이웃에서 떨어진 호젓한 골짜기에 작은 서당을 짓고서 사람다움을 꿈꾸었던 옛사람이 걸어간 길을 따라 걸었다. 그는 끼리끼리를 넘어서 남까지 두루 하고 것까지 함께 할 수 있는 온전한 삶을 맛보고자 하였다. 그는 깨달음이 무르익어 흥에 겨운 날이면 안개와 노을로 집을 삼고, 바람과 달을 벗을 삼아 모든 것과 함께 어울리는 즐거움을 노래하였다.

5. 우리에게 퇴계는 무엇인가?

오늘날 우리가 옛사람인 퇴계를 놓고서 이런저런 이야기를 거듭하는 것은 퇴계가 소중하다고 보기 때문이다. 퇴계가 어떤 점에서 소중한 사람인지 살펴보면 다음과 같다.

첫째, 퇴계는 남의 나라의 글을 가져다가 공부할 때에 어떻게 해야 하는지 좋은 가르침을 주었다. 그는 한국인이 일상으로 쓰는 말(한국말)과 글(언문)을 가지고 중국에서 가져온 한문을 야무지게 묻고, 따지고, 풀었기 때문에 중국인도 생각하지 못한 곳까지 나갈 수 있었다. 이런 것은 『어록해』, 『사서석의』, 『삼경석의』, 『심경석의』와 같은 것을 살펴보면 잘 알 수 있다.

둘째, 퇴계는 마음을 노래할 때에 어떻게 해야 하는지 좋은 가르침을 주었다. 그는 한국인이 한문으로 시를 짓더라도 마음을 노래하는 일은 한국말로써 해야 함을 분명히 하였다. 그래야 몸과 마음이 하나를 이루어서 신이 나고 흥이 솟기 때문이다. 이런 것은 언문으로 쓴 『도산십이곡』과 한문으로 쓴 『도산십이곡발』을 살펴보면 잘 알 수 있다.

셋째, 퇴계는 남의 나라에서 가져온 개념을 따라서 배울 때에 어떻게 해야 하는지 좋은 가르침을 주었다. 그가 주자학을 배우는 일은 한국인이 한국말로써 갈고 닦아놓은 개념을 가지고 중국인이 중국말로써 갈고 닦아놓은 개념을 비추어 보아서 묻고, 따지고, 푸는 방식으로 이루어졌다. 그는 이쪽과 저쪽의 개념을 하나로 아울러서 볼 수 있는 힘을 갖게 됨으로써, 주자를 따라서 배웠음에도 주자를 넘어서는 학자가 되었다. 이런 것은 퇴계가 사단과 칠정을 이발과 기발로 나누어서 마음이 일어나는 것을 풀어내는 것을 살펴보면 잘 알 수 있다.

넷째, 퇴계는 학자가 학자로서의 분수를 어떻게 지켜야 하는지 좋은 가르침을 주었다. 그는 선비들이 학문을 핑계로 끼리끼리 뭉쳐서 목숨을 걸고서 권세를 다투는 것을 보면서 함께 하지도 못하고, 그치게 하지도 못하고, 그대로 보고 있을 수도 없었다. 그는 이러한 처지를 당하여서 스스로 할 수 있는 것을 헤아리고, 그 가운데서 반듯이 해야 하는 것을 가려서 그대로 이루고자 하였다. 그가 선택한 것은 시골로 물러나 학자로서의 분수를 지키며, 학문을 이루고 사람을 기르는 일에 힘을 쏟는 일이었다.

퇴계는 남이 힘들어서 하지 않거나 꺼려서 하지 않는 일까지 꾸준히 참고 이루어서 아주 큰 학자가 되었다. 그가 세상을 떠나자, 선비들은 그를 누구보다도 크게 높이고 받들었다. 『퇴계언행록』에 실려 있는 퇴계의 모습은 지극히 어질고 밝고 슬기로워서 마치 밝은 해가 하늘 높이 솟아서 온 누리를 환히 비추고 있는 것과 같다.

선비들은 퇴계를 더없이 높이면서도 그의 가르침을 따르는 일에는 관심이 적었다. 그들은 퇴계가 한국말로써 한문을 공부하던 방식, 퇴계가 한국말로써 마음을 노래하던 방식, 퇴계가 한국말로써 개념을 다루던 방식, 퇴계가 학자로서 분수를 지키던 방식을 가볍게 보아 넘겼다. 그들은 저마다 제 욕심을 차리는 일에 퇴계를 이리저리 끌고 다니고자 했다. 이런 까닭으로 퇴계는 더욱 높아지고, 주자학은 더욱 융성해지는데도 당쟁은 날로 심해지고, 백성은 날로 고달파져서 결국에는 나라까지 잃어버리게 되었다.

오늘을 살아가는 우리에게도 퇴계는 중요한 분이라고 할 수 있다. 그런데 우리에게 퇴계가 중요한 것은 주자학자로서 퇴계보다는 한국인으로서 퇴계이다. 이런 점에서 우리는 퇴계의 언행을 차분히 곱씹고 되새겨서, 우리에게 소중한 퇴계가 어떤 것인지 밝게 드러낼 수 있어야 한다. 그렇지 않으면 옛날과 마찬가지로 제 욕심을 채우기 위해서 퇴계를 끌고 다니는 일을 되풀이하게 된다. 이러니 우리는 퇴계를 말할 때마다 매우 조심스러워야 한다. 얼치기로서 나대는 것이 아닌지 스스로 묻고 또 물어야 한다.

◪ 참고문헌

李滉, 『退溪先生文集』
____, 『四書釋義』
____, 『三經釋義』

____, 『近思錄釋義』

____, 「陶山十二曲」

宋浚吉, 『語錄解』

서기: 신분의 질곡을 뛰어넘은 성리학자

임 선 빈
한국학중앙연구원 선임연구원

1. 가계와 출생

고청(孤靑) 서기(徐起, 1523~1591)의 가계와 생애에 대해서는 전해지는 내용이 매우 소략하고 단편적이다. 그것도 문헌에 따라 서로 다른 경우가 많아, 많은 부분이 분명치 않다. 서기 자신이 남겼다고 하는 글도 죽은 후 바로 정리되지 못하고, 약 160년이 지난 1750년에 겨우 11수의 시(詩)와 박지화가 지은 묘갈명 등을 찾고 충청도 관찰사 홍계희(洪啓禧)의 발문을 받아 유고의 형식으로 간행되었다. 따라서 서기의 생애에 대해 재구성하기 위해서는, 단편적인 자료들의 상호연결과 서로 다른 내용에 대한 치밀한 자료검증이 선행되어야 한다. 그런데 후대의 자료일수록 첨가되거나 윤색된 부분이 많다. 따라서 이 글에서는 서기와 동시대를 살면서 친분이 두터웠던 박지화(朴枝華, 1513~1592)가 지은 「묘갈명 병서 (墓碣銘竝序)」를 토대로 하고, 이와 다르거나 언급되지 않은 내용은 후대의 다른 자료들을 통해 보충하는 방식으로, 서기의 생애를 재구성하였다.

서기(徐起, 1523~1591)는 본관이 이천(利川)이고, 자는 대가(待可),

호는 이와(頤窩)·구당(龜堂)·고청(孤靑)으로, 중종 18년(1523) 3월 20일에 태어났다. 묘갈명에 의하면, 서기의 선계는 홍주 상전리에서 여러 세대 한족(寒族)으로 살아왔다고 하며, 병계(屛溪) 윤봉구(尹鳳九)가 찬한 서기의 「행장(行狀)」에 의하면, 호서(湖西) 남포(藍浦) 제석동(帝錫洞) 촌제(村第)에서 태어났다고 한다.

그런데 서기의 선계(先系)에 대해서는 잘 알려져 있지 않고, 신분에 대해서도 논란이 있어왔다. 서기와 같은 시대 사람인 조헌은 1586년 공주향교의 제독관으로 있을 때 올린 소장에서 '공주의 공암정사에 양인(良人) 서기라는 사람이 있다'고 하여 '양인'이라는 표현을 사용했고, 1580년부터 2년간 공주목사를 지낸 초간(草澗) 권문해(權文海, 1534~1591)는 서기의 출신이 '비미(卑微)하다'고 했으며『草澗集』卷4 雜記], 박지화도 「묘갈명 병서」에서 '누세한족(累世寒族)으로 아버지 이름은 구령(龜齡)'이라고만 적고 있다.

후대의 기록으로 미수(眉叟) 허목(許穆, 1595~1682)의 『기언(記言)』에서는 '본래 천인(賤人)으로 박지화의 벗'이라고 했고『記言別集』 卷26 遺事 徐孤靑事], 최규서(崔奎瑞)의 「충현서원사적비명(병서) (1712)」에서는 '한미(寒微)하다'고 했으며, 윤봉구(尹鳳九, 1681~1767)가 지은 「행장」에서도 '아버지 이름은 구령이고 출신이 한미(寒微)하여 선계를 상고할 수 없다'고 했다. 또한 공주에서 태어난 조선후기의 처사 남하정(南夏正, 1678~1751)이 1731년에 쓴 계룡산기행문에서는 서기의 선계를 '전야인(田野人)'이라 적고 있다『桐巢遺稿』 卷4 鷄龍紀行].

그런데 18세기 중·후반에 이르면 서기의 신분이 노비라는 표현이 등장하기 시작한다. 이익(李瀷, 1681~1763)의 『성호사설』에서는 '집이 미천하고 세상에서는 본래 정승 심열(1569~1646)[심충겸의 아들로, 심예겸에게 입양됨]의 집 종이었다고 전한다'고 했으며[『星

湖僬說』卷17 人事門 徐孤靑], 18세기 후반에 편찬된『연려실기술』에
서는『우암집』을 인용하여 '심충겸이 하사받은 종으로 충겸이 그
가 학문에 힘쓰고 행실이 독실하므로 면천했다'[『燃藜室記述』卷18
宣祖朝故事本末 宣祖朝名臣 徐起]고 하는 등, 후대로 갈수록 서기의
가계가 보다 구체화되고 있으며, 출신이 종[奴]이라고 하였다.

　　한편, 이천서씨 공도공파 세보(2005)에서는 서기가 살던 당대의
자료와는 달리 고청의 선계가 자세히 밝혀져 있다. 이에 의하면,
시조는 아간공 서신일이고 고청 서기는 시조의 23세손이며, 조부는
승우, 부친은 구령, 모친은 창녕조씨라고 한다.

시조		2세		3세		4세		5세		6세	
徐神逸	－	弼	－	熙	－	惟傑	－	靖	－	鈞	－
(阿干公)		(貞敏公)		(章威公)		(尙書公)					
7세		8세		9세		10세		11세		12세	
諝	－	氏	－	義	－	溫	－	恬	－	璡	
13세		14세		15세		16세		17세		18세	
遠	－	選	－	達	－	遭	－	趲	－	孝源	－
		(恭度公)		(縣監公)		(郡守公)		(僉正公)			
19세		20세		21세		22세		23세		24세	
翊	－	瓚	－	**承佑**	－	**龜齡**	－	**起**	－	弘德	－
				(藍齋公)		(望月堂公)		**(文穆公)**		弘道	
								孤靑			

2. 성장과 수학

　　고청 서기의 유년생활은 가사를 돕기 위해 들에 나가 꼴을 베어
오는 등 빈한한 생활이었다. 그러나 이러한 일상사 속에서도 일찍
부터 자연의 이치를 깊이 탐구하는 모습을 보이고 있었으며, 어려

서부터 글을 읽을 줄 알았다고 한다. 윤봉구가 찬한 「행장」에는 서기가 어렸을 때에 들에 나무하러 갔다가 빈 몸으로 돌아와서 어른의 꾸짖음에 답하기를, '새가 울면서 날기를 오르락 내리락 하므로, 그 이치를 궁구하다가 날이 저무는 줄을 깨닫지 못하였습니다'라 하고, '바야흐로 봄이 되어서 지기(地氣)가 상승하기 때문에 새가 그 기운을 타서 오르락 내리락 하더이다'라고 하여, 듣는 이들이 신동(神童)이라 일컬었다는 내용이 처음 등장한다. 특히 7세에는 그가 다니던 마을의 서당이 헐리게 되자, 다음과 같은 한시를 지어 스승도 감탄했다고 한다.

서당을 오래도록 헐지 말아	書堂長勿毁
저로 하여금 성현을 배우도록 하세요	使我學聖賢

다음의 「대그림 병풍(題竹屛)」을 보고 쓴 시도 10세 때의 작품이라 한다.

예전에 냇가에서 자람을 보았더니	昔年曾見澗邊生
무슨 일로 종이 위에 옮겨져 푸르른고	底事移來紙上靑
성근 가지와 굳센 마디 옛 모습이건만	疏枝勁節皆依舊
맑은 바람에 이는 댓잎소리 들리지 않네	只欠淸風吹葉聲

또한 모친의 병세가 위독하자 스스로 '단지(斷指)의 효'를 행하였는데, 이는 10세도 되기 전의 일이었다.

10세 이후 20세까지의 생애는 구체적으로 알려진 것이 없다. 계속 학업에 정진하면서 특히 '제자중지(諸子衆枝)'를 섭렵하고 불교의 선종(禪佛)에 심취했다'고 하지만, 그가 누구의 사사를 받고 있었는지, 누구와 교유를 하고 있었는지, 어느 산사(山寺)를 즐겨 찾았는지는 알 수가 없다.

서기의 생애와 학문세계에서 일대의 전환기를 맞이하는 것은 20여세에 6세 연상인 토정(土亭) 이지함(李之菡, 1517~1578)을 만나면서부터이다. 이지함과의 만남은 서기로 하여금 불교를 버리고 유학을 공부하게 했다. 당시 홍주에서 이지함이 사는 보령까지는 20리나 되는데도, 도보로 매일 다녔다고 회고할 정도로 학문에 돈독함을 보이고 있다.

한편, 이지함은 서기를 이소재(履素齋) 이중호(李仲虎, 1512~1554)에게 나아가 3년간 『대학』·『중용』등 성리서를 체계적으로 배우도록 했다. 이러한 이중호의 가르침은 서기의 학문에 큰 영향을 미쳤다. 가르침을 받았던 시기는 이중호가 서울에서 타계하기 직전인 서기의 나이 30세에서 32세까지였을 것으로 추측된다.

이 시기에 서기는 이지함과 함께 사방을 두루 돌아다녔는데, 남쪽으로 항해하여 탐라의 한라산에 오르기도 했다. 일설에는 이때 이지함은 먼저 돌아오고 서기는 중국으로 항해하여 민중(閩中)에서 주자(朱子)의 진상(眞像)을 구해왔다고 한다. 그러나 이는 액면 그대로 받아들이기 어려울 듯하다. 왜냐하면 당시 조선과 명에서는 모두 해금정책을 취하고 있었기 때문에 해로로 중국에 가기도 쉽지 않았을 뿐만 아니라, 이와같이 중요한 일이 서기 당대나 죽은 후 1세기가 넘도록 「묘갈명(墓碣銘)」이나 유소(儒疏) 등에 전혀 보이지 않다가, 1703년 신유(申愈, 1673~1706)의 「고묘문(告墓文)」과 서기의 5세손인 서행원이 기록한 유사(遺事)에 처음 등장하기 때문이다. 신유가 서기에 관한 전문(傳聞)이 주로 정리되는 서기의 5세손 행원(行遠)과 같은 시대 사람이었다는 점을 고려하면, 더욱 믿기 어렵다.

서기의 장년기는 그동안 공부한 학문, 특히 이중호에게서 3년간 수학한 학문을 향리(鄕里)에서 직접 실천에 옮기려 한 시기이다. 우선 고향 홍주로 돌아와, 고을 풍속이 비악(鄙惡; 더럽고 악함)함을 탄식하면서 여씨향약(呂氏鄕約)을 시행하고자 했다. 그리하여 고을 사람을 불러모아 향약소(鄕約所)를 만들어 강신당(講信堂)이라 이름 짓고, 날마다 예의를 익히도록 했다. 그러자 마을의 악소배(惡少輩)들이 미워하여 몰래 그의 집에 불을 놓았다. 그는 향리의 교화가 어렵다는 것을 깨닫는 한편, 뜻하지 않은 화가 미칠 것을 염려하여 처자와 함께 지리산 홍운동(紅雲洞)에 들어갔다. 이 시기는 40대 후반이었을 것으로 추측된다.

　지리산에서의 생활도 어려움이 많았다. 직접 농사를 지으면서 생활하였으나 항상 수확물이 부족하였으므로 조석의 끼니를 잇기도 어려워, 산의 돌배를 삶아 신맛을 제거하여 먹기도 했다. 그러나 학문연구와 가르침을 게을리하지 않아 차츰 인근에서 소문을 듣고 가르침을 받고자 찾아오는 제자들이 늘어났다. 1572년(서기 50세)에는 이지함(56세)과 조헌(29세)이 지리산으로 찾아와 수개월간 머물면서 함께 학문토론을 하기도 했다. 조헌은 바로 전해에 홍주교수로 제수되었을 때, 바닷가(海隅)에 은거해 있던 이지함을 찾아가 가르침을 청하였고, 이 자리에서 이지함은 이이·성혼·송익필에 대해 언급하고 아울러 서기를 소개하면서 인물평을 한적이 있었는데, 지리산에서 비로소 서기와 조헌의 상견이 이루어진 것이다. 이후 찾아오는 제자들이 더욱 많아지면서 근처의 승려들과 마찰이 잦아지게 되었고, 결국 4년만에 지리산에서의 생활을 청산하고 공주의 공암(孔巖)으로 옮기게 되었다.

3. 강학과 교유

고청 서기가 공주 공암에 와서 살게 된 계기는 분명치 않다. 서기의 5대손인 서행원의 기록에서는 '사양당 심충겸(沈忠謙)이 충청감사가 되어 우연히 계룡산 고청봉 아래 공암동에 좋은 터를 얻어서 서기를 불렀다'고 한다. 그러나 심충겸(1545~1594)이 충청도 관찰사에 재직한 사실이 확인되지 않을 뿐만 아니라, 그가 1572년(선조 5)에 문과에 급제하였으므로 서기가 공주에 정착한 1573년 전후의 시기는 아직 감사직에 나아갈 시기도 아니었다.

서기의 노년기는 공주 공암에 살기 시작한 이후의 시기라고 할 수 있다. 이 시기는 이전보다 비교적 정신적으로 안정된 생활에 접어들기 시작했고, 후학도 본격적으로 양성할 수 있었다. 서기가 공암에 와서 처음 살던 곳은 구곡(龜谷)으로, 이곳에 집을 지어 구당(龜堂)이라 하면서, 그의 호도 종전의 이와(頤窩) 대신에 주로 구당이라 불리우기 시작했다. 그러나 구곡에서의 생활은 오래가지 않고, 후에 서원이 세워지는 고청봉 아래의 공암으로 옮기고 있다. 고청봉 아래로 옮긴 후에는 고청초로(孤靑樵老)·고청선생(孤靑先生)이라고 일컫는다.

공암에서의 생활은 69세에 졸하기까지 왕성한 강학활동(講學活動)이 이루어진다. 명성도 인근에 널리 알려져 공주를 비롯한 여러 고을에서 제자들이 운집했고, 이 제자들의 주선과 고을 수령의 출재(出財)로 공암정사가 세워지게 되었다. 또한 이와같은 그의 학문과 인품은 당시 공주의 제독관으로 온 조헌의 상소문을 통해 조정에까지 알려지게 되었고, 조정에서는 구봉(龜峯) 송익필(宋翼弼)과 함께 그의 등용문제가 거론되기까지 한다[『宣祖實錄』 卷22 宣祖 21 年 正月 己丑條].

그러면 당시 제자들이 운집할만큼 일가를 이루었던 서기의 학문은 어떠한 성격이었을까? 이에 대해서 우리는 서기의 사우관계를 추적해 봄으로써 그 일단을 엿볼 수 있다. 우선 서기가 사사한 인물은 이지함과 이중호였다. 이지함은 화담(花潭) 서경덕(徐敬德, 1489~1546)의 문인으로, 그의 주기론의 영향을 받아 『주역』을 기본으로 하여 수리·의학·복서·천문·지리·음양·술서 등에 달통한 인물이다. 또한 전국의 산천을 두루 다니며 명당과 길지를 점지했는데, 서기도 함께 다닌 적이 있다. 이중호는 소학을 강조한 한훤당(寒暄堂) 김굉필(金宏弼, 1454~1504)의 가르침을 받은 유우(柳藕, 1473~1537)의 문인으로, 평소에 과거공부를 폐하고 도학에 전력하여 구용(九容)·구사(九思) 및 경(敬)·의(義)로 몸과 마음가짐의 규칙을 삼고, 『소학』의 실천에 주력한 인물이다. 또한 서경덕과 예설을 강론하여 칭찬을 받기도 하고, 문장에도 뛰어나 김안국으로부터 귀신이 아니면 이런 문장을 지을 수 없다는 평을 받았으며, 성리학에 조예가 깊어 「심성도설」·「성리명감」 등을 남겼다. 이중호는 제자들을 가르칠때 『소학』·『근사록』 등을 우선적으로 가르치고 있었는데, 앞서 언급했듯이 서기는 이지함의 권유로 이중호의 문하에서 3년간 수학했다.

이렇듯 이지함과 이중호에게 직접 배운 서기의 학문도 자연히 도학을 중시하는 성향이었다. 이중호의 문하에서 공부한 직후인 장년기에 홍성의 고향에서 향약을 직접 시행하여 향풍을 바로잡고자 했다는 것은, 그의 학문적 성격을 가늠해주고 있다고 할 수 있다. 비록 홍성 향리(鄕里)에서의 학문적 실천이 의도대로 되지는 않았지만, 지리산을 거쳐 공주에 정착하면서도 이와같은 그의 학문적 소신은 변하지 않았을 것이다. 그가 공암정사에서 제자들을 가르칠 때, 반드시 성(誠)과 공(公)이라는 두 글자를 중심으로 했다는 점에 비추어, 수신(修身)을 중시하고 도학(道學)의 정신을 몸소 실천하는 생활이었을 것이다. 이러한 그의 학문은 비록 직접 배운 흔적은 보이지 않지만, 사우관계상 서경덕의 일정한 영향을 받고 있었던 것으로 여겨진다.

『고청집』(1909) 사우록(師友錄)에는 이지함과 이중호 외에도 서기가 당대에 주로 가까이 교유한 인물로 동주 성제원, 구봉 송익필, 중봉 조헌, 남명 조식, 사계 김장생, 사암 박순, 쌍계 송응상 등이 올라 있다. 이 중에서도 절친하게 지냈던 인물은 성제원·송익필·조헌 등이다. 그는 특히 송익필에 대하여 제자들에게 이르기를 '너희들이 제갈공명을 알고자 하느냐? 오직 송구봉을 보면 되느니라. 아니 나는 제갈이 구봉만 못하다고 여기노라'라고 평하고 있는데, 이는 사실 그 자신에 대한 평으로 보아도 무방할 듯하다. 한편 그가 동시대를 살았으면서도 율곡 이이(1536~1584)·퇴계 이황(1501~1570) 등을 만난 흔적은 발견되지 않는다. 이 점은 그의 학풍을 이해하는 데에도 참조가 된다.

『고청선생집』 문인록(門人錄)에는 서계 이득윤, 둔암 박희성, 오한당 박희철, 청좌와 송이창, 인봉 전승업, 백련당 민재문, 우곡 우강, 용계 강칭, 월사 성호선, 전천 오중철, 강시진 등 11명이 올라 있다. 그런데 이 11명 가운데 박희성·민재문·오중철·강시진 등을 「공주향교 청금록」 명단에서 찾아볼 수 있다. 또한 박희철이 박희성의 아우이고, 강칭이 강시진의 숙부이며, 우강의 거주지가 「사마방목」에 공주로 기재되어 있는 점을 고려하면, 이들 대부분이 공주의 유생이었음을 알 수 있다. 이는 서기가 16세기 후반기의 공주지역 학문에 미친 영향력이 매우 컸음을 입증해 주는 예라고 하겠다.

서기의 문인 중에서 박희성(朴希聖)은 임진왜란 이후의 충현서원 중수시 원장을 하면서 중수를 주도한 인물이다. 송이창(宋爾昌) 은 송준길의 아버지이며 송시열의 스승이기도 하다. 송이창의 연 보에 의하면, 16세쯤(1576년) 고청 서기에게 가서 수학(受學)하였 다. 따라서 서기의 학문은 송이창을 통해 송준길과 송시열에게 계 승되었다고 할 수 있다. 민재문(閔在汶)은 초려 이유태의 스승이다. 그런데 이유태의 문인(269명) 중에서 52명은 「공주향교 청금록」에 올라 있다. 따라서 서기의 학문은 이유태라는 손제자를 통해 1세 기 후의 공주지역 사림형성에 또다시 일정한 영향을 미쳤다고 할 수 있다.

4. 후대인의 기억과 평가

고청 서기가 죽은 후, 묘갈명은 수암 박지화(1513~1592)가 찬했 다. 박지화는 화담 서경덕의 문인으로 서기보다 10년 연상이지만, 서기보다 1년 뒤에 세상을 떠났기에 서기의 문생 박대중(朴大中)의 청에 의해 서기의 묘갈명을 짓게 되었다. 서기의 생애를 간단하게 정리한 후 마지막에 적어 놓은 묘갈명의 내용은 다음과 같다.

슬프다 대가여 우리 동방에 태어나	噫待可生吾東
어려서는 천했고 늙어서는 더욱 곤궁했네	少也賤老益窮
경전공부에 힘써서 그 몸을 빛냈고	劬墳典貴厥躬
제자들에게 주어서 바르게 길렀네	授門徒正養蒙
고청봉은 우뚝하고 금강은 막힘이 없으니	孤靑峻錦水空
요산요수 즐기면서 인생을 잘 마쳤네	有二樂保始終
산에는 달이 뜨고 강에는 바람 부는데	山有月江有風
한조각 빗돌은 무덤의 표석이라네	一片石表幽宮

서기보다 38세 연하로 서기의 제자인 청좌와(淸坐窩) 송이창(宋爾昌, 1561~1627)은 스승 서기를 추모하는 제문에서 다음과 같이 읊었다.

선생이 계실 때는 우리의 도가 동에 있더니 　　　先生在吾道東
선생이 가시니 우리의 도가 비었도다 　　　　　先生去吾道空
세상은 장차 쇠퇴하리니 누가 선비 기를꼬 　　　世將淪孰養蒙
늙은 제자는 한없이 눈물만 흘리네 　　　　　　老門生泣無窮

　고청 서기는 생전에 서원을 건립하였다. 서기가 만년에 계룡산의 북쪽 자락에 있는 고청봉 아래에 살면서 이곳에서 활발한 강학활동(講學活動)을 벌이자, 인근에서는 많은 문인들이 모여들어 가르침을 받았다. 당시 공주 제독관 조헌이 올린 상소문에서도 공주 공암정사에서 서기가 문인을 양성하여 상당한 성과를 거두고 있음을 밝히고 있다. 이 공암정사(孔巖精舍)가 바로 공암서원(孔巖書院)으로 선조 신사년(1581)에 세워졌다. 공암서원의 건립은 서기가 공암에 살게 되면서, 그로부터 성리학에 대한 강학을 받게 된 이 고을의 유림들에 의해 세워졌다. 당시 영호남 지역에는 선정(先正)이 강학하던 곳에 많은 사우가 세워지고 있었는데, 그때까지도 아직 공주지역을 포함한 충청우도(忠淸右道) 지역에는 서원이 건립되어 있지 않았다. 이것을 부끄럽게 여기고 있던 서기의 문인들이 중심이 되어 서기가 강학하는 이곳에 서원건립을 추진했고, 공주목사 권문해가 미두 50여곡을 출재하여 서원이 세워지게 되었다『草澗集』卷4 雜記].

　그런데 공암서원은 주벽(主壁)을 이 고을의 향현(鄕賢)이 아닌 주자(朱子)로 설정하고, 3인의 향현을 배향하고 있는 점이 특이하다. 이는 서기가 주자를 후대의 공자(後孔子)로 인식하고 주자의 학문에 독실했던 점을 반영한 것으로, 이를 통해 서기의 학문세계와 사고의 굉대(宏大)함을 엿볼 수 있다. 한편 공암서원 설립당시 배향된 향현은 석탄(石灘) 이존오(李存吾, 1341~1371), 한재(寒齋) 이목(李穆, 1471~1498)이다.

이 공암서원은 서기가 죽은 다음해(1592)에 임진왜란이 발발하면서, 정유재란 때 폐허화된 것을 광해군 2년(1610)에 중수했으며, 14년 후인 인조 2년(1624)에 '충현(忠賢)'이라는 사액(賜額)을 받아 충현서원이 되었다. 그리고 사액을 받은 다음해인 인조 3년 사우의 중건을 통해 서원의 면모를 일신했고, 서원의 창설자인 서기를 남강고사(南康故事)를 모방하여 별사(別祀)하기 시작했다. 이 후 충현서원은 연산의 돈암서원(遯巖書院)이 현종 원년(1660)에 사액받기까지의 30여년간, 이 지역 유일의 사액서원으로 군림했다. 한편 숙종 38년(1712)에는 드디어 원유 임우기(林遇箕)·최규일(崔奎一) 등이 연천의 임장서원(臨漳書院)에서 주자의 화상을 모사해 와 신판(神板)뒤에 봉안하고, 이를 기리기 위해 「충현서원사적비명(忠賢書院事蹟碑銘)」(崔奎瑞 撰, 趙相遇 書, 尹德駿 篆)을 서원 뜰에 세우게 된다.

사액서원이 된 충현서원은 이 지역 사림계의 중심지 역할을 수행하게 되었다. 따라서 이 곳에 이 지역 명현(名賢)을 추배하려는 시도도 여러 차례 있었고, 그 가운데 조헌·김장생·송준길·송시열 등의 추배가 이루어졌다.

그러나 공암서원(충현서원)의 건립자 고청 서기는 서원에 제대로 배향되지 못하고 별묘(別廟)에 모셔졌다. 명재 윤증의 충현서원 사우 중수 상량문에 의하면, 이 서원의 장이었던 서기가 세상을 떠나자 이 사당의 별묘에 위패가 모셔졌다고 하였다[『명재유고』 권31, 잡저, 충현서원 사우 중수 상량문]. 그렇다면 그 시기는 중봉 조헌의 추향에 앞서는 것이었다. 별사하던 서기를 조헌의 추배를 청하는 소에서 서기도 제현과 함께 추배하고자 하였으나 이루어지지 않았다. 이에 대해 『성호사설』에서는 후대의 전문(傳聞)이기는 하지만, '유림(儒林)에서 조두(俎豆)를 마련하여 제사를 지냈는데, 권귀(權貴)들의 추향(追享)할 자가 많아지자, 그의 주벽(主壁) 자리를 강등시켰으니 가소로운 일이다. 지금은 따로 사당을 세웠다고 들었다.'[『성호사설』 권17 인사문 서고청]라고 하여 고청서기가 원래 정당에 배향되어 있다가 후에 별묘로 옮겨진 것으로 기록하고 있다.

1750년에는 고청 서기의 문집이 간행되었다. 고청 서기가 임진왜란 발발 직전에 타계했기 때문에 그의 시문은 왜란을 겪는 사이에 대부분 유실되었다. 임진왜란 전반기에는 공주가 전쟁의 참화를 입지 않았으나, 정유재란 시기에는 공주도 20일 가까이 일본군의 점령지가 되었으며, 이때 갑사 등과 함께 공암서원도 전소되었다. 따라서 고청 서기가 지은 글들도 이 시기에 대부분 인멸되었을 것으로 추측된다.

이후 5대손 서행원(徐行遠)이 가전(家傳) 구록(舊錄)과 제가(諸家)의 문적(文籍)에서 수습하여 시 11수를 모으고 박지화가 지은 묘갈명 등을 찾아 1책으로 정리하였다. 그리고 서행원은 이것을 충청도 관찰사로 있는 홍계희(洪啓禧)에게 가져가 편차와 간행을 부탁하였다. 홍계희는 김굉필의 시문집 「경현록」과 정여창의 문집 「일두실기」의 예에 따라 이를 편집하고, 조헌이 지은 묘지명이 유실되었으므로 대신 윤봉구에게 행장을 짓게 하여 이임하기에 앞서 1750년 공주에서 목활자로 인행하였다. 윤봉구는 묘표에서 다음과 같이 고청 서기에 대한 평을 하고 있다.

"선생은 진실로 호걸의 재주와 독실한 학문을 지녀서 온 세상에 찾아보아도 그와 짝하는 이가 드물다. 우리나라의 풍속이 비루해서 명분을 숭상하면서도 덕을 숭상하지 않는다. 이 때문에 선생은 태어나서 이름이 조정에 천거되지 않았고 은택이 여염에 미치지 못하였으며, 죽어서는 조두(俎豆)의 향사(享祀) 또한 뭇 현인과 나란히 하지 못하셨도다. 이에 선비들이 모두 깊이 탄식하지 않는 이가 없다."[『병계선생집』 권55 묘표 「고청서선생묘표(임신)」]

나아가 고청유고의 간행을 주도했던 충청감사 홍계희는 이듬해인 1751년(영조 27) 병조판서로 재직 중에 서기의 증직을 청하고 있다. 당시 조정에서 홍계희가 주장한 내용은 다음과 같다.

"서기(徐起)는 바로 선현(先賢) 이지함의 문인인데, 5~6세 때 땔나무를 하러 갔다가 해가 저물어 돌아오기에 그 부모가 그 연유를 물었더니 말하기를, '한 마리 작은 새가 양기(陽氣)를 따라서 올라가는 것을 보고 그 이치를 궁구(窮究)하고자 하여 그래서 늦게 귀가하였다.'고 하였습니다. 그 궁리(窮理) 격물(格物)의 학문은 하늘에서 타고난 것입니다. 주자(朱子)를 존상(尊尙)하여 학문이 정심(精深)하였고, 계룡산의 고청봉 아래에 살면서 자호(自號)를 '고청(孤靑)'이라 하였습니다. 공주 충현 서원에 배향되었는데 호중(湖中)의 학문이 성대하여진 것은 서기의 힘이 대부분을 차지합니다. 송익필(宋翼弼)은 …. 이 두 분은 학행이 탁연(卓然)한데 그 문지(門地)가 미천한 연유로 해서 아직까지 포증(褒贈)의 은전(恩典)이 없었습니다."[『영조실록』 권74, 영조 27년 12월 계묘조]

그리하여 서기에게는 지평이 추증되었다. 비록 추증이기는 하지만 사헌부 지평은 정5품의 관직에 해당한다.

1902년(고종 39) 2월에는 조정에서 고청 서기를 문묘 종사의 대상으로까지 거론하고 있어 흥미롭다. 봉상사(奉常司) 제조 김태제

(金台濟)가 선성(先聖)과 선현(先賢)의 위호(位號)를 바로 잡고 유교 경전을 교정(校正)하자는 등의 정경부유론(訂經扶儒論)을 소진(疏陳)한 바, 그 안에는 선유의 종향할 만한 자는 시행하여야 할 것이니 고려의 최충·우탁, 조선의 정구·김상헌·서기·송익필 등을 종향하기를 청하는 내용이 포함되어 있다.[『고종시대사』 5집, 光武 6年 2月 5日] 이때 올린 상소에서 '서기와 송익필은 도학과 행실이 모두 종향할 만하지만 단지 출신신분 때문에 애초에 논의되지 않았는데 성인의 학문에서 어찌 문벌을 따지겠습니까?'라고 주장하고 있다. 이에 대해 고종은 '말은 모두 옳지만 신중한 사안이므로 선뜻 의논하기 어려운 점이 있다.'고 비답하고 있다. 비록 적극적인 검토가 이루어지지는 않았지만, 한미한 출신인 고청 서기가 이제 문묘종사의 대상으로까지 거론되었다는 점에서 전통시대의 신분제 사회와는 달리 파격적인 위상변화가 이루어진 상황이라 할 수 있겠다.

이후 후손들은 초간본인 『고청유고』에 추가로 수득(收得)한 시와 조한영(曺漢英)이 쓴 「배선생묘(拜先生墓)」, 정존중(鄭存中)이 쓴 「충현서원중수기(忠賢書院重修記)」, 「사우록(師友錄)」 등의 부록문자(附錄文字)를 더하여 2권 1책으로 다시 편집하고 송병준(宋炳俊)의 서(序)를 받아 목활자로 『고청선생집(孤靑先生集)』(중간본)을 1909년에 발간하였다.

나아가 1910년(융희 4) 8월 19일에는 더 높은 증직과 함께 시호를 받았다. '깊은 학식과 뛰어난 행실이 세상의 모범이 되었다'고 하여 종전의 '증 지평'에서 '정2품 자헌대부 규장각 제학'으로 특증(特贈)되었고, '문목(文穆)'이라는 시호를 받았다. 시호의 자의(字意)는 '박학다문(博學多聞)'과 '중심견모(中心見貌)'라는 뜻이다. 시호는 정2품 이상의 품계를 받아야 그 시혜의 대상자가 될 수 있는 것이니 쉽게 받을 수 있는 것이 아니었다. 고청 서기의 정2품 증직 시에는 그의 4대 및 부인도 함께 추증되어 부인 이씨는 숙인(淑人)에서 정부인(貞夫人)이 되었으며, 부모와 조부모·증조부모도 그에 준하여 추증되었다. 정2품의 자격이 갖추어지자 1914년에는 송병화(宋炳華, 1852~1916)가 비문을 지어 묘소 입구에 신도비를 건립하였다.

충현서원은 대원군이 고종 8년(1871)에 47개 서원만 남겨두고 전국의 모든 서원을 훼철할 때, 그 대상에 포함되었다. 그러나 이때 주자영정만은 공주향교의 존경각(尊經閣)에 봉안하고, 영정의 포쇄조(暴曬條)로 수조액 40석에 해당하는 서원위토를 향교로 이관했다. 이 주자영정은 1894년에 충청도관찰사[겸순찰사] 이헌영의 허락을 받아 연정으로 환봉했다가, 1925년 유림의 힘을 모아 서원의 사우를 중건하면서, 북벽정위(北壁正位)에 봉안하여 오늘에 이르고 있다. 한편 사우의 중건시 유현의 배향도 환원되었다. 그러나 이때의 배향은 종전과 달리 서기를 별사하지 않고, 다른 유현과 함께 배향하게 된다. 배향위차는 시대순을 기준으로 하여 석탄 이존오(1341~1371), 한재 이목(1471~1498), 동주(東洲) 성제원(成悌元, 1504~1559), 고청 서기(1523~1591), 중봉 조헌(1544~1592), 사계 김장생(1548~1631), 동춘 송준길(1606~1672), 우암 송시열(1607~1689)의 순서로 정했다.

5. 민중의 또 다른 기억, 서고청 설화

오늘날 고청 서기의 또 다른 모습에는 역사적 실재(實在)와는 달리 후대인들에 의해 많은 부분이 각색된 '서고청상(徐孤靑像)'이 있다. 민중들에게는 역사적 인물 고청 서기보다 설화인물 '서고청'이 더욱 친숙할 것이다. 오랫동안 서고청은 문헌설화와 구비전승의 단골메뉴였다.

서고청 설화는 조선조 야담집 가운데 『동패낙송(東稗洛誦)』(세 편), 『해동이적(海東異蹟)』, 『매옹한록(梅翁閑錄)』, 『대동기문(大東奇聞)』, 『계서야담(溪西野談)』, 『청야담수(靑野談藪)』(두 편) 등에 실려 있다. 이 가운데 『한국민족문화대백과사전』에는 『매옹한록』을 토대로 대강의 내용을 다음과 같이 소개하고 있다.

> "심 정승[沈相]의 모부인이 과부로 살면서 심 정승을 키웠는데, 서고청을 한 번 매질한 일이 있었다. 그런데 문밖에서 갈도성(喝導聲)[지체 높은 이의 행차 때, 길을 인도하는 하예(下隸)가 앞에 서서 소리를 질러 행인을 비키게 하는 소리]이 요란해 물어보니, 사대부들이 서고청이 죄를 받는다는 말을 듣고 방문하는 소리라고 하였다. 이에 부인은 서고청을 불러 문자를 아는지 확인하고 아들을 가르치도록 하였다. 서고청이 늘 고개를 숙인 채 엎드려서 아들을 가르치자 부인은 뒤에 서고청에게 양인이 될 것을 허락하였다. 그러나, 서고청은 분수를 범하는 일이라 하여 이를 사양하였다."

위 자료에 의하면, 서고청이 심 정승의 사노(私奴)로 되어 있으며, 심 정승의 모부인에 의해 심씨댁 아들을 가르치게 되었고, 모부인이 서고청을 노비의 신분에서 해방시켜 양인이 될 것을 허락했으나 이를 사양했다고 한다. 심 정승은 심충겸(沈忠謙, 1545~1594)으로 알려져 있다. 그런데 심충겸은 정승을 지내지 않았다. 그의 부친인 청릉부원군(靑陵府院君) 심강(沈鋼, 1514~1567)은 명종의 장인으로 영돈녕부사와 오위도총부 도총관까지 올랐으며, 아들인 심열(沈悅, 1569~1646)은 판중추부사, 우의정, 영의정 등을 역임했다. 곧 정승을 지냈다. 심충겸이 정승을 지내지 않았고 또한 모부인도 과부가 되어 아들을 키운 것이 아니므로, 역사적 실재와는 다소 거리가 있다.

서고청 구비설화는 오늘날 전국 각지에서 채록되고 있는데, 그 가운데 『한국민족문화대백과사전』에는 당진에서 채록된 설화를 요약하여 소개하고 있다. 이 설화에 의하면, 서고청의 어머니는 이 진사 집 하인이었는데, 문둥병에 걸려 주인집에서 쫓겨나 유성 온천 근방의 공암(孔岩)이라는 바윗굴에서 낮잠을 자고 있었다. 이때 마침 그곳을 지나던 한 소금장수가 비를 피해 바윗굴로 들어왔다가 여자를 보고 관계를 맺은 뒤, 성만을 가르쳐 주고 달아났다. 그 뒤 여자는 잉태를 하고 문둥병도 나아 다시 주인집에 들어가서 아들을 낳았는데, 이 아이가 바로 서고청이다. 서고청은 종 노릇을 하며 서당에서 어깨 너머로 공부를 하였다. 후에 그는 재주가 인정되어 주인집에서 공부를 시켰다. 친구들이 아비 없는 놈이라고 욕을 하자 서고청은 어머니에게 자기의 출생 사연을 물어서 듣고는 공암 근처에서 술장사를 시작하였다. 그러던 어느 날, 공암을 바라보고 웃는 소금장수 영감을 만나 웃는 이유를 물어본즉, 그가 바로 자기의 아버지임을 확인하고 부자 상봉을 하였다. 그 뒤 서고청은 서당을 개설하여 많은 학동을 가르쳤는데, 서당이 분벽사창(粉壁紗窓: 하얗게 꾸민 벽과 비단으로 바른 창이라는 뜻으로 주로 여자가 거처하는, 아름다운 방을 이르는 말이었다. 어느 날 서고청이 출타한 때 한 사람이 찾아와 서당에 똥칠을 하고 사라졌는데, 서고청이 돌아와서 학동들로부터 이지함이 그랬다는 사연을 듣는다.

　　서고청의 문헌설화와 구비전승의 내용을 살펴보면, 서고청의 신분과 출생담[어머니는 종 아버지는 소금장수 / 어머니의 상전은 이세장 또는 심열, 이평사, 심씨집, 송우암 등 다양 / 어머니가 새를 피해 굴에 들어가게 됨 / 어머니가 박색 또는 문둥병 환자라 소금장수가 줄행랑을 침 / 서고청이 아버지를 찾기 위해 굴에서 기다림 등]이 주류를 이루고 있으나, 이 외에도 어려서 신동으로서의 행적[산에 나무하러 갔다가 새를 관찰한 이야기, 심 정승에게 글을 배우게 된 동기 등], 토정 이지함과의 일화 및 신이한 행동[한라산 남극노인성의 구경, 송운장의 귀향지 보은을 다녀온 도술적 이야기, 중국에 세 번 다녀왔다는 전설과 주자의 진상을 모셔옴, 남명의 집에 가서 너무 깔끔하여 똥과 오줌을 누고 똥을 벽에 바르고 돌아왔다는 내용], 멀리서 신통력을 발휘해 불을 끈 이야기[대상은 동학사, 해인사, 대궐, 중국, 중원 천자 궁궐 등 다양], 임진왜란의 예견, 고청모의 영정 쓰기[송우암, 송구봉 / 賤婢莫德之柩, 私婢莫德之柩] 등 매우 다양하다.

이와같이 고청 서기에 관한 역사적 실재와 달리 다양한 서고청 설화가 민중들의 입에 오르내리게 된 이유는 무엇일까? 이는 아마 당시 사족위주의 철저한 신분제 사회 속에서, 한미한 출신인 그가 거의 개인적 역량으로 한 시대를 주름잡을 수 있는 학문적 성과를 이루었기 때문에, 후세인에 의해 그의 신비한 성향이 증폭된 결과일 것이다.

오늘날 고청 서기의 만년 강학처로 충현서원이 있는 공주 공암에는 고청 서기의 묘소가 있으며, 묘소에서 동쪽 정면으로 내려다 보이는 맞은편 작은 바위산에 깊지 않은 굴이 있다. 바위산에 뚫린 굴이니 바위굴 즉 '孔岩(공암)'이다. 이 굴로 인해 마을 이름도 '공암리'이다. 서고청의 탄생은 이 공암굴과 관련 있다는 전설이 구전되고 있으며, 따라서 이 굴은 '고청굴'이라 불리기도 한다. 그러나 앞서 살펴본 것처럼 공암은 서기가 만년에 정착한 마을이고, 서기의 탄생지는 남포 제석촌(지금의 충남 보령시에 위치), 중년까지의 성장지와 활동지는 홍주(상전리, 지금의 충남 홍성군)이다. 따라서 공주의 공암은 중년 이전의 고청 서기와는 무관한 곳이라고 할 수 있겠다. 그러나 민중들은 한미한 신분의 한계를 딛고 당대의 신분제 사회라는 질곡을 극복하며 우뚝 선[起] 인물에게 그에 걸맞는 출생담과 탄생지를 만들어주고 싶었을 것이다. 그런데 고청 서기의 위상이 후대로 내려올수록 사족들과 후손들에 의해 점점 더 높이 추숭되고 있다. 반면에 이에 반비례하여 서고청 설화, 특히 탄생설화는 서고청을 더욱 더 미천한 신분으로 격하시켜 공암굴과 인연을 맺고 있다.

고청 서기의 만년 강학처인 연정, 사후에 묻힌 묘소, 위판이 봉안된 충현서원이 있는 공암 마을에 역사적 실재와는 달리 그의 탄생과 관련된 '고청굴'이 등장함으로써, 이제 민중들 사이에서는 '영웅' 고청 서기에 대한 연환구조(連環構造)의 '스토리텔링'이 가능하게 되었다.

▣ 참고문헌

『宣祖實錄』『英祖實錄』『高宗實錄』『純宗實錄』『高宗時代史』『江漢集』『孤青遺稿』(1750) 『孤青集』(1909) 『近齋集』『記言』『記言別集』『桐巢遺稿』『明齋遺稿』『屏溪集』『星湖僿說』『宋子大全』『守庵遺稿』『燃藜室記述』『月沙集』『重峯集』『草澗集』『梅泉野錄』

김 호, 「許任 鍼灸經驗方의 역사적 이해」, 『충청학과 충청문화』 5-1, 충청남도역사문화연구원, 2006.
권정안, 「孤青 徐起先生의 生涯와 交遊」, 『熊津文化』 6, 1993.
백원철, 「孤青徐起先生의 生涯와 後世의 尊崇」, 『이천서씨 공주입향과 고청서기』, 공주문화원, 2012.
서대석, 「서고청설화」, 『한국민족문화대백과사전』.
신동흔, 『역사인물 이야기 연구』, 집문당, 2002.

임선빈, 「孤靑 徐起와 忠賢書院」, 『공주의 역사와 문화』, 공주대학교 박물관, 1995.

_____, 「鍼灸醫 許任의 공주 정착과 공주문화」, 『충청학과 충청문화』 5-1, 충청남도역사문화연구원, 2006.

_____, 「忠賢書院의 건립과 운영실태」, 『이천서씨 공주입향과 고청서기』, 공주문화원, 2012.

_____, 「孤靑 徐起의 역사적 실재와 기억의 이중주」, 『역사민속학』 45, 한국역사민속학회, 2014.

홍제연, 「공주에 남아있는 이천서씨가의 문화유산」, 『이천서씨 공주입향과 고청서기』, 공주문화원, 2012.

허목: 고문을 깊이 연구한 학자

이 동 인

한국학대학원 박사과정 수료

1. 서울 동리에서 나고 자라다

　조선시대에 한 인물을 이해하는데 있어서 초기 학문과정을 이해하는 것은 매우 기본적인 정보를 제공해준다. 특히 공간적으로 어디에서 출생했으며, 어디에서 배웠으며, 누구에게 배웠는지는 중요한 지표가 된다. 해당 인물의 학문적 성격과 사승관계 그리고 당파적 성격 등이 이를 토대로 해석되기 때문이다. 이러한 기초적인 사실에 기초하지 않고 후대의 현실적 이해가 투영된 관점에 따라 해당 인물의 기본정보가 왜곡되는 경우가 종종 있는 것 같다. 오늘날 허목에 대한 평가에도 조선후기의 전통이란 이름으로 '주어진' 관점이 비판적 성찰 없이 묵수되는 경향이 있다. 그래서 허목이 어디에서 태어나 자랐고 누구에게 배웠으며, 무엇을 배웠는지 그의 초기 기록으로부터 논의를 시작하는 것이 편견으로부터 자유로워지는 길이 될 것이다.

　연보에 따르면 허목(許穆, 1595~1682)은 1603년(선조 36) 9세에 학교에 들어갔다. 학교에 들어갔다고 했는데, 원문은 '입학(入學)'이니 학교에 들어갔다는 뜻이다. 『예기』「학기(學記)」에 "옛날에 사람을 가르치는 곳으로 가(家)에는 숙(塾)이 있고, 당(黨)에는 상(庠)이 있고, 술(術)에는 서(序)가 있고, 국(國)에는 학(學)이 있다."라고 했을 때의 그 학을 말하는 것으로 서울[國]에 있는 교육기관에 다녔다는 것을, 연보 편찬자는 그렇게 표현한 것이다.

10세에는 교관(敎官)에게서 학업을 익혔다고 하였다. 교관이라함은 동몽교관(童蒙敎官)을 말하는 것이다. 동몽교관은 중등교육을 담당했던 사부학당(四部學堂)의 종9품 관리를 가리키는 것이다. 그렇다면 그가 다닌 학교는 어디일까? 그것은 그가 어디에서 태어났는지와 관련이 있다.

허목은 20대에는 부친 허교(許喬)를 따라 고령, 거창, 산음 등 영남 지역을 비롯해 여러 지방에서 살았던 경험이 있으며, 만년에는 세거지였던 경기도 연천에 거처하였다. 그러나 출생지는 서울의 동쪽인 창선방(彰善坊)이다. 그래서 자연히 동학(東學)에서 수학하였다. 동학은 사학(四學)의 하나인 동부학당(東部學堂)으로 지방의 향교(鄕校)와 격이 같은 교육기관이다. 동학은 창선방에 있던 유우소(乳牛所) 건물을 사용했으니 지금의 이화여자대학교 부속병원 터가 바로 그곳이다. 서애(西厓) 유성룡(柳成龍)도 동학에서 공부하였고, 오리(梧里) 이원익(李元翼)도 동부(東部)의 유동(楡洞) 천달방(泉達坊, 지금의 동숭동 일대)에 살아 13세에 동학에 들어가 공부하였다. 허목이 이원익의 손서가 된 것도 어쩌면 이러한 지연과 학연이 자연스럽게 인연이 되었기 때문인지도 모른다.

1575년(선조 8) 을해당론(乙亥黨論)으로 정파가 서인(西人)과 동인(東人)으로 나뉜 것은 잘 알려진 사실이다. 동인은 다시 북인(北人)과 남인(南人)이 분기하였는데 한말의 문장가이자 소론(少論)의 후예인 이건창(李建昌)은 『당의통략(黨議通略)』에서 동인이라는 이름은 동인의 영수였던 김효원(金孝元)이 서울의 동쪽인 건천동(乾

川洞)에 살았던 데서 비롯한다고 하였다. 허목의 당파도 소북계열의 남인으로 분류되는데 출생지역과 공부한 곳이 동부의 동학이라는 점은 서울 각 지역의 고유성이 있었음을 시사해주는 것이 아닌가 생각된다.

한편 허목은 1676년(숙종 2) 우의정이 되었을 때 「동리고사(東里古事)」를 지었다. 이 글은 고려 말에서 현종 대까지 서울 동쪽 마을인 동리에 살았던 저명한 사람과 영달한 사람들에 관한 고사를 정리하는 글이다. 이는 자신이 우의정까지 현달했다는 자부심을 보여주는 것이기도 하지만 동리에 대한 강한 지역적 정체성을 보여주는 글이기도 하다.

2. 이원익의 손녀와 결혼하다: 재상가의 사위

허목은 계축옥사(癸丑獄事)가 일어난 1613년(광해군 5)에 결혼했다. 19세의 나이로 2월 13일에 결혼 했다. 아내는 이의전(李義傳, 1568~1647)의 딸이었다. 이의전은 1599년(선조 32) 31세 음직으로 출사한 이래 4현(縣), 5군(郡), 2부(府) 등 11곳에서 목민관을 역임했던 인물이다. 지방관으로서 치적이 뛰어나 임금에게 옷을 하사받기도 하였다. 그가 음직으로 출사한 것이나 지방관으로 임무를 성실하게 수행한 데에는 바로 부친인 완평부원군(完平府院君) 이원익(李元翼)의 훈계에 힘입은 바가 컸다.

이원익은 신중하고 성실하게 업무를 수행한 조선시대의 대표적인 관료였다. 특히 지방관으로서의 업적이 탁월하였으며 평안감사로 있으면서 바로 우의정에 임명되는 조선역사 200년에 처음 있는 전례를 만들어낸 인물로 꼽힌다. 그는 1574년(선조 7) 28세에 황해도 도사에 임명되어 병적(兵籍)을 잘 관리한 일로 당시 황해감사인 이이의 추천으로 홍문록에 추천되었다. 또한 1587년(선조 20) 평안도의 안주 목사로 임명되어 뽕나무를 심어 양잠업을 일으켜 민생에 커다란 도움이 되었다. 그가 청천강 가에 심게 했던 수천 그루의 뽕나무를 이공상(李公桑), 즉 이공의 뽕나무라고 불러 그 일화가 조선후기까지 전승되었다. 이처럼 평안도 안주 지역에서의 그의 신망은 임진왜란이 발발했을 때 그를 평안도 도순찰사 및 감사에 임명하게 했던 가장 큰 요인이었다.

이원익의 문집 『오리집(梧里集)』에는 생질인 이덕기(李德沂)의 임소에 써준 글과 1628년(인조 6) 연풍현의 수령으로 부임하는 손자 이수약(李守約)에게 써준 글이 수록되어 있다. 이는 모두 안주 목사와 같은 목민관의 경험이 녹아 있는 매뉴얼이다. 조선후기 여러 목민서에 이 글들이 필사되어 수록되어 있으며, 그의 치적이 안정복의 『임관정요(臨官政要)』나 정약용의 『목민심서(牧民心書)』 등에 소개되어 있는 것은 그가 보여준 목민관으로서의 능력과 자세가 귀감이 되기에 충분했던 때문일 것이다.

이원익은 허목을 매우 존중하였다. 그래서 퇴청하여 피곤해서 누워있다가도 손녀사위인 허목이 오면 반드시 일어나 복장을 갖추었다고 한다. 하루는 정엽(鄭曄)이 방문했을 때였는데, 찾아온 허목이 누구냐는 질문을 받자 손녀사위라는 답과 함께 이원익은 '뒷날 내 자리에 앉을 자는 반드시 이 사람이다.'라고 했을 정도였다. 이러한 일화는 후대에 윤색되었을 가능성도 있지만 어쨌든 허목이 숙종대 우의정이 되어 이원익의 말은 사실로 증명된 셈이다.

이원익이 말년에 산 곳은 선산이 있던 경기도 금천(衿川)으로 지금의 광명시 소하동(所下洞)이다. 그렇지만 그 자신이나 후손이 일정기간 동안 경기도 광주(廣州)의 우천(牛川)에도 살았던 것 같다.

허목이 1624년(인조 2) 30세 때 광주 우천에 우거하였고, 1628년(인조 6) 34세도 우천에 있었다. 34세가 되던 바로 그해 1월에 둘째 아들이 출생했다. 보통 아이는 처가에서 출산하므로 우천은 처가가 있던 곳이다. 1649년(인조27) 55세에 광주로 가서 장인인 완선군(完善君) 이의전의 상에 조문했는데, 당시 주인은 그의 손윗처남인 이수약(李守約)이었다. 그 당시 이수약 형제와 이경석(李景奭)이 지은 김류(金瑬) 행장의 문제점, 인조반정 당시 이원익에게 들었던 내용 등에 대해 이야기 했다고 한다. 그리고는 다음날 금천에 있는 이의전과 이원익의 묘소에 배알하였다.

그렇다면 우천은 어디일까? 먼저 『신증동국여지승람(新增東國輿地勝覽)』의 광주목 산천조를 살펴보면 소천(小川)이 확인된다. 영조대에 편찬된 『증보문헌비고(增補文獻備考)』 여지고(輿地考) 산천조(山川條)에는 소천(昭川)이 있는데 우천(牛川)이라고도 부른다고 하였다. 두 문헌의 기사를 종합해보면, '牛'의 음가는 '우'이고 뜻은 '소'이므로 혼용하여 쓰였지만 현실음은 '소천'으로 불리는 경우가 많았던 것이다. 따라서 우천이나 소천은 표기상의 차이일 뿐 같은 곳을 가리키는 것이라고 하겠다. 이곳의 나루 이름이 지금도 소내나루 혹은 우천나루라고 불린다. 현재 광주의 경안천(慶安川)에 해당하고, 인근에 소위 광주 분원(分院)이 있었던 곳이라 겸재 정선(鄭敾)의 그림 「우천」도 바로 이곳을 배경으로 그린 것이다.

게다가 손아래처남 이수강(李守綱, 1608~1674)은 이의전의 차자인데, 그의 묘소가 광주 퇴촌면(退村面) 족자동(簇子洞)에 있는 것으로 되어 있다. 금천 이외에 집안의 묘소를 별도로 쓴 것은 이 광주 일대에 이원익 집안의 지역적 기반이 있었다는 것을 말해주는 것이 아니겠는가.

허목이 이곳 부근의 자봉산(紫峯山)에서 『서경(書經)』을 읽었으며 원근학자와 많이 종유하였다고 하였다. 그리고 어릴 적부터 팔분(八分), 고문(古文), 전서(篆書) 등과 같은 고전 서체를 익혔는데, 이때 체(體)과 격(格)이 모두 완성되었다고 한다. 이른바 미수체(眉叟體)로 알려진 그의 전서가 이곳에서 완성되었다는 것이다. 그리고 『서경』을 읽으면서 그의 학문적 지향 즉, 고학(古學)에 대한 탐구도 이곳에서 형성되었다는 점에서 처가였던 광주 우천 지역은 허목의 학문 형성에 있어서도 주목할 필요가 있는 곳이다.

요컨대 허목이 서울에서 출생하여 성장하였으며, 오리 이원익의 손녀사위가 되어 이 집안에서 고문(古文)을 탐독하고 자신의 독특한 서체를 완성했다. 그렇다면 흔히 근기남인의 도통론에서 정구와의 관계를 강조하는 것은 사실만을 말하는 것이라고 할 수 있을까?

3. 허목, 정구를 만나다

학계의 통설로 허목은 정구(鄭逑, 1543~1620)의 제자이다. 『미수연보』의 23세 때 기사에는 "종형 허후(許厚)와 함께 성주(星州)의 정 선생을 찾아뵙고 스승으로 섬겼다."라고 기록하였다. 허목은 뵌지 2년 뒤인 1620년(광해군 12) 정구가 세상을 떠나자 그를 위해 복을 입었고 장례에도 참여하였고 만사(挽詞)도 지었으니 제자로서의 예의를 다한 것이라 하겠다. 만사에서 그는 다음과 같이 슬픔을 달랬다.

보잘것없는 애처로운 이내 몸이	哀小子之無類
미혹 속에 방향을 잃고 헤매다	憫昏惑而昧方
다행히 선생의 밑에서 은혜를 입어	幸承恩於下風

빛나는 성덕을 사모하게 되었는데   慕盛德之輝光
애통하게 이렇게 떠나가시니   痛儀形之永隔
앞으로 가야 할 길 막막하여라   悲此路之茫茫

　뿐만 아니라 그뒤 1680년(숙종 7) 86세에는 문인의 대표로서 정구의 문집인 『한강집(寒岡集)』의 서문도 짓게 된다. 역시 숙종 초반에 지은 것으로, 그의 묘지명인 「문목공광명(文穆公壙銘)」도 지었다. 주목되는 것은 허목 본인이 직접 편찬한 『기언』의 동서기언(東序記言) 부분에 수록되어 있다는 점이다. 여기에는 남명 조식의 묘비명인 「덕산비(德山碑)」, 정구의 묘지명인 「문목공광명」, 정온(鄭蘊)의 행장인 「동계선생행장(桐溪先生行狀)」 등이 차례로 수록되어 있는 것이다. 동서기언의 동서(東序)라는 용례는 『예기(禮記)』 「왕제(王制)」에 따르면, "하후씨가 동서에 국가의 원로를 봉양했다.[夏后氏養國老於東序]"라는 말에서 확인할 수 있다. 동서에 대해 정현(鄭玄)은 왕궁의 동쪽에 있었다고 주석하였고, 공영달(孔穎達)은 학교를 말하는 것으로 예전에는 양로(養老)를 학교에서 하였다고 고증하였다. 『예기』의 고사에 의거하면 동서기언은 국가의 원로에 해당하는 인물의 전기를 기록하여 편집해놓은 항목이다.
　'이황 → 정구 → 허목 → 이익'으로 이어지는 근기남인의 계보라는 맥락에서 보자면, 이 동서기언의 배열은 매우 낯선 모습이다. 조식, 정구, 정온의 묘도문자를 나란히 배열한 점은 허목이 세 인물을 하나의 그룹으로 인식하고 있다는 점을 보여주는 것이기 때문이다. 즉, 정구가 퇴계 이황과 남명 조식 모두에게 배웠지만, 18세기에 만들어진 위의 계보와는 달리 허목은 정구를 남명의 학맥에 가깝게 이해했다고 해석할 수 있기 때문이다.

4. 허목은 정구에게 배웠는가?

정구를 처음 만났을 때 허목은 23세의 청년이었다. 정구는 당시에 퇴계 이황에게 직접 배운 제자로 가장 명망있는 대학자였다. 그때 그의 나이 75세였다. 무려 52세 차이이다. 가령 청년 율곡이 퇴계를 찾아갔을 때는 간절한 물음이 있었다. 그러나 허목은 부친의 임소인 거창에 있으면서 종형 허후와 성주로 정구를 찾아뵈었다고 하였을 뿐 어떤 질문도 없었다. 연보가 보여주는 그 방문의 맥락은 그 지역의 대표적인 학자였던 선생님을 찾아가 인사드린 것이라는 인상에 가깝다. 오히려 모계 문위(文緯)에 관한 일화가 더 자세히 기록되어 있다. 짧지만 강렬한 인상을 받을 수도 있다. 그러나 내적인 간절함이 없다면 그럴 가능성은 낮아지게 마련이다. 만약 강한 인상을 받았다면 문집 어딘가에 그에 대한 자신의 견해를 토로하는 글을 남겼을 것이고 연보편찬자가 적극 기사화했을 것이다. 그러나 정구를 존경했을지언정 학문에 대한 질문은 확인되지 않는다.

허목의 전서(篆書)를 계승한 것으로 알려진 식산(息山) 이만부(李萬敷, 1664~1732)는 종조부이자 허목의 문인으로 알려진 이봉징(李鳳徵, 1640~1705)에게 보내는 편지에서 두 사람의 학문이 다르다고 주장하였다.

> "미수가 한강에게 배웠음은 세상에 전해지는 말입니다. 그러나 의심나는 것을 질문한 일이 없는데 어떻게 그의 학문이 한강의 문하에서 모두 나왔다고 하겠습니까? 제 생각으로는 두 선생의 학문이 아주 다른 것 같습니다. 그래서 전해오는 말을 믿지 못하겠습니다. 미수는 선배 중에서 한강을 가장 존경하여 그의 유사를 찬술하여 매우 찬양한 것입니다."

이만부의 주장은 스승과 제자의 관계가 형성되기 위해서는 기본적으로 학문에 관한 문답이 있어야 한다는 생각을 갖고 있는 것이다. 그는 『미수연보』를 편집하기 위한 논의 과정에서도 미수가 한강을 만난 뒤에 다시는 질문한 일이 없으며, 미수의 학문이 한강에게서 다 나왔다는 것은 사실(fact)이 아니며 후대 사람들에게 의심을 일으키는 일이라고 주장하기까지 하였다. 이만부는 학문적 성향이 두 분이 다르므로 학문적 전승을 논의하는 것은 무리가 있다고 판단한 것이다.

허목과 정구와 관계는 역설적이지만 18세기에 정리된 근기남인의 도통론에서도 짐작할 수 있다. 정조대 번암(樊巖) 채제공(蔡濟恭, 1720~1799)은 성호(星湖) 이익(李瀷, 1681~1763)의 묘갈명에서 근기남인의 계보에 대해 다음과 같이 정리하였다.

> "나는 단지 우리의 도(道)에 통서(統緖)가 있다고 생각할 뿐이다. 퇴계[李滉]는 우리 동방의 부자(夫子)와도 같은 분이다. 퇴계는 이 도를 한강[鄭逑]에게 전수하였고, 한강은 이 도를 미수[許穆]에게 전수하였다. 선생[李瀷]께서 미수를 사숙(私淑)한 것은 미수를 배워서 퇴계의 통서에 닿기 위한 것이었다. 후학은 사문(斯文)의 적통(嫡統) 승계(承繼)에 기만하는 것이 없다는 것을 알고 난 후에야 (학문적) 지향점을 잃지 않을 것이다. 그러므로 이것에 의거하여 선생을 명(銘)하는 것이 옳을 것이다."

채제공은 근기남인의 도의 전승 즉 도통(道統)을 말하고 있다. 그리고 이익이 허목을 사숙한 것은 이황에 닿기 위한 것이라고 하였다. 정구의 존재는 이황과 허목을 이어주는 교량 역할로 국한하고 있다.

근기남인의 입장에서 허목이 정구를 만났다는 것은 참으로 다행스러운 일이었을 것이다. 그렇지 않았다면, 끊임없는 노론 세력의 견제 속에서 숙종대의 기사환국(己巳換局)과 영조대의 이인좌난에 연관되는 탁남(濁南) 세력과는 다른 청남(淸南)만의 정통성을 어떻게 확보할 수 있었겠는가?

허목이 정구를 존경한 것은 사실이다. 그가 죽은 뒤에 만사를 지었고, 유사를 지은 것도 사실이다. 뒤에 문집과 정구의 저술에 서문을 쓴 것 역시 사실이다. 그렇다고 그의 고학이 정구에게서 연원했다고 할 수 있겠는가? 정구가 살아있을 당시 퇴계의 제자로 생존했던 유일한 인물이었다는 점도 유의할 필요가 있다. 또한 허목은 정구를 만나기전 학문적인 기반을 확립했던 인물이다. 그런 점에서 허목의 학문적 성향을 방향 짓는데 기여했던 인물에 주목할 필요가 있으며 서울학계의 분위기를 살펴볼 필요가 있는 것이다.

5. 송시열과 대비해보자

허목이 영향을 받은 인물과 서울학계의 분위기를 살펴보기에 앞서 허목과 대비되는 송시열의 학문적 성향을 비교해보자. 상반된 모습을 보여주는 인물과의 비교를 통해 허목의 모습이 더 선명해질 수 있기 때문이다. 정치적으로 학문적으로 차별되는 인물인 송시열이라면 그 대비는 더욱 선명해질 것이다. 먼저 허목과 송시열의 수학기와 저술을 살펴보자.

허목이 고학적 학문 경향을 지녔다고 해서 성리학과 무관한 학문적 색채를 지녔다고 단정할 수는 없다. 그에게 성리학적 저술이 전혀 없던 것이 아니다. 그도 이기(理氣)를 논한 글을 남겼으며, 「심학도(心學圖)」와 「요순우전수심법도(堯舜禹傳授心法圖)」와 같이 성리학의 언설에 기반한 글을 지은 바 있다. 또한 조상에 대한 제례는 한결같이 주희가 편집한 『가례(家禮)』를 따랐다. 그렇다면 이러한 성리학적 저술이 갖는 모습을 어떻게 이해해야 할까?

조선시대의 모든 지식인은 과거시험을 전제로 학습하였다. 그리고 명대에서 간행된 『성리대전』과 『사서대전』의 해석을 표준으로 받아들였다. 『경국대전』에 따르면 제도적으로 사마시 초시 전에 『소학』과 『가례』로 기본 소양을 평가하고 조흘첩을 발급받아야 시험자격을 획득할 수 있었다. 그밖에도 『소학』 등에 대한 규정은 여러 곳에서 확인할 수 있다. 따라서 이러한 제도적 조건 속에서 성리학은 모든 지식인에게 기본적인 교양이었으며, 허목도 그러한 시대적 조건과 무관한 존재는 아니었다.

연보에 허목의 사승관계와 학습한 텍스트가 기록되어 있다. 누구에게 배웠는가? 21세에 총산(蔥山) 정언눌(鄭彥訥) 선생에게 배웠다. 무엇을 배웠는가? 『예기(禮記)』 「단궁(檀弓)」을 배웠다. 『미수선생편년기사』라는 미수연보의 초본에는 '단궁고경(檀弓古經)'이라고 했다. 오경(五經)의 하나인 『예기』를 배웠다는 것은 무엇을 말하는가? 허목이 송대(宋代)의 학문인 성리학만 천착했던 것이 아니라 성리학이 전범으로 여겼던 고(古)의 개념에 더 나아가고자 했던 그의 학문적 지향을 보여주었다고 할 수 있을 것이다.

요컨대 송대 성리학도 섭렵하였지만 학문의 범위를 시대를 거슬러 올라가 진한시대까지도 포괄하여 고인(古人)이게 다가가고자 했던 것이다. 허목은 평소에 이렇게 말했다. "마음은 고인(古人)의 마음을 추구하고, 고인의 일을 실천하는 것이 바로 고인의 학문이다." 고인의 마음과 그들이 행했던 실제의 사적을 살펴보는 일에 관심을 가졌던 것이다.

이러한 의지가 그의 저술로 드러났다. 『예기』와 『주례』 가운데 상례와 제례에 관한 내용 천 여조를 뽑아 해석한 『경례유찬(經禮類

纂)』이나 육경(六經)의 요지를 정리한 『경설(經說)』 그리고 『춘추』
에 기록한 각종 재이를 정리한 『춘추재이(春秋災異)』 등 육경에 근
거한 저술이 그것이다. 문집에 비교적 많은 분량을 차지하는 것으
로, 중국 고대 은나라의 이윤(伊尹)부터 전국시대의 맹자에 이르기
까지 이른바 고인(古人)의 행적을 두루 서술한 『고인제자(古人諸子)』
도 단적인 사례로 거론할 수 있다.

송시열은 1614년(광해군 6) 8세에 송준길의 부친인 송이창(宋爾
昌, 1561~1627)에게 가서 학업을 시작하였다. 그리고 아버지 송갑
조(宋甲祚, 1574~1628)에게는 율곡 이이의 『격몽요결』을 배웠다.
1618년(광해군 10) 12세 때 다음과 같은 말을 들었다.

> "주자(朱子)는 후세의 공자(孔子)이고, 율곡(栗谷)은 후세의 주자이니, 공
> 자를 배우려면 마땅히 율곡부터 시작해야 한다."

이는 송갑조가 공자 → 주자 → 율곡으로 이어지는 성리학적 도
통론에 매우 충실한 인물이었고, 송시열의 학문적 출발이 율곡 이
이로부터 시작한다는 것을 강조하는 구절일 것이다.

유년기의 학습단계를 지난 송시열에게 학문적 전환기는 1630년
(인조 8)에 찾아왔다. 24살의 송시열은 당시 충청도 연산(連山)에
있었던 김장생에게 가서 『근사록(近思錄)』, 『심경(心經)』, 『가례(家
禮)』 등의 성리학 입문서를 배웠다.

송시열은 학문이 무르익어 사표의 위치에 있을 때 주자학의 독
보적인 존재로 부상하였다. 그의 학문 방법은 『주자대전』과 『주자
어류』의 공부를 통해 주자 이해를 철저히 하고자 하는 것이었다.
'내가 배운 것은 오직 『주자대전』 뿐'이라고 한다든가, '학문하는
사람은 하루라도 『주자어류』가 없어서는 안된다. 의복을 팔아서라

도 사야된다.'라고 하는 그의 언설은 주자학에 대한 그의 지향을 잘 보여준다.

이러한 인식은 구체적인 주자학 연구 성과물로 나타났다. 『주자어류』가 주자의 본지와 어긋나는 곳이 많다고 하여 자기방식의 편목을 만들어 내용을 분류한 『주자어류소분(朱子語類小分)』, 주자가 사서집주를 저술하는 과정에서 여러 학설을 해석하고 선택하게 된 사정을 밝히기 위해 편집한 『논맹혹문정의통고(論孟或問精義通攷)』, 주자의 진의와 정론을 분명하게 밝히고, 주자의 말 중에 앞뒤가 다른 곳이나 난해처를 해소하기 위해 주자의 저작을 축자적으로 고증한 『주자대전차의(朱子大全箚疑)』의 저술과 『주자언론동의고(朱子言論同異攷)』의 착수 등이 그것이다. 이렇듯 송시열은 온통 주자의 모습뿐이었다.

동시대 인물인 허목과 송시열의 20대 수학기 기사는 매우 극명한 대조를 보여준다. 즉, 허목은 오경의 하나인 『예기』를 배웠고, 송시열은 성리학의 입문서인 『근사록』, 『심경』, 『가례』 등을 배웠다. 그리고 그들의 저술도 역시 다른 방향으로 진행되었다. 이들이 수학기에 배운 교과가 달랐다는 것은 당시 서울학계와 지방학계의 분위기가 달랐다는 점을 반영하는 것이다. 동시에 양자의 학문적 지향이 달랐던 점을 보여주는 것이다.

6. 허목 고학의 연원－진한고문파

그렇다면 허목은 어떻게 고문에 심취할 수 있었을까? 허목의 학문적 연원과 특징은 어떤 배경에 의해 형성되었을까? 물론 정언눌에게 배웠던 것도 중요한 사실이다. 그와 아울러 침류대(枕流臺)

학사들의 영향도 상정할 수 있다. 침류대는 유희경이 창덕궁 서쪽에 지은 정자로 16세기 말에서 17세기 초반에 문풍을 주도했던 인물들의 교류의 장으로 기능했던 문화공간이었다. 이 문화공간을 매개로 활동했던 침류대 학사들 가운데에는 이원익도 포함되어 있었다. 허목과의 직접적인 관련은 확인할 수 없지만 간접적으로 그러한 문화적 환경 속에서 허목이 성장했던 것만큼은 분명한 사실이었다.

한편 시야를 확대하여 침류대 학사들이 활동했던 당시의 동아시아 문화환경도 함께 고려할 필요가 있다. 즉 16세기 후반 17세기 전반은 "문필진한(文必秦漢) 시필성당(詩必盛唐)"의 구호를 외쳤던 명의 진한고문파(秦漢古文派)의 영향이 조선의 문단과 학계를 강타하였던 시기였다. 진한고문파는 전후칠자(前後七子)로 대표되는데, 조선에서는 전칠자(前七子)는 하경명·이몽양이 후칠자(後七子)는 이반룡·왕세정이 가장 유명하였다. 그 중에서 조선에 가장 커다란 영향력을 행사한 사람은 왕세정(王世貞, 1526~1590)과 이반룡(李攀龍, 1514~1570)이었다. 그리고 그들의 존재와 저술을 조선문단에 최초로 소개한 인물은 월정(月汀) 윤근수(尹根壽, 1537~1616)였다.

윤근수의 제자로서 대제학을 지낸 장유(張維)·정홍명(鄭弘溟)·김상헌(金尙憲) 등은 물론 정엽(鄭曄)·조익(趙翼)·김육(金堉) 등도 자연스럽게 진한고문(秦漢古文)에 영향을 받았다. 김류(金瑬)·이경석(李景奭)·조경(趙絅)·조찬한(趙纘韓)·유몽인(柳夢寅)도 예외가 아니었다. 사대가(四大家)인 이정구(李廷龜)·신흠(申欽)·이식(李植) 등도 역시 이러한 흐름 속에 있었다.

명의 문장에 가장 적극적인 관심을 보인 사람은 허균(許筠)이었다. 명에서 소개되는 서적 대부분을 읽고 자기 방식으로 정리한 인물이었다. 이수광도 왕세정의 저술인 『엄주산인사부고(弇州山人

四部稿)』『엄산당별집(弇山堂別集)』『예원치언(藝苑卮言)』 등을 『지봉유설(芝峰類說)』 곳곳에서 인용하였고, 이반룡(李攀龍)·양신(楊愼) 등에 대해서도 언급하고 있음을 볼 수 있다.

이처럼 16세기 후반 17세기 초반은 소위 목릉성세로 일컬어질 만큼 문화적으로 고양된 시기였고, 대다수의 지식인들이 진한고문의 영향 속에서 문학을 비롯하여 학문적 영향을 받았다. 허목이 16세기 후반에 태어나 17세기 초반에 성장하여 문화의 중심이었던 서울에서 성장기를 보냈다는 것은 그의 고학(古學)적 학문 성향을 이해하는 데 빼놓을 수 없는 함수이다.

허목은 진한고문파의 맹주였던 왕세정(王世貞)의 존재를 잘 알고 있었다. 그는 조경(趙絅)에 대해 진한 이후로 사마천·한유·왕세정을 최고의 대가로 여겼다고 논평하였다. 이는 왕세정의 존재를 알고 있었을 뿐만 아니라 실제로 그의 글을 정독하였기에 가능한 논평이다. 또한 제자백가를 읽고 논평한 글인 「담평(談評)」에서 귀곡서(鬼谷書)를 설명하면서 왕세정을 인용하고 있으며, 어떤 이가 노수신(盧守愼)의 문장이 송유(宋儒)와 다르다고 의심하자 허목은 "리(理)를 말하는 것에도 품별(品別)이 있는 법이다. 그러므로 주돈이(周敦頤)의 간준(簡俊)과 이정(二程)의 명당(明當)과 장재(張載)의 침심(沈深)이 모두 도(道)를 호위하는 것은 마찬가지이다."라는 왕세정의 말을 인용하여 변론하였다. 이러한 사실은 허목이 왕세정의 저술을 정독하였고 그 과정에서 영향을 받았음을 시사하는 것이다.

허목은 『기언』「문학(文學)」에서 상고(上古)이래 고문 중심의 문학사를 개관하면서 명대 진한고문파의 이몽양과 왕세정을 정식으로 평가의 대상으로 다루었다. 비록 '(고문이) 혼후(渾厚)하지만 한유(韓愈)에는 미치지 못하였고, 변화(變化)는 소식(蘇軾)에 미치지 못하였다'고 소극적인 평가를 내렸지만, 명이 진한(秦漢)을 멸시하여 치도(治道)가 육경(六經)에서 비롯하지 않았고, 문장(文章) 또한 마찬가지였다고 함으로써 명대 문장 전반에 대하여 비판적이었던 점을 상기할 때, 이몽양과 왕세정을 자신의 고문의 범주에 포함시킨 점은 주목된다.

진한고문파의 영향력이 문학의 범주에서만 한정적으로 작용했다고 하기는 어렵다. 이몽양과 하경명(何景明)의 등장으로 사서(四書) 이외에 고서(古書)가 있고 팔고문(八股文) 이외에 고문(古文)이 있다는 것을 알게 되었다는 중국산문사의 평가는 주목할 만하다. 사서(四書) 중심의 경전이해 태도가 육경(六經)으로 대표되는 고서에 대한 새로운 관심을 불러 일으켰다는 점은 명대(明代) 고학부흥운동(古學復興運動)을 문학의 범주에서만 논의할 수 없다는 것을 말한다. 즉 이몽양 등 전후칠자의 등장으로 문학의 영역을 넘어 학문전반에 파장이 전달되었다는 것을 시사하는 것이다. 사실 왕수인이 '고본대학(古本大學)'을 기초로 새로운 해석을 개척했던 데에는 당대에 풍미한 고학부흥운동의 흐름 속에서 가능한 일이었다.

허목이 이몽양과 왕세정으로 대표되는 명대 진한고문파를 적극 수용하였다면, 문학에서 진한고문을 상위의 가치로 평가하는 것뿐만 아니라 경학에서도 사서보다 육경을 상위의 가치로 평가하는 것을 의미한다. 그리고 명대의 고학부흥운동과 유사한 학풍이 서울을 중심으로 진행되었다는 것을 의미하는 것이기도 하다.

▣ 참고문헌

李元翼, 『梧里集』
許穆, 『記言』
宋時烈, 『宋子大全』

고영진, 『조선시대 사상사를 어떻게 볼 것인가』, 풀빛, 1999.
강명관, 『안쪽과 바깥쪽』, 소명출판사, 2007.
이동인 외, 『조선중기 홍가신·허목의 사상과 학문』, 수원화성박물관, 2012.

김용겸: 예악과 풍류를 겸한 서울 지식인

김 학 수
한국학중앙연구원 수석연구원

1. 글을 시작하며: 김용겸에 주목하는 까닭

　김용겸(金用謙, 1702~1789)의 자(字)는 제대(濟大), 호는 효효자(嘐嘐子) 또는 효효재(嘐嘐齋), 본관은 안동이다. 1702년에 태어나 1789년에 생을 마감하였으니, 그에게 주어진 역사적 시간은 무려 88년에 달했고, 생애의 황금기를 호학의 군주로서 우문정치(右文政治)를 펼치며 국운의 흥성을 맹렬히 추구했던 영조~정조시대에 보냈다.

　그의 집안은 조선후기의 대표적인 교목세가(喬木世家)로서 흔히 '장동김씨(壯洞金氏)'로도 일컬어지는 안동김씨였다. 이들은 청음(淸陰) 김상헌(金尙憲)의 충의대절(忠義大節)과 학문을 바탕으로 세가의 터전을 일구었고, 그 손자 문곡(文谷) 김수항(金壽恒)의 문장과 경륜(經綸)이 보태지면서 17세기를 대표하는 문벌로 성장하였으며, 여기에 '6창(六昌)'이라 불리는 김수항 아들들의 자취는 안동김씨가 조선의 학계와 문화계를 주도하는 밑거름이 되었다. 이로써 안동김씨는 의리와 경세, 학술과 문장의 가풍을 형성, 지향하며 조선후기 정계 및 지식인 사회의 리더로서 그 존재성을 한 층 강화할 수 있었으며, 17세기 후반에서 18세기 초반에 이르면 그 기반이 사실상 갖춰지게 되었다.

17세기 초반 서인 기호학파의 영수이자 척화파의 거두였던 청음(淸陰) 김상헌 ⟹ 숙종조 서인정권의 영수였던 문곡(文谷) 김수항 ⟹ 17~18세기 노론학계를 주도했던 석학인 6창(六昌)으로 이어지는 일문의 정치적 가치와 학술·문화적 전통을 어떻게 계승·발전시키고, 또 그것을 어떤 방식으로 사회에 적용하는가는 후손들의 몫으로 남게 되었다. 17세기에 형성된 안동김씨의 정신적 가치의 18세기적 계승과 적용이라는 관점에서 볼 때, 단연 초점을 맞춰 조명해야할 인물이 바로 김용겸인 것이다.

이 글에서는 김용겸이라는 인간이 18세기 조선이라는 시간과 공간 속에서 자신과 집안을 위해 어떻게 살았고, 나아가 국가와 사회의 발전을 위해 무엇을 고민하고 행동했는가를 살펴보기로 한다.

2. 김용겸의 인간상: 강온 양면의 인품

1779년(정조3) 정조는 김용겸과 대담하는 자리에서 갑자기 송덕상(宋德相)의 사람됨을 하문한 적이 있었다. 송덕상은 서인·노론의 상징적 존재였던 우암 송시열의 현손으로서 당시 호서학계를 대표하고 있었다. 특히 그는 정조의 절대적인 신임을 받고 있던 홍국영(洪國榮)과 연대하고 있었다는 점에서 정치적인 영향력도 매우 컸던 사람이었다. 정조의 물음에 대한 김용겸의 대답은 아주 뜻밖이었다.

"덕상(德相)은 비록 선정신 송시열의 후손이지만 취할만한 지식이 없습니다. 전하께서 유자를 등용하시고자 한다면 덕상보다 어진 사람이 어찌 없겠습니까?"(김매순, 『대산집』 권12, 「효효재선생행장」)

당대 호서학계의 상징적 존재에 대한 거침없는 이 평론은 김용겸의 곧고 바른 성정을 너무도 잘 대변하고 있다. 즉 김용겸은 자신보다 신분이 낮거나 사회적 약자에 대해서는 더없이 관대했지만 허명을 훔치는 인사에 대해서는 그 지위의 고하를 막론하고 극언을 서슴지 않았던 것이다.

김용겸은 풍도가 준수하고 성품이 엄정하면서도 열린 마음을 가진 사람이었다. 무엇보다 효성이 지극했으며, 하찮은 말은 입에 담지 않았다. 또 한 그는 평생 신실한 마음(信心)과 곧은 행동(直行)을 삶의 좌표로 삼아 조금도 어김이 없었고, 세상과 사람을 포용하는 대인의 풍모가 넘쳐 흘렀다고 한다.

부모를 섬김에 사랑과 공경의 마음을 다하여 슬플 때에도 낯빛은 항상 부드러웠고, 살림살이가 어려워도 좋은 음식으로 봉양했다. 모부인이 수년 동안 풍증(風症)을 앓았지만 아침 저녁으로 정성을 다해 보살폈고, 심지어 어머니를 위해 재미있는 얘기를 한글로 번역하는 등 그 효성은 참으로 곡진하고도 품격이 있었다.

한편 김용겸은 사대부가의 자제로서 예의와 법도를 매우 중시하여 가묘(家廟: 조상을 모시는 祠堂)를 건립해서는 주자의 가례에 따라 그 제도를 바로잡았고, 제례에 있어서도 정성이 자못 각별했다. 무엇보다 그는 친족간의 화목, 즉 목족의식(睦族意識)이 남달라 가난한 친척은 자신의 봉급을 들여 구제했고, 족보를 만들어 일가의 통합에도 남다른 관심을 보였다. 뿐만 아니라 그는 4촌을 형제처럼, 조카와 질녀는 자식처럼 여겼으며 인근에 상이 있거나 친구에게 급한 일이 있으면 맨 먼저 달려가 위로하거나 해결해주는 성품이었다. 이처럼 김용겸은 자신에게는 매우 엄정하면서도 부모와 형제 그리고 진척 및 붕우에 대해서는 관대하기 이를 데 없는 사람이었던 것이다.

자신에게 엄정했다고 해서 김용겸의 삶이 건조했던 것은 결코 아니었다. 그는 한 시대가 주목하는 지식인이자 풍류 남아였고, 다른 사람의 재주를 알아볼 줄 아는 안목을 가진 사람이었다. 그리고 그는 남의 잘못은 준절하게 꾸짖되 상대가 그것을 고치면 더이상 탓하지 않는 호방하면서도 뒤끝이 없는 담박한 사람이기도 했다. 그가 신분을 초월하여 광범위한 교유의 망을 형성할 수 있었던 바탕도 바로 이런 트인 성품에 있었던 것이다.

달 밝은 깊은 밤에 광화문(光化門) 앞을 산책하며 시를 읊조리는 김용겸의 모습에는 절대 자유를 추구하는 한 지식인의 여유와 세상 밖에 홀로 우뚝 서는 고고함이 담겨 있었다. 좋은 집안에서 태어나 양질의 교육을 받고 자랐고, 자신에게는 엄정하고 남에게는 관대했으며, 학자·예인으로서 그리고 관료로서의 성취가 자못 탁월했기에 그의 그런 모습은 결코 괴상하거나 상스럽지 않았다. 오히려 세상 사람들은 그 모습에서 끊임없이 변화를 추구하며 자신을 새롭게 해 나가는 지성인의 모델을 발견하고 찬사를 아끼지 않았던 것이다.

3. 가학연원: 아버지 포음(圃陰)을 통한 청음가학의 계승

김용겸은 숙종 치세의 중후반기에 접어들던 1702년(숙종28) 5월 김창즙(金昌緝: 이하 圃陰으로 약칭)과 남양홍씨 사이에서 장자로 태어났다. 김창즙은 19세 되던 1680년에 딸을 낳았고, 이로부터 무려 22년만에 용겸을 얻은 것이었다. 당시 김창즙의 나이가 41세였으므로 용겸은 세칭 만득자(晚得子)였고, 부모는 물론 일가 친척들의 관심과 사랑도 그만큼 특별했다.

김용겸이 태어나던 1702년은 김창즙이 기포(杞圃)에서 '포음'으로 호를 바꾸고, 서울 준수방(俊秀坊) 사포서(司圃署) 뒤에 이른바 '포음제(圃陰第)'를 짓고 비교적 안정된 생활을 시작하던 첫 해였다. 그런 기념할만한 해에 용겸이 태어났으니, 그의 출생은 흡사 덕문(德門)의 여경(餘慶)에 비길만했다.

김창즙은 교목세가의 자제로 태어났지만 초중년의 삶은 매우 고단했다. 14세 때인 1675년에는 갑인예송(1674년)의 여파로 아버지 김수항이 전라도 영암으로 유배되는 곡절이 있었다. 이에 김창즙은 여러 형들과 함께 부친의 배소를 수시로 왕래하며 시종했고, 그런 정성은 1678년(숙종4) 김수항이 철원으로 이배되었을 때도 변함없이 이어졌다.

1680년 경신환국으로 서남간에 정권이 교체되자 문곡일가도 점차 안정을 되찾을 수 있었다. 특히 이 시기 김수항은 관료로서 절정을 맞아 얼마 후에는 영의정에까지 올라 국무를 총괄하다시피했다. 당시 서인정권에서 재야의 산림학자를 대변하는 존재가 송시열이었다면 김수항은 재조 관료그룹을 영도하는 수장이었던 셈이었다.

아버지 김수항의 정치적 위망은 김창즙 형제들의 삶에 그대로 영향을 미쳤다. 안정된 생활 덕분이었는지 김창즙은 금천(衿川: 지금의 시흥·광명지역)의 삼막사(三邈寺), 삼각산의 백운암(白雲庵) 등에서 독서와 학문에 열중하며 학자로서의 자질을 함양해 나갔다. 이 과정에서 1684년에는 생원시에 입격하는 영광을 누리기도 했다.

그러나 어떤 이유에서인지 이 때만해도 거처를 자주 옮겼는데, 1687년(숙종13) 한 해만도 양주 미음촌(渼陰村)에서 성릉촌(成陵村)으로 옮겼다가 뒤에 다시 목식동(木食洞)으로 이주했다. 이 세 곳은 모두 선대의 전장이 있던 양주 땅이라는 점에서 서울과 멀지는 않았고, 부모를 시종하는 일이 주된 이유였지만 빈번한 이주는 그의 삶과 관련하여 많은 것을 시사한다.

한편 김창즙은 1689년 기사환국으로 끝내 아버지 김수항을 여의게 된다. 진도로 유배된 김수항에게 급기야 사약이 내린 것이다. 형들과 함께 진도에서 양주로 아버지를 운구하여 장례를 지낸 김창즙은 또 다시 이곳 저곳을 옮겨다니는 처지가 되었다. 1689년 7월에는 김화·영평을 거쳐 서울로 돌아왔고, 1691년에는 어머니를 모시고 다시 양주 목식동으로 갔으며, 1694년 갑술환국으로 김수항의 관작이 회복되자 어머니와 함께 과천의 반계(盤溪)로 거처를 옮겼다.

그의 이주 인생은 여기서 그치지 않았다. 1696년에는 다시 목식동으로 갔고, 1698년에는 어머니를 모시고 백형 김창집의 임소인 강화로 갔다가 비로소 1702년에 포음제를 지어 안착했던 것이다. 이러한 잦은 이주는 본질적으로 정변에 따른 피세·피신적 성격을 갖는 것이지만 이 과정에서 김창즙은 다양한 유람과 회합을 통해 지식인으로서의 안목과 식견을 크게 확대할 수 있었다.

1681년 김수항의 명산기(名山記)를 모은 「징회록(澄懷錄)」과 「명산최승(名山最勝)」을 편찬하고, 1689년 아버지의 유고를 직접 선사(繕寫)한 다음 이를 1699년에 『문곡집(文谷集)』으로 간행한 것에서는 문학적 소양을, 1690년 가화의 와중에서도 중형 김창협과 지경법(持敬法)을 논한 것에서는 학자적 깊이와 자질을 발견할 수 있었다.

김창즙이 '포음제'에서 산 것은 채 10년이 되지 않지만 이 기간은 그의 생애에서 매우 중요한 의미를 가졌다. 학문이 보다 원숙한 단계로 접어든 것도 이 시기였고, 그에 따라 조정에서 천거의 명이 내린 것도 이 무렵이었기 때문이다. 그러나 김창즙이 택한 것은 학자의 길이었고, 그에게 있어 관직은 여사(餘事)에 지나지 않았다. 이런 정신은 1707년(숙종33) 내시교관, 1708년 세자익위사 부솔, 1711년(숙종37) 왕자사부 및 예빈시주부에 임명되었지만 일체 응하지 않은 것에서 분명하게 확인되었다.

반면에 학문에 대한 집착은 날로 뜨거워졌다. 성리학에 조예가 깊었던 김창즙은 「이기변(理氣辨)」, 「인심도심변(人心道心辨)」, 「대학명덕장변(大學明德章辨)」, 「이패림사서이동조변변(李霈霖四書異同條辨辨)」 등 다양한 저작을 통해 자신의 학문적 방향을 드러냈고, 이런 향학열은 사망하기 한 해 전인 1712년에는 주역(周易)의 연구에 몰두하는 단계로까지 확장되었다.

김창즙의 높은 수준의 학문은 오랜 침잠의 결과였다. 29세 때인 1690년(숙종16)의 학문기록인 「일록(日錄)」에는 중형 김창협과 학문을 강론하는 한편으로 침잠반복 및 정서적 안정과 사색을 강조하는 순유(醇儒)로서의 자세가 파노라마처럼 펼쳐져 있고, 나정암(羅整菴) 등 중국 유자들의 제 학설을 논변한 「잡지(雜識)」를 통해서는 그의 통유적(通儒的) 식견을 한 눈에 파악할 수 있다. 학문에 대한 이런 자세는 문인들을 지도할 때도 엄정하게 적용되었다. 김창즙의 문인으로서 1726년 경상감사 재직시에 『포음집(圃陰集)』을 간행하게 되는 유척기(兪拓基)가 김창즙에게 학자로서 경계가 될만한 글을 요청한 적이 있었다. 이 때 김창즙은 학자가 긴요하게 여길 것은 자강에 있을 뿐 다른 사람에게 문자 따위를 구하는데 있지 않다고 하며 단호하게 거절한 바 있었다. 결국 김창즙은 침잠(沈潛)·사색(思索: 商量)·자강(自彊)을 학자 또는 학문의 본령으로 인식하고 있었고, 그 결과 사장(詞章)·훈고(訓詁) 등에서 출발하여 주자학(朱子學)으로 돌아온 김창협·김창흡에 비해 순유(醇儒), 즉 순정한 유학자로서는 더욱 높은 평가를 받았다.

1713년 김창즙이 향년 52세로 생을 마감할 때, 김용겸은 12세 소년에 지나지 않았다. 이들 부자가 같이한 역사적 시간은 12년에 지나지 않았지만 아들에 대한 김창즙의 관심과 사랑은 자못 각별했던 것 같다. 1712년 가을 김창즙은 금강산 ⇒ 영동(嶺東) 지역의 제 승경 ⇒ 설악산에 이르는 유람을 단행했고, 중로에 그는 외아들 용겸에게 두 통의 편지를 보냈다. 말 그대로 단찰(短札), 즉 짧은 편지에 지나지 않았고, 내용 또한 여정 및 여로에서의 감상을 전하는 것이었지만 그 행간에는 아들 용겸 또한 국토의 풍물을 체험하며 진정한 식자로 성장했으면 하는 부정(父情)이 가득 담겨 있었다.

물론 12년은 아버지 김창즙의 학자적 자세와 학문을 배우고 따르기에는 부족한 기간이었지만 김창즙의 학문은 아들에 대한 세심한 배려와 어우러져 가학의 물줄기가 되어 용겸에게로 전수되었다. 그리고 아버지로부터 미처 전수받지 못한 것은 백부 김창집과 숙부 김창흡을 통해 보충함으로써 김용겸은 석학으로 성장할 수 있는 기틀을 다지게 되는 것이다.

4. 18세기 노론학계의 준재: 6창(六昌)의 뒤를 잇다

김용겸은 청음 김상헌 ⇒ 문곡 김수항 ⇒ 6창으로 이어지는 안동김씨 청음가의 가학의 정통을 계승했다. 김용겸에게 있어 김상헌의 대절과 학문·문장은 학자적 행신과 방향 설정의 지표가 되었고, 겸덕(謙德)과 공익을 강조한 김수항의 관료정신은 출처와 이도

(吏道)의 기준이 되었으며, 아버지 김창즙을 비롯한 6창(六昌)이라 불린 백숙부의 학식과 문장은 김용겸이 18세기 노론학계에서 중요한 위상을 점하는 밑거름이 되었다.

김용겸에게 있어 김창즙은 아버지인 동시에 스승이었고, 아버지를 통해 김수항 ⇒ 김상헌으로 소급되는 가학의 기초를 충실히 계승했음은 두 말할 나위가 없다. 다만 그 과정이 그리 길지 않았다는 것이 아쉬운 대목으로 남을 뿐이다.

김창즙의 공백은 삼연 김창흡, 모주(茅洲) 김시보(金時保) 등 일가의 지친이자 학계의 기라성같은 존재들에 의해 채워졌다. 특히 김상용의 현손으로 김용겸과는 10촌 형제였던 김시보(金時保)는 그가 사사한 최초의 외부(外傅)였다. 김시보와의 학연은 9세 때 아버지 김창즙이 '아들을 바꾸어 가르친' 전통적 교육방식인 '역자지교(易子之教)'의 관행에 따라 주선한 것이었다. 김시보는 김창협의 문인이었으므로 이 사승은 김용겸이 농암 김창협 ⇒ 모주 김시보로 이어지는 낙론학통(洛論學統)의 본류로 편입되는 단초가 되었다.

한편 김용겸은 김창즙의 사망 이후로는 학문에 더욱 진력하여 예업(藝業)이 숙성했고, 숙부 김창흡의 각별한 격려와 관심은 그의 학업을 더욱 진보시키는 계기가 되었다.

> "1713년(계사년) 아버지께서 돌아가셨을 때 선생의 나이 고작 12세였다. 치상(治喪)함에 있어 성인처럼 의젓했고, 여가가 생기면 스스로 학문에 힘써 예업(藝業)이 숙성했다. 숙부 삼연 선생이 그가 지은 시를 보고는 칭찬하기를, '이 아이는 반드시 성립함이 있을 것이다'고 했다."(김매순, 『대산집』 권12, 「효효재선생행장」)

김용겸에 대한 김창흡의 관심은 지극했다고 표현하는 것이 맞을 것 같다. 망제(亡弟)의 어린 외아들이란 현실적 환경이 김창흡으로 하여금 조카 용겸에게 더욱 애착을 갖게 했던 것으로 생각된다. 김창흡은 기회가 있을 때마다 기대와 애정을 담은 서간 및 필찰을 보내 조카의 학문을 면려했다.

김용겸이 족형이자 스승인 김시보와 함께 자신을 찾았을 때는 기쁨을 감추지 않았고, 해가 바뀌면 안부를 물으며 염려의 마음을 살갑게 표현했다.

> "오래도록 소식을 듣지 못했는데, 어느새 새 해가 되니 너를 생각하고 그
> 리워하는 마음이 갑절이 되는구나."(김창흡, 『삼연집』 권17, 「용겸에게」)

김창흡이 조카 용겸에게 기대했던 것은 공맹(孔孟)을 거쳐 정주(程朱)로 이어지는 성리학의 계승자, 즉 도학자였고, 이를 위해서 그는 『소학(小學)』과 『강목(綱目)』의 학습을 강조하는 등 아주 세세한 부분까지 지적하며 이끌어주었다.

이런 바탕 위에서 김용겸은 이재(李縡, 1680~1746), 박필주(朴弼周, 1665~1748), 김원행(金元行, 1702~1772), 황윤석(黃胤錫, 1729~1791) 등 18세기 노론학계의 영수들과 사우관계를 맺으며 사귐의 범위를 확대해 나갔다.

즉 김용겸은 이재·박필주의 신뢰와 인정에 바탕하여 근기지역 수원이자 노론의 본산이었던 도봉서원의 원임직(院任職)을 수행하며 강회(講會)를 주관함은 물론 서원의 학술적 재정 확충에도 기여하며 영향력을 확대해 나갔던 것이다. 그와 함께 원임을 맡았던 이의철(李宜哲), 이규신(李奎臣), 권진응(權震應), 조익신(趙翊臣) 가운데 권진응은 송시열의 수제자 권상하(權尙夏)의 증손으로 김용겸의 종제 김양행(金亮行)과는 남매간이었다.

20대 중반에서 40세를 전후한 시기까지 펼쳐진 도봉서원에서의 활동은 김용겸의 학문적 성장에 더해 학자로서의 지명도를 높이는 데에도 크게 기여한 것 같다. 1743년(영조19) 송인명(宋寅明)이 김용겸을 학문과 기국(器局)으로 적극 천거한 것도 이런 맥락에서 이해할 필요가 있고, 그를 표현함에 있어 김창즙의 아들로 지칭한 것도 자못 중요한 의미를 갖는다.

> "송인명이 말하기를, '고 징사(徵士) 김창즙(金昌緝)의 아들 김용겸(金用謙)은 과거의 공부를 폐지하고 학문을 익힌다 하니, 전조로 하여금 조용하게 하소서.' 하니, 임금이 모두 옳게 여겼다."(『영조실록』 권58, 영조 19년 9월 10일)

즉, 조정에서는 김용겸을 김창즙의 아들로 인식하고 있었는데, 여기에는 그가 김상헌 ⇒ 김수항 ⇒ 김창즙으로 이어지는 세가의 자손으로서 학문은 물론 행실까지도 보증한다는 의미가 내포되어 있다고 할 수 있다. 이런 인식은 학문적 역량과 어우러져 후일 그가 관료로 발탁되어 상당한 지위에까지 오르는 중요한 바탕이 되었다.

김용겸의 노론학계에서의 위상은 이재·박필주 등과의 학적 교유상에서 보다 구체적으로 확인할 수 있다. 1737년 이재는 김용겸에게 편지를 보내 주역 공부의 필요성과 방식을 아주 자세하게 피력하는 한편 더욱 진력하여 장구하고 원대한 공을 이룰 것을 당부한 적이 있었다.

58세의 노유 이재가 36세의 중견학자 김용겸에 대한 기대가 얼마나 컸는지를 짐작케 한다. 그리고 박필주는 자신이 지은 관각문자는 물론 사직소까지도 교정을 부탁할만큼 크게 신뢰함으로써 김용겸의 학문·사회적 위상을 높여주었다. 김용겸이 1770년(영조46)에 간행된 서경덕의 『화담집』 중간본을 편집할 수 있었던 학문적 권위도 이런 데에서 기인하는 것이다.

서경덕에 대한 김용겸의 학문적 경모의식은 절대적이었다. 그는 서경덕을 자품이 영준하고, 학문은 하늘과 사람의 이치를 궁구한 인물로 평가하는데 주저하지 않았으며, 중국의 학자 소옹(邵雍: 邵康節)에 비겨 학덕을 칭송했다. 또한 그는 세유들이 서경덕을 상수학(象數學)에 빠진 것을 문제삼아 순유(醇儒)로 대우하지 않는 것에 대해서도 불만이 많았는데, 이는 세유(世儒)들이 고루하여 서경덕 학문의 깊이와 본질을 모르는 데에서 기인하는 것으로 일갈했다. 서경덕에 대한 경모의식은 1735년(영조11) 개성 화곡서원(花谷書院)을 참배하는 단계로 진전되었다.

바로 이런 경모심에 바탕하여 그는 『화담집(花潭集)』의 새로운 편집을 자처했던 것이고, 그의 편집은 1770년(영조46) 『화담집』 중간본 발간을 주관하며 발문을 쓴 채위하(蔡緯夏)로부터 극찬을 받았다.

> "김성시(金聲始)가 효효재 김공 용겸이 편집한 한 본을 얻어 나에게 보여주었다. 내가 받아서 읽어보니 순서가 바름을 얻었고, 범례가 매우 좋아서 미리서 내 마음을 얻었다고 할만했다."(서경덕, 『화담집』 「화담선생문집중간발」)

학문의 연원 또는 계통에 있어 서경덕(徐敬德)과 김용겸은 뚜렷한 연관성이 없다. 그럼에도 김용겸이 서경덕을 존경했고, 또 『화담집』을 편집한 것은 학문 본위적 인식과 실천으로 해석할 수 있다. 즉, 김용겸은 학파라는 파벌에 얽매여 서경덕을 바라본 것이 아니라 그의 학문적 깊이와 학자적 자세에 대한 공감에서 존경하게 되었던 것인데, 이는 김용겸이 학파·정파의 구별이 엄격하던 18세기를 살면서도 여느 지식인과는 차별되는 학문적 객관성과 포용성을 유지하고 있었음을 보여주는 근거가 된다.

5. 학예(學藝)에 대한 깊은 조예: 그것을 향한 사우들의 시선

김용겸의 사우관계는 18세기 노론학계를 망라하고 있었다고 해도 지나치지 않았다. 도암 이재와 같은 낙론학파의 적통으로부터 수십년 연하이자 서얼이었던 박제가·이서구·이덕무·유득공 등에까지 통교망이 형성되어 있었으므로 김용겸의 교유 및 사우관계는 신분을 초월하는 망년지교의 전형으로 규정할 수 있었다.

그가 이러한 광범위하고도 수준 높은 교유망을 가질 수 있었던 힘의 원천은 것은 안동김씨라는 문벌, 김상헌 ⇒ 김수항을 거쳐 김창협·김창흡 형제 대에 이르러 연원성(淵源性)을 강화한 학벌 그리고 호학의 천품이 빚어낸 탁월한 학식이었다. 아래 이덕무(李德懋)의 언급은 김용겸의 학문적 연원 및 학자적 자세가 당시인들에게 어떻게 각인되어 있었는지를 잘 보여주고 있다.

"글을 읽어서 좋은 구절을 발견하거든 반드시 동지에게 기꺼이 알려 주되 행여 다 알려 주지 못할 것처럼 하라. 효효재(嘐嘐齋) 김공(金公)은 머리가 하얀 노경에도 배우기를 좋아하고 남에게 가르쳐 주기를 게을리하지 않았다. 총민한 소년을 만나면 반드시 쌓인 서책을 흔연히 펼치고 옛사람의 아름다운 일과 좋은 말을 찾아내서 읊조리고 강론하는 등 끈덕지고 자상하게 일러 주었다. 나는 찾아가 뵐 때마다 소득이 많았으니, 농암(農巖)·삼연재(三淵齋)의 유풍(遺風)을 볼 수 있었다."(이덕무, 『청장관전서』 권27~29, 「교습」)

김창협·김창흡의 유풍을 언급한 것은 학문의 연원성을 강조한 것이고, 노경에도 배움과 가르침을 게을리 하지 않은 것은 학자의 본분을 말한 것이며, 총민한 인재에 대한 교육적 열정은 사람의 자질과 수준 그리고 특성을 고려하여 가르침을 베푸는 '인인시교(因人施敎)'의 구체적 실천을 지칭하는 것이었다.

김용겸의 학자적 면모와 성취에 사우들의 평가는 여기서 그치지 않는다. 예컨대, 김익은 김용겸을 시례를 숭상하는 청음세가(淸陰世家)에서 양질의 교육을 받고 자랐고, 언론(言論)·재학(才學)·덕망(德望)·풍류(風流)에서 일가를 이룬 인물로 평가했다. 김용겸의 삶과 자취에 대한 아주 적실한 논평이라 할 수 있다. 특히 김용겸의 학문 내지는 학문적 성향과 기호에 대해서는 황윤석(黃胤錫)과 성해응(成海應)의 언급에서 좀 더 구체화 된다.

"이 어른(김용겸)의 풍류는 홍장하고, 자성은 진솔한데, 역범(易範)·율역(律曆)·자서(字書)·운학(韻學)·병진(兵陣)·관직(官職)·정목(井牧)·산수(算數)와 같은 여론의 미침도 온 세상이 그 맛을 보지 못함이 오래 되었다."(황윤석, 『이재유고』 권8 「김익휴에게」)

"공은 예를 좋아하여 악율(樂律)에 밝았다. 백악산 아래의 풍류는 공이 있고서야 성대해질 수 있었다. 좌우(座右)에는 도서(圖書)를 수북이 쌓아두었고, 안전(案前)에는 금석(金石)과 고기(古器)가 진열되어 있었다."(성해응, 『연경재전집』 권49, 「세호록」 〈김용겸〉)

즉, 김용겸의 학문은 예학을 본체로 하여 악율(樂律)·역범(易範)·

율역(律曆)·자서(字書)·운학(韻學)·병진(兵陣)·관직(官職)·정목(井牧)·산수(算數) 등에까지 걸쳐 있어 순수 도학(道學)보다는 실용적 박학풍(博學風)을 지향했음을 의미했다. 이는 '차라리 참된 사대부가 될지언정 거짓된 도학(道學)은 하고 싶지 않다'는 평소의 지론과도 일치하는 대목이었다.

박윤원이 상례(喪禮)와 관련하여 심도 깊은 질문을 하고, 황윤석이 김용겸과 함께 거문고를 연주하며 율악(律樂)을 논한 것을 고려한다면, 예학과 율악에 관한 김용겸의 조예는 당시 지식인들에게는 하나의 상식으로 통했음을 말해준다.

그렇다면 김용겸은 어떤 관계망을 바탕으로 이런 학풍을 지닐 수 있었을까? 이에 대한 해답을 구하기 위해서는 집안의 인적인 구성과 분위기부터 살펴볼 필요가 있다.

김용겸은 조부(文谷)와 아버지(圃陰)를 제외하고, 두 분의 종조부(김수증·수흥), 다섯 분의 백숙부(昌集·昌協·昌翕·昌業·昌立)가 있었다. 특히 김창즙을 비롯한 이른바 '6창(六昌)'의 자녀는 모두 20명인데, 이들은 김용겸의 핵심 인친척으로서 그의 삶에 직간접적인 영향을 미쳤다고 할 수 있다. 무엇보다 이들은 저마다 18세기 조선을 이끈 노론명가들의 자제라는 점에서 그 존재감은 매우 높았다.

김창집의 사위 민계수(閔啓洙: 鎭長의 아들)와 민창수(閔昌洙: 鎭遠의 아들)는 여흥부원군 민유중(閔維重)의 손자였고, 김창협의 1녀서 서종유(徐宗愈)는 영의정 서문중(徐文重)의 아들, 2녀서 이태진(李台鎭)은 영의정 이여(李畬)의 아들, 3녀서 오진주(吳晉周)는 숙종조의 절신 오두인(吳斗寅)의 아들이었으며, 김창업의 사위 조문명(趙文命)은 아우 조현명(趙顯命)과 함께 영조조의 탕평정국을 이끈 거물 정치가였다. 그리고 김창립의 사위 이언신(李彦臣)은 월사 이정구(李廷龜)의 현손이었다. 특히, 민계수·민창수로 대표되는 여흥

민씨는 안동김씨(淸陰·仙源·文谷·農巖), 연안이씨(李端相)와 함께 양주 석실서원(石室書院)의 학통을 상징하는 3성(三姓)의 하나로서 김용겸의 학문·사회적 활동은 물론 영조 초중반 김용겸이 조정에 천거되어 관료로 활동하는 데에도 일정한 영향을 미쳤다.

동시에 김용겸은 이들이 김상헌의 내외혈손이라는 혈통적 자긍심을 고취시킴에 있어 매우 주도적인 역할을 담당했다. 안동김씨족보 『기해보(己亥譜)』(1727년 간행) 및 『경술보(庚戌譜)』(1790년 간행)의 간행 및 1767년(영조 43) 『청음연보(淸陰年譜)』의 발간이 그 단적인 사례가 된다.

본래 안동김씨족보는 현종조에 김수항의 발론을 바탕으로 하여 1719년에 이르면 그 가닥이 섰는데, 『기해보(己亥譜)』가 바로 이것이다. 그러나 『기해보(己亥譜)』는 신임사화의 여파로 발간이 지연되다가 영조 즉위 이후인 1727년 김용겸이 일부 내용을 보충하여 발간하게 되었다. 이 뿐 아니라 1790년에 발간된 『경술보(庚戌譜)』 또한 김용겸이 기초를 닦아 둔 것을 평양감사인 김이소(金履素)가 간행만 담당한 것에 지나지 않았다.

『청음연보』의 경우는 송시열이 편정(編定)한 것을 김용겸이 산정(刪定)을 가해 간행한 것이었다. 안동 김문에서 가장 중요한 조상인 김상헌의 연보에 대한 편집 및 산정의 권한이 주어졌다는 자체가 당시 안동김씨 일문에서 차지하는 김용겸의 족적 위상과 학술적 권위를 짐작케 한다.

한편 김용겸은 앞에서 언급한 인물 외에도 이의현(李宜顯)·이하곤(李夏坤)·민우수(閔遇洙)·남유용(南有容)·김종후(金鍾厚)·홍양호(洪良浩)·성대중(成大中)·이인상(李麟祥)·박제가(朴齊家)·이서구(李書九)·이덕무(李德懋)·유득공(柳得恭) 등 영조-정조조의 정계 및 학계는 물론 문단(文壇) 및 예단(藝壇)을 빛낸 명사들이 즐비했다.

이 가운데 이하곤(1677~1724)은 경종연간 김용겸이 신임사화의 와중에서 연좌되어 전주에서 유배 생활을 할 때 적소를 방문해 준 인연이 있었다. 이하곤은 김용겸과 무려 37년의 연령차가 있고, 또 소론계의 문사였음에도 젊은 김용겸을 방문해주는 성의를 보였는데, 이런 기억은 후일 김용겸이 당론에 함몰되지 않는 삶을 사는데 중요한 영향을 미쳤던 것으로 해석된다.

한편 김용겸은 독서와 서책에 대한 기호와 애착이 남달랐고, 중국에서 구해야 하는 책은 선배 또는 사우들이 사행을 떠날 때 부탁하곤 했다. 이의현(1669~1743)의 경우가 바로 여기에 속했다.

김창협의 문인이었던 이의현은 1732년(영조8) 사은정사(謝恩正使)로 청나라에 다녀오면서 33세 연하인 김용겸의 서책 부탁을 흔쾌히 들어주었다. 당시 이의현에게 책을 부탁한 사람은 한 두 사람이 아니었지만 그 가운데 한창 공부에 물이 오르고 향학열에 불탔던 김용겸도 포함되어 있었던 것이다. 이 때 김용겸이 부탁한 것은 『소학(小學)』의 축쇄본이라 할 수 있는 『규벽소학(奎璧小學)』이었다.

김용겸은 이의현에게 책을 부탁한 그 마음으로 자신의 후배 및 후학을 대했다. 황윤석에게는 병서인 『연기신편(演機新編)』을 흔쾌히 제공하여 그의 지적 갈증을 해소해 주었고, 성대중에게는 실학자 성호(星湖) 이익(李瀷)의 아들 이맹휴(李孟休)가 지은 『춘관지(春官志)』를 소개하여 국가외교에 대한 지식을 확대하게 했다. 그리고 때로는 자신이 할 수도 있지만 더 적임자가 있으면 서슴없이 소개할 수 있는 참된 지식인다운 면모도 아끼지 않고 보여주었다.

바로 이런 자품과 도량을 바탕으로 그는 학계는 물론 문단과 예단의 리더로 인식될 수 있었고, 노년에 들어서까지도 풍류와 겸양을 잃지 않음으로써 기구(耆耉)·숙덕(宿德)으로 예우되며 존경을 받았던 것이다. 때문에 그는 사우들의 유관(遊觀), 시회(詩會) 또는 악회(樂會)가 있을 때는 항상 수좌(首座)에 초빙되었다. 1758년 남유용은 자신의 생일연에 김용겸을 기꺼이 초대했고, 김종후는 옥류동(玉流洞)에서 김용겸과 회동하여 시정(詩情)을 마음껏 펼쳤다. 그리고 홍양호는 1759년 김용겸이 삼등현령(三登縣令)에서 평창군수로 전근되자 시를 보내 그간의 노고를 치하하는 성의를 표하기도 했다. 특히 홍대용(洪大容)의 정원(庭園) 유춘오(留春塢)에서 개최된 악회에서 보여준 김용겸의 겸양의 미덕은 음악에 대한 사랑, 풍류의 극치를 여과없이 보여줌으로써 예단(藝壇)의 고사로 회자되기에 충분했으며, 특히 성대중의 회고에서는 김용겸이 음악을 얼마나 사랑했고, 또 얼마나 진지하고 겸양스런 자세로 음악과 예인들을 대했는지를 너무도 생생하게 보여주고 있다.

한편 김용겸은 이른바 '사가시인(四家詩人)' 또는 '실학사대가(實學四大家)'로 일컬어지는 박제가·이덕무·이서구·류득공 등 서얼출신 문사들과의 친교가 두터웠다. 특히, 아래에 소개한 이덕무의 시는 서얼출신 문사들에 비친 '김용겸상'을 압축적으로 보여준다. 즉 이덕무에게 있어 김용겸은 당대인들을 초월하는 고상한 풍모의 소유자, 좌장으로서 예롭게 섬겨야 하는 한 시대의 원로였던 것이다.

> 서호 수루(西湖水樓)에서 효효자 김선생에게 화답하다
> 냇가의 달빛은 서서히 누각에 비쳐 오는데　　　汀月微黃緩照樓
> 누각 위의 주객은 모두 훌륭한 분일세　　　　　樓中賓主盡名流
> 고상하고 깨끗한 회포 육체 밖에 노니니　　　　靈襟洒落形骸外
> 단사 같은 붉은 뺨에 머리 센 노인　　　　　　鮑頰丹砂一白頭
> (이덕무, 『청장관전서』 권11, 「아정유고」 권3)

"중춘 16일에 보슬비 내리고 맑은 바람이 불었는데, 원중거(元重擧)와 장원서(掌苑署) 숙직실에 모였다. 효효자 김공도 좌석에 있었는데, 먼저 연시(聯詩)를 짓자는 시령(詩令)을 내리고 나이에 따라 연구를 지었다."(이덕무, 『청장관전서』 권35, 청비록(4) 「매화칠림」)

　　사실 신분을 초월한 교유는 안동김씨 청음가문의 하나의 전통이기도 했다. 그런 전통은 거문고·비파·퉁소에 정통했던 음악인 김성기(金聖基)의 외세적(外世的) 풍모, 음악적 소양에 감동하여 교유했던 김용겸의 숙부 김창업이 그 단초를 열었고, 김용겸이 이를 착실히 계승했다고 할 수 있다. 이런 흐름은 김용겸의 족현손 김흥근(金興根, 1796~1870)을 통해 19세기 중반까지 이어지게 된다. 앞서 언급한대로 김용겸의 경우는 그 정도가 심하여 격식을 강조하는 이들에게는 우려를 초래할만큼 파격적인 것이라는 점에서 특별함이 더했다.

　　김용겸의 신분을 초월한 교유, 예인(藝人)에 대한 애호에서 나타나는 일탈적 행위는 속류적(俗流的) 현실에 대한 반발, 이상적 고제(古制)로의 회귀에 대한 갈망으로 해석되기도 하지만 결과적으로 청음가문의 핵심 모토였던 '의리정신(義理精神)'의 쇠약을 초래한 것은 분명했다. 그럼에도 김용겸이 보여준 일련의 문화적 행보는 17세기 중후반 이래 조선 예단의 흐름을 주도해 온 청음가문의 문화적 전통의 계승이라는 측면에서 볼 때 시사하는 바가 매우 컸다. 1789년 그가 사망했을 때, 벼슬아치는 물론 유생들까지 서울거리를 가득 채워 애도했고, 장례식에 100여명의 조문객이 참여한 것은 결코 우연이 아닌 것이다.

6. 학우등사: 백성을 자식처럼

김용겸 관계로부터 그 존재성을 인정받기 시작한 것은 42세 되던 1743년이었다. 그는 과거 출신이 아니었기 때문에 관료가 될 수 있는 유일한 길은 천거였고, 40을 전후하여 두각을 드러낸 뛰어난 학행은 조정에서 그에게 눈독을 들이기에 충분했다.

어려서부터 학문과 문장에 남다른 재능을 보였던 김용겸이 과거를 단념한 것은 집안의 환경과 관련이 깊었다. 조부 김수항이 1689년(숙종15) 기사환국 때 사사된 것은 김수항 개인의 희생을 넘어 집안의 운명을 뒤흔든 일대 정치적 사건이었다. 이 때 김수항은 자손들에게 벼슬을 멀리할 것을 경계하는 한편 손자들의 항렬을 '겸(謙)' 자로 명명하여 겸양과 난진이퇴(難進易退)의 출처관을 견지하게 했다. 김수항의 여섯 아들 가운데 장자 김창집(金昌集)을 제외한 나머지 다섯 아들이 사실상 처사(處士)로 살며 학문에 매진한 것도 이 때문이었다. 6창 중에서도 처사적 경향이 가장 강했던 사람이 바로 김용겸의 아버지 포음 김창즙(金昌緝)이었다.

한편 경종 연간에 불어닥친 신임사화(辛壬士禍)는 청음가문의 운명에 또 한 번의 폭풍우가 되었다. 이른바 노론4대신의 한 사람인 김용겸의 백부 김창집이 사사되었고, 일가족 또한 죽임을 당하거나 유배되었다. 김용겸이 전주에서 유배살이를 한 것도 바로 이 사건 때문이었다. 특히 김창집의 직계는 아들 제겸(濟謙)과 손자 성행(省行)까지 화를 당함으로써 그 참상이 극에 달했다.

이런 상황을 고려한다면, 김용겸을 비롯한 청음일가가 정치적 진출을 단념 또는 자제한 것은 지극히 당연할 결과였다. 그러나 그런 경직된 분위기는 영조의 즉위로 조금씩 해소되어 갔는데, 김용겸의 출사도 이러한 정치적 상황 변화와 맞물려 있었다. 특히,

1740년(영조17) 경신처분(庚申處分)으로 김창집에 대한 신원이 단행됨으로써 김용겸의 정치적 운신의 폭도 넓어졌던 것이다. 김용겸을 수용 또는 승진시킴에 있어 항상 등장하는 표현은 충절지신 김상헌의 후손이란 점과 학행(특히 禮學)이 뛰어나다는 점이었다. 전자는 집안을 믿을 수 있다는 말이고, 후자는 개인을 신뢰할 수 있다는 뜻인데, 김용겸의 경우 나라에서 쓸 인재가 지녀야 할 필요 및 충분조건을 다 갖추고 있었던 셈이었다. 그리고 그는 85세 되던 1786년(정조10)에는 정경의 반열인 공조판서에 오름으로써 자신의 4촌 반열에서는 최고위직에 오른 관료가 되었다.

그러나 김용겸은 결코 벼슬을 탐하는 사람이 아니었고, 그의 출처에는 뚜렷한 소신과 기준이 있었다. 물론 영조 정권 초기만해도 출사에 대단히 부정적이었던 것은 사실이었다. 이때만 해도 김창집 등 청음가 일문의 청치적 신원이 이루어지지 않았기 때문이었다.

그러나 김용겸이 벼슬 자체를 본질적으로 무의미한 것으로 치부하지는 않았다. 오히려 그는 참된 사대부라면 직분에 맞는 정당한 벼슬은 수행하는 것이 마땅하다고 보았고, 결코 벼슬의 높고 낮음은 가리지 않았다.

명분에 맞지 않으면 어떤 부름도 수용하지 않지만 명분이 합당하면 미관도 마다치 않았던 것이 김용겸의 출처관의 요체였던 것이다. 김용겸은 1772년(영조48) 당상관에 올라 공조참의를 지냈고, 그 뒤 1774년(영조50)에는 한성부 우윤을 거쳐 1776년(영조52)에는 형조참판에까지 올랐지만 영조조 관직 활동의 백미는 지방관 재직 시의 치적이었다.

김용겸이 지방관으로 첫 발령을 받은 것은 1752년(영조28) 신계현령(新溪縣令)이었다. 그러나 무슨 이유에서인지는 모르지만 이 직임은 수행하지 않았고, 이로부터 3년 뒤인 1755년(영조31)에는 삼등현령(三登縣令)에 부임하게 된다.

김용겸이 삼등에 부임하여 가장 먼저 시행한 것은 소학(小學)과 향약(鄕約)의 보급, 효의(孝義)·염양(廉讓)의 권장, 유학의 강조를 통한 문교(文敎)의 진작이었다. 한마디로 주자학적 문치(文治)와 예치(禮治)의 구체적 실현과 적용이었고, 그 결과로서 고을의 풍속은 아름답게 변했고, 백성들의 몸가짐도 자못 청간(淸簡)해졌다. 또한 그는 민원이 있으면 법리로써 재단함으로써 아전들의 폐단이 종적을 감추게 되었다. 이에 백성들은 그의 치도(治道) 크게 칭송하게 되었다.

이런 다스림은 1759년 평창군수(平昌郡守)로 나갔을 때에도 그대로 적용되었다. 특히, 그가 두 고을을 다스리면서 그가 가장 주안점을 둔 것은 풍속의 교화와 적실한 용인(用人)의 방략이었고, 폐단을 개선함에 있어서는 미봉책을 지양하고 근본적인 처방을 더없이 중시했다. 김매순이 김용겸의 행장에서 '두 고을의 정사(政事)에 있어 뚜렷이 기록할만한 것이 많다'는 표현은 실질에 바탕하는 것으로 결코 헛된 찬사가 아니었다.

한편 김용겸은 평창군수를 지낸 뒤에는 세손익위사 익위에 임명되었다. 이 직임은 김용겸의 장점이 가장 잘 발현될 수 있는 학술보도직이라는 점에서 일차적인 의의가 있었고, 영조를 이어 왕위에 오르는 정조와 인연을 맺었다는 점에서 또 다른 의의를 찾을 수 있었다.

이후 그는 1767년(영조43) 한 해만도 주부, 첨정, 군자감·장악원정, 수운·제용감판관 등 무려 6개의 관직을 거쳐 1772년(영조48)에는 가자와 동시에 오위장에 승진 임명되었고, 그 해 12월에는 공조참의에 발탁되었다. 이는 분명 김상헌 후손에 대한 특례적 인사조처였지만 동시에 이것은 김용겸이 당시 청음가문을 대표 또는 상징하는 관료였음을 의미하는 것이기도 했다.

이후 그는 관료로서 승승장구하여 1773년(영조49)에는 동지중추부사, 1774년에는 한성부 우윤, 1776년에는 형조참판에 임명되었는데, 당시 그의 나이는 이미 치사기를 넘긴 75세였다. 즉 김용겸은 충신의 자손이라는 가문적 배경과 학문 및 경세(經世)에 뛰어났던 자신의 역량을 바탕으로 영조의 신임을 얻었고, 영조 또한 그를 중히 여겨 승하할 때까지도 자신의 곁에 두었던 것이다. 특히 형조참판 재직시에는 『삼강행실도(三綱行實圖)』의 언해(諺解) 및 중외(中外) 보급을 적극 건의하여 영조의 허락을 득하기도 했다.

7. 예악으로 임금을 보좌하다: 정조시대의 원로

영조의 승하와 정조의 즉위는 정치사적으로는 큰 분수령이었지만 김용겸의 관직 활동에 있어서는 별다른 차이점이 없었다. 오히려 그는 정조의 각별한 신임 속에 학자·관료로서의 위상이 더 높아졌다. 그런 정황은 즉위한 지 3개월만에 예학(禮學)에 해박하다는 이유로 오위도총부 부총관으로 삼고 금직에 출입하게 한 것에서 분명하게 확인할 수 있었다.

> "특별히 김용겸(金用謙)을 제배하여 도총부 부총관으로 삼았다. 그가 예학(禮學)에 익숙하기 때문에 금직(禁直)에 드나들게 한 것이었다."(『정조실록』 권1, 정조 즉위년 6월 6일)

이후 그는 1778년(정조2) 2월 공조참판 재직시에는 3정승 등 대신들과 함께 영빈(暎嬪) 묘의 봉원(封園) 문제, 동년 윤6월에는 수

어청(守禦廳)과 총융청(摠戎廳)의 통합 문제를 헌의함으로써 예제는 물론 군무(軍務)에까지 깊숙이 관여하면서 자신의 발언권을 증대시켜 나갔다.

이런 맥락에서 1778년 10월 30일 정조는 김용겸을 승지로 삼은 다음 소견한 자리에서 학술 고문으로서의 막중한 책무를 당부하는 한편 음악(音樂)·예제(禮制)·경의(經義)·이기(理氣)는 물론 징사(徵士)들의 동향 등 실로 다양한 질문을 던지며 대화했다.

> "특별히 공조 참판 김용겸(金用謙)을 승지로 삼아 편전(便殿)에서 소견하고, 임금이 말하기를, '문곡(文谷)의 손자요 몽와(夢窩)의 조카이니 어찌 귀하지 않은가? 금년에 나이가 몇인가?' 하니, 대답하기를, '77세입니다.' 하였다. 임금이 말하기를, '경을 보고 마음이 기뻐서 보자마자 제수하였는데, 이제 원중(院中)에 있으면서 모든 일을 수거(修擧)할 수 있겠는가?' … 이제 경을 승지에 제수한 것은 고문(顧問)하기 위해서이다. 『율려신서(律呂新書)』를 보았는가? 하니, 대답하기를, '보았습니다.' 하였다. … '능침(陵寢)의 소선(素膳)에 대한 규례는 어떠한가?' 하니, 대답하기를, '이는 고 상신 황희(黃喜)가 만든 것인데, 갑자기 변통하기는 어렵습니다.' 하였다. 임금이 말하기를, '『오례의(五禮儀)』의 대사(大祀)·중사(中祀)·소사(小祀)는 이것이 반드시 개원례(開元禮)일 것이다.' 하니, 대답하기를, '『오례의』는 신숙주(申叔舟)가 만들었기 때문에 혹 미진한 점이 있다고 합니다.' … 임금이 말하기를, '이(理)와 기(氣)를 어떻게 나눌 수 있는가?' 하니, 대답하기를, '이에 대해서는 이미 선정(先正)의 정론(定論)이 있습니다.' 하였다."(『정조실록』 권6, 정조 2년 10월 30일)

한편 정조는 동년 11월 김용겸을 장악원 제조에 임명한 다음 융효문(隆孝門)에 나아가 김용겸·이중호(李重祜)·서명응(徐命膺)을 소견하고는 악기·악곡·연주 등 악제를 정비하게 하다. 이 때 김용겸은 정조와의 음악 담론에서 자신이 온축해 온 음악적 소양을 유감

없이 진달함으로써 학술 및 예제 고문으로서의 소임을 다하기 위해 부심했다.

한편 정조는 1780년(정조4) 5월 10일 성정각(誠正閣)에서 황조인 (皇朝人)과 충신의 자손을 소견하였는데, 그 대상자로 선정된 사람은 김이탁(金履鐸: 선원 6세손), 윤욱(尹煜: 尹集 현손) 이석하(李錫夏: 李惇敍 5세손), 김재순(金在淳: 선원 7세손), 김이석(金履錫: 김상헌 6세손)과 김용겸이었다.

비록 김용겸은 병으로 이 자리에 참여하지는 못했지만 이를 통해 정조의 신임만큼은 다시금 확인할 수 있었고, 그런 맥락에서 그는 여전히 경연관으로 활동하며 정조를 측근에서 보필할 수 있었으며, 1782년(정조6)에는 가자(加資)의 은전이 주어지기도 했다. 특히 1783년(정조7) 6월 5일 주강을 마친 뒤에 김용겸을 소견하고는 안부 및 학업의 진척을 하문한 다음 경연에 특진관으로 입시할 것을 당부하기도 했다.

> "'오랫동안 경을 보지 못했는데 근력과 정신은 아직도 강건한가?' 하니, 김용겸이 아뢰기를, '쇠약했던 체질이 전에 비해서 아주 약해졌습니다.' 하여, 내가 이르기를, '공부는 아직도 여전한가?' 하니, 김용겸이 아뢰기를, '책을 보는 때가 있더라도 집중하지 못합니다.' 하여, 내가 이르기를, '후일 강연(講筵)에 경은 모쪼록 특진관(特進官)으로 입시하라.' 하였다."(『일성록』 정조 7년 6월 5일)

이후 김용겸은 1784년(정조8) 동지돈녕부사에 올랐고, 1786년 우로지전(優老之典)의 대상자로 선정되었을 때는 정조가 상례에 구애되지 않고 특별히 자헌대부 공조판서에 제수하였다. 이것이 그가 조정으로부터 받은 마지막 관직이었고, 이로부터 3년 뒤인 1789

년 2월 7일 북악산 아래 옛 집의 정침에서 향년 88세로 생을 마감했다.

『정조실록』찬자는 김용겸의 졸기에서 ① 도량의 넓음, ② 예학에 대한 조예, ③ 행의의 고결함, ④ 경연관으로서 성실한 보필과 감언(敢言)을 특서했는데, 김용겸의 학자·관료적 삶에 대한 적실한 평가라 할 수 있다.

8. 글을 맺으며

김용겸이 살았던 숙종–정조조에 이르는 네 왕조는 정치적으로는 격동의 시기였고, 학술·문화적으로는 보수와 개혁성이 길항관계를 유지하며 새로운 대안을 추구하던 시대였다. 김용겸은 그 시대의 한 복판에서 정치적인 거센 물결에 휩쓸려 고난을 겪기도 했고, 날로 변모하고 발전하는 학술·문화적 양상을 바라보며 고뇌하기도 했다.

동시에 그에게는 김상헌이 싹을 틔우고, 김수항이 일궜으며, 6창이 가꾼 가문의 전통을 계승·발전시켜야 하는 책무가 있었기에 그의 일생은 한없이 고단했지만 그만큼 값진 것이었다. 무엇보다 그는 자신의 지식과 경륜 그리고 역량이 국가와 사회를 위해 쓰여야 한다는 '지식의 공공성'을 더없이 강조하는 과정에서 학자로서, 문인으로서 자신의 자질을 더욱 증대시킬 수 있었고, 신분을 초월하고 직역을 뛰어넘은 문예적 사귐은 18세기 조선의 소통성을 촉진하는데 크게 이바지했다.

너그럽되 원칙을 훼손하지 않고, 임시 방편보다는 근본론을 강조했던 치민의 방략은 그 시대의 표준이 되었고, 겸양을 생활화 하면서도 의롭지 못한 언행에 대해 준절한 꾸짖음을 서슴지 않은 것은 선비정신의 구체적 실천이었다. 말을 하되 수식이 없고, 행동에 가식이 없었던 것은 수양과 학문하는 과정에서 온축된 자존감에서 바탕하였고, 그런 정신은 한없이 넓은 포용의 울타리가 되어 자기 시대의 후학들을 품을 수 있었다.

김용겸이 어떤 저술을 남겼고, 또 어떤 벼슬을 했는가는 그의 학자·관료적 삶을 이해하는데 매우 중요한 단서가 된다. 그러나 우리가 정작 주목해야 할 것은 개인의 성취를 저울질하여 계량화하는 것이 아니라 그 개인이 그 시대의 발전과 성숙에 어떤 영향을 미쳤는가를 보다 큰 시각으로 탐색하고 분석하는 것이다. 김용겸은 18세기 조선의 학계와 관계 그리고 예단을 이끈 리더였다. 그의 역사성은 바로 여기에 존재하는 것인 바, 김용겸의 삶은 18세기 조선 전반을 들여다 보는 거울로 손색이 없다. 이 글은 그의 삶과 의의를 진단하는 아주 초보적인 시도에 지나지 않을 뿐이다.

▶ 참고문헌

『조선왕조실록』, 『승정원일기』, 『일성록』

金尙憲, 『淸陰集』

金壽恒, 『文谷集』

金昌翕, 『三淵集』

金昌緝, 『圃陰集』

金邁淳, 『臺山集』

黃胤錫, 『頤齋遺藁』

李德懋, 『靑莊館全書』

김학수, 『끝내 세상에 고개를 숙이지 않는다』, 삼우반, 2005.

이경구, 『조선후기 安東 金門 연구』, 일지사, 2007.

趙峻浩, 「朝鮮 肅宗 - 英祖代 近畿地域 老論學脈 硏究」, 국민대 박사학위논문, 2003.

임윤지당: 군자로 추앙받은 여성선비

이 남 희
원광대학교 한국문화학과 교수

1. 조선후기 여성의 자각과 변화

조선사회는 유교 문화에 바탕을 둔 남성 중심의 사회였다. 건국 초부터 시행된 유교화 정책과 더불어 간행된 각종 윤리서 및 국조오례의 등 의례서의 간행이나 부녀자 재가금지 정책도 그런 측면에서 이해할 수 있다. 그래서 조선시대의 여성 하면 흔히 출가외인, 여필종부, 일부종사 등을 떠올리곤 한다.

하지만 그 같은 삶이 조선시대 오백년, 그리고 그 시대를 살았던 여성들의 모든 것은 아니었다. 구체적으로 들어가 보면 상당히 다른 양상을 찾아볼 수 있다. 특히 양난을 거친 후, 조선후기에 접어들게 되면서 사회적으로 의미 있는 다양한 양상도 많이 찾아볼 수 있다. 한 편에서는 전반적인 사회의 보수화와 더불어 전통적인 여성상을 강조하는 교육과 정책이 여전히 이루어지고 있었다. 열녀(烈女)와 정표(旌表) 정책으로 오히려 더 강화되는 측면마저 없지 않았다.

그와 함께 그런 틀 안에 안주하지 않는 여성들도 나타나게 되었다. 그 시대에 유행했던 여성들의 책읽기와 글쓰기 열풍에 힘입어,

그들은 다양한 지식과 정보를 얻을 수 있었다. 일차적으로 양반 집안 출신으로서 자신의 생활세계에 충실하면서 유교적 지식과 식견을 가진 여성들이 등장하고 있었다. 이 같은 현상은 문집이나 관찬사료에서 보이는 여사(女士, 여성선비)와 여중군자(女中君子, 여성군자)라는 용어에 의해서도 뒷받침된다.

지식인 여성들은 지식과 학문을 바탕으로 자신을 둘러싼 생활세계와 사회에 대해서 독자적인 의식을 가지고 비판적인 견해를 가지게 되었다. 그들은 때로 자신의 생각을 진솔하게 드러내기도 했으며, 그 중에는 독자적인 학문세계를 구축해서 학자로서 문집을 남긴 사람도 있었다. 선각적인 그들의 학문과 삶에 대한 검토를 통해서 조선시대 여성에 대한 일반적인 인식의 한계를 넘어 조선후기의 여성상에 대한 균형 잡힌 이미지를 얻어낼 수 있지 않을까 한다.

2. 자신의 문집을 남긴 여성성리학자

윤지당(允摯堂) 임씨(任氏, 1721~1793)는 여성성리학자로 평가받고 있다. 그녀의 학문과 삶은 현전하는『윤지당유고』를 통해서 엿볼 수 있다.『윤지당유고』는 윤지당이 세상을 떠나고 나서 3년 후인 1796년(정조 20년) 동생인 임정주(任靖周)와 시동생 신광우(申光祐)가 같이 편찬한 것이다. 임정주는 1762년(영조 38) 진사시에 합격한 뒤 서연관으로 세손인 정조를 보필하였으며, 신광우는 1777년(정조 1) 문과에 합격하여 사간원 대사간을 역임하였다.

윤지당유고 표지	윤지당유고 본문	녹문 임성주 문집
국립중앙도서관 소장	국립중앙도서관 소장	한국학중앙연구원 소장

『윤지당유고』에 실려 있는 글들 중에 「문집 초고를 정서하여 지계로 보내며(文草謄送溪上時短引)」가 있다. 윤지당이 자신의 문집을 편찬하기 위해 원고를 베껴서 동생 임정주에게 보낼 때 같이 써서 보낸 것으로 저자 서문의 성격을 지닌다고 할 수 있겠다. 스스로 문집을 간행할 생각을 지니고 있었다는 것이다. 그 시대를 산 여성으로 그런 발상을 했다는 것 자체가 이미 파격적이었다고 하겠다. 임정주는 다음과 같이 적고 있다.

"부인들의 저술이 예로부터 얼마나 많았겠는가. 그러나 의미와 이치를 분석한 변론과, 성품과 천명을 논한 오묘함과 경의(經義)와 성리에 대한 담론은 마치 차 마시고 밥 먹듯이 자유로웠다. 이와 같이 집대성한 일은 아마도 문자가 생긴 이래로 찾아보지 못할 것이다. 그러니 이를 두고 천지간에 없을 수 없는 글이라고 해도 지나치지 않을 것이다."(『윤지당유고』「又識」)

수록된 글은 총 35편, 2권 1책이다. 글이 그다지 많지 않아서 일반적인 문집의 체제로 편차하기가 어려웠다. 이 때문에 초년 중년 만년의 저작 순서대로 정리하였고, 그 중에서 중년 만년의 편차하기 쉬운 것은 문장의 종류별로 모았다. 저작년도를 쓰지 않은 것은 정확하게 알 수 없었기 때문이다. 실린 글은 모두 한문으로 쓰여 진 것들이다. 언문으로 쓰여 진 편지글들은 제외되었다. 상·하 2편 1책, 서문은 없으며, 권말에 부록으로 신광우가 기록한 「언행록」과 임정주가 지은 「유사」, 그리고 「후기」 등이 붙어 있다.

문집의 내용을 보면, 상편에는 인물의 전기라 할 수 있는 「전」 2편[宋氏(能相)傳, 崔洪二女], 역사·인물평론에 해당한 「논」 11편[論豫讓, 論輔果, 論未生高乞醯, 論顔子所樂, 論子路, 論賈誼, 論李陵, 論溫嶠絶裾, 論司馬溫公, 論王安石, 論岳飛奉詔班師], 책의 후기라 할 수 있는 「발」 2편[續書先夫子所寫詩經後, 續書先夫子所寫楚辭後], 철학적인 논문에 해당하는 「설」 6편[理氣心性說, 人心道心四端七情說, 禮樂說, 克己復禮爲仁說, 治亂在得人說, 吾道一貫說] 등이 실려 있다.

하편에는 스스로 훈계하는 글이라 할 수 있는 「잠」 4편[心箴, 忍箴, 時習箴, 勸學箴]과 「명」 3편[鏡銘, 匕劍銘, 尺衡銘], 인물을 기리는 글로서의 「찬」 1편[顔子好學讚], 가족을 위해서 쓴 「제문」 3편[祭伯氏正言公文, 祭仲氏鹿門先生文, 祭亡兒在竣文], 저자 서문에 해당하는 「인」 1편[文草謄送溪上時短引], 유학 경전의 해석과 관련된 「경의」 2편[大學(六條), 中庸(二十七條)] 등이 실려 있다.

『윤지당유고』는 허미자가 편집한 『조선조여류시문집』(태학사, 1988)에 합편되면서 세간에 알려지게 되었다. 이어 이영춘이 『임윤지당: 국역윤지당유고』(혜안, 1998)를 내놓았다. 임윤지당유고의 번역본과 그에 대한 해설로 되어 있다. 그리고 원주시에서는 『국역윤지당유고』(원주시청, 2001)를 간행하였다. 이 글에서는 이영춘 본을 참조하였다.

3. 어린 시절부터 성리학을 배우다

윤지당의 아버지는 함흥 판관 풍천(豊川) 임씨 임적(任適, 1685~1728), 어머니는 파평 윤씨[尹扶의 딸]이다. 5남 2녀 중의 넷째로 태어났다. 조선후기 '기학'(氣學)으로 유명한 임성주와 임정주의 여동생이다. 아버지가 일찍 세상을 떠난 탓에 오빠들 특히 녹문 임성주의 영향을 많이 받았다. 두터운 우애와 존경은 윤지당이 녹문을 위해서 쓴 제문(「제중씨녹문선생문(祭仲氏鹿門先生文)」)에서도 확인해볼 수 있다.

윤지당이라는 당호는 임성주가 정해준 것이다. 뜻은 주자의 "태임과 태사를 존경하노라" 한 말에서 따온 것이다. 주(周)나라 문왕의 어머니 태임의 고향과 관련된 지중씨(摯仲氏: 지땅의 둘째)의 '지(摯)'라는 글자를 취한 것이다. 그러니까 '윤지(允摯)'는 "지임(摯任)씨를 독실히(允) 믿는다"는 말과 같은 뜻이다. 한정당 송문흠이 직접 윤지당을 위해 도장을 새겨주었는데, 이때부터 집안 친지들 사이에서 '윤지당'이라고 부르게 되었다고 한다.

여러 오빠들을 따라 경전과 역사 공부하는 것을 옆에서 배웠고, 때때로 토론을 제기했는데 사람들을 놀라게 하는 말이 많았다. 녹문이 기특하게 여기고 『효경』, 『열녀전』, 『소학』, 사서 등의 책을 가르쳤다. 형제들이 어머니 곁에 모여 앉아 때로는 경전과 역사책의 뜻을 논하기도 하고, 때로는 고금의 인물과 정치의 잘잘못을 논평할 때도 있었다. 윤지당은 한 마디 말로 그 시비를 결단했는데 모든 것이 착착 들어맞아, 오빠들이 대장부로 태어나지 못한 것을 안타깝게 여겼다. 경전과 역사 공부를 하면서도 생활세계 속에서 여성이 해야 할 일은 게을리 하지 않았다. 자신의 학식을 내세우거나 자랑하지도 않았다.

19세(1739) 때 원주의 선비 신광유(申光裕, 1722~1747)와 혼인을 하였다. 하지만 27세 때 남편과 사별했으며, 그 후 한 집에서 남편의 친어머니와 양어머니를 봉양하며 효성과 공경을 다하였다. 남편의 생가 쪽에는 시동생이 두 명 있었는데 늙도록 한 집에서 같이 살았다. 하지만 그녀는 성심을 다하였다.

윤지당은 스스로 "어릴 때부터 성리의 학문이 있음을 알았다. 조금 자라서는 고기 맛이 입을 즐겁게 하듯이 학문을 좋아하여 그만두려 해도 할 수 없었다. 이에 아녀자의 분수에 구애되지 아니하고 경전에 기록된 것과 성현의 교훈을 마음을 다해 탐구하였다. 수십 년의 세월이 지나자 조금 말을 할 만한 식견이 생기게 되었다"고 했다. 그녀는 여러 학문들 중에서도 성리의 학문, 즉 신유학에 깊은 관심을 가졌다. 유교 경전과 관련해서는 신유학의 사서(四書)에서도 핵심에 해당하는 『대학』과 『중용』에 대해서 깊이 침잠하였다.

> "내가 젊어서 중용과 대학을 읽고 혼자서 깨달은 것을 몰래 저술해보고자 했으나, 그럭저럭 세월을 보내면서 하지 못하였다. (중략) 지금에 와서 이러한 경의(經義)에 대하여 헤아려 보니, 전일 그냥 지나쳤던 곳에 간혹 독자적으로 발견한 것도 있다."(『윤지당유고』「中庸」)

나아가 조선 유학사에서 두드러지는 논쟁이라 할 수 있는 이기심성론, 인심도심논쟁, 사단칠정론에까지 들어서고 있었다. 이에 대해 발문을 쓴 신광우는 다음과 같이 말하고 있다.

> "모두가 경전을 담론하고 성리를 설파한 것으로서, 도심(道心) 가운데 말하고자 한 바를 서술한 것이다. 유인은 예법을 애호하고 경전과 역사에 침

잠하였다. 옛날의 현철한 부녀들을 손꼽아 본다면 아마도 경강과 반소를 겸하였다고 할 만하다. 사색은 정밀하고 존심(存心)은 철저하며, 지혜는 밝고 행실은 수양되어 표리가 한결 같았다. 순수하고 평화로운 경지를 성취하신 것은 오래 덕을 쌓은 큰 선비와 같았다."(『윤지당유고』「후기」)

　이렇듯 그 시대 학자들은 윤지당을 중국의 경강(敬姜)이나 반소(班昭)와 같은 여성학자들에 비견하기도 하였다. 이규상은 「병세재언록(幷世才彦錄)」의 규수록(閨秀錄)에 윤지당을 소개하고 있다.
　성리학이 윤지당 학문의 본령이라 해야 하겠지만, 남기고 있는 역사와 인물평론이 말해주듯이 원시 유학과 경전, 그리고 춘추전국시대의 역사에 대해서도 조예가 깊었음을 알 수 있다. 그러면 윤지당의 이 같은 학문은 어떻게 가능했으며 또 어디에서 비롯되었을까. 문집 편찬을 맡았던 임정주는 이렇게 말하고 있다.

　"누님의 학문은 유래가 있다. 고조부 평안감사 금시당(今是堂: 임의백)은 사계(沙溪: 김장생) 선생 문하에서 수학하여 마음을 스승으로 삼으라는 교훈을 들었다. 선친인 함흥판관 노은공(老隱公: 임적)은 백부 참봉공(參奉公: 임선)과 함께 황강(黃江: 권상하) 선생의 문하에 출입하여 정직에 대한 가르침을 받았다. 둘째 형님 성천부사 녹문공은 도암(陶庵: 이재) 선생의 문하에서 도(道)는 잠시도 떠날 수 없다는 철학을 천수 받았고, 누님은 형님에게서 수학하였다. 가문에서 전승된 학문 연원이 유구하고 그 영향이 이와 같이 심원하였다."(『윤지당유고』「후기」)

　임정주가 밝힌 학문적 연원을 참고하여 정리하면 이이 - 김장생 - 송시열 - 권상하 - 이재 - 임성주 - 임윤지당으로 이어짐을 알 수 있다. 윤지당은 가문에서 전승된 학문 연원의 연장선 위에 있었다. 그 시대의 여성으로 가문의 영향에서 벗어날 수는 없었다. 뛰어난 자질과 노력이 있다고 할지라도 집안에서 학문의 길을 열어주지 않았더라면 거의 불가능했을 것이다.

4. "여성도 성인이 될 수 있다"

시집간 이후에는 부인의 덕성과 구체적인 일에 있어서 완비되지 않은 것이 없었고 성품은 장중하고 단정하였다. 그런데 서적을 가까이하는 기색을 보인 적이 없었고 일상생활 속의 대화에서도 문장에 관해 말하는 일이 없었다. 오로지 부인의 직분에만 힘썼다. 멀리 가 있는 시동생 신광우에게 소식을 전할 때에도 한문이 아닌 언문으로 크고 작은 일들을 빠짐없이 기록해서 보냈다. 문학과 경학에 있어서는 깊이 감추고 밖으로 드러내지 않았음을 알 수 있다.

윤지당은 일찍이 부녀자들이 서적에 몰두하고 문장을 짓는데 노력하는 것은 법도에 어긋나지만, 소학이나 사서 등의 책을 읽고 심신을 수양하는 자산으로 삼는다면 무방하다고 여겼다. 그녀가 다시 학문 세계에 전념하게 된 것은 시부모가 모두 돌아가시고 본인도 역시 늙었을 때였던 것으로 여겨진다. 집안일을 하다가 여가가 나면 밤이 깊은 후에 보자기에 싸 두었던 경전을 펴놓고 낮은 목소리로 읽곤 했던 것이다. 학식을 깊이 감추어 비운 듯이 했기 때문에 친척들 중에서도 그런 사실을 아는 사람이 드물었다고 한다.

그녀의 결혼생활은 순탄하지 않았다. 난산 끝에 아이를 낳았으나 어려서 죽었으며, 이어 남편과 사별하게 되었다(1747). 시동생 신광우의 큰아들 재준(在竣, 1760~1787)을 양자로 받아들였으나 그도 역시 28세로 세상을 떠나버렸다. 이에 대해 그녀는 다음과 같이 탄식하기도 하였다.

"가만히 생각해보니 나는 타고난 운명이 기이하게도 박복하였다. 이른바 네 부류의 불쌍한 사람[홀아비, 과부, 고아, 무의탁노인] 중에서 세 가지를 골고루 갖추고 있다. 앞으로 바라보고 뒤로 돌아보아도 스스로 위로할 것이 없다. 예로부터 지금까지 나와 같이 박복한 사람이 몇 사람이나 될까."(『윤지당유고』「忍箴」)

이처럼 윤지당은 어려서 아버지를 여의고 남편도 일찍 죽고 자식도 없는 상황에서 입양한 아들조차 젊은 나이로 죽는 등의 개인적인 고통을 겪었다. 그녀는 그 같은 고단하고 힘든 삶을 학문으로 승화시켰던 것이다.

개인적인 고통 속에서도 그녀는 시집과 남편과의 관계에서 자신의 직분을 다하고자 하였다. 삼강오륜을 인정했으며 사람이 귀한 것은 그 때문이라 하였다. 그러면서도 남녀관계에 대해서는 차별이 아니라 타고난 성품은 같지만 역할분담이라는 입장을 취하고 있다. 남자의 원리는 씩씩한 것이고, 여자의 원리는 유순한 것이니 각기 그 법칙이 있다. 성녀 태사와 성인 문왕께서 한 업적이 달랐던 것은 서로 그 분수가 달랐기 때문이다. 그러나 다 같이 천성대로 최선을 다했던 것은 그 천리가 같기 때문이라는 것이다. 남녀가 비록 하는 일은 다르지만 하늘이 부여한 성품은 언제나 같다고 보았다.

윤지당은 1793년(정조 17) 73세의 나이로 세상을 떠났다. 자신에 대해서 이렇게 토로하기도 하였다.

"나는 본래 성질이 조급하여 어릴 때부터 마음에 불편한 것이 있으면 잘 참지 못하였다. 자라나면서 스스로 그 병폐를 알고 힘써 극복하고자 하였다. 그러나 병의 뿌리는 아직도 남아 있어 때때로 조금씩 발동하기도 하나 어찌할 수 없다."(『윤지당유고』「忍箴」)

병폐를 알고서 힘써 극복하고자 하는 것, 그것이야말로 수양, 즉 수신(修身)이 아니겠는가. 그렇다면 윤지당은 여성선비[여사(女士)]라 할 수 있지 않을까 한다. 여사(女士)라는 용어는 고대 중국의 경서 『시경』 대아, 생민지십(生民之什), 기취(旣醉)에 이미 나타나고 있다.

선비에 대해서는 성리학의 이념을 실천하는 학인(學人)인 사(士)의 단계, 수기(修己)를 하여 치인(治人)하는 대부(大夫) 단계로 나누어볼 수 있다. 따라서 수기치인을 바탕으로 학자관료인 사대부가 되는 것이 바람직한 발전이라 할 수 있다. 하지만 여성선비는 치인하는 대부의 단계로는 나아갈 수가 없다. 그러니 여성선비는 말하자면 학인으로서의 사(士) 단계에 해당한다고 할 수 있겠다. 자신의 학문과 인격을 닦아서 남을 다스릴 수 있는 데까지 갈 수 있는 사람, 그런 사람이 선비라면 그런 선비는 남성과 여성 누구나 될 수 있다고 하겠다.

윤지당은 인물 전기를 기록한 한씨, 혼자서 사서와 삼경의 경서와 역사책들을 배우고 뜻을 깨우쳤지만 일찍 죽은 송능상의 부인에 대해 여성선비라 칭하였다. 한씨는 시부모 섬길 때 며느리의 도리를 다했으며 남편의 잘못된 판단을 교정하는 등 여성으로서 맡은 일을 잘하였다. 윤지당은 무엇보다 한씨가 혼자서 학문을 통달한 데 있다는 점을 중요한 덕목으로 보았다.

그리고 『윤지당유고』의 편찬자의 한 사람인 임정주는 윤지당에 대해서 여중군자라 평가하고 있다. "누님 같은 사람은 진실로 규중의 도학(道學)이오, 여인들 중의 군자라 할만하다."라고 하였다.

일생동안 윤지당이 나아가고자 했던 지향점은 무엇이었을까. 『윤지당유고』「극기복례위인설(克己復禮爲仁說)」을 보면, "내가 비록 부녀자이기는 하지만 천부적으로 부여받은 성품은 애당초 남녀 사이에 다름이 없다. 비록 안연이 배운 것을 능히 따라갈 수는 없다고 하더라도, 내가 성인을 사모하는 뜻은 매우 간절하다."라고 하였다. 그녀의 말을 좀 더 들어보자.

"보통 사람이나 성인은 다 같이 태극의 이치를 함께 얻어 그 성품이 형성된 것이다. 다만 타고난 기질에 구애되고 욕심에 사로잡혀 지혜롭기도 하고 어리석기도 하며, 어질기도 하며 못나기도 한 차등이 있을 뿐이다. 그러므로 천성적으로 부여받은 본성은 같은 것이다."(『윤지당유고』「論顔子所樂」)

윤지당은 성인과 우리는 같은 부류에 속하는 존재라는 것, 보통 사람도 요·순과 같은 성인이 될 수 있다는 것, 따라서 다름 아닌 우리도 요·순·주공·공자와 같은 성인이 될 수 있다고 믿었던 것이다.

이처럼 윤지당은 종부로서 여중군자라는 평가를 들었으며 봉제사(奉祭祀)의 예법을 충실하게 시행했고, 또한 종가 살림을 관장하여 친족의 화목과 가문의 흥기를 도모하는 역할에도 힘을 다했다. 그러면서도 여성 성리학자로서의 면모를 지녔던 것이다.

윤지당은 개인적인 고통 속에서 일생을 끊임없는 학문과 수양을 통해서 극복하고 또 승화시켜 갔다고 할 수 있겠다. 유교적인 틀 안에서 주어진 여성으로서의 직분과 거기에 합당한 일들을 도리에 맞게 다하고자 하였다. 여성과 부인이라는 자신의 현실태를 부인하지 않았다. 그렇다고 해서 거기에만 안주하지 않았다.

이상적인 여성상은 예절과 품행을 닦는 데만 있는 것이 아니라, 끊임없는 심성의 수련과 도덕적 실천을 수행하는데 있다고 보았다. 그러기 위해서는 여성들도 공부하고 배워야한다고 여겼다. 공부하지 않으면 도리를 알지 못한다고 생각했기 때문이다. 또 여성과 남성은 그 분수는 다르지만 본질에서는 다르지 않다는 것, 하늘로부터 부여받은 본성은 같다는 것, 천리는 동일하다는 것을 주장하고 있다.

윤지당이 꾸려갔던 삶은 학문을 통해서 수신하고 실천하는 존재로서의 선비 그것이었다. 말하자면 여성선비였던 것이다. 여성선비 혹은 여성학자로서의 인간은 과연 어떻게 살아야 할 것인가 하는 본질적인 문제로부터 출발했던 것이다. 그 연장선 위에서 여성 역시 유교에서의 이상적인 인간으로서의 군자가 될 수 있다고 믿었다. 이미 그 시대의 학자들에게 여성군자, 군자 등의 평가를 받고 있었다.

궁극적으로 끊임없는 학문과 수양을 통해서 여성들도 요임금·순임금·주공·공자와 같은 성인이 될 수 있다는 생각에까지 이르렀다. 부인들이라도 큰 실천과 업적이 있으면 성인의 경지에 이를 수 있다는 것이다.

여성선비이며 성리학자인 임윤지당, 그녀는 끊임없는 심성의 수련과 도덕적 실천을 통해서 현실에서의 여성을 넘어서 보편적인 인간으로 나아가고자 하였다. 그런 측면에서 남성과 여성은 다르지 않다는 것, 그런 강한 의지의 인식과 실천을 통해서 자아의식을 구축해가고 있었다. 조선후기에 들어서면서 유교적인 세계관이라는 큰 틀 속에서이긴 하지만 여성들, 특히 지식인 여성들에 대해서 인식의 변화가 일어나고 있었다.

여성에게도 학문을 통해서 수신하고 실천하는 존재로서의 선비, 여성선비를 인정하게 되었고 나아가서는 유교에서의 이상적인 인간으로서의 군자가 될 수 있다고 여기게 되었다. 임윤지당은 그 같은 시대정신을 대표하는 지식인 여성이었다고 할 수 있겠다.

▣ 참고문헌

김 현, 「성리학적 가치관의 확산과 여성」, 『민족문화연구』 41, 2004.

유영희, 「임윤지당의 성리 철학과 수행론」, 『한국사상과문화』 29, 2005.

이남희, 「조선후기의 '女士'와 '女中君子' 개념 고찰」, 『역사와 실학』 47, 2012.

_____, 「조선후기 지식인 여성의 생활세계와 사회의식」, 『원불교사상과 종교
　　　　 문화』 52, 2012.

이영춘, 「임윤지당의 성리학」, 『청계사학』 11, 1996.

_____, 『임윤지당: 국역 윤지당유고』, 혜안, 1998.

정해은, 「봉건체제의 동요와 여성의 성장」, 『우리여성의 역사』, 1999.

원주시청, 『국역윤지당유고』, 2001.

이혜순, 『조선후기여성지성사』, 이화여대출판부, 2007.

정옥자, 『우리가 정말 알아야 할 우리 선비』, 현암사, 2002.

허미자 편, 『조선조여류시문집』, 태학사, 1988.

빙허각 이씨: 조선의 여성 지식인

최 진 옥

전 한국학중앙연구원 교수

1. 조선 여성 교육의 핵심은 '가사교육'

현전하는 수많은 고문헌 중에 여성을 위한 지식과 정보를 담은 문헌은 얼마 되지 않는다. 가부장적인 사회에서 남자들과 달리 여자들은 공교육의 대상이 아니었고 출사(出仕)를 위해서 사교육을 필요로 하지도 않았다. 여자들의 교육은 오로지 가사를 익히고 부도(婦道)를 기르기 위한 교화 위주로 이루어졌다.

남자들이 수기(修己) 치인(治人) 경세(經世)를 위한 공부를 했던 것과는 달리 여성이 배우고 익혀야 했던 일들은 일상적이고 아주 현실적인 문제들이다. 먹고 입는 일, 아이를 돌보고 어른을 모시며, 손님을 맞고 제사를 받드는 일 등은 일상에서 이루어지는 현실적인 일이지만 가문을 유지하기 위해서 결코 소홀히 해서는 안 되는 일들이다.

여성의 가사교육은 특별히 서적을 매체로 이루어지는 경우가 드물었다. 전통시대에는 여성들이 익혀야 할 가사를 별도의 교육을 통해 전수하려고 하지 않았기 때문이다. 서적을 통한 여성교육은 교화서 위주로 이루어져 왕실이나 사대부가에서 내훈(內訓)이나 여사서(女四書)같은 여훈서(女訓書)와 교화의 성격을 띤 열녀전(烈女傳)과 같은 책들을 통해 행해졌다. 여훈서나 열녀전을 통해 여성들에게 유교 교육을 하고자 했던 것으로 이들 서적에는 남성들이 추구했던 사상과 이념이 반영되어 있어 저작에는 남성들이 관여하였다.

서책 중심의 교육은 문자 해독이 전제가 되어야 한다. 조선 후기에 가면 한글을 해독하는 여성들이 증가하여 세책가(貰冊家)의 주요 고객이 여성이었으며, 한글 소설과 규방문학이 성행하는 양상이 나타났다. 책읽기를 통해 여성들의 자의식이 성장하였지만 여성들의 지적 욕구를 만족시키고 교양의 수준을 높이는데 머물고 여성이 담당하는 가사 영역에는 미치지 못하였다.

가정을 이끌어가기 위해서는 상당히 전문적인 지식과 경험과 숙련된 기술이 필요하다. 사회가 발전하고 복잡해질수록 여성이 담당해야 할 일도 다양해진다. 그만큼 여성이 알아야 하고 익혀야 할 지식과 기술이 많아지기 때문이다. 그러나 이러한 지식과 기술을 가정과 사회에서 여성에게 체계적으로 가르치지 않았다. 대부분 가정 내에서 어머니와 시어머니에게서 가풍에 따라 각기 다른 수준의 교육을 받았다.

가부장적인 조선 사회에서 여성들에게 필요한 교육은 부덕 함양을 위해서는 여훈서의 덕목들을 가르치는 것이며, 사대부가의 품격과 가문을 유지하기 위해서는 제사를 받들고 손님을 대접하는 법도를 가르치고, 가정을 경영하고 일상생활을 위해서는 의식주와 관련된 가사교육이 이루어졌다.

이러한 시대적인 상황에서 여성으로서 남성들 못지않게 학식과 덕망을 쌓고 여성들의 가사교육을 위한 저술을 남긴 사람이 빙허각이씨(憑虛閣李氏, 1759~1824)이다.

2. 명문가의 딸에서 실학자 집안 며느리로

빙허각 이씨는 영조 35년, 1759년 서울에서 이창수(李昌壽, 1710~1777)와 유담(柳紞)의 딸 사이에 1남 1녀 중 막내로 태어났다. 위로 오빠인 병정(秉鼎, 1742~1804)이 있다.

18세기 후반 여성이 사회적으로 개인의 역량을 발휘하기 어려웠던 시대에 빙허각이 학문적으로 성숙하여『규합총서』를 저술할 수 있었던 배경은 가정환경에 있다. 빙허각의 집안은 세종의 아들 영해군 당(寧海君瑭)의 후손이다.

아버지 이창수는 1740년(영조 16) 알성문과에 장원으로 급제하고, 대사성, 대사간, 도승지, 부제학, 병조판서, 이조판서 등을 역임하였다. 오빠 이병정은 1762년(영조 38) 생원시에 합격하고, 1766년(영조 42) 문과 정시(庭試)에 급제하여, 한성부판윤, 홍문관제학, 이조판서 등을 역임하였다.

백부 이창의(李昌誼, 1704~1772)는 1735년(영조 11) 문과에 급제하고, 형조판서·호조판서·이조판서 등을 지내고 우의정까지 올랐다. 1749년과 1752년 두 차례에 걸쳐 사은부사로 청나라에 다녀왔다.

증조부 이언강(李彦綱, 1648~1716)은 1675년에 진사시, 1678년(숙종 4)에 문과, 1679년에 중시에 급제하였다. 사간원정언, 사헌부지평, 예조참판, 형조판서, 공조판서 등을 역임하였다. 1682년 통신사행에 부사로 일본에 다녀왔고, 숙종 25년 동지사로 청국에 다녀왔다.

어머니는『물명고(物名考)』『언문지(諺文志)』의 저자인 유희(柳僖, 1773~1837)의 고모이다. 외숙부 유한규(柳漢奎, 1718~1783)는 역산과 율려에 조예가 깊었던 분이고, 외숙모인 사주당(師朱堂, 1739~1821) 이씨는『태교신기(胎敎新記)』를 지은 분이다.

고관 요직을 역임한 명망 있는 친가와 실학에 정통한 외가의 영향 하에 자랐다. 빙허각은 아버지에게서 글을 익혔다. 어릴 때부터 총명하여 기억력이 뛰어나고 책읽기를 좋아 해서 많은 책을 섭렵했다. 글쓰는 재주가 있어 시문을 잘 지었으며, 성격이 불같고 강해서 남에게 지는 것을 싫어했다고 한다. 아버지로부터 아들과 같은 사랑을 받으며 자랐다. 당시라고 총명하고 재주가 뛰어난 여자아이가 하나 둘이었겠는가. 딸아이에게도 글을 가르치고 재주를 독려한 아버지의 특별한 배려가 빙허각으로 하여금 『규합총서』저술을 가능케 한 토양이 되었다.

빙허각은 15세 되던 1773년에 3살 연하인 서유본(徐有本, 1762~1822)과 결혼하였다. 15세에 출가한 빙허각이 친정에서 닦은 소양을 키워나갈 수 있었던 것은 시가의 학문적 성취가 크게 영향을 미쳤다.

서유본의 집안은 선조의 부마인 달성위(達城尉) 서경주(徐景霌)의 후손으로 소론 명문가이다. 시가인 달성 서씨 집안은 이용후생 학풍의 실학자 집안으로 뛰어난 업적을 많이 남겼다. 시아버지 서호수(徐浩修, 1736~1799)는 『해동농서(海東農書)』를 저술하였고, 시조부 서명응(徐命膺, 1716~1787)은 『고사신서(攷事新書)』를 남겼다. 서명응의 동생 서명선(徐命善, 1728~1791)은 영의정까지 올랐다. 시동생 서유구(徐有榘)는 『임원경제지』『종저보(種藷譜)』를 저술하였다.

남편 서유본은 22세 되던 해인 1783년(정조 7)에 생원시에 합격하였다. 문과에는 급제하지 못하고 1805년(순조 5) 가을에 음보(蔭補)로 동몽교관이 되었다. 이조참판, 경기관찰사를 지낸 숙부인 서형수(徐瀅修, 1749~1824)가 옥사에 연루되어 1806년(순조 6)에 유배길에 오르면서 집안이 일거에 몰락하고 만다. 당시 빙허각의 나이는 48세였다. 이때 서유본은 관직을 떠나 학문에 전념, 가학의 전통을 이어갔다.

서울에 살던 서유본이 1809년 동호(東湖)의 행정(杏亭)으로 거처를 옮겨 한거하던 시기에 빙허각은 51세의 나이에 남편의 상당한 외조를 받으면서 저술에 임했다. 빙허각이 실제로 『규합총서』를 저술하게 된 직접적인 계기는 남편을 따라 거처를 옮긴 데서 연유한다.

서유본은 빙허각이 학문세계를 넓혀나갈 수 있었던 실질적인 배경이었다. 여성으로서 가학의 전통을 이을 수 있었던 원동력은 집안의 학문적 분위기, 폭넓은 독서, 여성이라는 한계에 머물지 않고 이를 수용할 수 있었던 빙허각 개인의 역량을 바탕으로 하고 남편의 배려와 외조가 크게 작용했다.

1822년 64세 때 서유본이 급병으로 죽었다. 저서로 『좌소산인문집(左蘇山人文集)』이 있다. 빙허각은 「절명사(絶命詞)」를 짓고 음식을 끊었다. 2년을 누워 지내다 1824년 2월 66세에 세상을 떠났다. 남편은 빙허각에게 세상의 기둥과 같은 존재였다. 서로에 대한 깊은 애정과 신뢰는 단순한 여느 부부의 금슬과는 달랐다.

서유본이 『좌소산인문집』에서 "아내가 여러 책에서 뽑아 각 항목별로 나누었는데 시골 살림살이에 요긴하지 않은 게 없다. 특히 초목·새·짐승의 성미를 더 상세하게 다루었다. 내가 그 책 이름을 『규합총서』라 하였다."라고 언급하고 있다. 남편 서유본은 아내의 저술에 책이름을 붙여줄 만큼 든든한 후원자였다.

여성의 자질과 능력에 대한 사회적 배려가 없었던 가부장적인 유교사회에서 부인의 독서와 저작 활동을 장려하고 재능을 발휘할 수 있도록 외조에 적극적이었던 남편의 죽음은 빙허각에게는 삶의 의미를 앗아간 것이다.

3. 다양한 여성 관련 서적 발간돼

여성의 주 영역인 음식 관련 서적으로 현재 가장 오래된 것으로 알려진 것은 전순의(全循義)의 『산가요록(山家要錄)』이다. 1459년에 쓰여진 것으로 추정되는 이 책에는 죽, 밥, 국수, 떡, 과자 등의 조리법 229가지가 수록되어 있다. 1500년대 초 김수(金綏)가 저술한 『수운잡방(需雲雜方)』에서도 121가지 음식을 다루고 있다. 『수운잡방』에서 가장 역점을 두고 있는 것은 술 담는 법으로 59항에 이른다. 허균이 1611년에 저술한 「도문대작(屠門大嚼)」에 130여 종류의 조리법이 전해지고 있다. 『임원십육지』나 『산림경제』에도 조리법이 실려 있다.

유학자들의 저술에서 조리법이 다루어졌다는 사실 자체가 유교적 명분에 입각한 남성의 시각에서 쓰여 진 것으로 여성 교육용으로 집필된 것이 아니다. 여성들이 여성교육을 위해서 요리서나 여성백과 형식의 생활지침서를 편찬한 것은 17세기 이후이다.

여성을 위한 한글 음식조리서 중 가장 오래된 것이 『음식디미방』이다. 『음식디미방』은 1670년 경 안동의 장씨부인이 집안에 전해 내려오는 전통 조리법을 후손에게 전하기 위해 146개 항에 달하는 음식 조리법을 직접 쓴 한글 요리책이다. 안동의 지역적 특색이 드러나지 않고 구하기 어려운 재료들을 다루고 있다는 점에서 집안의 가격을 높이기 위해 집필된 경향이 있다.

『온주법』은 내앞 의성김씨 청계공 종택에서 소장하고 있는 작자미상의 순 한글 조리서로 1987년에 발굴되었는데 총 56개 항 중 술이 44항, 누룩 만드는 법이 2항이다.

『음식디미방』, 『온주법』이 모두 안동 지역 사대부가에서 집필되었다는 특징을 지니고 있다. 이들 조리서에는 특히 술 담는 법에 관련된 것이 많고, 일상적으로 먹는 음식에 대한 조리법이라기보다는 주로 손님을 대접하거나 특별한 날 먹는 음식에 대한 조리법이 많다. 이들 요리서들이 접빈객(接賓客)과 봉제사(奉祭祀)가 일상인 사대부가의 유교문화와 깊은 관련이 있다는 것을 말해주고 있다.

18세기 이후에는 여성들이 적극적으로 글쓰기의 주체로 성장하였다. 윤지당 임씨(允摯堂 任氏, 『윤지당유고』), 유한당 홍씨(幽閒堂 洪氏, 『유한당시고』), 의유당 남씨(意幽堂 南氏, 『의유당일기』), 정일당 강씨(靜一堂 姜氏, 『정일당유고』) 등의 여성이 시문 중심의 문집을 남겼다. 사주당 이씨(師朱堂 李氏)는 태교의 이론과 실제를 정리한 『태교신기』를 저술하여 여성들에게 단편적인 지식에서 벗어나 실용적이고도 체계적인 지식을 제공하였다.

이와 같이 여성들의 저술활동이 가능했던 시대적인 분위기가 빙허각의 저술활동에 동기를 부여했으며, 이용후생을 중시하는 집안의 학문적 전통 특히 총서류 간행에 주력한 성향과 무관하지 않다고 본다. 빙허각이 남편과 시를 주고받을 수준이었음에도 여성들의 일상생활에 필요한 다양한 지식을 종합적으로 정리하는데 주력하였다는 점이 그렇다.

여성의 역할과 임무는 음식 마련에만 국한되지 않는다. 양반가에서 남성들은 독서와 품격 있는 취미활동 위주로 생활하고 가정관리나 경영의 많은 영역은 여성들의 몫이었다. 양반가의 규모가 크면 클수록 여성이 담당해야 할 가사의 범위는 넓어진다. 가사에서 여성이 차지하는 비중이 큰 만큼 여성교육에서 가사교육은 다양하고도 체계적이어야 한다. 그럼에도 이에 부응하는 서적 편찬은 이루어지지 않았다.

이러한 시대적인 여건과 당시 사대부가의 여성으로서도 특별한 환경에 처해 있던 빙허각은 폭넓은 독서로 얻은 지식을 혼자만 알고 있는데 그치지 않고 가사에 필요한 각종 지식과 정보를 여성이 해독하기 쉽게 한글로 저술하여 전하고자 하는 필요성을 느꼈을 것이다.

빙허각이 『규합총서』의 서문에서 이 책을 집안의 딸과 며느리에게 준다 하였지만 빙허각 생존시 이미 세상 사람들과 친척들에게 알려져 전사되곤 했다. 집안 부녀자들을 넘어 당시 여성 독자들에게 미치는 파급력이 컸으며, 여성이 담당하는 가사의 영역을 넓히고 체계화하였다는 점에서 가정학의 영역을 개척했다고 할 수 있다. 그로 인하여 가사 교육 내용의 수준이 향상되고 여성들의 교양과 품격을 높이는 데도 기여하였다.

4. 가사교육의 결정판 『규합총서』

빙허각이씨는 『규합총서(閨閣叢書)』에서 음식 관련 내용 뿐 아니라 부녀자들이 집안을 경영하면서 부딪치는 의식주 전반에 관해 알아 두어야 할 다양한 생활 지식을 담고 있다. 『규합총서』는 빙허각이 직접 경험한 가정사 뿐 아니라 『산림경제』『지봉유설』『성호사설』『해동농서』『태교신기』와 같은 실학서의 내용을 다양하게 인용하고 있다. 친정과 시가의 가학으로부터 받은 영향으로 폭넓은 독서와 고증과 실생활의 경험이 반영되어 있다고 하겠다.

『규합총서』는 4권 5책으로 주사의(酒食議), 봉임측(縫紝則), 산가락(山家樂), 청낭결(靑囊訣), 술수략(術數略)으로 구성되어 있다. 당대 명문가의 며느리로 생활하면서 경험했던 가사에 대한 지식 뿐 아니라 각종 문헌에서 옮겨와 체계적으로 정리한 내용을 한글로 집필했다는 점에서 여성교육의 내용을 충실하게 했다는 평가를 받을만하다. 이중에서 빙허각 생존시에 가장 많이 필사되어 이용되었던 부분이 주사의와 봉임측이었다. 여성의 일이 주로 주사의와 봉임측에 해당되었기 때문일 것이다.

『규합총서』의 내용을 통해서 빙허각의 학문적 역량과 깊이를 가늠해볼 수 있으며 빙허각의 삶과 가치관까지 엿볼 수 있다. 나아가 빙허각이 여성들에게 무엇을 전하고 싶어 했는지도 파악할 수 있다.

1권 주사의에서는 술의 종류와 빚는 법, 술과 건강과의 관계, 장 담는 법, 초 빚는 법, 밥과 죽 만들기, 차, 반찬 만들기, 떡과 과줄 만들기 등 식생활에 관련된 내용을 다루고 있다.

2권 봉임측에서는 의생활에 관련된 옷 만들기, 길쌈, 수놓기, 염색법, 빨래, 다듬질과 문방, 그릇, 등잔 관리, 향 만드는 법, 누에치기, 방구들 놓기 등을 다루고 열녀록을 덧붙였다.

3권 산가락에서는 밭 갈기 좋은 날, 면화 심는 법, 야채와 담배 키우기, 실과 따는 법, 원예, 세시기, 날씨 점치기, 말·닭·개·벌 등 가축 기르기 등 시골 살림의 대강을 갖추었다.

4권 청낭결에서는 태교 및 출산, 육아법, 구급방, 여러 가지 물린 데 낫게 하는 법, 잡저, 벌레 없애는 법, 경험방을 수록하였다.

5권 술수략에서는 집의 좌향(坐向)에 의해 길흉을 가리는 법, 부적과 귀신 쫓는 속방, 택일, 환난 대처 방법 등을 다루고 있다.

실로 다양하다. 이같이 다양한 내용은 모두 여성들이 가정을 경영하는데 필요한 실용적인 지식이며, 당시 사람들의 실생활에 필요한 정보를 반영한 것이라고 생각한다. 자신이 생활하면서 직접 경험한 것만 다룬 것이 아니라 국내외의 각종 문헌을 섭렵하여 생활에 요긴한 것을 가려 적었다. 인용한 문헌의 서명을 작은 글씨로 각 조항 아래 밝히고 혹시 자신의 소견이 있으면 별도로 표시하였다.

인용 서목을 보면 빙허각의 방대한 독서의 폭을 가늠할 수 있다. 『산림경제』·『동의보감』·『본초강목』·『약천집』·『지봉유설』·『성호사설』·『해동농서』를 비롯하여 『예기』·『설부』·『박물지』·『산해경』·『여씨춘추』·『식경』·『맹자』·『만병회춘』 등 수십 종의 중국책을 참고하였다. 상당 기간의 독서를 통해 축적된 학문적 역량이 드러난 것이라고 본다.

『규합총서』의 내용을 통해서 빙허각이 가사에 임하는 태도와 어떠한 가치관을 가지고 있었으며, 살림살이의 내용이 무엇이었는지 생활상의 몇 가지를 살펴보기로 한다.

우선 「주사의」에 실린 술과 관련된 내용이 상당히 흥미롭다. 외국 여러 나라의 술의 종류와 구기주, 오가피주 등 약주 20여 가지의 제조법, 유명 술잔의 내역, 술 마신 뒤 먹어서는 안 될 음식, 술 끊는 방문, 술 깨는 방문, 술병 안 들게 하는 방문, 술 못 마시는 사람을 마시게 하는 방문, 유황배 만드는 법 등 술과 관련된 다양한 내용을 다루었다. 단순히 술 만드는 법만이 아니라 술에 관한 상당한 교양을 갖추고 있었음을 알 수 있다.

술에 관해 다양한 내용을 맨 앞부분에서 중요하게 다룬 것은 접빈객봉제사에 없어서는 안 될 술 빚는 일이 사대부가의 여성이 해야 할 가장 중요한 일로 인식하고 있었음을 말해준다. 서유본의 시에 의하면 실제로 빙허각은 온갖 꽃을 따다 술을 빚어 남편에게 즐거움을 누리게 하였다.

술과 장, 초를 빚을 때에는 택일을 중요시했다. 장과 초는 음식 맛의 근본으로 가족들의 건강을 좌우하는 중요한 식재료이다. 각기 좋은 날과 꺼리는 날을 별도로 다루고 있는데 장과 초 빚기 좋은 날은 같다. 병인, 정묘일이 좋다. 오늘날 장 담는데 말날이 좋다고 하는 것과는 차이가 있다. 술 빚기 좋은 날에 정묘, 경오, 계미, 갑오, 을미일을 들고 있는 것으로 보아 말날은 오히려 술에 해당된다.

맛이 좋으려면 물도 좋은 물을 가려서 써야 한다고 하였다. 반찬 만들기에 제일 먼저 나오는 김치 담는데도 물을 가리도록 했다. 물이 나쁘면 국물 맛이 좋지 못하다고 하였다. 장이나 초, 김치 모두 물을 가리도록 하였다. 물을 그만큼 중요시 하였다.

이 시기의 김장김치는 섞박지 형태였다. 무, 배추, 오이, 가지, 동과에 젓갈, 소라, 낙지 등의 어류에 청각, 마늘, 고추를 떡 안치듯 넣고 국물을 넉넉히 부었다. 어육김치는 무와 연한 배추, 굵은 갓에 오이, 가지, 호박, 고추잎을 함께 쓴다. 대구, 북어, 민어, 조기 대가리와 껍질 모아 놓은 것과 소고기를 넣고 진하게 달여 국물로 사용하고 청각, 마늘, 파, 생강, 고추를 양념으로 한다. 고춧가루에 버무리는 김치가 아니다. 김치의 재료를 다양하게 사용하고 있어 영양 면에서 풍부한 김치이다.

육류 요리의 재료로 소고기, 개고기, 사슴고기, 양고기, 돼지고기, 꿩·닭고기, 메추라기, 참새, 잣나무새 등을 언급하고 있다. 육류 공급원이 다양하며 가축에 국한하지 않고 사냥에 의해 공급되는 식재료도 상당했던 것으로 보인다.

병과류는 20여가지의 다양한 떡과 약과, 강정, 산자, 다식, 정과류를 풍부하게 다루었다. 이는 제사와 잔치 상에는 없어서는 안 될 음식이기 때문이다. 밤, 배, 감, 복숭아 등 과일을 오래 갈무리하는 법, 각종 나무새의 수장법을 다루고 있다. 이는 제철 음식을 저장하여 가능한 오래도록 먹을 수 있도록 한 살림의 지혜이다.

봉임측의 첫머리에 옷 만드는 데 길일과 꺼리는 날을 다루고 있다. 옷 만드는데도 길일을 택하게 한 것은 매사 살림살이에 대한 여성들의 마음가짐을 중요시 했던 것으로 이해된다. 바느질은 일상복이 아니라 남자 옷은 관복, 여자 옷은 예복을 주로 다루었다. 심의(深衣), 복건(幅巾), 조복(朝服), 관대(冠帶), 흉배, 도포, 족두리, 원삼, 당의, 깨끼적삼 등의 치수와 마름질을 적었다.

염색은 진홍색, 자줏빛, 쪽빛, 옥색, 초록, 두록(豆綠), 팔유청[柳綠色], 보라, 지초보라, 목홍(木紅), 남색, 잿빛 등의 빛깔로 물들였다. 무명과 비단, 남자옷과 여자옷에 맞는 색깔과 각 염료에 따른 염색법이 다르다. 유채색 빛깔 고운 옷을 만들기 위한 수고로움이 여성의 몫이었다. 의생활을 위해 바느질은 기본이고 염색, 누에치기와 뽕나무 기르는데도 여성의 손길이 필요했다.

산가락에서는 식생활에 필요한 각종 밭작물을 키우고 면화, 담배, 나무새와 실과 심고 따기, 가축 기르기를 다루었다. 모란, 작약, 매화, 난초와 국화, 연, 해당화, 동백, 치자, 장미, 월계, 목련, 왜철쭉, 진달래, 해바라기, 봉선화, 대, 파초, 석창포 등 실로 다양한 화초 재배법을 언급하였다. 동물로는 말, 닭, 개, 고양이를 키우고 양봉을 한다. 말은 교통수단이었기에 좋은 말과 나쁜 말을 얼굴을 보고 가리는 법을 알려주고 있다. 재배 대상 작물은 곡식류, 약용·염료·섬유·기호 작물, 채소와 과수, 화훼 작물을 두루 망라하고 있다. 특수작물 재배를 통해 여성들이 직접 생산 활동에 참여하여 경제적으로 여유를 갖기를 바랐던 것으로 본다. 꽃을 키워 감상하는 취미생활도 할 수 있도록 정보를 제공하고 있다.

청낭결에는 위생과 건강을 위한 의약 지식을 다루고 있다. 아들을 낳고자 하는 마음이 많이 반영되어 있다. 재주가 뛰어난 아들을 낳고자 하는 태교법, 4, 5삭 지나 남녀를 구분하는 법, 산월 전에 여자아이를 남자 아이로 만드는 법, 아들을 갖기 위한 비방들은 과학적인지의 여부를 떠나 당시 여성들의 염원을 표현한 것이라 생각한다.

　구급방은 약 먹을 때 꺼려야 하는 음식과 각종 식중독에 대해 해독 방법, 화상, 짐승이나 해충에 물렸을 때의 처치법, 각종 질병 치료법을 언급하였다. 가정 내에서 구급 상황에서 가장 요긴한 지식이다. 내용은 『증보산림경제』『향약집성방』『동의보감』을 많이 참조하였다. 빙허각이 청낭결에서 다룬 각종 구급법 내지 응급처치법은 여성들이 의학에 관한 기초 지식을 숙지하고 있어야 가족의 건강과 안전을 지킬 수 있다는 생각을 반영한 것이라고 본다.

　『지봉유설』을 인용하여 광주의 자기, 행주의 위어, 교동 화문석 등 8도 각지의 특산물에 대한 정보를 제공하였다. 이와 같은 지식은 여성들에게 보다 넓은 세계를 인지하고 생활을 윤택하게 하는 데 도움을 주었을 것으로 생각한다.

　술수략의 내용에는 집의 좌향이나 대문의 방향, 이사하고 부엌 만들고 우물파기와 같은 집안 일하기에 좋은 날, 소 울음으로 점치는 법, 까마귀와 까치 울음으로 길흉을 아는 법, 부적 쓰기 등이 있다. 생활과 밀착된 풍수 지식과 환난에 대한 대처 방법들을 담고 있다. 오늘날에는 생소하고 낯선 내용이지만 당시 사람들에게는 일상생활과 관련된 상당히 유용한 정보였다.

　빙허각이 『규합총서』에 담은 많은 항목들은 당시 여성들이 필수적으로 알아야 했던 가사에 대한 상식과 함께 새로운 정보가 많았을 것이다. 그녀가 섭렵한 많은 서책들이 일반 부녀자들이 쉽게 접할 수 있는 것이 아니었기 때문에 그 정보들은 상당히 체계적이며 수준 높은 것이다.

　여성들이 실생활에 적용할 수 있는 지식을 여성의 관점에서 선정하여 엮은 책이라는 점에서 『규합총서』는 당시 여성에게 미친 영향이 컸다. 빙허각은 여성들이 가정을 관리하고 경영하는데 실용적인 지식과 정보를 제공하여 여성들에게 신선한 자극과 긍지를 주었을 것이다. 빙허각의 학문적 역량이 있었기에 가능한 일이었다.

조선후기 여성들 사이에 필사되어 널리 애용되어 전해져오던 『규합총서』가 세상에 알려진 것은 1939년이다. 황해도 장연군(長淵郡) 진서(津西)에 있는 빙허각의 시가인 달성서씨의 후손 집에서 『빙허각전서』가 발견되어 1939년 1월 31일자 동아일보에 대서특필된 것이 계기가 되었다. 빙허각이 역사 속에 묻히지 않고 우리에게 다가와 역사적 인물로 살아난 것이다.

『빙허각전서』에는 『규합총서』외에 『청규박물지(淸閨博物誌)』와 『빙허각고(憑虛閣稿)』가 수록되어 있었다. 광복과 6.25동란으로 인한 혼란 속에서 『규합총서』만이 전해지고 나머지 문헌은 행방을 알 수가 없다. 그러나 『빙허각전서』의 구성과 『규합총서』의 내용만으로도 빙허각의 학문적인 업적을 짐작할 수 있으며 조선 후기의 대표적인 여성 인물로 꼽는데 부족함이 없다고 본다.

▣ 참고문헌

鄭良婉, 『閨閤叢書』, 보진재, 2012년 개정판.
_____, 「조선조 여인의 실용적 슬기 - 閨閤叢書를 중심으로 한 소고」, 『민족문화』 1, 민족문화추진회, 1975.
정해은, 「조선후기 여성 실학자 빙허각 이씨」, 『여성과 사회』 8, 한국여성연구소, 1997.
박옥주, 「憑虛閣 李氏의 『閨閤叢書』에 대한 文獻學的 硏究」, 『한국고전여성문학연구』, 『한국고전여성문학연구』 제1집, 한국고전여성문학회, 2000.

강정일당: 성리학과 시문에 뛰어난 여성학자

이 영 춘

한중역사문화연구소 소장

1. 시대적 배경

동·서양 어느 사회에서나 전통시대에는 학문과 교육이 남성들의 전유물이었다. 특히 유교를 정치·사회의 이념으로 하였던 조선시대에는 남녀 내외의 명분 의식과 편견이 심하여 여성들의 사회·문화적 활동은 더욱 많은 제약을 받았다. 이 때문에 조선시대의 여성들은 정상적인 교육을 받을 기회가 거의 없었다. 다만 예의범절과 가정관리를 목적으로 하는 초보적이고 제한된 여성 교육이 일부 상류사회에서 부분적으로 이루어지고 있었다.

이러한 환경 속에서도 조선중기 이후부터 극소수의 양반 부녀자들이나 기녀들 중에는 개별적인 교육을 통해 4서 5경 등 유교 경전을 이해하고 시문을 남긴 사람들이 있었다. 시·서·화 삼절로 유명한 신사임당(1504~1551), 한시에 능했던 허난설헌(1563~1589)과 역시 한시로 유명했던 기생 황진이(중종대)와 매창(1573~1610) 등이 그들이다.

그런데 18세기에 이르면 양반 부녀자들의 학문과 문예 활동은 현저히 증가하였다. 높은 수준의 성리학적 업적을 남겼던 임윤지당(1721~1793)과 강정일당(1772~1832)을 비롯하여,『의유당일기』를 남긴 남의유당(1727~1823), 한시집을 남긴 서영수합(1753~1823)과 김삼의당(1769~1823),『태교신기』를 남긴 이사주당(1739~1821),『규합총서』를 남긴 이빙허각(1759~1824) 등이 그들이다. 이러한 현상은 이 시기에 성행하게 된 국문 소설의 보급이나 여성들의 독서 열풍과도 일정한 관계가 있는 것으로 보이며, 영·정조대의 문예부흥적 시대 분위기와도 합치하는 것이다. 영·정조대의 학자였던 유한준(兪漢雋)은 당시의 왕성한 학풍이 여성들의 학문과 문예 진작에도 영향을 주었다고 언급한 바 있었다.

18세기 양반계층 여성들의 고급 문예활동은 유교 교육이 여성 사회로 확산되기 시작한 것을 보여주는 것이며, 여성들 자신의 의식 성장이 이루어지고 있었음을 반영하는 것이다. 특히 임윤지당이나 강정일당 같은 사람들은 성리학의 철학적 탐구를 통하여 여성들이 본질적으로 남성과 다를 바 없으며, 학문과 수양을 통하여 요순과 같은 성인의 경지에 이를 수 있다는 강한 자아의식을 표방하였다.

여성들의 이러한 의식 성장은 이 시기에 사회·경제의 여러 방면에서 나타나고 있었던 근대적 맹아의 하나를 보여주는 것이라고 할 수 있다. 위에서 거명한 대부분의 여성 지식인들이 시문이나 가정관리에 관한 저술을 남긴데 비하여, 윤지당과 정일당은 본격적으로 성리학을 연구하고 수련한 철학자들이었다. 그들은 성리학의 본질적 원리 안에서 남녀평등의 이념을 찾아내었고, 최고의 가치를 구현하기 위하여 평생을 수양하고 실천하였다. 따라서 이들은 조선후기 여성사에서 매우 특별한 위치를 차지하고 있다고 하겠다.

2. 강정일당의 생애

강정일당(姜靜一堂, 1772~1832, 이하 "정일당"이라고 약칭함)은 조선후기 정조 – 순조 대에 서울에서 살았던 여성 성리학자이며 문인이다. 정일당의 본관은 진주(晉州)이며, 아버지는 강재수(姜在洙)이고, 어머니 안동권씨는 권서응(權瑞應)의 딸이었다. 어릴 때 부르던 이름은 지덕(至德)이었다.

정일당은 1772년(영조 48) 충청도 제천에서 태어나, 20세에 충주의 선비 윤광연(尹光演)과 결혼하였다. 이 때 그의 남편은 불과 14세였다. 정일당 강씨의 친가와 시가는 모두 벼슬을 하던 명문의 후손이었지만, 증조부 이후로는 벼슬을 하지 못하여 가세가 기울고 경제적으로 매우 궁핍하였다. 남편 윤광연은 젊은 시절에 학문을 힘쓰지 않고 생계를 위하여 상업활동을 하다가 작은 재산마저 탕진하였다. 이후 정일당은 자신이 바느질로 생계를 유지하면서 남편이 학문에만 매진하도록 하였다.

고향에서 경제적 기반을 상실한 그들은 서울 근처로 객지생활을 하게 되었다. 처음에는 과천에서 남의 오두막에 살았는데, 어느 해에는 흉년이 들어 3일간 아무 것도 먹지 못한 적이 있었다. 자녀를 9명이나 낳았으나 모두 1년이 되기 전에 죽고 하나도 제대로 키우지 못하였다.

후에 서울로 이사하여 남대문 밖의 약현(藥峴: 지금의 중림동)에서 살게 되었다. 여기서 윤광연은 서당을 열어 어린이들을 가르치고, 정일당은 삯바느질을 하였다. 정일당은 각고의 노력과 철저한 가정 관리로 상당한 저축을 하게 되어, 만년에는 어느 정도 경제적 기반을 잡게 되었다. 이 때문에 그들은 약현에서 탄원(坦園)이라는 정원이 딸린 집에서 살게 되었고, 경기도 광주부 대왕면(청계산 동

강정일당 사당(성남시 금토동)

쪽 지금의 성남시 금토동)에 야산을 사서 3대 조상 7위의 묘를 이
장하기도 하였다. 또 형제와 친척들의 혼례와 상례를 대신 치러주
기도 하였다.

정일당은 가난했던 외에도 몸이 허약하여 평생을 고생하였다.
1822년 7월에 큰 병으로 사흘동안 기절하였다가 깨어나자, 평생 저
술하였던 답문편(答問編)·언행록(言行錄) 등 30여 권의 원고를 모두
유실하였다. 정일당은 만년에 병으로 신음하던 끝에 1832년(순조
32년) 9월 14일에 타계하였다. 향년 61세였다. 다음 달 10월 30일에
경기도 광주 청계산 동쪽(대왕면 둔퇴리, 현 성남시 금토동) 선영
에 안장하였다.

3. 강정일당의 업적

1) 학문적 연원과 업적

강정일당이 유교 경전과 성리학을 공부하게 된 데는 외가의 영향이 컸던 것으로 생각된다. 정일당의 어머니는 유명한 성리학자였던 한수재(寒水齋) 권상하(權尙夏)의 동생인 참판 권상명(權尙明)의 현손녀였다. 그녀는 외가의 친척들과 교유가 많았으므로 외가쪽의 성리학적 학풍이 직·간접적인 영향을 주었다고 할 수 있다. 또한 그녀의 친가였던 진주강씨는 10대조 강희맹(姜希孟) 이래 시와 문장으로 이름난 가문이었으므로, 이러한 전통이 그녀의 문장 수련에 간접적인 영향을 주었을 것이다.

그녀의 직접적인 학문 연원은 남편의 스승이었던 강재 송치규 선생과 평생을 사숙하였던 임윤지당(任允摯堂, 1721~1793)에게서 찾을 수 있다. 그녀는 공부에 의심나는 것이 있으면 남편의 스승이나 친구들에게 질의하였고, 특히 남편을 대신하여 강재 선생에게 『중용』의 난해한 내용과 예법에 대해 문답을 하기도 하였다. 남편 윤광연을 강재의 문하로 보낸 것도 사실상 그녀였으므로, 그녀는 강재를 자신의 스승으로 여기고 있었다. 따라서 그녀는 율곡 -사계-우암을 잇는 노론 계열의 기호학파 학문을 수학하였다고 할 수 있다.

정일당은 임윤지당보다 50여년 후에 태어나 한 번도 만난 적이 없었지만, 그녀를 몹시 흠모하였고 『윤지당유고』를 자주 인용하기도 한 것으로 보아 사숙의 관계에 있었다고 할 수 있다. 특히 윤지당이 말한 "남녀의 품성은 차이가 없고, 여성도 성인(聖人)이 될 수 있다"는 구절은 정일당의 생애에서 가장 중요한 신념이 되었다. 그러므로 정일당은 윤지당의 성리학을 계승하였다고도 할 수 있다.

정일당(靜一堂)은 비교적 늦은 나이에 학문을 시작하였지만 유교의 13경을 두루 읽고, 깊이 골몰하여 연구하였다. 또한 여러 고전 서적들을 널리 읽어 고금의 역사와 정치 변동을 밝게 알았다고 한다. 그 중에서도 그녀는 특히 『주례(周禮)』, 『이아(爾雅)』, 『춘추좌씨전(春秋左氏傳)』, 『근사록(近思錄)』, 『격몽요결(擊蒙要訣)』 등의 책을 탐독하였다.

그녀는 많은 독서를 통하여 폭넓은 지식을 쌓았다. 그리하여 천지(天地), 귀신(鬼神), 주역(周易), 정전제(井田制)로부터 곤충(昆蟲), 초목(草木), 경전(經典) 및 역사의 어려운 이치와 일상생활에서 의심나는 모든 것을 남편과 함께 궁리하고 토론하였다. 그 중에서도 정일당이 가장 주력하였던 것은 성리학의 기초가 되는 『중용』이었다. 그녀는 평생토록 천지 자연과 사람의 이치를 탐구하였고, 성품과 천명(天命)의 근원을 연구하는데 몰두하였다. 이를 위하여 그녀

는 젊은 시절부터 『중용』 연구에 골몰하여, 주자(朱子)의 오묘한 뜻을 체득하였고, 특히 「계신장(戒愼章)」의 분석에는 전문가가 되었던 것으로 보인다.

정일당의 저술은 유교 경전 연구서 등 원래 30여 책이 있었으나, 그녀의 생시에 대부분 유실되고, 현재 남아 전하는 『정일당유고(靜一堂遺稿)』는 시와 편지 및 잡문 등을 남편인 윤광연이 그녀의 사후 4년이 지난 1836년에 간

행한 것이다. 여기에는 한시 38수, 서간 7편, 척독(尺牘: 쪽지 편지)
82편, 서 별지(別紙) 2편, 기문(記文) 3편, 제발(題跋) 2편, 묘지명 3
편, 행장 3편, 제문 3편, 명문(銘文) 5편, 잡저(雜著) 2편 등이 수록되
어 있다. 이들 중에서 그녀의 학문을 엿볼 수 있는 것은 심성 수양
과 도학적 경지를 읊은 시와 남편과 주고받은 척독, 별지·기문·명문
등이고, 나머지는 대개 문학적 영역에 속하는 작품들이다.

정일당의 학문적 성격을 보면, 그녀도 임윤지당의 지론을 인용
하여 "하늘이 부여한 성품에는 애당초 남녀의 다름이 없다. 부인
으로 태어나서 스스로 태사(太姒)와 태임(太任)과 같은 성인이 되기
를 기약하지 아니하면 이는 자포자기한 사람이다"고 말하여, 여성
들의 무한한 잠재력을 강조하였다. 윤지당(允摯堂)이 『중용』 연구
에 주력하여 장편의 「경의(經義)」를 남긴 것과 비교해 보면 두 사
람의 학문에는 매우 흡사한 점이 있다.

정일당은 평생 동안 성(誠)과 경(敬)의 실천에 노력하였다. 이 때
문에 만년에는 인간 성품의 본래 면모를 체득하였고, 안심입명(安
心立命)의 경지에 이를 수 있었다. 그녀의 시문(詩文)들 중에는 이
러한 경지를 표현한 것이 적지 않다. 이 때문에 그녀는 곤궁한 생
활 속에서 안분자족(安分自足)할 수 있었다. 그녀는 생존이 위협받
는 극한적인 자연 환경과 9명의 자녀들이 모두 일찍 죽는 비극적
상황에서도 마음의 평정을 잃지 않을 수 있었다. 그녀는 스스로
마땅히 해야할 도리를 다할 뿐, 절대자에게 의존하거나 운명을 탓
하지도 않았고 가혹한 현실에서 도피하려고도 하지 않았다. 이렇
게 의연히 자기의 성실을 다하고 남을 위로하는 정일당의 모습에
서 우리는 실존주의 철학자와도 같은 엄연한 모습을 발견하게 된
다. 이러한 심성 수양이야말로 그녀가 성리학을 통해 이룩한 최고
의 업적이라고 할 수 있다.

2) 시문과 서예

정일당은 성리학뿐만이 아니라 시와 문장 그리고 글씨로도 유명하였다. 『정일당유고』에서 문학적으로 가장 중요한 것은 한시이다. 38편의 시를 대략 정리해 보면 오언절구(五言絕句) 24편, 오언율시(五言律詩) 4편, 칠언절구(七言絕句) 7편, 사언시(四言詩) 3편으로, 대부분이 간단한 사구체의 절구(絕句) 특히 오언절구들이다. 초기의 작품들은 대체로 자신의 학문과 수양에 관한 내용이 많고, 후기의 작품들은 남편을 대신하여 선비들과 주고받은 시나 찬양·송축하는 시, 혹은 손아래 사람들에 대한 훈계의 시들이 많다.

전체적으로 보면 정일당 시의 주제는 거의 대부분 학문에의 집념, 심성 수양, 자신과 남들에 대한 도덕적 훈계, 안빈낙도의 생활, 자연 속의 관조, 달관의 체험과 같은 도학적 문제에 집중되어 있고, 타인에 대한 사례, 칭송과 축원 등이 일부 포함되어 있다. 따라서 음풍영월류에 속하는 한가한 서경시(敍景詩)나 애증과 이별, 연모 등을 노래한 서정시(敍情詩)는 일체 없다. 정일당의 산문 역시 문체가 질박 강건하고 도학적인 취향이 있다. 척독을 포함한 서간문을 제외하면 대부분 남편을 대신하여 지은 묘문·행장·제문 등의 공적인 글들인데, 이러한 유의 글이 가지는 일정한 형식을 준수하면서도 진솔한 감정이 잘 나타나 있다.

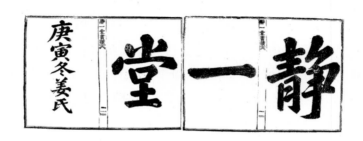

정일당은 글씨에도 뛰어났는데, 서체가 매우 강건하고 단정하였다. 그것은 그녀의 부단한 연습과 강인한 심성수양에서 온 것이다. 현재 남은 글씨는 문집 부록에 판각된 8자가 전부이지만, 자획이 굳세고 바르며 순수한 고풍이 있고, 부드러운 자태는 찾아보기 어렵다.

3) 여성의 지위 향상

정일당의 철학이나 문학은 조선시대 여성 사회에서 매우 특이한 사례를 보여주는 것이지만, 이를 통하여 조선후기 성리학의 여성계 보급과 점증하는 여성들의 학문 활동 및 의식성장을 이해할 수 있다. 비록 여성들의 사회활동이나 교육과 문화에 대한 제약은 심하였지만, 그러한 환경 속에서도 학술과 문예에 종사하는 여성들이 점차 많아지게 되었고, 임윤지당이나 정일당처럼 높은 수준의 학문을 연구하고 수양을 위하여 실천한 사람들도 나타나게 되었던 것이다.

강정일당은 임윤지당과 마찬가지로 성리학의 철학적 탐구를 통하여 여성들이 본질적으로 남성과 다를 바 없으며, 학문과 수양을 통하여 요순(堯舜)과 같은 성인의 경지에 이를 수 있다는 강한 자아의식을 표방하였고 그것을 실천으로 보여주었다. 그들은 본격적으로 성리학을 연구하고 수련한 드문 여성들이었으며 진정한 의미에서 유학자 혹은 철학자들이었다. 그들은 성리학의 본질적 원리 안에서 남녀평등의 이념을 찾아내었고, 최고의 가치를 구현하기 위하여 평생을 수양하고 실천하였다. 따라서 이들은 조선후기 유학사에서 여성의 지위를 극도로 고양시켰다고 할 수 있다.

강정일당은 전통시대의 많은 질곡 속에서도, 스스로 입지를 세우고 분발하여 여성들이 품성을 계발하고 자아를 완성해 간 모범을 보여주었다. 그녀가 추구한 것은 사람이 가진 무한한 잠재능력이었다. 그래서 누구나 요·순과 같은 지혜와 도덕을 겸비한 성인이 될 수 있다고 가르쳤다. 그리고 이것은 도덕 실천의 단호한 결단력에 의해서만 가능한 것이라고 믿고 그것을 스스로 실천하였다. 이러한 그녀의 남녀 평등적 철학 원리나 학문·도덕적 성취가 조선후기 여성들의 지위를 향상시키는데 크게 공헌하였다고 할 수 있다.

4. 아름다운 동반자

강정일당이 훌륭한 학자로 학문을 닦아 많은 업적을 남기고 후세에 이름을 전하게 된 데는 남편이었던 윤광연의 도움이 컸다. 윤광연은 명문 파평윤씨(坡平尹氏) 가문의 사람으로, 호를 탄재(坦齋)라고 하였다. 그는 젊었을 때 학문에 뜻을 두지 않고 몰락한 가정 경제를 일으키기 위하여 상업활동에 종사하기도 하였으나 성공하지 못하였다.

이에 정일당은 자신이 바느질로 생계를 담당하고 남편이 늦게나마 학문에 몰두하도록 권고하였다. 그리고 그녀 자신도 바느질을 하면서 남편과 함께 공부하였다. 정일당은 워낙 재능이 탁월하였고 남편보다 6살이나 많았으므로 학업의 성취가 항상 남편보다 앞서 나갔다. 그래서 그녀는 남편의 학업을 지도하기도 하였다.

남편 윤광연의 학문이 어느 정도 수준에 이르자 정일당은 그를 우암 송시열(宋時烈)의 6세손인 강재(剛齋) 송치규(宋穉圭)의 문하에 보내어 성리학을 익히도록 하였다. 이 때문에 윤광연은 당대의 많은 명사들과 교유하였고, 혜강(惠岡) 최한기(崔漢綺)와도 일정한 교분을 쌓았다. 그는 힘써 공부하였으나 큰 학자가 되지 못하였고 벼슬도 하지 못하였다. 정일당은 오히려 그에게 벼슬을 단념시키고 안빈낙도의 생활을 하도록 권하였다. 이에 남편도 그녀의 충고를 잘 받아들여 일찍 관직을 포기하였다. 윤광연은 재야학자로서 서당 학생들을 가르치고, 부인과 학문을 토론하면서 평생을 지냈다. 윤광연은 정일당에게서 많은 것을 배웠고 그녀의 격려와 충고에 의하여 학문과 인격을 성취할 수 있었다.

윤광연에게 있어서 정일당은 일종의 스승과 같은 존재였다. 그는 부인과의 관계를 이렇게 묘사하였다.

> "나에게 한가지 장점이라도 있으면 기뻐하여 勉勵하였고, 나에게 한가지 허물이라도 있으면 걱정하여 문책하였다. 그래서 반드시 나를 바르고 정대한 자리에 서게 하였으며, 천지간에 과오가 없는 사람으로 만들고자 하였다. 비록 내가 노둔하여 다 실천하지는 못하였지만, 좋은 말과 바른 충고는 죽을 때까지 가슴에 새겼다. 이 때문에 부부지간에 마치 엄한 스승을 대하듯이 하였고, 서로 조심하고 공경하였다."(『정일당유고』 부록 15b, 「아내 유인 강씨를 제사하는 글」)

윤광연은 정일당이 남긴 시문(詩文)들을 잘 보존하였다가, 그녀의 사후 4년이 지난 1836년에 문집(『정일당유고』)을 간행하였다. 당시 조선 사회에서 여성들의 문집을 간행하는 일은 결코 쉬운 일이 아니었다. 윤광연은 남의 빈축을 사면서도 전 재산을 기울여 문집을 간행하여 배포하였는데, 이 때문에 그녀의 업적들을 후세에 남길 수 있게 되었다.

윤광연은 조선후기와 같은 남성 중심의 사회에서는 보기드물만큼 부인을 존중하고 화합하였다. 정일당과 윤광연은 어려운 시절에 함께 격려하며 학문을 닦았고, 같은 도를 추구하는 동반자로서 참다운 선비의 길을 걸었다. 강정일당은 조선후기의 탁월한 여성 학자였지만, 그 이면에는 윤광연과 같은 훌륭한 남편의 도움이 있었던 것이다. 이러한 미담은 우리 여성사에서 특기할만한 사례라고 하겠다.

5. 강정일당의 문예 작품

강정일당의 문예 작품을 어떻게 설명하기보다는 그녀의 작품을 직접 읽어보는 것이 나을 것이다. 그녀의 작품들은 모두 주옥같은 것이지만, 그 중에서도 특히 감동적인 한시 3편과 산문 하나를 들어 본다.

1) 한시

「지일당(只一堂)의 시 차운(次韻)」(1797)　　　　〈敬次尊姑只一堂韻〉
학문의 자세는 인륜을 돈독히 하는 것이니　　　下學須敦倫,
어린이에게는 자애롭게, 노인에게는 편안하게 하리　慈幼且安老.
이 길로 곧바로 실천해 나가면　　　　　　　直轡從此行,
저절로 탄탄대로가 열릴 것이라네　　　　　　自是坦坦道.

「길 떠나는 남편에게 삼가 올림」　　　　　　〈敬呈夫子行駕〉
맑은 새벽에 흐느끼며 그대를 보내나니　　　　清晨灑泣送君子,
가시는 곳마다 이곳 산천을 잊지 마소서　　　去去湖山應不忘.
가시는 길에 오직 한 말씀을 드리나니　　　　臨行惟有一言告,
세상사 돌아감을 저 창천과 같이 여기소서　　世事循環如彼蒼.

「병(病)이 나은 후에」 〈病後〉

하찮은 병으로 죽을 뻔하다 요행히 일어나 　一病幾危今幸差,

맑은 가을 날씨에 창문을 여니 마음이 개운해 　淸秋開戶余心快.

병을 치료하는데 어찌 약재에만 의지하리? 　調劑豈專蔘朮功?

이 즈음에야 성명(誠明)의 경계를 체득하였네. 　伊來體認誠明界.

2) 문장: 탄원기(坦園記)

탄원이라 무엇인가? 탄재(坦齋: 尹光演)의 정원이다. 탄원이라고 이름을 붙인 것은 무슨 듯인가? 예전에는 '서원(徐園)'이라고 하였는데 주인의 성이 서씨였기 때문이다. 또 서원(西園)이라고도 하였는데, 한양의 서쪽에 있었기 때문이다. 지금은 탄재 선생이 살고 있으니, 어찌 탄원이라고 하지 않겠는가! 중국에는 정공(鄭公)의 이름을 딴 정향(鄭鄕)이라든가, 고 아무개(高某氏)의 고양(高陽)이란 마을이 있다. 소동파의 성을 딴 항주의 소제(蘇堤)라든가, 구양수(歐陽修)의 성을 딴 구정(歐亭)이 있는데, 모두 일을 만든 사람의 이름을 따라 지은 것이니, 정원의 이름을 탄원이라고 한 것은 마땅하지 않은가!

탄재의 호는 누가 지어준 것인가? 강재(剛齋) 송치규(宋穉圭) 선생이 지어주신 것이다. 탄이란 글자의 듯은 무엇인가? 일상생활에서 군자는 항상 평탄하고 호탕해야 하는 것이다.(君子坦蕩蕩은『논어』述而篇에 나오는 말이다) 시험삼아 탄원을 한번 살펴보면, 그 토양은 박하고 그 수목은 구불구불하며, 그 가옥은 협소하다. 뚜렷이 높은 것은 부앙대(俯仰臺)와 중화단(中和壇)이며, 험하게 우뚝 솟은 것은 기돈(起墩)과 문부(文阜)이다. 향긋한 소로는 그윽하고 굽으며, 작은 언덕과 시내가 옆으로 정원을 가르고 지나가니 평탄하다고 할 수 없을 것이다.

그러나 주인이 평탄한 마음으로 평탄한 도를 실천하니, 황량한 계곡과 궁벽한 골짜기가 험악한 것이 될 수 없고, 좁은 집과 가시 사립문이 협소할 수 없다. 바야흐로 장비를 갖추어 말을 타고 곧장 진행하여 인의(仁義)의 경지로 달려 나아가 보라! 그 투박하고 구불구불하며 협소하고 두렷하면서도 뽀족한 것들이나 그으그하면서도 기울어진 것이 어느 것이나 모두 평탄한 길 아님이 없을 것이다.

　돌을 쌓으면 산이 될 수 있으며 샘물을 끌어오면 못이 될 수 있고, 꽃과 과일 나무를 심고, 채소와 약초를 기르면 한가한 생활 중에서도 경제생활을 할 수 있다. 거문고 타고 술 마시며 독서하는 사이에 날마다 재야의 친구들과 소요 자적하게 되면, 모두가 공경(公卿) 벼슬과 작록을 하찮게 여기게 될 것이니, 이것이야말로 탄원 주인의 참된 즐거움이다. 저 살찐 말 타고 좋은 옷 입고서 쉽게 벼슬하여 즐기는 자들은 한번 풍파를 만나면 엎어지고 자빠져서 일어나지 못하게 되리니, 어찌 이 정원에 살면서 탄탄한 마음을 잃지 않은 사람과 같을 수 있겠는가! 『주역』에 말하기를, "정도로 살면 앞날이 평탄하다" 하였고, "구원(丘園)으로 달려간다" 하였으니, 주인은 모름지기 그렇게 살지어다.

6. 성리학 정신의 실천

　강정일당은 성리학의 철학적 탐구를 통하여 여성들이 본질적으로 남성과 다를 바 없으며, 학문과 수양을 통하여 요순(堯舜)과 같은 성인의 경지에 이를 수 있다고 믿었다. 그녀는 성리학의 본질적 원리 안에서 남녀평등의 이념을 찾아내었고, 최고의 가치를 구현하기 위하여 수양하고 실천하였다. 강정일당은 전통시대의 질곡과 극심한 가난 속에서도, 자포자기하지 않고 스스로 뜻을 세워 학문 연구와 문예 창작 및 도덕 실천에 노력하였다. 그녀의 일생은 곧 성리학 정신을 실천한 것이라고 할 수 있다. 그녀의 행장이나 묘지문 등에 기록된 언행 중에서 아래와 같은 대목을 읽으면 그녀의 칼날 같은 정신과 자강불식하는 실천을 엿볼 수 있다.

- 언행록 -

1. 계절마다 양식이 떨어지고 간간이 아이들이 죽기도 하였다. 그런데도 정일당은 오히려 남편을 위로하였다.
2. 한가하여 일이 없을 때는 문을 닫고 단정히 정좌(正坐)하여 성품이 발동하기 전의 경지를 체득하였다.
3. 주자가 동안(同安)에 있을 때, 종소리를 듣는 사이에서 마음의 동요를 측정하였다. 정일당은 아침 저녁으로 종소리를 들으며, 묵묵히 그것을 체험하였다.
4. 남편에게 공경을 다하여 매번 외출할 때 하루 밤 이상 자고 오는 경우에는 반드시 절하고 보내었고, 돌아오시면 또한 이와 같이 하였다. 그래서 가정의 예법이 마치 조정과 같이 엄숙하였다.
5. 일상의 생활에서는 급하게 하는 말이나 황급한 행동이 없었고, 꾸짖는 소리가 노비들에게 미치지 않았다.
6. 그 옷깃을 여미고 위엄 있게 앉아 계신 것을 보니, 기운과 용태가 고요하고 엄숙하여 마치 신명을 대하고 있는 것과 같았다.
7. "천지만물은 나와 더불어 한 몸을 이루는 것이다. 한가지 사물의 이치라도 궁리하지 아니하면 나의 한가지 지식에 흠이 된다."

8. "병을 앓을 때 마음을 가다듬어 단정히 앉으면 성명(誠明)의 경계를 볼 수 있게 되고, 자연히 정신과 기운이 화평하게 되어 나도 모르게 병이 몸에서 떠나게 된다."

9. "배고프고 어려울 때는 더욱 은인자중 하여야 한다. 장수하고 단명한 것은 저절로 정해진 분수가 있으니, 모두 슬퍼할 필요가 없다."

10. "(남편이 수백 냥을 잃자) 재산을 얻고 잃는 것은 운수에 매인 것이니, 어찌 꼭 마음속에 새겨두겠는가? 대장부가 이와 같이 작은 일로 우울해 할 것이 아니다."

11. "의롭지 아니한 재물은 죽는 한이 있더라도 받지 않는 것이다. 하물며 꼭 죽을 처지도 아닌데 부당한 재물을 취하겠는가?"

12. "천금으로 나의 지조를 바꾸는 것이 가당하겠는가?"*남편이 벼슬 청탁을 중개하고 천금을 받으려 하자 말림.

13. 재물을 사용함에 있어서는 남을 위한 일에 먼저 쓰고, 나를 위한 일은 나중으로 하였다. 음식물을 나눔에 있어서는 돌아가신 이를 먼저하고 산 사람은 나중에 하였다. 잘된 일은 남에게 공을 돌리고 잘못된 일은 자신에게 허물을 돌렸다.

14. 일상의 생활에서는 급하게 하는 말이나 황급한 행동이 없었고, 꾸짖는 소리가 노비들에게 미치지 않았다. 사랑채에서 음악과 연희가 있더라도 문 밖을 엿보는 일이 없었고, 밤에 등촉을 들지 아니하면 섬돌 아래로 내려서지 않았다.

15. 남의 장점을 선양할 때는 뒤질까 걱정하셨고, 자신의 재능은 깊이 숨겨서 혹시라도 남들이 알까 걱정하셨다. 미워하는 사람이라도 그의 착한 일은 칭찬하셨고, 아끼는 사람이라도 그 잘못은 묵과하지 않으셨다. 그러나 일찍이 남의 허물을 말씀하신 적이 없었다.

▶ 참고문헌

『靜一堂遺稿』(장서각 4-6464, 1836)

이영춘, 『강정일당』, 가람기획, 2002.

_____, 「조선후기 여성지식인들의 자아의식」, 『조선시대의 사상과 문화』, 집
　　　　문당, 2003.

_____, 「姜靜一堂의 생애와 학문」, 『조선시대사학보』13, 조선시대사학회, 2000.

_____, 『임윤지당』, 혜안, 1998.

이시원: 조선 말기 충절의 학자 관료

이 남 옥

한국학대학원 박사과정 수료

1. 병인양요를 맞아 자결을 택하다

1866년(고종 3) 정월 흥선대원군은 천주교 금압령(禁壓令)을 내리고 이후 몇 달 동안 프랑스 선교사를 비롯해 황석두(黃錫斗)·장주기(張周基) 등 조선인 천주교도 8천여 명을 죽였다. 이때 박해를 피해 탈출한 신부 리델(Ridel)은 중국으로 가서 톈진[天津]에 주둔 중이던 프랑스 함대사령관 로즈(Pierre Gustave Roze)에게 박해 소식을 알리면서 보복 원정을 촉구했다. 이에 프랑스 군대가 강화도로 쳐들어왔다.

이때 이시원(李是遠, 1789~1866)은 이질(痢疾)을 앓느라 고향 강화도에서 몇 달 채 자리에 누워 있었다. 자제들이 잠시 피할 것을 청하자, 이시원은 벌떡 일어나 "이 무슨 소린가? 내가 여러 대를 여기서 살았는데, 임금께서 밝게 아시고, 온 나라사람들이 모두 아는 바이다. 내 비록 변변치는 않아도 상경(上卿)의 자리에 있으니, 옛날의 향대부이다. 벼슬이 없다고 감히 모면해서는 안 된다. 국가가 오랫동안 태평하다가 하루아침에 불행한 일이 생기자, 모조리 날짐승처럼 흩어져 벼슬아치 중에 죽는 사람이 하나도 없다면, 훗날 역사가들은 '어느 해 강화도가 함락되었는데, 어느 벼슬아치와 어느 벼슬아치가 도망가고 향대부 누가 도망갔다'고 할 것이며, 천하의 후세 사람들은 무어라 하겠는가?"라고 하였다.

또 다른 사람들은 임금 모실 겟[勤王]을 청하자, 이시원은 "임금을 모신다는 것은 평안을 버리고 다급함에 달려가는 것이다. 도성은 오히려 걱정이 없는데도 내가 집을 버리고 간다면, 이는 난리에 도망치는 것이니 이게 무슨 임금을 모심이냐?"라고 하였다. 이어 조상 무덤에 통곡하고 손수 유언상소를 적었다. 이시원의 동생 이지원 역시 "형님께서 사나운 귀신이 되어서 적을 무찌르기 원하시니, 아우는 마땅히 채찍을 잡고 따르오리다."라고 하였다. 이에 이시원은 이지원과 함께 약을 마시고 자결하였다. 이때 "덕 없는 것들은 마땅히 제풀로 멸망할 것이니, 달아나지 말라."라고 말하고는 조금 있다가 죽었다. 1866년(고종 3) 9월 19일의 일이었다.

이때 '성이 함락된 후에 짓다.(城陷後作)'라는 절명시(絶命詩)를 지었는데, 이 가운데 두 번째 시와 세 번째 시가 당시 이시원의 심정을 잘 대변해 주고 있다.

南門에서 殉節한 金公[金尙容].	南門殉節有金公
忠義로 우리나라 붙드셨네.	忠義扶持我大東
오늘 밤 淸明함은 하늘에 뜻이 있어서인가?	今夜淸明天有意
밝은 달과 별이 내 충정을 비추네.	昭森星月照丹衷
한 번의 죽음이 백만 병사보다 나으니,	一死勝於百萬兵
동래성의 왜군이 宋公의 이름[宋象賢]을 두려워했네.	萊城倭惜宋公名
내 몸이 厲鬼되어 흉적을 섬멸하리니,	身爲厲鬼能殲賊
기러기 털처럼 가볍다 말할 수는 없으리라.	莫道鴻毛七尺輕

2. 가문의 내력과 학문적 삶

이시원은 석문(石門) 이경직(李景稷, 1577~1640)의 후손으로, 1789년(정조 13) 11월 2일에 진사(進士) 이면백(李勉伯, 1767~1830)과 청송심씨(靑松沈氏)의 첫째 아들로 태어났다. 어머니 청송심씨는 영의정(領議政)을 지낸 심수현(沈壽賢, 1663~1736)의 현손(玄孫)이다. 이시원의 자(字)는 자직(子直)이고, 호(號)는 사기(沙磯)인데, 사기는 그의 집안이 대대로 거주하던 강화에 있는 고을이름에서 유래했다.

이시원의 집안이 강화도에 거주하게 된 것은 그의 증조인 이광명(李匡明, 1701~1778) 대부터이다. 1710년 이광명은 그의 아버지 이진위(李眞偉, 1681~1710)가 죽자 어머니 은진송씨(恩津宋氏)와 함께 강화도 사곡(沙谷)에 장사지내고 강화도에 거주하였다. 신작(申綽, 1760~1828)이 쓴 「초원공묘표(椒園公墓表)」에 따르면, 이광명의 옛 집이 초피봉 아래에 있다고 하였는데, 이곳은 강화도 화도면 사기리로 이시원의 손자 이건창의 생가가 있는 곳이다. 즉, 이광명 이후 이 집안은 계속 이곳에 거처한 것으로 보인다.

이광명의 강화 이주 배경에 대해서는 기록이 남아있지 않아 정확히 알 수는 없다. 다만 이광명의 고조인 이경직이 1640년 2월에 강화유수로 부임하였다가 7월에 임소(任所)에서 사망하였고, 이광명의 고모부인 최상관(崔尙觀)의 아버지 최규서(崔奎瑞, 1650~1735)가 강화에 살았다고 한다. 아마도 이 두 사람과 관련이 있을 것으로 생각된다. 이광명의 조부인 이대성 역시 1716년 4월에 강화유수로 부임하였다가 7월에 체직되었기 때문에 이광명의 강화 생활에 보탬이 되었을 것을 보인다.

그러나 무엇보다도 이광명의 강화생활을 안정시킨 것은 정제두(鄭齊斗, 1649~1736)의 존재였다. 이광명은 이주 직후인 1710년부터 정제두가 사망하는 1736년까지 20여 년간 문하에 출입하였고, 그 사이 그의 손녀사위가 되었다. 이광명을 시작으로 이광사(李匡師, 1705~1777), 이광신(李匡臣, 1700~1744) 등이 차례로 정제두의 문인이 되었고, 이들의 자손들까지도 하곡학(霞谷學)을 가학(家學)으로 전해 받았다. 이후 이경직 가문은 하곡학파(霞谷學派)의 주요 가문이 되었다.

이광명은 강화 이주 이후 30여 년간 한양에 발길을 끊고 학문에 정진하였다. 그러나 1755년(영조 31)에 을해옥사(乙亥獄事)가 일어나 갑산(甲山)으로 귀양 가게 되었다. 소론 강경파의 일원이었던 이진유(李眞儒, 1669~1730)의 친족이었기 때문이다. 을해옥사 결과 이광명을 비롯해 당시 살아있던 이광사, 이광현(李匡顯, 1707~1776) 등은 모두 귀양을 가게 되었다.

이때까지 이광명에게는 후사가 없어 1760년(영조 36)에 이광현의 아들 이충익(李忠翊, 1744~1816)을 양자로 들이게 된다. 이충익은 양부인 이광명이 갑산(甲山)으로 귀양 가고, 생부인 이광현 역시 기장(機張)으로 귀양 갔기 때문에 이들을 봉양하느라 30여 년간 남북으로 수천리 길을 다녔다. 1778년(정조 2) 11월 11일에 이광명이 유배지에서 사망하자 이충익은 관을 메고 천리 길을 걸어 강화도 옛 집으로 돌아왔다. 그때 이충익은 머리를 봉두난발하고 피골이 상접하여 집안사람들도 그를 알아볼 수 없었다. 집 후원(後園)에 이광명의 묘를 안장하고 장례를 치렀다.

본래 넉넉하지 않은 살림이었고 또 이충익이 양부와 친부의 귀양지를 다니느라 어려움이 더해졌다. 강화를 떠나 기내(畿內)지역 해안가를 떠돌며 살다가 1806년(순조 6)에야 강화로 돌아왔다.

을해옥사로 이광명·이광사 등이 모두 귀양 갔기 때문에 이충익이 양자 온 1760년 무렵에는 정제두를 친견한 1세대 문인들이 없었다. 재전제자(再傳弟子)라 할 수 있는 이광려·신대우·이영익 등이 남았을 뿐이다. 이충익은 이광려를 스승으로 생각하였지만, 그 외에도 신대우·이영익 등과의 교류를 통해 학문을 연마하였으며, 특히 하곡학을 전수받았던 것으로 보인다.

1767년(영조 43) 6월 10일에 이충익과 안동권씨(安東權氏)의 아들로 태어난 이면백은 아버지 이충익 이외에 이모부인 신대우에게 학문을 배웠을 것으로 추정된다. 신대우는 1773년(영조 49) 6월에 용안실(容安室)을 지어 세 아들과 친인척 소년들을 대상으로 강학하였다고 하였는데, 이면백은 이곳에서 신대우를 스승삼아 공부한 것으로 보인다. 18세 무렵인 1784년(정조 8)에 과거를 보기 위해 처음으로 상경(上京)하여 종조숙부인 범옹(凡翁) 이천익(李天翊, 1754~1794)에게 과거에서 쓰는 문장(程文)을 배웠다. 35세 때인 1801년(순조 1)에는 생원시와 진사시에 모두 입격하였다. 과장(科場)에서 명성이 높았지만, 끝내 문과에는 급제하지 못하였다. 그 한을 푼 것은 첫째 아들인 이시원이었다. 을해옥사로 풍비박산 났

[표 1] 전주이씨 덕천군파 이광명 – 이시원 가계도 초략

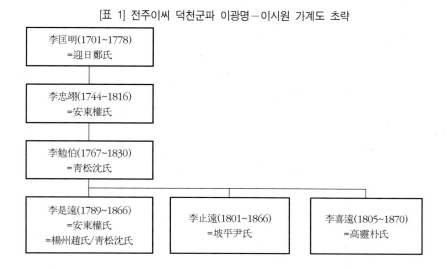

던 집안에서 무려 60년 만에 일어서는 계기를 마련한 것이다.

　1815년(순조 15) 이시원은 27세의 나이로 정시(庭試)에서 갑과(甲科) 일등을 했다. 『서경(書經)』「순전(舜典)」의 "순임금께서 사악(四岳)과 상의하시어 사방의 문을 열어서 사방을 두루 보는 눈을 밝히시고 사방을 두루 듣는 귀를 통하게 하시었다.(闢四門 明四目 達四聰)"에 대한 부(賦)를 썼는데, 그 안에 "하늘이 낸 백성의 보고 들은 바를 거두고 음양을 고르게 하고 인정을 두루 통하게 하였다.(收天民之視聽 順陰陽而開闔)"는 내용이 있어 식자(識者)들을 놀라게 했다. 문과에 급제하여 성균관 전적(典籍)을 제수 받고, 고향으로 돌아가 부모님께 문안드릴 때 할아버지 이충익이 아직 살아있었다. 이충익은 손자 이시원에게 "네가 요행히 과거에 붙어 벼슬이 지평(持平)이나 장령(掌令)에 이른다면 족하다. 부디 그릇된 방법으로 승진하기를 구하지는 말거라."라고 말하였다. 을해옥사로 가문 전체가 위기에 빠졌던 것을 경험한 할아버지 이충익이 손자 이시원에게 건넨 충고였다. 이시원은 이충익의 충고대로 청렴한 관직생활을 이어갔다.

3. 청렴한 관직생활을 하다

　과거에 장원으로 합격한 이시원은 이듬해인 1816년(순조 16)에 사간원 정언(正言)이 되어, 전라도에서 학사를 시찰하였고, 1824년(순조 24)에 지방에 나가 태천현감(泰川縣監)이 되었다. 이시원은 태천을 작은 고을이라 여기지 않고, 다스릴만 하다고 여겼다. 아전 등 아랫사람들이 시키는 일이 아니면 일을 하지 않으며, 먹을 것이 별로 없다는 것을 알고 관청에 일이 없으면 쉬지 않고 새끼를 꼬거나 삼신을 삼거나 자리를 치면서 쉬지 말고 일하도록 하였다. 이시원은 벽 없는 방에 앉아 크게 글 읽고 아전과 아랫사람들은 각자 대청 아래서 내려주는 일을 지시받았는데, 그 부지런함과 게으름을 비교하여 장려하기도 하고 벌하기도 하였다. 또 백성들 중에서 송사할 사람이 있으면 문서를 빨리 가져오게 하여 처결하였다. 이에 얼마 안 있어 아전은 놀고먹는 사람이 없고, 백성은 회피하는 사람이 없어져서 태천고을은 크게 다스려졌다.

이후 1826년(순조 26)에 홍문관 교리(校理)에 임명되고, 1827년(순조 27)에는 지제교(知製敎)에 선임되었다. 이해 성균관 사성(司成), 사헌부 장령(掌令)이 되었고, 영남에 학사를 감독하고 돌아와, 통례원 상례(相禮)에 제수되었다.

이시원은 인사(人事)에도 밝았는데, 1828년(순조 28)에 영우(嶺右: 경상우도)에서 과시(科試)를 주관하면서 지극히 공평하여 뇌물로 청탁하는 일이 없었다. 당시 과거에서 쓰는 글은 첫 머리만으로 득실을 가려 여기만 통과되면 별로 신경을 쓰지 않았으나, 이시원은 수천 권을 모두 답안지 끝까지 다 읽어 빠진 데를 보태고, 잘못된 곳을 바로 잡아서 뽑으니, 과거에 응시한 자가 그 지극히 공정함에 탄복하고, 합격하지 못한 사람도 원망하지 않았다.

아버지 이면백의 나이가 많은데 관직생활로 수년 간 봉양하지 못하자, 이시원은 1830년(순조 30)에 상소하여 고을 수령이 되어 부모를 봉양할 수 있게 해달라고 하였고, 강령현감(康翎縣監)이 되었다. 그런데 이시원이 모시기도 전에 이면백이 고향에서 죽었고, 이시원은 아버지를 편히 모시지 못했다는 것을 크게 자책하였다. 상을 벗자 홍문관 수찬(修撰)에 시강원 필선(弼善)을 겸하여 임명하였으나, 자신은 아버지 이면백의 임종을 지키지 못한 불효자로 관직에 나아갈 수 없다고 상소하였다. 이 상소가 들어가자 승정원에서는 전례가 없다고 물리쳤다.

임금의 명령으로 경기어사(京畿御史)에 제수되어, 그날로 길을 떠나 역마도 물리치고 걸어서 열 달이나 다녀, 깊은 골자기·외딴 섬 등 위험한 곳에도 이르지 않은 곳이 없었다. 해진 옷을 입고 백성들 사이에 섞여 풍속을 묻고, 고을에서 굶주린 백성을 먹인다고 하면, 굶주린 집에 의탁하여 쪽박을 들고 죽을 달라고 하여 그 묽고 된지를 살펴보아 관리의 능력을 평가했다. 탐관오리를 만나면 즉시 출두하여 관고(官庫)를 봉하고 내쫓았다. 어사 일을 마치고 순조에게 복명하려 할 때 산사(山寺)에 다음과 같이 시를 썼다.

나 부처님 앞에 맹세하려 하니,　　　　　　　　　我欲將心誓佛前
이 마음 내 쪽에 속한 것은 아니라네.　　　　　是心非屬自家邊
按廉함에 만약 마음 속인 일 있다면,　　　　　按廉若有欺心事
부처님께서 저를 빨리 죽여주소서.　　　　　　願佛早加誅殛焉

이시원이 자신의 목숨을 걸고 서계를 올린 것이다. 서계의 내용이 조정의 주요 인사를 겨냥한 것이었기 때문이다. 서계가 올라가자 묘당에서는 그의 말을 옳게 여겨 전 경기감사 이희원, 전 개성유수 이정신 등을 귀양 보내거나 고신을 빼앗았다. 그가 탄핵한 사람은 모두 권력 있는 사람들이어서 당시 사람들이 "초헌이 여덟이오, 준마가 열이라.[八軺軒十駿馬]"라고 하였다.

경기 어사 때 많은 사람을 탄핵해서인지, 헌종연간에는 관직에 제수되더라도 대부분 응하지 않았고, 잠시 응하더라도 바로 사직하고 돌아왔다. 1835년(헌종 1)에 사헌부 집의(執義)·홍문관 응교(應敎)·사간원 사간(司諫) 등에, 1838년(헌종 4)에 승정원 동부승지(同副承旨)·형조참의(刑曹參議) 등에 제수되었다. 1839년(헌종 5)에는 춘천부사에, 1842년(헌종 8)에는 장단부사에, 1849년(헌종 15)에는 한성부 우윤(漢城府 右尹)·도총부 부총관(都摠府 副摠管) 등에 제수되었다.

철종이 등극하고 개성부 유수(開城府 留守)에 제수되었다. 철종은 임금이 되기 전에 강화에서 어렵게 지냈는데, 이때 이시원의 이름을 익히 들어 등극 초에 순원왕후에게 이시원이 강화에 살면서 몹시 청렴결백하다고 말하였다. 이에 이시원을 개성유수로 제수한 것이다. 이와 관련하여 『매천야록』에 다음과 같은 내용이 있다.

> 철종이 잠저에 있을 때에 이시원과는 한 고을 사람이었으므로 이 승지가 좋은 관원이라는 말을 익히 듣고 마음속으로 기억하고 있었다. 등극 후 매번 정사(政事)에서 비점을 찍을 때에 이시원의 이름이 올라 있으면 비록 부망(副望)이나 말망(末望)에 있더라도 반드시 낙점하였다. 일찍이 개성유수(開城留守)가 결원된 적이 있었는데 어필로 이시원의 이름을 추가해 쓰고 낙점한 일도 있었다. 그리하여 이시원은 개성유수로 3년간 있게 되었다.

당시 개성에서는 역관들이 홍삼을 만들어 중국에 팔아서, 조정에서는 해마다 그 세금을 거두어들였다. 몰래 파는 사람을 사형시켰지만, 몰래 파는 사람이 끊이지 않았다. 이에 이시원은 삼밭하는 사람에게 명해서 인삼찌기는 정한 만큼만 하고, 더 쪄서 남는 일이 없도록 하였다.

이후 이시원은 철종의 지극한 후의를 입었다. 1854년(철종 5)에는 철종이 교지를 내려 "이시원을 온 고을 사람들이 어질다고 칭찬하니, 가상하다."라고 하였고, 이에 도총부 도총관(都摠府 都摠管)에 제수하였다. 1855년(철종 6)에는 함경도 관찰사(觀察使)에 제수되었다. 세 번 상소하여 사양하였지만, 허락되지 않았다. 이듬해인

1856년(철종 7)에는 늙고 병들어 아무 쓸모가 없음을 이유로 들어 사임하였으나, 철종이 "경은 크게 쓰일 인물이라, 어찌 한갓 한 번 진(藩鎭)의 책임만을 맡을 인물이겠는가?" 하면서, 융숭히 대우하고 부임하면 다시 부를 뜻을 보였다. 이에 이시원은 감격하여 곧장 떠나서 함경도 관찰사의 직무에 충실히 수행하였다.

함경도 관찰사로 있던 1856년(철종 7) 9월 6일에는 상소를 올려 전 남병사(前 南兵使) 이근영(李根永)이 재물을 탐내서 법을 어긴 상황과 편비(褊裨)들이 계략을 만들어 잔학한 짓을 조장한 것을 논핵하였는데, 철종은 그 상소를 옳다 여기고 이근영과 편비를 귀양 보냈다. 이시원은 1858년(철종 9) 나이가 일흔이 되자, 늙음을 이유로 사직을 주청하였고, 조정에서 내리는 녹봉은 모두 사양했다.

고종 등극 후에도 1864년(고종 1) 지종정경부사(知宗正卿府事)에 제수되었고, 이후 사헌부 대사헌·의정부 좌참찬·예조판서 등에 제수되었는데, 70세 이후 대부분의 관직을 병으로 사양하고 고향 강화도에 은거하였다. 1866년(고종 3) 이시원은 병인양요에 자결하면서 고종에게 유소를 남겼다.

이시원은 유소에서 '대대로 나라의 두터운 은혜를 받았는데, 지금 외국의 침입을 받아 적들과 싸워야 마땅하지만, 사는 곳도 궁벽진 곳이며 병도 심해져서 여러 날 동안 누워있어서 움직일 수 없기 때문에 둘째 아우인 전 군수 이지원과 함께 독약 먹고 자결함으로써 사나운 귀신이 되어 나쁜 무리가 절로 무너지게 하고 한다.'라고 하였다.

또 『단서(丹書)』의 '공경함이 게으름을 이기면 길하고, 게으름이 공경함을 이기면 망한다.(敬勝怠者吉 怠勝敬者滅)'라는 말과 『논어(論語)』의 '비용을 절약해서 백성을 사랑하라.(節用而愛民)'는 말을 인용하여 고종에게 마지막 충언을 올렸다. 한 번의 생각(一念), 하나

[표 2] 이시원의 주요 관력

서기	나이	관력	서기	나이	관력
1815	27	문과급제	1842	54	장단부사
1815	27	성균관 전적	1843	55	돈녕부 도정
1816	28	사간원 정원	1849	61	한성부 우윤
1824	36	태천현감	1849	61	오위도총부 부총관
1826	38	홍문관 교리	1850	62	개성유수
1827	39	지제교	1852	64	승정원 좌승지
1827	39	성균관 사성	1852	64	동지경연
1827	39	사헌부 장령	1854	66	오위도총부 도총관
1827	39	통례원 상례	1855	67	함경도 관찰사
1830	42	홍문관 수찬	1858	70	형조판서
1830	42	시강원 필선	1858	70	한성판윤
1833	45	경기어사	1864	76	지종경경부사
1835	47	사복시 정	1864	76	대사헌
1835	47	사헌부 집의	1864	76	좌참찬
1835	47	홍문관 응교	1864	76	예조판서
1835	47	사간원 사간	1865	77	이조판서
1838	50	동부승지	1865	77	홍문관제학
1838	50	형조참의	1865	77	예문관 제학
1839	51	춘천부사	1866	78	증 영의정

의 계책(一慮), 하나의 정사(一政), 하나의 명령(一令)을 반드시 공경
과 게으름을 구분하는데 참작 의지하괴[參倚], 비용을 아껴 백성을
사랑하는 것으로 정치의 근본을 삼으며, 선왕이 이룩한 법을 거울
삼고 성학(聖學)을 밝혀 인정(仁政)을 행한다면 모든 백성이 기뻐하
고 성심으로 탄복하여 사람들이 원수에게 분개하는 충성을 품어
곧은 절개로 외적을 물리칠 수 있을 것이라 하였다.

4. 충절의 표상으로 길이 이름 전해지다

이시원이 자결한지 이틀 뒤인 1866년 9월 21일에 이시원의 유소를 본 고종은 다음과 같은 전교를 내렸다.

> "아! 이것은 고(故) 지종정경(故 知宗正卿) 이시원(李是遠)의 유소(遺疏)이다. 높은 충절(忠節) 살아있듯 늠름하다. 형제가 앞뒤로 몸 던지니 국난(國難)에 순국한 것이다. 인을 이루어 의를 취함成仁取義]을 평소에 마음속으로 생각하지 않았다면 어떻게 이런 일을 할 수 있었겠는가? 글자마다 눈물이 쏟아지고 온갖 생각이 일어난다. 그 형은 특별히 영의정으로 추증하고 그 아우는 특별히 이조참판으로 추증하며, 모두 정려문을 세우는 은전을 베풀라. 장례에 쓸 물품과 비용은 종친부로 하여금 넉넉히 거행하게 하며, 사자(嗣子)는 상복을 벗거든 즉시 등용하여 그 명성이 영원히 전해지게 하라."

고종은 이시원의 자결을 인을 이루고 의를 취한(成仁取義) 행위로 평가하고 평소에 이러한 생각을 하였기 때문에 나라가 위태로울 때 형제가 같이 순국할 수 있었다고 평하였다. 그의 충절을 영원히 전하기 위해 형 이시원은 영의정으로 추증하고 동생 이지원은 이조참판으로 추증하였으며, 두 사람의 정려문을 세우도록 하였다. 또 이들의 장례식에 쓸 물품과 비용을 모두 종친부에서 내려주게 하였는데, 종친부에서 이시원의 장례에 돈 500냥과 포목 1동(同)을, 이지원의 장례에 돈 200냥과 포목 10필(疋)을 보냈다. 다음날인 22일에는 종신(宗臣)을 보내 치제(致祭)하고, 제문(祭文)은 문원(文苑)에게 짓도록 하였다.

다음달 10월 30일에는 김병학이 상소하여 영의정으로 추증한 이시원에게 베푼 은전은 융숭하였지만, 그의 뛰어난 절개는 날이 갈수록 더욱더 없어져서는 안 되니, 시호(諡號)를 내려 주어서 풍교를 세우기를 청하였다. 시호가 내려진 것은 그로부터 5년 뒤였다.

1871년 3월 16일 마침내 이시원에게 '충정(忠貞)'이라는 시호가 내려졌다. 자기 몸을 버리고 임금을 받들었다는 충(忠)자와 청백·수절의 정(貞)자를 써서 '충정(忠貞)'이란 시호가 내려진 것이다.[危身奉上曰忠, 淸白守節曰貞, 宜諡忠貞.]

조정에서는 그의 충절을 기리기 위해 이시원이 순절한 해(1866년)에 강화도에서 별시를 실시했다. 이때 이시원의 손자 이건창이 응시하여 급제하게 된다. 이에 대해『매천야록』에는 "흥선대원군이 시관에게 이건창이 응시하면 그를 뽑고 그가 없으면 그만 두라고 하였는데, 당시 이건창이 15세로 조부 이시원의 막 순절하였기 때문에 응시하지 않으려 하였지만, 주위의 강권으로 응시하여 합격하였다."고 하였다.

이시원의 순국은 조정뿐만 아니라 당시 사람들에게 깊은 인상을 남겼다. 조면호(趙冕鎬, 1803~1887)는 「서사잡절(西事雜絶)」에서 병인양요 당시 모습을 시간 순서에 따라 시로 묘사하였는데, 「서사잡절」의 서른 번째 시에서 이시원의 순국에 대해서 다음과 같이 평가하였다.

사람이 살고 죽고 무엇이 어려운가?　　　　　　　人生人死孰爲難
어려운 곳에서는 모름지기 의리에 따라 살펴야 하느니라.　難處須從義理看
강화도의 李知事[이시원]에게 감탄 하노니,　　　歎息沁陽李知事
한 집안의 두 형제가 충절을 지키고 유소를 올렸더라.　一門雙節上琅玕

이건창은 조부 이시원의 학문의 근본을 '참되게 알고 독실히 행함.'(眞知篤行)이라고 평하였는데, 그 무엇보다도 병인양요 때 충절을 실천한 것이 바로 참되게 알고 독실히 행한 것이라 하겠다.

▶ 참고문헌

『全州李氏 德泉君派譜』, 『조선왕조실록』(純祖~高宗)

『岱淵遺藁』, 『梅泉集』, 『明美堂集』, 『沙磯集』, 『石泉遺稿』, 『椒園遺藁』

鄭良婉·沈慶昊, 『江華學派의 文學과 思想(1)』, 한국정신문화연구원, 1993.

鄭良婉, 『江華學派의 文學과 思想(5)』, 도서출판 월인, 2012.

황현 지음, 임형택 외 옮김, 『역주 매천야록』, 문학과 지성사, 2005.

강창수, 「沙磯 李是遠 선생의 장례절차와 묘소의 이동」, 제5회 하곡학 국제학
　　　술대회 논문집, 2008.

김용은, 「沙磯 李是遠 선생의 절의정신」, 제5회 하곡학 국제학술대회 논문집,
　　　2008.

김용태, 「李是遠의 士意識과 利用厚生의 논리」, 『韓國實學研究』 12집, 2006.

이남옥, 「조선후기 李匡明 가계의 霞谷學 전승 양상」, 제130회 조선시대사학
　　　회 월례발표회 발표문, 2014.

기정진: 조선 이학의 대미를 장식한 거유

김 봉 곤
전남대학교

1. 가문의 내력과 학문적 삶

> 공명功名도 너하여라, 호걸豪傑도 나스르여.
> 문門다드니 심산深山이오, 책册펴니 師友로다.
> 오라는듸 업건마는, 흥興다하면 갈가 하노라.

위의 글은 호남의 장성(長城) 출신으로 조선 성리학의 6대가로서 널리 알려진 기정진(奇正鎭, 1798~1879)이 1876년 겨울 꿈속에서 지은 시조이다. 이 때 기정진의 나이는 79세였는데, 기정진은 이 시조를 자신의 명사(命詞)라고 하여 고창 출신의 제자인 조의곤(曹毅坤, 1832~1893)에게 전해주었다. 당시 조정에서는 1876년 병자수호조약 이후 재야의 산림들을 회유하기 위해 기정진에게 호조참판의 직책을 내렸는데, 기정진은 이를 받아들이지 않고 그대로 은거하였다. 그리고는 시조를 지어 부귀공명을 다 버리고 산과 책을 벗삼아 지내다가 조용히 자연 속에 묻히겠다는 자신의 심정을 담아 제자에게 주었던 것이다. 그리고 3년 뒤 기정진은 그가 평소 사랑하였던 여러 제자들에게 둘러싸여 시끄러운 세상을 조용히 하직하였다.

　기정진은 기재우(奇在祐)와 남원의 사족 권덕언(權德彦)의 딸 사이에서 전라북도 순창군 복흥면 조동(槽洞, 일명 구수동)에서 1798년(정조 22) 태어났다. 그의 선대는 원래 경기도 행주에서 살았는데, 기묘사화로 기준(奇遵)이 죽임을 당하자 기준의 형인 기원(奇遠, 기정진의 10대조)이 낙향하여 후손들이 장성에 세거하게 되었다. 이때 기원의 아우 기진(奇進)도 함께 낙남하여 광주 광곡(廣谷 너부실)에 살았다. 이황(李滉)이 조선에서 가장 학문이 뛰어나다고 선조에게 추천하였던 기대승(奇大升)은 기진의 아들로서 기정진에게는 방조가 된다.

　기정진의 가문은 그의 8대조 기효간(奇孝諫)이 김인후(金麟厚)의 문인이었고, 5대조 기정익(奇挺翼)이 송시열의 문인으로서 박광일(朴光一)의 스승인데 학행으로 참봉직에 임명되었을 정도로 학문에 힘쓴 집안이었다. 그러나 기정진의 조부 기태양(奇泰良, 1744~1772)은 아내를 1년 먼저 보내고 자신도 28세로 요절함으로써 기정진의 집안이 갑작스럽게 어려워졌다. 4살 때 졸지에 고아가 된 기정진의 부친 기재우(1769~1815)는 백부인 기태온(奇泰溫, 1738~1815)의 집에서 양육되었다. 이처럼 백부의 도움으로 성장한 기재우는 혼인한 후 1793년에 백부 댁과 이웃한 장성군 서이면(西二面) 소곡리(小谷里)로 분가하였다. 그러다가 기정진이 태어나기 3개월 전 1798년 3월에는 다시 순창군 복흥면 조동에 이주하였다. 부모가 요절하고 자신의 처지가 불우한 것이 한스러워서 발복(發福)할 수 있는 곳을 찾다가 조동으로 옮겨간 것이다.

　순창 복흥 조동에서 태어났던 기정진의 일생은 풍수지리설을 신봉하였던 아버지 기재우의 기대와는 달리 순탄하지 못하였다. 기정진은 6세 되던 1803년 4월부터 『천자문』을 배우기 시작하여 1달

만에 끝내고, 『효경(孝經)』, 『동몽선습(童蒙先習)』, 『격몽요결(擊蒙要訣)』 등도 각각 1달 정도에 끝낼 정도로 학문에 열심이었다. 그러나 기정진은 그해 12월부터 홍역을 앓다가 다음 해 이곳에 창궐하였던 천연두에 걸려 한쪽 눈을 잃게 되었다. 6월 7일 천연두에 걸린 기정진이 습진이 번져 온몸이 벌겋게 부어오르고 양쪽 눈을 뜨지 못하게 되자, 기재우는 거의 모든 전답을 팔아서 아들을 치료하였는데, 다행히 한량한 약재가 효험을 보여 6월 26일부터 점차 습진이 수습되고 눈이 떠지게 되었다. 그러나 기정진의 왼쪽 눈은 끝내 보이지 않게 되었다. 이미 백내장이 눈동자를 덮어 시력을 상실하였던 것이다.

기정진은 한 눈을 잃게 되었지만 부친의 뜻을 받들어 더욱 열심히 공부하였다. 그해 12월부터 『사략(史略)』을 읽기 시작하여 8살이 된 1805년에는 『통감절요(通鑑節要)』, 6개월 뒤에는 『춘추사전(春秋四傳)』을 보았으며, 10세 때인 1807년에는 『대학연의(大學衍義)』를 계속 읽어나갔다. 이처럼 기정진이 놀라운 성취를 보이자 순창군수 이광헌(李光憲)은 11세가 된 기정진을 만나기 위해 서신을 보내왔고, 13세 때에는 백양사의 고승이 기정진과 토론하고 나서 유학의 큰 종장이 출현할 것이라고 칭송을 하였으며, 사방에서 기정진에게 글을 묻기 위해 찾아왔다. 외눈의 성리학자 기정진의 이런 성취를 찬탄하여 풍수지리설을 좋아하는 사람들은 꾀꼬리가 나무를 쪼는 듯한 '황앵탁목(黃鶯啄木)'의 혈에 기정진의 할머니 묘를 썼기 때문에 발복하였다고 하였고, 글을 아는 이들은 청나라 사신의 질문을 조정에서 해결하지 못하였으나 기정진이 해결하자 임금이 '장안만목 불여장성일목(長安萬目不如長城一目: 서울사람 만 명의 안목이 장성의 외눈박이보다 못하다.)'이라고 기정진을 칭찬하였다고 전하였다.

기정진은 학문적으로 명성이 널리 알려지고 많은 제자를 배출하였지만 말년에까지 생활이 궁핍하였고, 자주 찾아오는 병으로 신음해야 했다. 기정진은 이러한 자신의 불우한 생애에 대해 진주 출신의 문인 조성가(趙性家)에게 "18세 때에 부모가 돌아가신 뒤에 몇 개월 동안 빈사상태에 빠졌으며, 20대 이후로도 병으로 몇 번의 죽을 고비를 넘겼다."고 밝히기도 하였다. 그는 이러한 불우한 인생을 경험하면서 삶과 죽음에 관해 깊이 성찰하였다.

사람이 천지간에 태어났으니	人生天地間
대화(大化)는 요절과 장수가 같다네.	大化齊彭殤
현달한 자들도 모두 황천으로 갔으니	賢達皆黃埃
내가 어찌 오래도록 있을 수 있겠는가.	我何長在牀

즉 인생은 요절하는 것과 장수하는 것이 다르지 않다는 것이다. 이는 장자의 사생관이지만 일찍이 이황(李滉)이나 기대승(奇大升)이 깨달은 사생관이기도 하다. 기대승은 1569년 조정에서 김개(金鎧) 등에 의해 자신의 뜻이 좌절되자 이황에게 편지를 보내 "사생(死生)과 화복(禍福)을 하늘에 맡겼으니, 바로 장자(莊子)의 이른 바 '어찌할 수 없다는 것을 알고서 명(命)으로 여겨 편안히 생각한다.'는 뜻입니다."라고 하였고, 점차 맹자의 '요수불이(夭壽不貳)'의 뜻이 분명해진다고 하였다. 기정진 역시 1864년 합천 출신의 문인 정재규에게 사생이 모두 명이니, 사람이 명에 따라 편안하게 마음을 가져야한다고 하였다. '요수불이'와 '사생(死生)이 명(命)이다'는 기대승의 사생관이 삼백년의 세월을 거쳐 기정진에게 그대로 전해졌던 것이다.

2. 이학을 새롭게 해석하고 경세론을 펴다

이처럼, 인생과 천리에 대해 깊이 통찰하였던 기정진은 46세 되던 1844년 여름에 장성 남암(南庵)에 피서하면서 「납량사의(納涼私議)」를 짓고 나서 다음과 같이 피력하였다.

> "아내가 남편의 지위를 빼앗고, 신하가 임금의 지위를 빼앗으며, 오랑캐가 중화(中華)의 지위를 빼앗는 세 가지는 천하의 대변이다. 그런데 기(氣)가 理의 지위를 빼앗는다면 저 세 가지 변괴는 곧 차제로 올 일이다."(妻奪夫位 臣奪君位 夷奪華位 若氣奪理位 則彼三變者 卽次第事耳)

이것은 기(氣)를 중시하고 리(理)를 천시하면 국가 간이나 군신, 가족 간에 중대한 변괴가 발생된다는 것이다. 기정진은 『납량사의』에서 기호학계의 호론과 낙론이 모두 리(理)의 분수를 기(氣)로 인하여 생긴 것이라고 이해하고 있기 때문에 기(氣)가 리(理)의 지위를 빼앗고, 천명과 성의 분열이 일어난다고 보았다. 이에 기정진은 리일(理一)에 이미 분수(分殊)가 내재되어 있다고 보아야 천명과 성이 일치하며, 구체적인 사물에서 리가 주재한다고 주장하였다. 기정진은 이처럼 리(理)의 작용과 역할을 중시한 이후, 1878년에는 다시 「외필(猥筆)」을 지어 리를 절대적으로 높이었다. 그는 이이(李珥)가 말한 '음이 고요하고 양이 움직이는 것은 기틀이 본래 그러한 것이지, 시키는 것이 따로 있지 않다[陰靜陽動 機自爾 非有使之也]'라고 하였던 것에 대해서도 리가 관여함이 없이 기가 스스로 움직이는 것이 아니라고 비판하였다. 이처럼 리를 절대적으로 높이었던 그의 철학은 매사에 욕망에 따라 사는 것이 아니라 욕망을 자제하고 시비를 분별하여 천리에 따라 살아가는 자세를 요구하게 되었다. 일상생활에서는 그러한 천리가 삼강오륜으로 나타나기 때문에 삼강오륜의 실천이야 말로 일상생활에서 실천하고 도달해야 할 목표였던 것이다.

기정진은 이러한 주리철학의 바탕위에, 1862년 삼정의 문란으로 곳곳에 민란이 일어나자 「임술의책(壬戌擬策)」을 지어 지배층의 이욕에 물든 습속과 제도를 비판하고 예의염치를 회복할 것을 주장하였다. 기정진은 「임술의책」에서 전정, 군정, 환곡 등 삼정의 문란은 사대부들이 이익을 탐하는 잘못된 습속에 비롯되었다고 주장하였다.

> "근래 사대부의 습속이 크게 무너져 이욕(利欲)의 횡행이 홍수가 구릉을 삼키는 듯합니다. 군국(郡國)을 다스린 자는 그 지역을 닭이나 돼지 기르는 우리처럼 생각하고, 지방을 맡은 자는 일로(一路)를 어렵(漁獵)하는 자리로 생각하여 경사(京司)에 바치는 것을 어렵지 않게 범하니 서민(庶民)을 파산시키는 것을 어찌 꺼려서 하지 않겠습니까. 작년의 전업(田業)이 금년에 파산되고 어제의 베틀이 오늘은 텅 빕니다. 그리하여 빈곤한 자나 부유한 자가 일제히 들끓고 산과 바다가 모두 마르게 되어 살아서는 헤어지고 죽어서는 이별하며, 자식은 팔고 자신은 목을 매다니, 일마다 그러하고 지역마다 그렇지 않은 곳이 없습니다. 백성들도 몹쓸 짓을 본받아 습속이 되어 서로 빼앗지 않음이 없습니다. 옛적의 이른바 탐잔(貪殘)은 전정과 군정, 환곡을 빙자하여 구멍을 뚫는 것이므로 붓장난이나 탐욕스런 마음으로 핑계될 수 있어서 백성들이 피해를 입더라도 성세(盛世)의 일에 해가 되지 않았습니다. 그러나 지금의 탐잔(貪殘)은 명색도 없이 공공연하게 약탈을 행하고 있으니, 외국의 왜구와 다른 점은 겨우 자녀를 약탈하지 않는 것일 뿐입니다."

사대부들의 습속이 크게 무너지고 예의염치가 없어져서 마음대로 이욕을 추구하기 때문에 공경대부나 지방관의 수탈로 서민들이 파산하고 있는데, 군국(郡國)을 다스리는 자들이나 지방관들이 서울에 올라가는 조세를 가로챌 뿐만 아니라 서민들의 생활을 파산시키는 것을 꺼려하지 않는다는 것이다. 그리하여 백성들은 산업이 파괴되고 흩어지며 자식을 팔게 되는 지경이 되어 인륜질서가 무너지게 되었다는 것이다.

기정진은 삼정 중에서도 특히 전정(田政)에서 양전(量田)의 필요성 외에도 토지소유의 불균등으로 인해 빈부격차가 극심해지고 국가 기강이 문란해지는 상황을 비판하였다. 즉 전(田)이란 생민(生民)의 근간으로서 하늘로부터 일정하게 주어져 있는 것인데, 토지소유에 한계를 두지 않으니 권문세족이나 대상인, 토호들이 백성들의 토지를 무한정하게 겸병하게 되어 농민들은 날로 토지를 잃고 궁핍해진다는 것이다. 반면에 토지를 겸병한 자들은 소작농으로부터 수확량의 절반을 받아 사치하고 음탕하게 지낼 뿐이며, 권귀(權貴)들에게 뇌물이나 바쳐 국가 기강을 문란하게 한다는 것이다. 그는 군정에서 군적에 들어가 있는 백성들에게 군포를 징수하는 것이나, 환곡에서 모곡을 받는 것에 대해서도 비판하였다. 즉 군포나 환곡의 모곡 징수가 이익을 추구하는 것으로 변질되어 백성들에게 마음대로 군포를 징수하고, 아전이나 수령, 감사들까지 백성들을 대상으로 금전놀이를 일삼고 있다는 것이다. 기정진은 삼정 외에도 서원이 더 이상 학문을 하는 장소가 아니라 놀고 마시고 백성을 침탈하는 곳으로 변하였으며, 과거 시험도 부패가 만연되어 있을 뿐만 아니라 나무꾼이나 노비들마저 과거 시험장에 들어가게 하여 재물이 낭비된다고 비판하였다.

이에 기정진은 변질되어버린 조세제도와 사대부들의 이욕을 추구하는 잘못된 습속을 근본적으로 고쳐야 한다고 주장하였다. 조세제도에 있어서는 당의 조용조 세제를 실시하고, 군정에서는 군포를 폐지하며 환곡에서는 상평창을 설치하자는 것이다. 조용조 체제는 균전을 바탕으로 하므로, 현재 권세가들에게 겸병되어 있는 토지를 백성들에게 골고루 토지를 갖게 하여 살 길을 열어주고, 이를 토대로 세금을 거두어야 하는데, 양반이라고 하여도 일체 세금을 면제해주지 말자고 하였다. 그리고 군적에 들어있는 군병에게는 더 이상 군포를 징수하지 않으며, 환곡은 상평창으로 전환하여 출납과 회계를 철저히 해야 한다고 주장하였다. 그리고 사회적으로도 서원을 철폐하고, 사치풍조를 일소하며, 과거제도에 있어서는 추천제를 도입하여 학문 능력이 있는 자들이 응시할 수 있게 하자고 주장하였다.

기정진은 이러한 개혁이 성공하기 위해서는 국왕이 먼저 모범을 보여야 한다고 하였다. 임금이 조정에서의 불필요한 관원이나 궁중의 환관, 궁궐이나 궁방에서 쓰는 비용을 줄여야 전국의 여러 관청과 관료, 군민(軍民)이 차례로 마음속으로 복종하여 임금의 정책을 따를 것이라는 것이다. 그리고 인재의 등용에 있어서도 세도(勢道)와 요직에 있는 자에게 빌붙은 자가 아닌 천리(天理)를 알고 이욕에 물들지 않는 인물을 등용해야 정치가 올바르게 된다고 주장하였다.

기정진의 이러한 삼정에 대한 인식이나 사회 개혁책은 고창의 안중섭이나 강인회, 정하원, 장성의 기양연, 담양의 이최선 등의 문인들에게 큰 영향을 끼쳤다. 고창의 안중섭이나 기양연, 이지역의 기정진의 문인들은 사대부들의 이익을 추구하는 습속을 바꾸고 삼정의 제도적인 측면이나 토지소유의 불균등을 해소하자고 주장하였는데, 이러한 기정진의 문인들의 주장은 1894년 고창에서 일어난 동학농민혁명에 직, 간접적으로 영향을 끼친 것으로 매우 중요한 의의가 있다.

3. 내수(內修)로 어양(禦洋)을 꾀하다

기정진은 1866년 프랑스의 침략이 예상되자 조정에 「병인소(丙寅疏)」를 올려 나라를 구하기 위한 6가지 대책을 제시하였다. 조정의 대책을 미리 정할 것, 사령(辭令)을 미리 준비할 것, 지형을 숙지할 것, 군사를 훈련할 것, 널리 구언(求言)할 것, 인심을 결집시킬 것 등이 바로 그것인데, 기정진은 특히 사대부 층의 특권과 도덕적인 해이를 비판하고, 군왕이 천만인과 함께 하는 대동의 마음을 갖고 인재를 등용하여야 인심이 결집된다고 주장하였다. 국가는 개인이나 특권층의 사적인 것이 아니라 천하의 공도를 실현해야 할 대상이기 때문에 의리에 바탕을 둔 대동의 마음으로 정치를 운영해야 한다는 것이다.

기정진의 이러한 주장은 강력한 실천력을 갖고 있는 것이 특징이다. 그는 군사적인 대책으로 지형을 살피는 것과 군사를 조련하자는 것의 두 항목을 제창하였다. 먼저 지형을 살피는 것에 대해서는 물에서 이로운자는 육지에서 이롭지 못하고, 평탄한데서 이로운 자는 험난한 곳에서 이롭지 못하는 법이므로, 서양세력은 물에 익숙하니 지형을 잘 숙지하여 이들을 육지에 끌어들여 험준한 곳을 웅거하여 요격하자고 하였던 것이다. 이러한 기정진의 방어전략은 당시 조정이나 지식인들이 육전 중심의 방어체제를 주장한 것과 궤를 같이하는 것이기도 하여 매우 현실적인 주장이다.

군사를 조련하자는 것에 대해서는 기정진은 먼저 군사력이 약화된 원인에 대해 진단하였다. 즉 국속(國俗)이 문벌과 지위를 숭상하고 군적에 들어간 자는 혼인하지 않을 정도로 무를 경시하여 군적이 부실해진다는 것이다. 군적이 부실해지다 보니 매양 군사를 점고할 적에는 마을의 이정(里正)이 사람을 사서 점고하는 형편이

며, 각 읍의 관고(官庫)마다 좀이 슬어 활을 당길 수도 없고, 총포
는 사냥꾼이나 지키는 자들이 사사로이 도둑질해 가고 남은 것은
화혈(火穴)이 새거나 녹이 꽉차서 한방도 쏘지 못할 것이다. 이러
한 현실을 타개하기 위해 기정진은 향촌 단위의 방어체제를 역설
하였다.

　기정진의 향촌방어체제는 신분에 관계없이 군사훈련을 시키고
무기를 증강시켜 군사력을 강화하자는 것으로 귀결된다. 먼저 기
정진은 고대에는 선비들의 육예(六藝) 중에 사어(射御)가 포함되어
있어서 나라에서는 군사력을 걱정하지 않았다고 주장한다. 이에
비해 오늘날 우리나라에서는 어린 시절부터 쓸모없는 과거글이나
익히고 집에 무기가 없기 때문에, 오랑캐들이 쳐들어와도 대항할
수 없고, 이 때문에 오랑캐들은 이 점을 알고 자주 공격한다는 것
이다. 따라서 기정진은 모든 신분에 관계없이 군적에 등록시키고
집집마다 궁시(弓矢)를 갖춘 다음 주호(主戶)로 하여금 촌민을 이끌
고 평상시에는 훈련에 참여하고 유사시에는 향촌을 방어하는 향촌
방어체제를 갖추자고 제안하였다. 이들 무예가 출중한 자는 재주
를 시험을 보여 관직을 주고 신포(身布)를 면제하며, 또 군적에 명
단이 없는 자는 무과에 응시하지 못하게 하여 군적의 충실을 꾀하
며, 글 공부하는 선비들도 유엽전 2개를 맞추지 못하면 과거시험
을 못보게 하면, 점차 나라에 활을 쏘지 못할 선비들이 없게 된다
는 것이다. 그리하면 군사들이 정예화되어 나라의 위엄이 족히 만
리의 적을 꺾게 되어 저 교활한 오랑캐도 반드시 위협을 느끼고
감히 준동하지 못한다는 것이다.

　또한 기정진은 서양의 무기에 맞설 방략도 수립하였다. 서양의
빠른 단포(短砲)에 맞서기 위해서 각도의 영문(營門)에서 활과 총포
를 제작하여 절반은 각 고을의 관고(官庫)에 비치하고, 절반은 값

을 받고 향촌의 민간인에게 나누어 주어 훈련을 시키자고 하였다. 이처럼 향촌의 민간인들을 훈련시키면 백성들을 동요시킬 일이라는 것에 대해서도 임진왜란이나 병자호란 때 미리 알리지 않아서 화를 당했다고 비판하고, 서양세력이 조만간에 쳐들어올 것이라는 사실을 민간에게 알리고 훈련시켜야 한다고 주장하였다. 또한 향촌의 백성들이 무기를 소지하면 난동을 부릴 것이라는 우려에 대해서 오히려 향촌에서 무기가 없을 때 양민을 해치고 간악한 사람을 금하지 못한다고 반박하였다.

이러한 기정진의 향촌방어전략은 전략적 측면에서 문인들에 의해 조선조 말 의병운동으로 계승되어 갔다. 기정진의 문인들은 조정의 개화정책과 일제의 침략에 맞서 1896년과 1907년에 의병운동을 일으켰는데, 이러한 의병운동은 주리론의 입장에서 순정한 리(理)와 도학적 전통을 수호하고 외세의 침략을 물리치려고 하였던 기정진 이래의 위정척사사상을 계승하여 일어난 것이다. 이들은 일본군과 맞서 싸우면서 지형의 이점을 최대한 확보하면서 기삼연의 경우 포수 등 평민출신의 군사력을 다수 확보할 정도로 강한 군사력을 갖추고 있었는데, 이는 호남지방의 왜란 때의 역사적 경험뿐만 아니라 기정진이 제시한 방략을 충실히 계승한 것이라고 할 수 있는 것이다.

4. 이학으로 제자를 양성하다

기정진은 또한 위대한 교육자로서 살아 생전에 600여 명이 넘는 많은 문인들을 배출하였다. 그 중에서도 특히 노문삼자(蘆門三子)로 불리는 담양의 김석구(金錫龜), 화순의 정의림(鄭義林), 합천의 정재규(鄭載圭) 등을 비롯해서 손자인 기우만(奇宇萬)이 유명하다. 기정진의 노문삼자에 대한 사랑은 특히 극진하였다. 김석구가 부친상을 당하자 손수 편지를 보내 건강을 잃지 않을 것을 당부하였고 김석구가 상을 마치고 돌아오자 "나는 네가 행여 죽을까 걱정이 되었다."라고 깊은 애정을 보여주기도 하였다. 또한 정의림과 정재규가 찾아와서 수학하자 세상에 보기 드문 기연이라고 기뻐하며 서로 뜻을 합쳐 동문들을 이끌어줄 것을 당부하였다.

1875년 10월에는 노문삼자와 기우만을 참석시켜 「납량사의」에 대해 4일 동안 침식을 잊고 반복해서 읽고 문답하게 하였다. 또한 기정진이 타계하기 10개월 전인 1879년 정월에는 김석구와 정재규, 정의림에게 「납량사의」와 「외필」을 꺼내어 읽게 하고 이들의 뜻을 물었는데, 이들은 기정진에게 "독실하게 믿겠습니다.[願篤信焉]"라고 대답하였다.

이러한 기정진의 정성과 노력으로 노문삼자를 비롯한 많은 문인들이 스승의 뜻을 잘 이해하게 되었다. 기정진이 타계한 뒤에도 스승의 문집을 간행하고 강학을 통해 주리철학을 굳건하게 지켜나갔다. 이들은 스승에게서 전수받은 주리철학을 영, 호남 곳곳에서 전파하였으며, 스승의 학설을 세상에 널리 알리기 위해서도 1883년, 1890년, 1902년 3차례나 문집을 간행하였다. 일제의 침략으로 나라가 위기에 처하자 이들은 나라를 구하기 위해 영, 호남 곳곳에서 목숨을 걸고 의병운동을 전개하였으며, 불의에 타협하지 않는 정의로운 길을 걷게 되었던 것이다.

▣ 참고문헌

『노사문집(蘆沙文集)』(1902년 간행)

고영진, 「노사학파의 학통과 사상적 특성」, 『대동문화연구』 39, 2001.

권오영, 『근대 이행기의 유림』, 돌베개. 2012.

김봉곤, 『노사학파의 형성과 활동』, 한국학대학원박사학위논문, 2007,

_____, 「노사학파의 군정개혁책」, 『군사』 83, 2012.

_____, 「19세기 후반 고창지역 유학사상과 동학농민혁명」, 『역사학연구』 53, 2014.

박학래, 『한말성리학의 거유 기정진』, 성균관대학교출판부, 2008.

안진오, 『호남유학의 탐구』, 심미안, 2007.

홍영기, 「노사학파의 형성과 위정척사운동」, 『한국근현대사연구』 10집, 1999.

_____, 「호남의병의 활동」, 『대한제국기호남의병연구』, 일조각, 2004.

3부

실학자

- 박지원: 법고창신의 개혁론자 / 신명호
- 홍대용: 화이의 경계를 허문 세계주의자 / 정성희

박지원: 법고창신의 개혁론자

신 명 호
부경대학교 사학과 교수

1. 연암 박지원의 생애

연암(燕巖) 박지원(朴趾源, 1737~1805)은 조선후기를 대표하는 개혁사상가였다. 연암은 노론 출신이었다. 그의 개혁사상 중 상당부분은 그 시대의 주류사상 및 당론과 대결하는 과정에서 형성되었다.

젊었을 때 연암은 노론 골수파로서 그 누구 못지않게 당론을 추종했다. 그는 선천적인 노론 골수파이자 당론 추종자였다. 이른바 선조(宣祖)의 유교칠신(遺敎七臣) 중 한명인 박동량이 그의 6대 조상이었다. 유교칠신이란 선조가 승하하면서 비밀 유언으로 영창대군을 부탁했다고 하는 일곱 명의 서인 중진이었다. 유교칠신은 광해군이 즉위한 후 영창대군을 살해하는 과정에서 숙청당하였다. 이에 대한 반작용으로 서인들이 반정을 일으켜 광해군을 축출한 사건이 이른바 인조반정이었다.

당연한 일이지만 박동량의 후손들은 서인의 골수였다. 그것도 왕실과 밀착된 서인의 핵심이었다. 박동량의 큰아들 박미는 선조의 딸 정안옹주와 혼인한 부마였다. 박미의 5대 후손이 되는 연암은 넓게 보면 선조의 외손이었다. 이런 이유에서 그는 『돈녕보첩』이라고 하는 왕실족보에도 이름이 올라 있다.

[도 1] 『돈녕보첩』의 박지원

宣祖														宣祖 昭敬大王
													五女貞安翁主 駙馬朴瀰 錦陽尉文貞公	
												男朴世橋 金正贈判書錦興君		
											男朴泰斗 贈判書錦恩君			
										男朴弼夏 尒奉贈左贊成錦寧君				
									男朴弼均 知中樞					
								男朴師愈						
							男朴喜源							
女魚用霖 判官	男朴師近 出繼縣監	男朴師憲	女徐重修 正郎	女李宅模	男朴趾源 郡守									

인조반정 이후 중앙 정계를 장악한 서인은 주도권을 놓고 분열되었다. 표면적인 계기는 송시열과 그의 제자 윤증의 갈등이었다. 윤증이 아버지 윤선거의 묘갈명을 스승 송시열에게 부탁했는데, 송시열은 성의 없이 썼을 뿐만 아니라 은근히 비난까지 했다. 윤선거가 병자호란 때 강화도 전투에서 죽지 않고 살아난 일은 대의명분에 어긋난다고 질책했던 것이다. 현실보다는 대의명분을 중시하는 송시열에게는 당연한 일이었다.

그러나 당시의 상황과 현실을 무시한 채 대의명분만 내세우는 송시열에게 윤증은 불만을 토로했고, 이를 계기로 둘 사이는 점차 멀어졌다. 송시열은 충청도 회덕에 살았고 윤증은 이산에 살았기에 둘 사이의 갈등을 '회니시비(懷尼是非)'라고 하였다. 이 회니시비에서 송시열을 두둔한 사람들이 노론(老論)이었고, 반대로 윤증을 옹호한 사람들이 소론(少論)이었다. '늙은 사람들의 논의'라는 말 그대로 노론에는 서인들 중의 원로급들이 많았던 반면, '젊은 사람들의 논의'라는 말처럼 소론에는 소장파들이 많았다. 그때 서인의 골수였던 박동량의 후손들은 당연히 노론이었다.

'회니시비' 단계에서 노론은 윤증에 대하여 스승의 은혜를 원수로 갚은 배신자라 비난했다. 이에 비해 소론은 송시열에 대하여 불가능한 명분을 강요하는 위선자라고 맞받았다. 그 당시 노론과 소론 사이에는 다분히 감정적인 비난이 난무했지만 서로 간에 살육은 없었다. 하지만 경종대에 이르러 살육을 주고받기에 이르렀다. 노론은 경종에게 불치의 병이 있다는 이유로 연잉군을 세제(世弟)에 책봉하고 대리청정까지 밀어붙였다. 이 같은 노론의 행위를 소론은 역모로 단정했다. 경종대에 노론과 소론의 충돌로 이른바 임인옥(壬寅獄)이라고 하는 참극이 발생했다. 임인년인 경종 2년(1722)에 소론이 노론 170여 명을 역적으로 몰아 죽이거나 귀양 보낸 사건이 임인옥이었다. 하지만 노론의 도움을 받은 연잉군 즉 영조가 즉위하자 상황은 역전되었다. 노론은 임인옥을 조작된 옥사라 주장하며 소론에게 가혹한 정치 보복을 가했다. 노론은 소론을 배신자들의 집단이자 정치조작의 집단으로 매도했다. 소론은 노론을 위선자들의 집단이자 역적의 집단으로 비난했다.

당론이란 당파의 논의란 뜻이었다. 인조반정 이후에는 이른바 4색 당파 중 북인이 몰락하고 노론, 소론, 남인의 3개 당파가 주류였다. 노론, 소론, 남인은 숙종과 경종 대에 격심한 당쟁을 겪으면서 서로 간에 살육을 주고받았다. 각 당파는 자신들의 논의를 정론(正論)으로 미화하였고 상대 당파의 논의를 사론(邪論)으로 매도

했다. 노론의 경우, 무조건 송시열을 미화한 반면 무조건 윤증을 매도했다. 노론의 후손들은 조상 대대로 전해 내려온 당론에서 벗어날 수 없었다. 만약 노론의 후손이 송시열을 비난하거나 또는 윤증을 옹호하면 그것은 당론을 어기는 일일 뿐만 아니라 조상들을 욕보이는 일이기도 했다. 당파에서뿐만 아니라 가문에서도 쫓겨날 각오를 하지 않고서는 감히 당론에 대항할 엄두를 내지 못했다.

연암 가문은 탕평정책에도 반대하던 강경 노론이었다. 배신자들의 집단이자 정치조작의 집단인 소론 출신은 아무리 사람됨과 재능이 뛰어나도 어울릴 상대가 아니라고 주장했던 것이다. 연암이 존경해 마지않던 친할아버지 박필균은 소론 공격에 앞장서서 노론의 맹장이라 불렸다.

연암은 31살 되던 해에 부친상을 당하였다. 그때까지만 해도 그는 가문의 전통 그대로 강경 노론이었다. 31살 이전에 연암 박지원은 송시열을 열렬히 추종했다. 송시열이 소리높이 주장한 친명배청과 복수설치도 열렬히 찬성했다. 연암은 29살 때, 송시열과 관련된 「초구기(貂裘記)」라는 글을 지었는데 거기에 이런 시를 덧붙였다.

우리의 선왕이신 효종 대왕에게	唯我先王
또한 위로 임금님이 계셨으니	亦維有君
위대한 명나라의 천자님이 바로	大明天子
우리 효종 대왕의 임금님이셨네	我君之君
효종 대왕에게 신하가 있었으니	先王有臣
이름은 시열이요 자는 영보라네	時烈英甫
명나라의 천자님께 충성하기를	忠于天子
자기 임금께 충성하듯 하셨다네	如忠其主
효종 대왕에게 원수가 있었으니	先王有仇
만주 건주의 여진 오랑캐라네	維彼建州

어찌 우리나라만의 원수이랴?	豈獨我私
위대한 명나라에게도 원수라네	大邦之讐
효종 대왕께서 복수설치 하려고	王欲報之
대로 송시열 선생과 도모하며	大老與謀
힘쓸지어다 라고 말씀하시고는	王曰懋哉
초구를 하사한다고 말씀하셨네	賜汝貂裘
(중략)	
우리는 위대한 명나라의 유민이요	明之遺民
효종 대왕께서는 성인이시라네	先王聖人

(박지원, 『연암집』 권3, 공작관문고, 「초구기」)

위에 나오는 초구란 효종이 '연경 지역은 추위가 일찍 오지만 이것으로 바람과 눈을 막을 수 있습니다.'라고 하며 송시열에게 주었다는 가죽옷이었다. 초구에는 청나라를 북벌하려는 효종의 강렬한 의지가 담겨 있었다. 효종의 북벌 추진을 이론적으로 뒷받침해준 사람이 송시열이었다. 송시열이 주장한 친명배청 이론과 복수설치 이론이 북벌론의 핵심이었다. 북벌을 주장한 효종과 송시열의 궁극적인 목표는 비록 달랐지만 겉으로 드러난 주장에서는 같았던 것이다.

「초구기」에서는 평범하기 그지없는 노론 일반의 당론이 잘 드러난다. 현실성 없는 친명배청과 복수설치를 명분으로 북벌을 주장하고, 그 북벌을 명분으로 권력 장악을 정당화하는 노론의 당론과 전혀 다를 것이 없기 때문이다. 초구기를 지을 때만 해도 연암은 북벌론으로 대표되는 노론의 당론을 충실히 추종하고 있었다.

2. 청나라 방문과 『열하일기』
─이용후생(利用厚生) 실현

연암은 부친의 3년상을 치른 후 즉 30대가 되면서 노론 당론에서 벗어나 현실을 비판적으로 보기 시작했다. 특히 그는 양반들의 허위의식을 비판적으로 보기 시작했다. 예컨대 연암 박지원은 30대에 저술한 「양반전」에서 당시 양반들의 허위의식을 이렇게 질타하였다.

> "하늘이 백성 내니, 그 백성은 사농공상 넷이로세. 네 백성 가운데는 선비가장 귀한지라. 양반으로 불리면 이익이 막대하다. (중략) 일산 바람에 귀가 희고, 설렁 줄에 배 처지며, 방 안 떨어진 귀걸이는 어여쁜 기생의 것이요, 뜨락에 흩어져 있는 곡식은 학을 위한 것이라. 궁한 선비 시골 살면 나름대로 횡포 부려, 이웃 소로 먼저 갈고, 일꾼 뺏어 김을 매도 누가 나를 거역하리. 네놈 코에 잿불 붓고, 상투 잡아 도리질 치고 귀얄 수염 다 뽑아도 감히 원망 없느니라."

연암 박지원이 현실에 비판적인 의식을 갖기 시작했다는 것은 단순히 양반의 허위의식 자체에 대해서만 비판적인 의식을 가진 것이 아니라 당시 양반사회를 주도하던 노론에 대하여도 비판적인 의식을 가졌음을 의미했다. 이는 연암 박지원과 현실사회의 양반 특히 노론과의 불화를 불러왔다. 이에 연암 박지원은 41살 되던 해에 개성 부근의 연암으로 낙향해 살게 되었는데, 이때 연암이라는 호를 갖게 되었다. 이때의 상황이 다음의 시에 잘 드러나 있다.

연암이라 그 아래 집을 지으니   築室燕岩下
바로 화장산 동쪽이라네.   乃在華藏東

수석에 다다를 땐 지팡이 짚고	倚杖臨水石
물거리를 베느라 낫을 찬다오.	携鎌剪灌叢
기이한 바위 푸른 이슬 병풍 같고	奇巖翠滴屛
그윽한 여울물 소리 궁음 곡조	幽湍響操宮
뜰 안에 심어 논 건 무어냐 하면	庭中何所植
복숭아와 대나무 소나무 단풍일세.	桃竹與松楓
시냇가 푸른 사슴 물을 마시고	磵畔飮蒼鹿
섬돌에 꿩 내려 곡식 쪼누나.	階除啄華蟲

양반의 허위의식 나아가 노론의 허위의식에 대한 연암의 비판은 청나라에 다녀오면서 더더욱 강렬해졌다. 정조 4년(1780)에 44살의 나이로 청나라를 다녀온 후 저술된『열하일기』「허생전」에서 연암은 북벌의 비책을 듣고자 찾아온 이완 대장에게 이렇게 대꾸하도록 했다.

"(전략) 허생은 '무릇 대의를 온 천하에 외치고자 하면서 천하의 호걸을 먼저 사귀지 않고서는 성공한 적이 없었다. 남의 나라를 치고자 하면서 간 첩을 쓰지 않고 성공한 적도 없었다. 만주의 여진족이 갑자기 천하의 주인 이 되어 아직은 중국과 친하지 못하다고 생각하던 판에 조선이 다른 나라보 다 솔선해서 항복하였으니, 청나라에서는 우리나라를 믿을 것이다. 그러니 그들에게 이렇게 청하라. '우리 자제들을 귀국에 보내어 학문도 배우고 벼 슬도 하여 옛날 당나라와 원나라 시절처럼 해 주고, 장사치들이 드나드는 것도 막지 말아 주시오.' 그러면 저들은 분명 우리가 친절하게 해 주는 것을 기뻐하여 허락할 것이다. 그러면 나라 안의 자제들을 가려 뽑아서 머리를 깎고 되놈의 옷을 입혀 지식층은 가서 빈공과(賓貢科)에 응시하고 서민들은 멀리 강남에 가서 장사치로 스며들게 하라. 그들의 허실을 엿보고 그들의 호걸과 교제를 맺어야 천하의 일을 도모할 수 있고 나라의 부끄럼을 씻을 수 있다. 그 후에 명나라 황제의 후손을 찾아 임금으로 세우거나, 그렇게 할 수 없다면 천하의 제후들을 거느리고 한 사람을 하늘에 추천해서 임금으로 세우면 된다. 그렇게 해서 잘되면 우리나라는 대국의 스승 노릇을 할 것이요, 못되어도 천자의 존경을 받는 나라는 무난하지 않겠는가?' 하였다."
(박지원, 『열하일기』, '옥갑야화(玉匣夜話)', 「허생전」)

이완 대장은 송시열과 함께 효종대의 북벌을 상징하던 인물이었다. 송시열이 이론적으로 북벌을 뒷받침했다면 이완 대장은 군사력으로 북벌을 뒷받침했다. 그 이완 대장이 북벌의 비책을 물으러 왔는데, 허생은 북벌과는 정반대로 북학을 이야기했다. 당연히 이완 대장은 '요즘 사대부들은 모두 예법을 지키는 판이어서 누가 과감하게 머리를 깎고 되놈의 옷을 입겠습니까?'라고 되물었다.

그러자 허생은 목소리를 높여 '이놈, 소위 사대부란 도대체 어떤 놈들이냐? 오랑캐의 땅에 태어나서 제멋대로 사대부라고 뽐내니 어찌 앙큼하지 않은가?'라고 일갈했다. 더 나아가 허생은 '너희들은 대명(大明)을 위해 원수를 갚겠다고 하면서도 그까짓 상투 하나를 아낀단 말이냐? 장차 말달리기, 칼 치기, 창 찌르기, 활 당기기, 돌팔매질 등을 해야 하는데 그 넓은 옷소매를 고치지 않고 제 딴에 그걸 예법이라고 한단 말이냐?'라고 쏘아 붙였다. 결국 허생은 '신임 받는 신하가 겨우 이 정도란 말이냐?' 하며 칼을 찾아 찌르려 하였고, 깜짝 놀란 이완 대장은 뒷 들창을 뛰어나와 달음박질쳐 도망쳤다가 이튿날 다시 와보니 허생은 벌써 집을 비우고 어디론가 사라졌다는 것으로 이야기는 마무리 된다.

허생이 칼을 들어 찌르려던 이완 대장은 사실 북벌론의 허위의식과 비현실성이었다. 그 북벌론은 다름 아니라 송시열이 주창한 노론의 당론이었다. 송시열이 북벌을 주장했을 때는 병자호란의 참혹한 기억이 생생하던 때였다. 청나라를 오랑캐라 무시하고 조선을 소중화의 나라로 미화하는 일이 비록 비현실적이긴 해도 그것으로써 상처 입은 민족 자존심을 위로함으로써 긍정적인 역할을 했다. 그런데 그 논리가 백여 년이 넘도록 지속된다는 데 문제의 심각성이 있었다. 청나라는 중국대륙을 정복해 동북아 최강대국이 되었는데도 노론은 여전히 청나라를 오랑캐로 무시하고 조선을 소중화로 미화했다. 연암은 그 같은 노론의 허위의식과 비현실성을 칼로 찌르려 했던 것이다.

하지만 그가 찌르려던 노론 당론은 사실상 연암 자신이기도 했다. 젊은 시절 그는 노론의 당론을 묵수했다. 뿐만 아니라 그의 가문 역시 대대로 노론의 당론을 묵수했다. 그 같은 당론을 칼로 찌른다는 것은 결국 젊은 시절의 자신을, 엄연히 현존하는 자신의 가문을 그리고 과거의 조상들과 송시열을 찌르는 것이나 마찬가지였다.

오늘날 연암이 위대한 개혁사상가로 알려진 이유는 바로 조상대대로 묵수하던 당론을 칼로 찌르려 한 그 정신과 행동에 있다. 그 당시 대부분의 양반들은 감히 조상들로부터 전해 받은 당론을 칼로 찌를 엄두를 내지 못했다. 배신자란 지탄을 받을까 두려웠고 기득권을 잃을까 무서웠기 때문이었는데, 연암은 과감히 조상대대로 묵수하던 당론을 칼로 찌르려 했던 것이다.

연암 박지원은 40대 초반에 청나라를 다녀온 후 조선의 경제현실에도 비판의식을 가지면서 이용후생적인 사상을 갖게 되었다. 청나라의 경제현실을 보고 들으면서 박지원은 조선의 농본정책이 갖는 각종 문제점을 깨달았던 것이다. 예컨대 연암 박지원은 조선의 수레 이용이 몹시 낙후된 현실에 대하여 강렬한 비판의식을 갖게 되었으며, 그 같은 현실을 타개하여 백성들의 삶을 윤택하게 하기 위한 방안들을 고민했다. 즉 연암 박지원은 "우리나라에 수레가 없는 것은 아니지만 수레바퀴가 완전하게 둥글지 않고, 수레바퀴의 폭도 규격에 맞지 않으니 이는 수레가 없는 것이나 마찬가지다."라고 하였다. 이런 문제의식이 연암 박지원을 비롯하여 당시 젊은 지식인들 사이에 공유되는데, 그들이 이른바 이용후생학파 또는 북학파를 형성하게 되었다. 그 중의 대표적인 인물이 초정 박제가로서 그는 수레이용을 활성화해야 한다는 연암과 마찬가지로 "수레는 천체를 본떠서 생긴 것으로 땅을 통행하면서 만물을 실으니 이익됨이 한정이 없는데 우리나라에서는 홀로 수레를 운행하지 않으니 무슨 이유 때문인가?"라는 문제의식을 가졌다. 당시 조선에서 수레이용이 낙후된 이유를 대부분의 사람들은 산악이 많은 자연조건에서 찾았다. 즉 그들은 "우리나라의 바위투성이 고을에서는 수레를 쓸 수 없다."고 하거나 "산과 물에 막혀서" 수레 이용이 낙후되었다고 생각했다.

하지만 연암 박지원이나 초정 박제가는 달리 생각하였다. 산악이 많다는 자연조건만 가지고는 왜 수레이용이 활성화 되지 않았는지 설명이 되지 않는다는 것이었다. 예컨대 연암 박지원은 중국에서는 험한 지역에서도 수레가 활발하게 사용되고 있다는 반증을 들었다. 따라서 연암 박지원이나 초정 박제가 같은 북학파 실학자들은 조선에서 수레 이용이 활성화 되지 않은 이유를 자연조건이 아닌 다른 곳에서 찾았다. 예컨대 연암 박지원은 "나라에서 수레를 쓰지 않기 때문에 길이 닦이지 않는다. 수레가 다니면 길은 저절로 닦일 것이니 어찌 길이 좁은 것을 근심하는가?"고 하여 수레 이용이 활성화 되지 못한 이유는 자연조건이 아니라 국가정책에 있는 것으로 생각하였다. 초정 박제가 역시 "대개 신라, 고려 이전에는 수레를 이용하지 않았을 리가 없다. 유거달(柳車達)이 고려 태조에게 전차(戰車)를 보내 도왔다는 것이 그 증거이다."고 하여 조선시대 들어서면서 수레 이용이 크게 위축된 이유를 적극적인

도로정책 또는 수레정책의 부재에서 찾았다. 따라서 연암 박지원이나 초정 박제가는 수레이용을 활성화시키기 위해 수레의 제도를 통일시키고 길을 넓혀야 한다는 등의 현실적, 이용후생적 주장을 제기하였던 것이다.

3. 북학파 활동 － 법고창신(法古創新) 구현

노론 출신의 연암은 가문 배경이라는 면에서 누구보다 유리했다. 학문적 재능 또한 다른 사람보다 월등했다. 34살에 연암은 소과 시험에 응시하여서 장원까지 했다. 영조가 그 사실을 알고 칭찬까지 했다. 대과 시험에 응시했다면 합격은 따 논 당상이었다. 연암은 노론 출신이었기에 충분히 대과 시험에 합격할 수 있었고 또 노론 당론을 묵수했다면 정승 판서 역시 충분히 될 수 있었다.

그런데 연암은 보장된 미래를 스스로 내던졌다. 부친의 3년상이 끝난 35살 이후로 과거 시험을 포기했다. 그리고는 북학을 내세워 북벌의 허구성과 비현실성을 신랄하게 폭로했다. 연암 박지원은 기왕의 노론 지지자에서 노론 비판자로 전환한 것이었다. 왜 그랬을까?

남다른 현실감각과 비판의식을 지닌 연암은 젊었을 때부터 양반들의 허위의식과 위선을 예리하게 느끼고 있었다. 그는 나이가 들면서 양반들의 허위의식과 위선 중에서도 뿌리가 되는 허위의식과 위선은 다름 아니라 북벌론으로 대표되는 노론 당론이었음을 깨달았다. 그 허위의식과 위선의 중심에 바로 젊은 날의 본인이 있었고 그의 가문과 송시열이 있었다.

연암은 20대부터 자신의 미래를 놓고 크게 고민했었다. 눈에 보이는 허위의식과 위선을 무시하고 입신출세의 길을 갈 것인가? 아니면 허위의식과 위선을 깨기 위해 입신출세를 포기할 것인가? 입신출세를 택하기에는 그의 현실감각과 비판의식이 너무 강렬했다. 그렇다고 완전히 포기하기에는 그의 기득권이 너무 컸다. 연암은 이러지도 못하고 저러지도 못하며 방황했다. 밥도 제대로 먹지 못하고 잠도 제대로 자지 못할 정도로 괴로워했다. 그렇게 10여년을 고민했다. 그 사이 할아버지 박필균과 아버지 박사유가 세상을 떠났다. 연암은 아버지의 3년상이 완전히 끝나던 35살이 되어서야 진로를 결정했다. 그는 입신출세를 포기하고 비판자의 길을 택했다.

그러나 연암은 노골적인 비판자가 되지는 못했다. 그는 풍자와 야유를 이용하여 양반들의 허위의식과 위선을 폭로했다. 그 이상을 하기에 연암은 선천적으로 너무 많은 기득권을 타고났다. 그래서 연암은 마치 이완 대장을 칼로 찌르려던 허생이 결과적으로는 진짜 찌르지도 못하고 도리어 자기가 세상에서 사라졌던 것처럼 풍자와 야유로 양반들의 허위의식과 위선을 비판했지만 그 이상을 하지는 못했다. 이 같은 연암의 입장이 법고창신(法古創新) 사상으로 구현되었다.

연암의 법고창신 사상을 보여주는 글 중의 하나가 '옥새론'이다. '옥새론'은 춘추시대의 화씨옥이 진시황에 의해 옥새로 제작된 된 후, 중국 역대 왕조가 이 옥새로 말미암아 겪어야 했던 온갖 우여곡절이 주요 내용이다. 그런 면에서 연암의 '옥새론'은 옥새의 역사이기도 하다.

그런데 특이하게도 연암은 결론에서 옥새를 보물이 아니라 흉물이라고 주장한다. 옥새의 역사로 볼 때, 나라가 망하는 날 혹 옥새를 목에 걸고 항복하기도 하고 선위하는 즈음에 혹 옥새를 받들어 바치기에 바빴다는 이유에서다. 연암은 아예 옥새를 부수어 없애 버리고, 왕이 즉위할 때 옥새를 받는 대신 "유정유일 윤집궐중(惟

精惟一 允執厥中)"이라는 8글자를 외치게 하자는 파격적인 제안을 내놓기까지 한다.

"유정유일 윤집궐중"의 8글자는 진시황의 옥새에 새겨졌다고 하는 "수명우천 기수영창(受命于天 旣壽永昌)"의 8글자를 대체하려는 것이다. 연암이 그렇게 하자고 제안하는 이유는 "수명우천 기수영창"이란 말의 뜻도 좋지 않고 또 진시황이 옥새를 만든 저의 역시도 좋지 않다고 생각해서이다.

진시황이 전국시대를 통일했을 때, 가장 귀중하게 여길 만한 보물은 당연히 구정(九鼎)이었다. 하, 은, 주 이래로 춘추전국시대까지 제왕의 정통성을 상징하던 것이 바로 구정이었기 때문이다. 하지만 천하를 통일한 진시황은 구정을 찾을 수 없었다. 전국시대의 혼란기에 구정이 어디론가 사라졌던 것이다. 이에 따라 진시황은 구정을 대체할 다른 것을 물색하다가 화씨옥을 이용해 새(璽)를 제작하고 이것을 구정 대용으로 삼았다. 화씨옥은 하늘이 내린 이른바 '완벽(完璧)'이었기 때문이다.

그런데 중국에서는 춘추시대 이전부터 왕의 인장은 물론 신하의 인장도 새라고 불렀다. 뿐만 아니라 왕은 물론 신하도 옥으로 인장을 만들 수 있었고 옥 인장은 옥새로 불렸다. 이런 상황에서 진시황은 화씨옥으로 만든 옥새로써 구정을 대체하고자 하였고, 그 결과 옥새는 오직 황제만이 사용할 수 있도록 하고 다른 사람들은 사용하지 못하게 하였다. 이에 따라 진시황 이래로 옥새는 황제의 인장을 상징하였을 뿐만 아니라 황제의 정통성을 상징하게 되었다. 결과적으로 진시황의 옥새는 신하들의 옥새에 관한 기득권을 탈취함으로써 절대적인 권위를 확보할 수 있었다.

한편 진시황은 승상 이사를 시켜 옥새에 "수명우천 기수영창(受命于天 旣壽永昌)"이라고 새기게 하였다. 그 뜻은 "하늘에서 명을 받았으니, 오래살고 영원토록 번창하리라."는 의미였다. 천하를 통일한 진시황은 이 옥새를 통해 진나라가 영원무궁하기를 믿었고 또 기원했던 것이다. 이렇게 만들어진 진시황의 옥새는 중국 역대의 왕조에 전해졌기에 일명 '전국새(傳國璽)'라고도 하였으며, 당나라 때부터는 '새'의 발음이 죽을 '사'와 비슷하다고 하여 보(寶)라는 용어가 사용되면서 '새'와 '보'가 혼용되기에 이르렀다.

이렇게 보면 진시황의 옥새는 만들어진 과정이나 만든 저의 그리고 역사적 기능이 꼭 좋은 것이라고만 할 수는 없었다. 그래서 연암은 옥새 대신 "유정유일 윤집궐중"의 8글자를 대안으로 제시한 것이었다. 이처럼 기왕의 옥새와 "유정유일 윤집궐중"을 바탕으로 옥새의 폐지와 "유정유일 윤집궐중"의 활용을 제안하는 것이 바로 법고창신이었다. 왜냐하면 옥새의 폐지와 "유정유일 윤집궐중"의 활용은 당시로서는 엄청난 창신이었지만, 그럼에도 창신의 바탕이 되는 옥새와 "유정유일 윤집궐중"은 고색창연한 역사이기에 법고라 할 수 있기 때문이었다.

그런데 현실적으로 볼 때 비판자로서 연암의 일생은 불우했다. 우선 지독한 가난에 시달려야 했다. 권력으로부터 탄압도 당했다. 노론 친구들은 배신자라 욕을 해댔다. 여진 오랑캐에 물들었다는 중상모략도 뒤따랐다. 그러나 그것보다도 더욱 연암을 불행하게 만든 것은 상실감과 울분이었다. 그는 보장된 입신출세를 포기하고 비판자의 길을 선택했지만 현실을 별로 바꾸지 못했다. 풍자와 야유를 가지고 양반들의 허위의식과 위선을 아무리 찔러봐야 양반의식이 금방 바뀌지도 않았다.

20년 가까이 비판자로 살던 연암은 50세 이후에 천거를 받아 벼슬길에 나갔다. 비판자의 역할에 한계를 느껴서인지 아니면 현실과 타협해서인지 그 이유는 확실하지 않다. 다만 분명한 것은 연암 박지원이 스스로 버렸던 입신출세를 늘그막에 다시 붙잡았다는 사실이었다. 하지만 관료로서 연암의 최고 벼슬은 군수까지였다. 현실적인 입신출세로 본다면 참혹한 실패였다.

그러나 연암은 비판자로 살던 30대와 40대의 20여 년간 진실을 만끽했다. 대부분의 양반들이 당론에 눈이 멀어 현실을 보지 못하였지만 그는 현실을 보고 깨달았다. 진실의 눈이 밝아진 몇몇 선각자들과 깊은 교유를 나누기도 했다. 진실을 깨닫고 함께 나눈다는 기쁨이 그나마 연암을 20여 년간이나 비판자로 살 수 있게 만들지 않았을까 싶다. 결정적으로 연암은 비판자로서 양반전, 허생전, 호질, 열하일기 등 불후의 명작들을 남겨 역사적 인물이 되었다. 그가 주창했던 북학론은 비록 당대에는 별로 빛을 보지 못했지만 근대 개화파에 의해 되살아났다. 그런 면에서 연암은 비록 현실적인 입신출세에서는 실패했지만 개혁사상가로서는 역사적인 성공을 거둔 셈이었다.

▶ 참고문헌

박지원 지음, 신호열·김명호 옮김, 『연암집』 상·하, 돌베개, 2012.
『영조실록』
『정조실록』
『승정원일기』
『돈녕보첩』
朴齊家, 『北學議』

홍대용: 화이의 경계를 허문 세계주의자

정 성 희
실학박물관 책임학예사

1. 세계관을 바꿔 놓은 중국 여행

1765년(영조 41) 초겨울날 홍대용(洪大容, 1731~1783)은 서른다섯의 나이로 중국 땅을 밟기 위해 압록강을 건너고 있었다. 평소 시 짓는 것을 그리 좋아하지 않았지만, 이 순간만은 예외였다. 평생의 소원이 하루아침의 꿈같이 이루어져 얼어붙은 압록강을 건너는 순간, 그는 말고삐를 움켜쥐며 미친 듯이 노래를 불렀다.

> 하늘이 사람을 내매 쓸 곳이 다 있도다.
> 나와 같은 궁색한 인생은 무슨 일을 이루었던가?
> …(중략)…
> 간밤에 꿈을 꾸니 요동 들판을 날아 건너
> 산해관 잠긴 문을 한 손으로 밀치도다.
> ─홍대용의 중국여행기인 『을병연행록』 중에서

서른다섯의 나이로 머나먼 중국 땅에 가게 된 홍대용. 그는 좁디좁은 조선 땅에서 우물 안 개구리 마냥 입신양명(立身揚名)만을 인생의 전부로 아는 조선 유자층과는 전혀 다른 인물이었다. 그에게서 중국 여행은 세계관을 변화시킨 큰 경험이었다. 중국을 다녀온 뒤 한글로 쓴 『을병연행록』은 연암 박지원의 『열하일기』, 그리고 김창업의 『노가재연행일기』와 함께 조선시대 3대 중국견문록의 하나로 꼽힐 정도로 많은 사람들에게 읽혀졌고, 중국견문의 붐을 일으켰다.

홍대용은 원리 원칙을 중요하게 여기는 전형적인 선비 타입의 인물이다. 그는 세속적인 선비가 아닌 진실한 선비가 되는 것이 인생의 목표였다. 동시대를 살았던 선비들과 다른 점이라면, '명(明)'이여야만 된다는 아집에만 젖어 있지 않았다는 것이다. 병자호란 뒤 조선사회는 북벌(北伐)과 함께 청에 대한 복수심에 불타올랐다. 전통적인 화이관(華夷觀)에 젖은 조선 유학자들은 청을 중화(中華)의 적자로 인정하지 않았다. 그러나 18세기에 들어와 중국 연행(燕行)을 다녀 온 사람들을 중심으로 청의 문물을 받아들여야 한다는 주장들이 조금씩 생겨나기 시작했고 그 중심에 선 인물이 홍대용이다.

북경 유리창에서 만난 항주의 선비 육비(陸飛)·엄성(嚴誠)·반정균(潘庭筠)과 시공을 초월한 우정을 나누면서, 그리고 천주당과 관상대를 방문하여 서양의 문물을 접하면서 홍대용은 서서히 새로운 세계관을 가진 인물로 탈바꿈되어갔다.

2. 석실서원에서 수학하다

주류에서 태어났지만, 비주류의 삶을 지향했던 실학자 홍대용. 북학파의 선구자 혹은 과학사상가, 위대한 비판적 사상가로서 '지

북경 유리창 거리.
담헌 홍대용이 항주의 선비인 엄성과 반정균을 만난 곳이다.

구가 자전한다'는 즉, 지전설의 주창자로 일컬어지기도 했던 담헌 홍대용은 1731년(영조 7) 충청도 천안군 수신면 장산리 수촌에서 부친 홍력(洪櫟)과 어머니 청풍 김씨 사이에서 맏아들로 태어났다. 그는 조선사회의 중심에서 출발한 인물이다. 그가 속한 남양 홍씨 가문은 누대로 정계에 진출한 노론의 핵심 문벌이었다. 6대조인 홍진도(洪振道)는 인조반정에 참여하여 공신이 된 인물이었고, 조부인 홍용조는 숙종·영조대에 송시열을 효종의 묘정에 배향할 것을 주장하였고 연잉군(훗날 영조)의 세제책봉을 반대하는 소론 유봉휘를 처형하라는 상소를 올리는 등 철저한 노론세력이었다. 부친인 홍력은 영천군수와 나주목사 관직을 역임했으며, 중국 연행길에 동행했던 숙부 홍억은 예·형·공조판서를 역임하며 현달한 인물이다.

이처럼 홍대용은 마음만 먹으면 출세는 보장받은 혈통이었다. 이렇듯 화려하고 든든한 배경을 안고 출발한 홍대용이었지만, 조선 유자라면 누구나 소망하던 벼슬살이를 쫓지 않고 순수한 학문의 길을 선택했다. 이미 10세 때부터 '고학(古學)'에 뜻을 두어 과거시험은 크게 신경 쓰지 않았다. 오늘날과 마찬가지로 과거시험을 합격하기 위해서는 시험에 걸 맞는 공부를 해야만 했다. 그러나 홍대용은 반복되는 입시시험, 즉 과거시험에는 영 흥미가 없었고, 인연도 없었다. 물론 훗날 집안 대대로 중앙관직과 지방수령을 거친 선조들이 있었기에 과거를 거치지 않고 음직(蔭職)으로 관직에 진출하기도 하지만, 그의 인생을 돌이켜 보면 관직에는 큰 뜻이 없었던 인물이라 평할 수 있다.

노론의 명망가 출신이다보니 스승을 정하는 것이 그리 어렵지 않았다. 홍대용은 어린 나이에 당시 김원행(金元行)이 있는 석실서원(石室書院)에 들어갔다. 석실서원은 안동김씨 세거지에 있었던 서원으로 북벌론의 이념적 표상이었던 김상헌(金尙憲, 1570~1652)의 학덕과 충절을 기리기 위해 세운 서원이었다. 이후 김수항(金壽恒, 1629~1689)과 김창협(金昌協)이 이곳에서 그의 학문을 계승하였고, 스승인 김원행은 당대 기호학파의 대표적인 유학자였다.

홍대용이 석실서원에서 수학한 기간은 12세부터 35세까지 23년간이다. 이 기간 동안 엄격한 학풍을 내면화하면서 철저한 도학자로서의 기반을 닦았다. 특히 관심 분야가 비슷했던 이재 황윤석과는 석실서원에서 동문수학하며 서양천문학에 대해 토론하기도 했다. 아울러 이 무렵 연암 박지원, 초정 박제가 등 북학파를 형성했던 인물들과 교유하였고, 부친이 나주목사를 하던 시기에는 나주의 실학자인 나경적과 함께 천문관측기구인 혼천의(渾天儀)를 제작하기도 했다. 이처럼 청년시절에 이룩한 구도자적 삶과 과학적 탐구정신은 연행을 통하여 빛을 발하게 되었다.

3. 의무려산에서 만난 실옹과 허자

홍대용이 북경을 가게 된 것은 공식적인 업무로 간 것은 아니고, 서장관으로 북경 사행에 참여한 작은아버지 홍억의 수행군관, 즉 자제군관(子弟軍官)이라는 이름으로 참여한 것이다. 중국 사행단에서 사신의 임무를 띤 대표적인 관원은 삼사(三使)라 하여 정사(正使)·부사(副使)·서장관(書狀官)이다. 이들은 사신으로서의 공식일정을 완수하느라 바쁠 뿐만 아니라, 행동에도 제약이 따랐다. 그러나 삼사의 친인척 중에서 주로 임명되는 자제군관들은 특별한 임무가 없었던 관계로 상대적으로 자유로웠다. 『노가재연행일기』을 쓴 김창업은 물론이고 홍대용, 박지원, 박제가, 김정희 등이 자제군관 신분으로 북경을 다녀오면서 많은 중국지식인들과 교류할 수 있었던 것도 그러한 이유였다.

홍대용이 북경에서 60여 일 간 머물면서 서양 선교사들을 찾아가 서양문물을 구경하고 필담을 나눈 경험은 이후 자신의 사상을 살찌우는 산 경험이 되었다. 특히 홍대용의 과학사상이 고스란히 담겨져 있는 소설 「의산문답醫山問答」은 실제로 북경 방문길에 들른 의무려산(醫巫閭山)을 배경으로 하고 있다.

「의산문답」은 모든 사람이 진리라고 믿는 것을 풍자한 과학소설이라는 점에서 1623년 갈릴레이가 쓴 천동설과 지동설에 대한 오디세이, 즉 『두 우주 체계에 관한 대화』에 비견되는 글이다. 「의산문답」은 의무려산을 배경으로 세속적인 허례허식과 공리공담만을 일삼는 허자의 물음에 실학적인 인물인 실옹이 답하는 대화체의 글로, 30년간 성리학을 익힌 허자가 자신의 학문을 자랑하다가 의무려산에서 실옹을 만나 자신이 그동안 배운 학문이 헛된 것이었음을 풍자한 놀라운 작품이다.

그렇다면 홍대용은 왜 의무려산에서 지전설과 우주무한론을 주장했을까? 북경 방문길에 들렀던 소설 속 배경인 의무려산은 화이(華夷)의 구분을 짓는 상징적인 공간이었다. 그가 의무려산에서 무한우주관을 제시한 본심은 최종적으로 중국과 오랑캐, 즉 화와 이의 구분을 부정하는데 있었다. 북경 방문을 계기로 홍대용은 기존의 우주관에 회의를 품으며, 그를 유명하게 만든 중요한 이론인 지전설과 무한우주관을 제시하기에 이르렀다.

> "지구는 회전하면서 하루에 일주한다. 땅 둘레는 9만 리이고 하루는 12시이다. 이 9만 리의 거리를 12시간에 달리기 때문에 그 움직임은 벼락보다 빠르고 포환보다 신속하다."
>
> -「의산문답」 중에서

홍대용의 우주관은 사실 금성, 수성, 화성, 목성, 토성 등의 행성은 태양 둘레를 돌고 태양과 달은 지구의 둘레를 돈다는 덴마크의 천문학자 티코 브라헤(Tycho Brahe)의 우주 체계에다가 지전설만을 덧붙인 것이었다. 따라서 홍대용이 언급한 지전설과 태양계를 중심으로 한 우주체계는 독창적인 것은 아니었다. 실제로도 그는 "지전설은 송나라 학자 장횡거가 그 원리를 조금 밝혀냈으며, 서양 사람도 배에 타고 있으면 배가 나아가는 것을 느끼지 못한다는 이론으로 추정해냈다"고 하여 자기 학설이 아님을 밝히기도 했다. 하지만 그의 추론은 지전설에서 멈추지 않고 우주가 무한하다는 것으로 독창적인 자신의 우주관을 완성해 냈다.

4. 중심주의를 해체한 조선의 지성

　1636년 병자호란 이후 한 세기 이상이 지났지만, 조선사회는 여전히 중화주의적 명분론에 사로잡혀 있었다. 청나라는 여전히 야만국이었고 명나라의 제도를 보존하고 있는 조선은 사라진 중화의 적통이었다. 홍대용의 북경 여행은 조선 유자들이 사로잡혀 있는 명분론이 비현실적인 것임을 깨우쳐 주는 계기가 되었다. 30년간 성리학 공부만 하던 허자가 세상에 나와 야심차게 내뱉은 말은 현실과 동떨어져 있었던 것이고 허자는 곧 홍대용 자신이었다. 실옹의 입을 빌려 홍대용은 무한우주론을 설파했다.

> "우주의 뭇 별들은 각각 하나의 세계를 가지고 있고 끝없는 세계가 공계에 흩어져 있는데 오직 지구만이 중심에 있다는 것은 있을 수 없다."
> ─「의산문답」 중에서

　무한우주론은 그 이전에는 찾아볼 수 없는 실로 대담하고도 독창적인 것이었다. 물론 중국 고대우주론에서 선야설이라 하여 무한의 공간을 상정한 적도 있었고, 북송의 철학자 장재(張載, 1020~1077)가 이와 비슷한 이야기를 한 적이 있었다지만, 홍대용처럼 파격적인 주장을 펼쳤다고 할 정도는 아니었다.

> "지구로 태양계의 중심이라 한다면 옳은 말이지만, 이것이 바로 여러 성계(星界)의 중심이라 한다면 이것이야말로 우물에 앉아 하늘 보는 소견이다."
> ─「의산문답」 중에서

　홍대용의 우주관은 탈지구중심론이라는, 실로 대담하기 이를 데

없는 인식론적 대전환을 제기했다는 측면과 함께 과학적으로 상당한 평가를 받고 있기도 하지만, 폄하되는 면도 없지 않다. 과학자로서의 평가는 차치하고서라도 그가 동양의 지성으로서 중국 중심의 세계관을 비판하고 새로운 문명지도를 그린 선각자였음은 부인하기 힘들다.

의산문답의 배경인 중국 '의무려산'

"지구 세계를 저 우주에 비교한다면 미세한 먼저만큼도 안 되며 저 중국을 지구 세계와 비교한다면 십수분의 일밖에 되지 않는다."

－「의산문답」 중에서

결국 헤아릴 수 없는 별의 세계가 우주에 산재하고 있다는 홍대용의 우주관은 세계가 화(중국)과 이(오랑캐)로 구분되어 있다는 전통적인 중화사상을 비판하기 위한 것이 주요 목적이었다.

5. 시공을 초월한 우정

　시류의 선비들이 이론만 떠받들면서 실천에는 등한시한 세태를 걱정하며 새로운 세상이 펼쳐지기만을 고대하던 조선의 지성, 홍대용은 아쉽게도 1783년 풍으로 쓰러진 후 일어나지 못했다. 홍대용의 갑작스런 부고를 전달 받은 연암 박지원은 그의 죽음을 슬퍼하면서 아래와 같은 내용의 묘지명을 썼다.

　"홍대용은 넓은 땅에서 제대로 된 선비를 만나고 싶은 소망이 있던 차에 북경 유리창에서 엄성·반정균·육비 등 청나라 학자들을 만났다. 이들 또한 평소 제대로 된 지기(知己)를 만나지 못하고 있었다. 이들은 서로의 학식에 놀라고 반기며 국경을 초월한 우정을 나누었다. '한 번 이별하면 다시는 못 만날 것이니, 황천에서 다시 만날 때 아무런 부끄러움이 없도록 살아 생전에 더욱 학문에 정진하자'하며 약속하고 영원한 이별을 하였다.

　덕보는 이들 중 동갑인 엄성과 특히 뜻이 잘 맞았다. 엄성에게 충고하기를 '군자가 자기를 드러내고 숨기는 것은 때에 따라야 한다'고 했는데, 엄성이 크게 깨우치는 바가 있어서 과거를 포기하고 남쪽으로 간 뒤 몇 해 만에 그만 죽었다. 부고를 받아든 덕보가 제문을 짓고 제향(祭香)을 중국으로 보냈는데, 마침 이것이 엄성의 집에 도착한 날이 대상(大祥; 죽은 지 2년만에 지내는 제사)이었다. 모인 사람들이 모두 경탄하며 '명감(冥感)이 닿은 결과다'라고 하였다. 엄성의 아들이 부친의 유고를 덕보에게 보냈는데 돌고 돌아 9년 만에 도착하였다. 그 유고에는 엄성이 손수 붓으로 그린 덕보의 초상화가 있었다(그 초상화는 오늘날에도 전해지고 있으며, 홍대용의 유일한 초상화이다). 엄성이 병이 위독할 때 덕보가 기증한 조선산 먹과 향을 가슴에 품고 떠났다. 관 속에 이 먹을 넣어 장례를 치렀는데, 절강사람들이 기이한 일이라 하였다."

- 박지원의 「홍덕보묘지명」 중에서

조선에 돌아 온 홍대용은 이들과 나눈 왕복 편지와 필담을 묶어 '회우록(會友錄)'이라 하고 이 서문을 박지원에게 부탁했다. 이들이 나눈 세기의 우정을 누구보다 부러워했던 박지원은 홍대용이 갔던 길을 따라 1780년 북경 향해 떠났다.

6. 홍대용의 생가, '애오려'

조선후기 실학자로 우주무한론을 주장한 홍대용의 무덤은 천안시 수신면 장산리 462-22 도로변에 자리하고 있다. 지금은 행정구역상 천안시 소속이지만, 당시에는 청주 수신면 장명리였다. 장명(長命)은 장수(長壽)를 의미하여 당시에 이 마을을 수촌(壽村)이라고도 불렀다.

홍대용이 천안에서 태어나게 된 것은 그의 선대인 조부 홍용조가 벼슬에서 물러나 청주에 안착하면서 선영이 조성되었다고 전한다. 홍대용은 이곳 수촌에서 태어나고 삶을 마감했다. 홍대용의 호인 담헌(湛軒)은 곧 그가 살던 수촌집의 헌명(軒名)이다. 이 이름은 그의 스승이자 석실서원 원장인 김원행이 지어준 이름이다. '애오려(愛吾廬)'라 불린 홍대용의 수촌집은 아쉽게도 현재 사라지고 없고 추정되는 집터만 남아 있다. 집터 근방에 '홍대용과학관'이 홍대용의 과학정신을 기리며 2014년에 문을 열었다.

'내 집을 사랑한다'는 뜻의 애오려는 도연명(陶淵明)의 시에 이른, '오역애오려吾亦愛吾廬'에서 유래한 것으로 조선시대 선비들은 집 이름으로 즐겨 사용하였다. 그런데 홍대용의 애오려는 이 뜻과 사뭇 달랐다. 홍대용의 벗 김종후(金鍾厚)는 "도연명의 애오려는 내 집을 사랑한다는 말이지만, 홍군(洪君) 덕보(德保)는 나를 사랑

한다는 것으로서 집 이름을 한 것이다."라고 했다. 그렇다면 홍대
용은 왜 다른 의미로 사용했을까? 홍대용은 남을 사랑하는 것은
곧 자신을 사랑하는 것에서 출발한다고 생각했다.

> "인자(仁者)는 남을 사랑한다고는 하였으나 나를 사랑한다고는 하지 않았
> 다. 비록 그러하기는 하지마는 나를 사랑하면 남을 사랑하는 것이 그 속에
> 있는 것이다. (중략) 남을 사랑한다는 것은 본래 나를 사랑하는 그 테두리
> 밖에서 나오는 것이 아니다. 그러므로 군자는 오직 나를 사랑하는 도(道)에
> 힘써 심력을 다할 뿐이니, 이것이 바로 덕보의 뜻이로다! 그러나 나를 사랑
> 하는 것이 남을 사랑할 수 있음이라는 것만 알고 남이 곧 한 큰 내[吾]라는
> 것을 알지 못하면 어찌 가하겠는가!"
>
> ―『담헌집』, 김종후의 「애오려기」 중에서

애오려는 어떤 모습이었을까. 홍대용이 중국인 벗 반정균에게
소개한 수촌집의 모습은 이렇다.

산속 정자에서 거문고를 탄다	山樓鼓琴
섬속 누각에서 종을 울린다	島閣鳴鐘
거울 같은 못에서 고기 구경한다	鑑沼觀魚
구름다리에서 달을 구경한다	虛橋弄月
연못에서 배타며 신선놀이 한다	蓮舫學仙
선기옥형으로 천체를 관측한다	玉衡窺天
감실에서 시초로 점친다	靈龕占蓍
활터에서 정곡을 쏜다	彀壇射鵠

"집 제도는 사방 두 채[二架]인데 중앙에 실(室)을 만든 것이 한 채이고,
북은 반 채로서 협실(夾室)을 만들고 동(東)은 반 채로서 누(樓)를 만들고 그
길이를 다하며 서남(西南)은 모두 반 채로서 헌(軒)을 만들고 담헌(湛軒)이

라 명칭하였습니다. 서는 그 길이를 다하고 남은 누하(樓下)에 이르는데 위에는 풀로써 덮고 아래는 돌로 쌓았습니다. 사면에 뜰이 있어 말이 돌아다닐 만하고 남에는 모난 연못이 있으니 직경이 수십 보가 됩니다. 물을 끌어들였는데 깊이가 배를 띄울 만하고 환도(圜島)를 쌓으니 주위가 십보 가량이 되고 위에 소각(小閣)을 세워서 혼의(渾儀)를 간직하고 연못을 둘러 돌을 쌓아 둑을 만들었는데 둑 위에가 넓어서 뜰로 쓰고 뜰 주위는 나지막한 담으로 두르고 담 아래에 흙을 모아 계단을 만들고 이것저것 잡화(雜花)를 심었는데, 이것이 집 대강입니다."

　　농수각이 만들어진 홍대용의 수촌집은 중국 문인들에게 많이 알려진듯하다. 홍대용이 북경 여행에서 사귄 문사 손유의(孫有義)는 "내가 전에 그대의 『팔경지』 읽고서 몇 번이고 '애오려'를 꿈꾸었다네(我昔讀君八景誌 幾回魂夢愛吾廬)"라는 시를 쓸 정도로 홍대용의 집인 애오려를 방문하고 싶어 했다. 잠시 손유의의 시를 감상해 보면 어떨까.

내가 전에 그대의 『팔경지』 읽고서　　　　我昔讀君八景誌

몇 번이고 '애오려'를 꿈꾸었다네　　　　　幾回魂夢愛吾廬

지금은 집을 서원에 옮겼다는데　　　　　　今聞移宅向西園

그윽하게 지은 데다 더욱 청허하다네　　　幽哉結搆尤淸虛

우거진 고목들은 집을 둘렀고　　　　　　　森森古木環院落

출렁출렁 청류는 뜰을 둘렀네　　　　　　　汨汨淸流繞庭除

정자호는 '건곤일초정'인데　　　　　　　　亭額乾坤一草亭

이 속에는 오직 거문고와 책들　　　　　　此中所有惟琴書

거문고와 글이 도도하여　　　　　　　　　琴書之樂樂陶陶

세상의 공명 이록 잊었다네　　　　　　　　不覺功名利祿疎

어찌 세상 경영에 관심이 없으리오마는　　豈無經猷堪問世

박을 간직한 진에 돌아가 훼예가 적다네　返璞歸眞少毁譽

종명정식 영화로우나 괴로운 것이니	鐘鼎總榮勞不免
어찌 채소밭의 신선한 나물만 하며	何如園圃摘時蔬
차복이 비록 화려하나 몸에 맞지 않으니	車服雖華形莫適
어찌 임학에서 비탄이 적은 것만 하랴	何如林壑寡悲嘘
시와 술은 아무 때나 흥치를 일으키고	詩酒無時隨興致
동작을 뜻대로 하여 여유가 있다네	起居惟我覺舒徐
고매한 풍도 이러하여 천고에 흡족한데	高風若此足千古
어느 때나 다시 만나 나를 위로해 주려노	繼見何時得慰予

〈애오려의 정자 '건곤일초정'에 대한 손유의(孫有義)의 시〉

중국의 문사인 손유의는 그토록 방문하고 싶었던 애오려에 올수 없었지만, 홍대용의 지인들은 천안에 있는 애오려를 찾았다. 그와 친분을 나눴던 실학자 이덕무, 박제가, 유득공이 그의 집을 방문한 후 시를 남겼다.

고인의 결백한 지조	高人秉潔操
경개하게 숲속에 정자 지었네	耿介中林盧
홀로 구라금(서양 거금고)을 타니	獨彈歐邏琴
청아한 소리가 공중에 가득 차네	清商滿太虛
다만 먼 생각을 붙이려는 것이 아니라	匪直寄遐想
그윽한 우수 없어서라네	幽憂自不除
생각하는 친구들을 가보지 못하면	所思遙難即
부질없이 절강·항주 친구의 편지만 만진다네	漫把浙杭書
온온한 엄선생(엄성)은	溫溫嚴夫子
소심이 우아하고 소탕하며	素心雅而疎
뇌가한 육광문(육비)은	磊砢陸廣文
연과 오에 명예를 떨쳤으며	燕吳遍名譽
글 잘하는 반향조(반정균)	文藻潘香祖

찬연하게 그 기상이 맑다네	燦燦氣筍蔬
하늘가에 지기의 벗을 맺었으니	天涯結知己
생사가 궁금함에 슬픈 한숨 많다네	存沒多悲噓
내가 옆에서 한탄하는 것 들었기에	賤子側聽歎
그대의 그 허전해함을 위로하노라	慰君聊虛徐
동방의 한 고매한 선비여	東方一士高
정말 벗할 만하네	只可予友予

〈건곤일초정 제영(乾坤一草亭題詠) - 이덕무(李德懋)〉

홍대용이 수촌에 완전히 온 것은 태인현감과 영주군수를 마치고 돌아 온 1783년이다. 모친의 병을 핑계로 벼슬에서 물러나 수촌에 서 살다가 그해 10월 갑자기 중풍으로 세상을 떠났다고 전한다. 그런데 석실서원에서 동문수학한 황윤석은 『이재난고』에 홍대용 의 갑작스런 죽음에 대해 다른 이야기를 했다. 영주군수 시절 경 상도관찰사 이병모에게 백성을 진휼할 곡식 천석을 구하여 썼는 데, 이것이 계산이 안맞아 문제가 되었다. 이 때문에 벼슬길에 물 러났지만 그것이 스트레스가 되어 급사했다고 한다. 고고하고 자 존심 강한 홍대용의 입장에서 구설수에 오른 것이 못내 병이 되었 을지도 모르겠다. 후손들의 증언에 따르면 수촌의 애오려에는 19 세기 후반까지도 그의 손길이 닿았던 유물들이 있었다고 한다. 그 러나 수촌에 살던 남양 홍씨들이 이 지역을 갑작스럽게 떠나면서 그가 남긴 유물, 특히 그가 아꼈던 거문고는 사라지고 없다.

▣ 참고문헌

洪大容, 『湛軒燕記』

_____, 을병연힝록(乙丙燕行錄), 1765.

_____, 『湛軒書』, 『韓國文集叢刊』, 한국고전번역원.

조성을, 「洪大容 역사 인식 : 華夷觀을 중심으로」, 『진단학보』 79, 진단학회, 1995.6.

금장태, 「北學派의 實學思想 : 洪大容의 科學精神과 朴趾源의 實用精神」, 『정신문화연구』 3, 한국학중앙연구원, 1981.

임종태, 「무한우주의 우화-홍대용의 과학과 문명론」, 『역사비평』 71, 2005.

전영준, 「조선후기 北學派 형성의 嚆矢, 湛軒 洪大容」, 『역사와 실학』 26, 역사실학회, 2004.

4부

왕·실인물

희빈홍씨: 기묘사화를 이끈 훈신의 딸

이 미 선

한국학중앙연구원

1. 남양홍씨 가문의 딸로 태어나다

희빈홍씨(熙嬪洪氏, 1494~1581)는 한국사에서 잘 알려진 여성은 아니나 중종시대를 배경으로 하는 소설이나 드라마, 영화 같은 대중예술에서 자주 등장하고 있다. 희빈홍씨를 조연으로 내세운 텔레비전 드라마는 「조광조」(1996, KBS2TV, 이재은분), 「여인천하」(2001, SBS, 김민희분) 등이 만들어졌다.

희빈홍씨는 일등 공신의 집안에서 태어나 유복하게 자라났다. 후에 자식을 가슴에 묻은 것을 제외하곤 일생동안 순탄하였으며, 천수를 누렸다. 그녀는 출중한 미모와 부친 홍경주의 정치적 영향으로 중종의 총애를 한 몸에 받았다. 중종과 신진사림의 거두 조광조가 서로 등을 지는 것은 훈구파인 부친 홍경주에게 유리한 일이었기에 희빈홍씨는 왕의 총애를 이용하여 중종의 일거수일투족을 부친에게 알리고, 훈구 세력의 첩자 역할을 충분히 수행하였다. 이로 인해 중종과 조광조 사이를 이간질하여 결국엔 기묘사화(己卯士禍)를 일으키게 되었다. 그 결과 훈구세력을 확장하는 데에 기여했다.

희빈홍씨는 1494년(성종 25) 4월 14일, 남양군(南陽君) 홍경주(洪景舟, ?~1521)의 둘째 딸로 태어났다. 어머니는 안동권씨 권금성(權金成)의 딸이다. 그녀는 1남 2녀 중 막내딸이었다.

희빈홍씨의 가계는 그다지 화려하지 않다. 남양 홍씨는 계통이 다른 '당홍(唐洪)'과 '토홍(土洪)'으로 구분되는데, 이 집안은 홍은열(洪殷悅)을 시조로 하는 당홍계이다. 그녀는 중군사정 홍섭(洪陟)의 현손으로 이조참판에 증직된 원주판관 홍정(洪淀)의 증손이며, 의정부 좌찬성에 증직된 지중추부사 홍임(洪任)의 손녀이다. 이처럼 직계 조상은 주목할 만한 경력도 없고 그리 현달하지 못했지만, 부친 홍경주의 출세로 높은 관직에 추증되었다.

이 집안의 부흥은 홍임과 허씨[許蓀의 딸] 사이에서 태어난 홍경주와 홍경림(洪景霖) 때에 이르러 이루어졌다. 부친 홍경주는 희빈홍씨가 8살 되던 해인 1501년(연산군 7) 식년문과에 병과로 급제하였다. 이후 홍문관 정자를 거쳐 1504년(연산군 10) 사헌부 지평에 오르는 등 젊은 관리가 거칠 수 있는 최고의 청요직을 역임하였다.

1506년(중종 1) 9월에는 연산군의 폭정에 맞서 지중추부사 박원종(朴元宗)·부사용 성희안(成希顏) 등이 반정을 일으켰을 때 사복시 첨정(僉正)으로, 군자감 부정 신윤무(辛允武)·군기시 첨정 박영문(朴永文) 등과 함께 군대 동원의 책임을 맡아 그 거사를 성사시켰다. 그 공훈을 인정받아 정국공신(靖國功臣) 1등에 책록되고 남양군(南陽君)에 봉해졌다. 이때 홍경주는 벼슬이 동부승지에 올랐다가 얼마 되지 않아 다시 도승지에 임명되고 자헌대부에 오르는 등 출세가도를 달렸다.

이듬해에는 이과(李顆) 등이 성종의 아들 견성군(甄城君)을 옹립하려는 난이 일어났다. 이를 처리한 공로로 또다시 정난공신(定難功臣) 2등에 책봉되고 병조판서가 되어 지경연사를 겸하였다. 이후에도 1509년(중종 4) 판중추부사를 거쳐 호조판서가 되었다가 1510년(중종 5) 좌참찬에 올랐다. 희빈홍씨의 나이 13~17살 때였다.

희빈홍씨의 백부 홍경림(洪景霖)도 1510년(중종 5) 식년문과에 병과로 급제한 이후 사간을 거쳐 대사간에 오르고, 1523년(중종 18) 호조참판, 전라도관찰사, 공조참판, 공조판서 등 주요직을 역임하였고, 정국공신으로서 익원군(益原君)에 봉해졌다. 이처럼 당대 명망 높은 공신 집안에서 태어난 희빈홍씨의 어린 시절은 남부러워할 정도로 유복하였다.

그의 외가의 성세 또한 대단했다. 외조부 권금성은 세조 때에 영의정을 지냈던 정인지(鄭麟趾)의 사위로, 홍경주는 정인지의 손녀사위이고, 희빈홍씨는 정인지의 외증손녀이다. 정인지는 세조의 측근세력으로, 오랫동안 왕실과 연혼관계를 형성하였다. 아들 정현조(鄭顯祖)는 세조의 딸 의숙공주(懿淑公主)의 남편이 되었고, 손자이자 정숭조(鄭崇祖)의 아들인 정승충(鄭承忠)은 세조의 서자 덕원군(德原君)의 딸과 결혼하였으며, 정광조는 정의공주(貞懿公主)의 사위로서 세종의 외손녀사위이기도 하다.

한편 희빈홍씨의 친조모는 양천부원군(陽川府院君) 허손(許蓀)의 셋째 딸로, 양천 허씨 집안에서 '형제 청백리'로 유명한 우의정 허종(許琮)과 좌의정 허침(許琛)의 여동생이다. 허종과 허침은 홍경주에게 외삼촌이 된다. 희빈홍씨의 집안은 당대 공신, 문과급제, 학식, 명망, 그리고 왕실과의 연혼을 두루 갖춘 집안으로 명실공히 명문대가의 반열에 올라 두각을 나타내기 시작하였다.

2. 아비 후광으로 중종의 후궁이 되다

1506년(중종 1) 9월 2일 중종반정이 성공한 이후 폭군 연산군을 왕위에서 축출하고 진성대군(晉城大君, 중종)을 옹립한 정국공신들은 연산군의 처남이었던 익창부원군(益昌府院君) 신수근(愼守勤)의 딸이자 진성대군의 부인을 폐서인 시켜 궁궐에서 세조의 부마 정현조(鄭顯祖)의 집으로 내쫓았다. 반정 주체 세력의 입장에서 보면, 신씨가 왕비에 오르게 되면 어떤 방식으로든 부친과 형제를 죽인 자신들에게 보복을 가하게 될지 모른다고 생각할 수 있었다. 신씨의 축출 건의는 그러한 상황을 여실히 보여준다.

> "(유순 등이) 아뢰기를, '거사할 때 먼저 신수근을 제거한 것은 큰일을 성취하고자 해서였습니다. 지금 수근의 친딸이 대궐 안에 있습니다. 만약 중전으로 삼는다면 인심이 불안해지고 인심이 불안해지면 종사에 관계됨이 있으니, 은정을 끊어 밖으로 내치소서.' 하니, (중략) 얼마 뒤에 전교하기를, '속히 하성위(河城尉) 정현조(鄭顯祖)의 집을 수리하고 소제하라. 오늘 저녁에 옮겨 나가게 하리라.' 하였다."(『중종실록』 권1, 중종 1년 9월 9일 을유).

종사대계(宗社大計)의 명분을 내세워 신씨를 '할은출외(割恩出外)' 한 반정 공신들은 신분보장을 위하여 정략적인 의도에 따라 자신들의 딸을 왕비로 세워 막강한 권력을 유지하려고 했다. 특히 일등 공신인 박원종(朴元宗), 홍경주는 각기 생질녀[章敬王后 尹氏]와 딸[熙嬪洪氏]을 왕비위에 앉히려고 했다. 1506년(중종 1) 9월 17일 신씨를 폐출하고 난 뒤에 정현왕후 윤씨(貞顯王后 尹氏)는 아래와 같은 전교를 내렸다.

> "후비(后妃)의 덕은 얌전하고 착한 것이 제일인 것이다. 지금 중궁을 간

택하는 때에 용모만을 봐서는 안 된다. 내가 먼저 2~3명의 처녀를 간택하여 후궁에 두었다가 서서히 그 행실을 본 후에 배필을 정하려고 하는데, 어떠한가?' 하니 정승들이 '대비의 분부가 이와 같으시니, 바로 신 등의 뜻에 부합합니다.'고 하였다."

이때 홍경주의 딸은 부친의 정치적인 계산과 출세에 힘입어 윤여필(尹汝弼)의 딸, 나숙담(羅叔聃)의 딸과 함께 후궁에 간택되어 종2품 숙의(淑儀)의 작첩을 받았다. 그 딸이 바로 나이 13세에 후궁이 된 희빈홍씨였다. 그녀의 입궁은 아버지 홍경주의 공훈에 적지 않게 힘입은 결과였다. 이때 함께 입궁한 숙의윤씨와 숙의나씨도 가문의 영향을 받고 정략적으로 후궁이 된 경우였다.

[도 1] 장경왕후의 묘(희릉)　　　　[도 2] 숙의나씨의 묘(이천)

숙의나씨의 생년은 알 수 없으나, 희빈홍씨가 13살, 숙의윤씨가 16살이라는 점을 감안하면, 동년배의 13~16살로 추정할 수 있다. 숙의나씨는 괴산군수 나숙담(羅叔聃)의 딸로, 고모부 윤형로(尹衡老)는 정국공신 2등으로 정현왕후의 사촌이고, 외종숙 신윤무(辛允武)도 정국1등공신으로 병조판서를 역임하였다.

숙의윤씨는 정국3등공신 윤여필(尹汝弼)의 딸이다. 윤여필은 박중선(朴仲善)의 사위이자 월산대군(月山大君)과 제안대군(齊安大君)

과는 동서간으로, 이들 대군은 숙의윤씨에게 이모부들이 된다. 더구나 숙의윤씨는 정국1등공신인 박원종의 생질녀이고 정현왕후의 친가뻘인 까닭에 궁궐 안에서 희빈홍씨와 숙의나씨에 비해서 우위에 있었다. 차후에 그녀가 왕비로 뽑힌 것은 어쩌면 당연한 결과였다.

중종과 정현왕후는 처음 왕비를 뽑지 않고 세 명을 후궁으로 뽑아 두었다가 이들 가운데에서 왕비로 선택할 계획이었다. 그러나 1년이 넘도록 '왕비가 한번 정하면 바꿀 수도 없어서 경솔할 수 없다'는 중종의 전교처럼 왕비를 결정하지 못하고 망설이고 있었다. 세 명의 숙의가 모두 이래저래 반정공신들의 족친녀(族親女)였기 때문이다. 그러나 대간들의 계속적인 재촉에 못 이겨 중종은 결국 1507년(중종 2) 6월 17일에야 비로소 숙의윤씨를 왕비로 결정하였다. 희빈홍씨는 숙의윤씨에게 왕비의 자리를 내주고 하루아침에 같은 서열에 있던 그녀를 상전으로 보필해야만 했다.

희빈홍씨의 왕실 생활은 비교적 순탄하게 출발했다. 그녀는 숙의가 된 뒤 정2품 소의를 거쳐 종1품 귀인이 되었고, 봉성군을 낳은 해인 1529년(중종 24)에는 정1품 빈의 첩지를 받았다. 중종과도 금슬이 매우 좋았다. 비록 3명의 왕자는 단명했지만 그녀는 1513년(중종 8)에 금원군(錦原君) 이영(李岭)을 낳고 1529년(중종 24)에 봉성군(鳳城君) 이완(李岏)을 낳았다. 이렇듯이 중종과의 사이에서 모두 5명의 왕자를 얻어 1남 4녀를 둔 문정왕후와 같이 가장 많은 자녀를 출산했을 정도로 중종에게 각별한 총애를 입었다.

희빈홍씨에 대한 중종의 사랑은 아들 금원군과 봉성군에게도 이어져 명문대가의 규수들을 그들의 배필감으로 정해주었다. 금원군은 문종의 부마 정종(鄭悰)의 증손녀이자 반정공신이었던 정미수(鄭眉壽)의 손녀와 혼인하였고, 봉성군은 영의정 정광필(鄭光弼)의 증손녀와 혼인하였다. 심지어 금원군을 책봉한 1520년(중종 15) 후부터 1525년(중종 20)까지 5년 동안, 출합한 이후 거처할 수 있는 살림집을 짓는 역사를 오랫동안 호화롭게 진행하여 물의를 빚기도 했다.

희빈홍씨가 중종의 총애를 받은 데에는 아버지 홍경주의 후광도 한 몫을 했지만, '임금이 여색에 빠졌다'는 사관의 평가가 나올 정도로 너무나 예뻐 중종의 마음을 사로잡았다. 조선시대에는 외모 지상주의가 대세인 오늘날과는 달리 덕성이 여성을 평가하는 기준으로 되었던 시대에 실록에서 아름다운 미모로 기록될 정도라면 희빈홍씨의 용모를 추측할 수 있다.

희빈홍씨는 중종의 사랑을 독차지 하고 있었지만 그녀의 마음을 불편하게 하는 이가 있었으니, 그것은 바로 중종의 애정을 받고 있는 경빈박씨의 존재였다. 그녀의 족계(族係)는 상주(尙州) 지방 사족이지만, 아버지 박수림(朴秀林)이 군인 노릇할 정도로 집안이 몹시 가난하였다. 1505년(연산군 11) 연산군이 조선 각지의 미녀들을 '채홍(採紅)'이라는 명목으로 한창 궁궐로 뽑아 들일 당시, 아름다운 용모가 알려졌다. 그리하여 반정(反正)한 직후에 박원종의 추천

[도 3] 경빈박씨의 묘(남양주)

[도 4] 묘비(남양주)

으로 후궁이 되었다. 총애를 입은 그녀는 1509년(중종 4) 중종의 장남 복성군(福城君)을 낳은 후 숙원의 작첩을 받았고, 혜정옹주(惠靜翁主) 혜순옹주(惠順翁主)·혜정옹주(惠靜翁主) 등 1남 2녀를 두고 있었다.

한편 1514년(중종 9) 10월에 숙의나씨는 의관과 의녀가 치료를 소홀히 한 탓에 난산(難産)으로 죽었고, 왕비가 된 장경왕후는 1515년(중종 10)에 원자를 낳기까지 1510년(중종 5)에 출산한 효혜공주(孝惠公主)만을 두고 있었다.

중종과 대신들은 장경왕후를 왕비로 결정한 자리에서 "후사가 없더라도 다른 이에게 아들이 있으면 역시 대통을 잇게 된다."라는 합의점을 이루어낸 바 있다. 이러한 논의는 왕비 소생뿐만 아니라 후궁 소생도 후계자가 될 수도 있다는 여지를 남겼다. 이러한 상황에서 중종의 총애에 힘입어 왕자를 생산한 경빈박씨와 희빈홍씨는 자신들의 아들을 중종의 후계자로 세울 기회를 엿보았을 것이다. 원자의 부재는 장경왕후의 지위를 불안정하게 만들었다. 이러한 가운데 중종반정의 정국공신 박원종(1467~1510), 유순정(1459~1512), 성희안(1461~1513) 등마저 잇달아 사망함으로써 희빈홍씨의 부친 홍경주의 입지는 더욱 커져만 갔다.

1515년(중종 10) 3월, 장경왕후는 원자를 낳은 지 7일 만에 25살의 젊은 나이로 산후병으로 사망하였다. 장경왕후가 승하하자, 왕비의 자리가 공석이 되면서 계비를 선택하는 문제가 또 발생했다. 희빈홍씨와 경빈박씨는 다시 찾아온 왕비의 자리를 차지할 수 있는 절호의 기회를 놓치고 싶지 않았으리라. 더구나 원자는 갓 태어나자마자 어미를 잃은 신생아였다. 이 때문에 두 여성은 왕비의 자리를 차지하기 위한 노력뿐만 아니라 각자의 아들을 세자로 만들기 위해 수단과 방법을 가리지 않았을 것이다.

당시 중종은 더 이상 왕비를 간택하기보다는 여러 자녀를 두고 있었던 경빈박씨를 왕비로 마음에 두고 있었다. 담양부사 박상(朴祥)과 순창군수 김정(金淨) 등은 폐위시켰던 신씨를 복위시켜서라도 경빈이 왕비가 되는 것을 저지하려 했을 만큼 경빈박씨에 대한 중종의 총애는 대단했다. 그러나 그녀는 신분이 미천해 국모로서는 하자가 있었다. 폐비 신씨의 복위문제는 언관들의 강력한 상소로 박상은 남평(南平)에 김정은 보은(報恩)에 유배가는 것으로 일단락되었지만, 중종은 장경왕후가 세상을 뜬지 햇수로 3년 동안 왕비의 자리를 비워 놓았다.

그럭저럭 왕비 자리가 빈지도 3년이 흘렸다. 왕실이나 조정 대신들은 빨리 왕비를 간택해야 한다고 아우성이었다. 1517년(중종 12)에야 왕비 간택령을 내려 3월 15일, 최종적으로 윤지임(尹之任)의 딸을 왕비로 간택하였다. 중종의 나이 30살이자, 윤씨의 나이가 17살이 되던 해였다. 희빈홍씨는 7살 아래였던 문정왕후 윤씨의 존재를 얕볼 수는 없었으나, 자신보다 가문, 총애 등 여러 면에서 뒤쳐진 문정왕후의 위세에 눌리지 않았다. 오히려 궁궐생활이 살얼음판과 같게 느껴지는 사람은 다름 아닌 문정왕후였다. 문정왕후는 1521년(중종 16)에 의혜공주(懿惠公主)를 출산하고 1522년(중종 17) 효순공주(孝順公主)를 출산하였지만, 왕비가 된 지 몇 년이 지나도록 원자를 낳지 못한 상태였다. 아들을 두고 있는 희빈홍씨에 비하면 문정왕후의 위세는 미약했다. 희빈홍씨는 비록 왕비의 자리는 놓쳤지만 중종의 사랑과 명문가의 배경으로 아들을 세자로 책봉할 수 있을 만큼 궁중의 실력자였다. 더구나 문정왕후가 원자를 출산하지 못하는 한 자신의 아들이 세자로 책봉될 수 있다는 야심을 여전히 가지고 있었다.

3. 주초위왕(走肖爲王)의 중심에 서다

중종시대는 사림파와 훈구파의 대립이 극심했다. 훈구 사림의 정치구도에서 희빈홍씨는 뛰어난 미모와 부친 홍경주의 권세로 계속해서 중종의 관심과 총애를 받아 알력다툼의 중심에 서게 되었다. 그 사건이 바로 기묘사화(己卯士禍)이다. 기묘사화는 1519년(중종 14) 11월 남곤(南袞)·심정(沈貞)·홍경주 등의 재상들이 조광조(趙光祖)·김정(金淨)·김식(金湜) 등의 사림(士林) 세력에게 화를 입힌 사건으로 알려져 있다. 특히 조광조가 죽은 사건의 내막에는 희빈홍씨가 관련되어 있었다.

반정으로 연산군을 폐하고 왕위에 오른 중종은 연산군의 악정을 개혁함과 동시에 쫓겨난 신진사류를 등용해 파괴된 유교적 정치질서의 회복, 대의명분과 오륜을 존중하는 성리학 장려에 힘썼다. 이러한 기운 속에 정계에 두각을 나타내기 시작한 것이 조광조 등의 사림파였다.

정암(靜庵) 조광조(1482~1519)는 점필재(佔畢齋) 김종직(金宗直)의 문인인 김굉필(金宏弼)의 제자였다. 성균관 유생 200인의 추천을 받고 관직에 오른 그는 왕의 신임을 받으면서 이상정치의 실현을 목표로 하여 '숭도의(崇道義) 정인심(正人心) 법성현(法聖賢) 흥지치(興至治)'를 정치이념으로 유교적 정치풍토의 확립에 주력하였다. 그래서 자신이 생각하는 지치(至治)의 이념을 실현하기 위해 현량과(賢良科)를 설치하여 이를 통해 등용된 많은 신진사류와 함께 개혁정치를 이끌어 나갔다.

조광조가 조정에 사림 세력으로 크게 부상하자, 공신 세력들은 그의 존재가 부담스러웠다. 그의 지나친 개혁은 보수 훈구파의 반발을 샀다. 이러한 가운데 반정의 일등 공신 세 대장(大將)이 잇달아 사망하고, 연이어 박영문·신윤무의 옥사가 발생하면서 신진사류의 개혁정치에 걸림돌이 되었던 훈구세력들은 점차 약화되어 갔다. 게다가 이른바 신씨 복위 상소사건(愼氏復位上疏事件)으로 인해 조광조를 중심으로 강력한 정치세력이 결집되어갔다.

1514년(중종 9) 삼십 대의 혈기왕성한 조광조는 공신 가운데 76명은 뚜렷한 공로가 없기 때문에 그 공훈을 삭제해야 한다는 위훈삭제(僞勳削除) 사건을 일으키기에 이른다. 반정공신호(反正功臣號)의 삭제를 둘러싸고 기성 집권층과 큰 마찰을 빚으면서 조광조는 집권층의 질시 대상이 되었다. 이로 인해 집권층은 혁신정책을 주장하며 위훈삭제를 고집하면서 전국 사림의 영수가 되어 국가의 기강을 진작시키려는 조광조의 세력을 제거하려고 하였다. 이 때문에 기묘사화가 일어난 것이다. 그 선두에 희빈의 부친 홍경주가 있었다.

이 사건에서 희빈홍씨는 부친의 지시에 따라 사림파 세력을 제거하는 데에 수완을 발휘하였다. 아래 두 개의 인용문은 당시 공신호에서 삭제된 남곤 심정 등이 홍경주를 시켜 그의 딸 희빈홍씨로 하여금 중종에게 조광조 등을 멀리 하도록 이간질을 시켰음을 엿볼 수 있다.

> "이때에 홍경주의 딸 홍씨가 바야흐로 빈어로 있으면서 상에게 총애를 받았는데, 남곤이 심정과 더불어 홍경주와 깊이 결탁하고 홍씨로 후원을 삼아 몰래 상의 뜻을 엿보다가 참어를 조작하기를 '목자장군검(木子將軍劍) 주초대부필(走肖大夫筆)'이라 했었는데, '목자(木子)'는 '이(李)'이고, '주초(走肖)'는 '조(趙)'이다. 이는 대개 태조가 나라를 얻을 적의 참어이니, 남곤 등이 이에 의하여 말을 만든 것이다. 이 비어(飛語)가 상께 들어가고, 또한 조광조 등은 논계하여 정국공신 중에 외람하게 끼인 사람들을 추탈하였으며, 또 환관들로 하여금 처첩을 두지 못하도록 하려고 하므로 이 때문에 내부와 외

부가 서로 결탁하게 되고 성상의 총애도 이미 변했었는데, 남곤 등이 알아차리고서 홍경주 등과 더불어 밤에 신무문(神武門)을 열고 대궐에 외쳐대어 입대를 청하여 고변하기를, 조광조 등이 공사(公事)를 핑계하여 사욕을 채우기 위해 헌장을 변란하고 동류들과 결탁하여 종사를 위태롭게 하고자 한다고 했다.”(『중종실록』 권102, 중종 39년 4월 7일 을해).

“(송)시열이 아뢰기를, ‘광조의 일에 대해서 신이 갖추어 진달하겠습니다. 중묘의 반정 공신들은 계해의 훈신과는 달리 대부분 무부(武夫)로 교만하고 멋대로 구는 일이 많았습니다. 광조가 개연히 그들의 숙청을 자신의 책임으로 여기자 못된 무리들의 시기와 질투가 이미 심했습니다. 심지어 그들은 궁액과 짜고 궁궐의 수풀 나뭇잎 위에 ‘주초위왕(走肖爲王)’이라는 글자를 써놓아 현혹시키는 계책으로 하였으며, 또 희빈의 아비 홍경주와 서로 안팎이 되었습니다. 그러다 중묘께서 밀지를 내려 말씀하시기를 ‘광조가 하루아침에 누런 옷을 몸에 걸치는 왕이 된다면 어떻게 하겠는가?’ 하자, 인하여 군소배들이 틈을 타 밤에 신무문을 열어 놓고는 밀고하는 자가 있는 듯이 하여, 장차 화가 헤아릴 수 없게 되었습니다.’고 하였다.”(『현종개수실록』 권20, 현종 10년 1월 5일 기해).

위 인용문에서 알 수 있듯이 희빈홍씨는 ‘일국의 인심이 조광조에게 돌아가 공신의 삭훈으로 왕실의 우익을 제거한 뒤에 목적을 달성하려 한다.’는 유언을 퍼뜨리고 궁궐 내의 나무 잎사귀에 꿀로 ‘주초위왕’이라는 넉자를 써서 이를 벌레가 갉아 먹게 한 뒤 문자로 남아있는 잎사귀를 왕에게 보였다. 이로써 그녀는 이 사건이 조광조의 자작이요 반역의 증거라고 음해해 조광조는 물론 사림세력을 정계에서 축출해 버렸다.

당시 조광조가 조정에 새로운 사림의 세력으로 부상하자 그에 위협을 받는 공신세력들은 주초위왕사건을 일으켜 조광조를 제거하려고 하였고, 이에 홍경주의 사주를 받은 희빈홍씨는 후궁에 있으면서 대궐 나뭇잎에 주초위왕을 새겨 넣어 조광조를 제거하는 데에 1등 공신 역할을 했던 것이다. 중종 역시 조광조 일파의 지나치게 도학적이고 딱딱한 학문적 분위기에 염증이 나 있던 터라 이러한 희빈홍씨의 이간질에 귀를 기울일 만하게 되어 있었다. 이러한 때에 홍경주가 '조광조가 붕당을 이루어 조정을 어지럽히니 죄 주어야 한다'고 주장하게 되었고 중종에게는 이 말이 매우 설득력 있게 받아들여진 것이다.

결국 1519년(중종 14) 11월에 홍경주를 중심으로 남곤(南袞), 김전(金銓), 심정(沈貞) 등은 조광조 일파가 붕당을 만들어 중요한 자리를 독차지 하고 임금을 속이며 국정을 어지럽히니 이를 바로잡아야 한다는 건의를 올리게 된다. 이때 중종 또한 조광조 등의 지나친 도학적 언동에 힘겨워하던 중 이들의 건의를 받아들여 조광조 일파를 치죄하게 되었다. 이후 조광조는 능주에서 사사되고 김정(金淨)·기준(奇遵)·한충(韓忠)·김식(金湜) 등은 귀양갔다가 사형 또는 자결하였다. 그 밖에 김구(金絿)·박세희(朴世熹)·박훈(朴薰)·홍언필(洪彦弼)·이자(李耔)·유인숙(柳仁淑) 등 수십 명이 귀양가게 되었다. 이 당시 사화에 의해 희생된 조신들을 일명 '기묘명현(己卯名賢)', '기묘사림(己卯士林)' 혹은 '기묘제현(己卯諸賢)'이라고 불렀다.

1521년(중종 16) 부친 홍경주가 죽자 희빈홍씨의 세력도 미약해졌다. 한때 경빈박씨와 함께 왕비가 되고 자신의 아들을 세자로 올리려고 노력했지만, 문정왕후가 새로이 왕비로 들어오면서 그의 권력욕도 약해질 수밖에 없었다. 문정왕후의 입궁이후부터 희빈홍씨는 자신이 왕비가 되고 아들을 세자로 만들려는 그 이전의 야심을 버렸다. 그래서 경빈박씨와는 달리 평소 자중자해하며 말수를 적게 하고 시어머니 정현왕후와 왕비 문정왕후를 옆에서 잘 보필하였다.

이런 와중에 1527년(중종 22) 갑자기 '작서(灼鼠)의 변'이 일어났다. 작서의 변은 인종이 머물던 동궁 후원에 있는 나무에 앞 뒤 팔다리를 자르고 얼굴을 인두로 지진 쥐를 매달아 놓은 흉측한 사건이었다. 조정 대신들은 희빈홍씨를 포함한 경빈박씨, 창빈안씨 등 아들이 있는 후궁들을 모두 의심하였다. 봉성군과 금원군을 둔 희빈도 다른 후궁들과 마찬가지로 마음을 조아릴 수밖에 없었다. 다행히 평소 해왔던 희빈홍씨의 언행 덕에 정현왕후가 "홍씨는 충실하고 순한 사람이다. 내 반드시 혐의가 없음을 보증하리라."고 변론해 줌으로써 그녀의 혐의는 벗어났다.

그러나 자신과 평생 라이벌 관계였던 경빈박씨는 조사과정에서 뚜렷한 혐의점을 찾지 못했는데도 정현왕후가 그녀를 범인으로 지목하면서 끝내 누명을 쓰고 폐서인되어 유배되었다. 더구나 경빈박씨는 5년 뒤인 1532년(중종 27)에 '목패(木牌)의 변'까지 있게 되자 다음해에 복성군과 함께 사약을 받고 죽었다. 희빈홍씨는 중종이 한때 사랑했던 경빈박씨와 친아들 복성군까지 사사할 수밖에 없는 권력 투쟁의 참상을 직접 목격해야만 했다. 희빈홍씨의 나이 39살 때의 일이다.

희빈홍씨는 경빈박씨와 복성군이 폐서인되었을 때에도 중종의 사랑과 관심을 계속적으로 받았다. 1529년(중종 24) 희빈홍씨 나이 36살 되던 해에 그녀는 봉성군을 낳았다. 당시 숙원이씨, 숙원김씨, 숙원안씨(훗날 창빈안씨), 상궁한씨(훗날 귀인한씨) 등은 중종의 총애를 받고 있었지만, 가장 오랫동안 사랑을 받아온 여성은 단연 희빈홍씨였다.

당시 마흔 줄에 접어든 중종은 늦둥이로 태어난 봉성군을 애지중지하여 항상 자신의 옆에 두었다. 부모의 사랑을 받고 자란 봉성군은 중종과 희빈홍씨의 기대를 저버리지 않고 어렸을 때부터 남달랐다. 그의 품성은 맑고 아름다웠으며, 총명하고 재기가 뛰어났다. 실제로 그의 죽음에 대해 실록에서는 "총명하고 중종의 왕자들 중 가장 현명했던 바람에 을사년에 가장 참혹한 화를 만났다."고 언급할 정도로 학식과 덕망이 높은 왕자로 평하고 있다.

희빈홍씨는 처음 후궁이 되어 부친과 가문의 번성을 위해 사림파와 조광조 일파의 제거에 앞장섰지만, 중년의 삶 이후에는 모든 욕심을 버리고 남편 중종의 사랑을 받고 비범한 아들을 둔 것만으로 만족하며 평범한 여인으로 살고 싶었다. 그리고 자신이 꿈꾸던 그 행복이 오래갈 것이라 생각했다.

4. 역적으로 몰린 아들, 가슴에 묻다

부친 홍경주가 세상을 떠나고, 1534년(중종 29) 문정왕후가 명종을 낳은 이후로 희빈홍씨는 모든 권력에서 벗어나 비로소 조용하고 안정된 여생을 보내고 있었다. 문정왕후가 이전에 극도로 몸을 사리며 살아왔던 여성이라면 희빈홍씨의 말년의 삶은 오직 살기 위해 자중자애하며 조심하고 또 조심했다. 당시의 권력투쟁은 하루아침에 생사가 뒤바뀔 정도로 치열했고, 온갖 모략과 암투가 난무했던 때였다.

1544년(중종 39) 중종은 서른 살의 인종에게 보위를 물려주고 승하했고, 인종이 즉위하자 인종의 외삼촌 윤임이 권력을 휘두르게 되고 윤원로 일파는 몰락의 길을 걸었다. 그러나 즉위한 지 8개월 만인 1545년(명종 즉위)에 몸이 허약하여 병을 앓고 있었던 인종은 경복궁 청연루에서 불과 31세의 나이로 승하하고 12살에 불과한 명종이 즉위하였다. 희빈홍씨의 나이 52살이 되던 해였다. 당시 순조롭고 평온한 삶을 보내고 있던 그녀에게 또 다시 시련이 닥쳤다. 경기도 관찰사로 있던 김명윤(金明胤)의 역모 고변으로 금쪽같은 자신의 아들인 봉성군이 17살의 어린 나이로 역모에 연루된 것이다.

어린 명종이 등극하자 문정왕후는 어린 왕의 모후로 수렴청정을 하며 권력의 중심에 우뚝 섰다. 그때 문정왕후의 나이 45세였다. 문정왕후는 열일곱 어린 나이에 입궁하여 권력의 소용돌이 속에서 오랜 세월 숨죽이며 살았다. 왕권이 얼마나 위태롭고 위험한 것인지를 누구보다 잘 알고 있었던 문정왕후는 동생 윤원형과 함께 대대적인 숙청을 단행하였다. 첫 사건이 바로 을사사화(乙巳士禍)였다. 그 단초는 같은 해 9월, 인종의 외숙부 윤임이 명종 대신 계림군(桂林君)이나 봉성군을 왕위에 앉히려고 했다는 김명윤의 고변이었다. 김명윤은 희빈홍씨의 형부로 봉성군에게는 이모부이다. 김명윤은 권력을 잡은 명종의 모후 문정왕후 윤씨와 그 오빠 윤원형 및 이기(李芑) 등에게 아부하기 위해 이 일을 꾸몄다.

계림군은 월산대군의 손자이고 봉성군은 바로 희빈홍씨의 차남이었다. 당시 명종은 계림군을 잡아 들여 신문했지만 봉성군은 가담하지 않았을 것이라고 변론하며 신문하지 말 것을 지시했다. 그러나 관련자들에 대한 공초에서 봉성군의 이름이 지속적으로 언급되기 시작하였다. 공초의 내용은 윤임이 경원대군이 왕위에 오를 경우 외숙 윤원로 등이 득세하여 자신의 집안은 멸문을 당할 것을 우려했기 때문에 인종이 죽으면 질병이 있는 명종 대신 계림군 혹은 봉성군을 왕위에 세우려 했다는 것이다. 이러한 이유로 봉성군은 수차례에 걸쳐 대간으로부터 탄핵을 받았고 그때마다 명종은 봉성군에 대해 나이가 어리다는 이유로 보호해주었다.

윤원형 등 소윤은 봉성군을 윤여해(尹汝諧, 윤임의 백부)·유희령(柳希齡)의 모반사건에 연루시킨 이후 이번엔 희빈홍씨도 역모죄에 연루시켰다. 이 때문에 희빈홍씨는 대간들로부터 심한 탄핵을 받았지만 문정왕후는 선왕의 총애를 받았던 후궁임을 감안하여 용서해주었다. 그러나 희빈홍씨는 6일 뒤인 9월 21일 어머니 권씨의 병환을 핑계로 중종 3년 상이 끝나기도 전에 스스로 대궐을 떠났다. 이는 역모사건에 연루되어 편안하지 않았기 때문이다. 이후 봉성군의 탄핵은 계속되었고 결국 봉성군은 이듬해인 1546년(명종 1) 강원도 울진(蔚珍)으로 유배되었다.

그러나 봉성군의 시련은 여기에 그치지 않았다. 1년이 지난 1547년(명종 2) 부제학 정언각(鄭彦慤)이 한강 이남의 양재역(良才驛)에서 "여주(女主)가 위에서 정권을 잡고 간신 이기 등이 아래에서 권세를 농간하고 있으니 나라가 장차 망할 것을 서서 기다릴 수 있게 되었다. 어찌 한심하지 않은가. 중추월 그믐날."이라는 한 장의 익명서를 발견하고 이를 명종에게 아뢰었다. 이른바 '양재역 벽서 사건' 또는 '정미사화(丁未士禍)'로 부르는 이 일로 봉성군은 결국 1547년(명종 2) 윤9월 16일, 자진 명령을 받고 곧바로 자살하게 된다. 이때 희빈홍씨는 후궁의 처지로 자식의 죽음 앞에서도 말 한 마디 할 수 없었다.

대궐에서 나간 뒤 그녀는 금원군의 사저에서 노년을 보냈다. 역모 사건에 연루된 봉성군과는 달리 금원군은 종친의 신분임에도 불구하고 1552년(명종 7) 40세에 문소전, 연은전, 양전 도감제조를 겸했고, 1553년(명종 8) 41세에는 사옹원 도제조를 겸했으며 1555년(명종 10) 43세에는 종부시 도제조를, 1557년(명종 12) 45세 때에는 종친부까지도 아울러 관장하였다. 심지어 1559년(명종 14) 47세에는 문정왕후의 언문교지를 위조한 승려 성청(性清)의 일에 모함받아 심한 탄핵을 받았지만 문정왕후와 명종의 옹호로 계속 관직에 머물렀다. 금원군에 대해 송인(宋寅)은 "사람됨이 순하고 소박

[도 5] 희빈홍씨의 묘(포천)   [도 6] 묘비(포천)

하며 꾸밈이 없고, 주색잡기에 관심이 없으며 다른 사람들과 내통하지 않고 깊은 곳에서 유유자적한 생활을 하였다"고 평한 데에서 보이듯이, 안빈낙도의 삶으로 불운에서 벗어날 수 있었다.

희빈홍씨는 문정왕후와 명종의 보호아래 천수를 누렸지만, 하나뿐인 아들 금원군마저 1562년(명종 17) 50세에 세상을 떠났다. 금원군은 1녀만을 낳고 아들을 두지 않았기 때문에 덕흥대원군(德興大院君)의 차남 하릉군(河陵君) 이인(李鏻)을 계후자로 삼았다. 하릉군은 선조대왕의 친형이자 둘째형이 된다.

희빈홍씨는 어렸을 때 일찍 요절한 세 아들과 비명횡사한 봉성군, 장수하지 못한 금원군을 가슴에 묻고 홀로 지내다가 결국 1581년(선조 14) 11월 6일에 88세의 나이로 세상을 떠났다. 그녀는 남편과 자녀가 모두 자신보다 일찍 사망하는 깊은 인간적 슬픔을 겪었다. 특히 자신의 형부의 고변으로 생을 다하지 못한 어린 봉성군의 죽음을 경험하면서 평생 눈물로 지새웠다. 다행히 1567년(선조 즉위) 희빈홍씨의 생전에 아들 봉성군이 신원되고, 1576년(선조 9)에는 경명군(景明君)의 증손자 문성군(文城君)이 봉성군의 양자가 되어 후사를 잇게 되었다. 또한 1732년(영조 8)에는 의민(懿愍)의 시호를 받게 된다.

희빈홍씨는 부친 홍경주의 후광을 업고 중종의 후궁이 되었지만, 입궁 이후에 적극적인 자세로 자신의 영역을 확보해 나가 훈구 세력을 확장하는 데에 조력한 일등 공신이었음에는 틀림없다.

▣ 참고문헌

『中宗實錄』

『仁宗實錄』

『璿源系譜』

『增補文獻備考』

『燃藜室記述』

『大東野乘』

『頤庵集』

김돈, 『조선전기 군신권력관계연구』, 서울대학교 출판부, 1997.

김돈, 「중종대 '작서(灼鼠)의 변'과 정치적 음모의 성격」, 『한국사연구』119, 한국사연구회, 2002.

김우기, 『조선중기 척신정치연구』, 집문당, 2001.

남양홍씨남양군파대종중회편, 『南陽洪氏南陽君派世譜』, 2004.

변원림, 『조선의 왕후』, 일지사, 2006.

윤정란, 『조선의 왕비』, 이가출판사, 2003.

이미선, 「조선시대 후궁(後宮) 연구」, 한국학중앙연구원 한국학대학원 박사학위논문, 2012.

한춘순, 『명종대 훈척 정치 연구』, 혜안, 2006.

한희숙, 「중종비 폐비 신씨의 처지와 그 복위논의」, 『한국인물사연구』7, 2007.

의순공주: 조선의 마지막 공녀

한국학중앙연구원 책임연구원

1. 의순공주에 대한 기록들

오늘날 경기도 의정부시 금오동에는 '족두리묘'로 불리는 의순
공주의 묘가 자리하고 있다. 의순공주는 1650년(효종 1)에 청으로
끌려간 여성으로 조선의 마지막 공녀라 할 수 있다.

의순공주는 왕실 후손이긴 하나 공주는 아니었다. 조선에서 공
주가 아닌 여성이 공주라는 작호를 받은 일은 전무후무한 일이었
다. 더구나 공주라는 신분으로 공녀로 끌려가 청의 실권자 도르곤
(多爾袞)과 혼인까지 했기에 사람들의 관심이 높을 수밖에 없었다.

그래서인지 의순공주에 대한 이야기는 후대까지 오래도록 회자
되었고, 이 과정에서 다양한 기록들이 뒤섞여 남게 되었다. 따라서
의순공주에 대한 접근은 여러 기록들을 살피는 일에서부터 시작해
야 한다.

의순공주(義順公主, 1635~1662)는 본관이 전주, 이름은 애숙(愛
淑), 아버지는 금림군(錦林君) 이개윤(李愷胤), 어머니는 문화 유씨
(文化柳氏)다. 『선원록(璿源錄)』(1681년, 장서각 K2-1047), 『선원계보
기략(璿源系譜記略)』(1908년본, 장서각 K2-1036), 『돈녕보첩(敦寧譜

의순공주: 조선의 마지막 공녀 279

牒)‑대왕편』(1895년본, 장서각 K2-1686) 등 왕실 족보에 따르면, 아버지 이개윤은 성종의 4대손으로 서손(庶孫)이었다. 이개윤의 아버지 이현(李俔)은 여비 윤개(允介) 사이에서 이개윤을 낳았다.

이개윤은 세 번 혼인을 하였다. 『선원계보기략』에 첫째 부인은 안산인 안여관(安汝寬)의 딸, 둘째 부인은 문화인 대사헌 유경심(柳景深)의 딸, 세 번째 부인은 이익(李翼)의 딸로 밝혀져 있다. 이개윤은 이들 사이에서 4남 3녀를 두었는데 3녀 중에 의순공주도 포함되어 있다. 성해응(成海應, 1760~1839)은 의순공주를 서녀(庶女)로 파악했으나, 의순공주는 이개윤의 둘째 부인 문화유씨 소생으로 적녀였다.

그런데 의순공주에 대한 기록은 『선원록』, 『선원계보기략』, 『돈녕보첩‑대왕편』이 다소 상이하다. 『선원록』에는 이개윤의 딸로 의순공주를 올려놓았다. 의순공주의 이름인 애숙도 이 족보에 기록되어 있다. 그리고 참고사항으로 "1650년(효종 1)에 간택되어 의순공주로 봉해져서 북경에 들어갔다가 나중에 본국으로 돌아와 죽었다."는 기록까지 덧붙였다.

[표 1] 왕실 족보에 기록된 금림군 이개윤의 자녀수

구분	선원록(1681년)	선원계보기략(1908년본)	돈녕보첩(1895년본)
적자녀수	4남 3녀	4남 2녀	
서자녀수	3남 1녀		
의순공주 기록	○	×	×

[표 2] 『선원록』에 기록된 금림군 이개윤의 자녀

구분	자녀이름	자녀 어머니(이개윤 부인)	비고
아들	준(浚)	안산 안씨	
	수(洙)	문화 유씨	
	해(海)	문화 유씨	
	홍(泓)	문화 유씨	

딸	애선(愛善)	기록없음	
	애정(愛正)	기록없음	
	애숙(愛淑)	문화 유씨	의순공주
서자	속(涑)	양녀 애순(愛順)	
	영(泳)	양녀 애향(愛香)	
	자(滋)	양녀 애향	
서녀	영숙(英淑)	양녀 애향	

이에 비해 『선원계보기략』과 『돈녕보첩 – 대왕편』은 이개윤의 딸로 두 명만 기록하고 의순공주는 빠져 있다. 이 두 족보가 18세기 말과 19세기 초에 개수된 족보라는 사실을 고려할 때에 『돈녕보첩』과 『선원계보기략』에서 의순공주를 기록하지 않은 것은 의도적으로 빠뜨린 것이 아닌가 싶다. 곧 의순공주를 기록으로 남기고 싶지 않았다는 의미로 이해된다.

의순공주는 '의신공주(義信公主)'로도 불렀다. 주로 청에서 통용되었는데, 의순공주를 조선으로 돌려보내면서 보낸 「출송의신공주칙(出送義信公主勅)」에서 알 수 있다. 이 때문인지 조선의 기록에도 의신공주라는 호칭이 종종 보인다.

예컨대, 1656년 7월 조선에서 의순공주의 환국 조치에 대해 청에 감사의 글을 보내면서 「사출송의신공주표(謝出送義信公主表)」라고 썼다. 민간에서도 의신공주라는 호칭을 사용하였다. 황경원(黃景源, 1709~1787)이 지은 「황조배신전(皇朝陪臣傳)」에 의신공주로 되어 있다. 『청장관전서(靑莊館全書)』나 『연려실기술(燃藜室記述)』 등에도 의신공주로 나와 있다.

또한 19세기에 편찬된 종합보인 『만가보(萬家譜)』에는 의순공주가 '의신현주(義信縣主)'로 올라 있다. 현주는 왕세자의 서녀에게 내린 봉작호로서 의순공주의 존재가 민간에서 다양한 형태로 굴절되어 회자되어 온 상황을 엿볼 수 있다.

2. '공주'의 탄생

1650년(효종 1) 청 도르곤(多爾袞: 睿親王, 1612~1650)은 조선에 국혼을 요구하였다. 그의 부인이 사망한 직후였다. 도르곤의 요구는 매우 비밀스럽게 조선 국왕 효종에게 전달되었다. 조선에 온 청 사신은 중사 나업을 통해 효종에게 국혼에 관한 일을 은밀하게 먼저 알리게 하였다. 그리고 사신 일행단 내부에서도 국혼에 관한 일을 절대 입 밖에 내지 않도록 함구령을 내려놓은 상태였다.

> "구왕(九王)이 부지(夫之)【부지는 바로 고국씨(古國氏)의 칭호다.】를 갓 잃어 국왕과 혼인을 맺고자 한다.……다만 국왕이 필시 독단하지 못하고 신하들에게 물을 텐데, 신하들은 반드시 '그들과 어떻게 혼인을 맺을 수 있겠습니까?' 할 것이기 때문에, 그들로 하여금 먼저 알지 못하게 하려 한 것이다."(『효종실록』 효종 1년 3월 5일)

이렇게 국혼에 대한 조율이 이루어지고 나서야 청 사신은 도성으로 들어 왔다. 청 사신은 두 통의 글[勅書]을 효종에게 전달하였는데 한 통은 황제 유시이며, 또 한 통은 도르곤이 혼인을 요구하는 글이었다. 도르곤은 이 글에서 조선과 혼인을 맺고자 하니 "왕의 누이나 딸 또는 왕의 가까운 친척 또는 대신의 딸로서 아름답고 행실이 좋은 자가 있으면 선발하여 보고하도록 하라."(『효종실록』 효종 원년 3월 7일)고 하였다.

도르곤은 이 당시 청의 실질적인 통치자였다. 도르곤은 누르하치의 열네 째 아들로 어머니는 효열무황후(孝烈武皇后)다. 도르곤은 태종 홍타이지가 죽고 세조(世祖, 順治帝)가 다섯 살의 나이로 즉위하자 정친왕(鄭親王) 지르갈랑[濟爾哈朗]과 함께 섭정하였다. 그래서 도르곤은 조선왕조실록에 섭정왕(攝政王)으로 기록되거나, 태종 홍타이지의 아홉째 동생이라 하여 구왕(九王)으로 기록되어 있기도 하다. 1647년에는 공동 섭정자인 정친왕마저 몰아내면서 막강한 권한을 휘둘렀다.

효종은 도르곤 요구를 거절할 수 없었다. 앞서 청 임금이 보낸 유시의 내용은 크게 세 가지 사안으로 압축할 수 있다. 본인이 인조에게 시호를 내리고 섭정왕(도르곤)이 부의를 보냈는데도 조선에서 사은하지도 않고 예물도 보내지 않은 것, 조선에서 한인(漢人)의 배를 동래 왜관으로 보내겠다고 보고한 것이 무슨 의도인지, 조선에서 성곽을 수축하고 병사를 훈련시킨 일에 대한 문책이었다. 이뿐만이 아니었다. 청 사신들은 국혼과 함께 김자점이 내쫓긴 일과 김상헌·김집의 반청 태도도 항의하였다.

정권 유지의 위기감을 느낀 효종은 국혼을 허락하였다. 도르곤의 국혼 의지는 매우 강했다. 이미 사신을 보내 국혼을 타진했으면서도, 또다시 추가로 사신 1명을 파견해 혼인할 여성과 함께 들어오게 조치한 것이다. 그래서 3월 18일 임무를 마치고 돌아가던 사신들이 중간에 추가로 들어온 사신 일행을 만나 도성으로 되돌아 왔다.

도르곤의 국혼 요구에 직면한 효종은 공주를 보낼 생각이 없었다. 효종은 왕비 인선왕후(仁宣王后) 사이에 여섯 자녀를 두었다. 아들 한 명, 딸 여섯이었다. 공주 가운데 첫째 숙신공주는 일찍 죽었다. 1650년 당시 둘째 숙안공주(1636~1697)가 15살, 셋째 숙명공주(1640~1699)가 11살, 넷째 숙휘공주(1642~1696)가 9살, 다섯째 숙정공주(1645~1668)가 6살, 막내 숙경공주(1648~1671)가 3살이었다. 이 중 숙안공주만 1649년(인조 27)에 홍득기와 혼인했으며, 나머지 딸들은 미혼이었다.

효종은 이미 나업을 통해 청 사신에게 공주가 두 살이라 혼사를 맺을 수 없다는 의사를 전달하였고, 이에 청 사신으로부터 종실 가운데 적합한 여성으로 대신해도 괜찮다는 답변을 들은 터였다. 효종은 청에 보낼 여성 후보자를 물색하였다. 간택 범위는 2품이상의 고관과 종친가였으나, 적자 3품 관리의 딸까지 확대시켰다. 그러던 중 금림군 이개윤이 나섰다. 금림군은 청에 보낼 여성을 물색한다는 이야기를 듣고 종부시 제조 오윤을 통해 "딸이 있는데 자색이 있다."고 전하면서 적극적인 태도를 보였다.

효종은 의순공주를 포함하여 청에 보낼 여성 후보자들을 선발하였다. 청 사신들은 이 여성들 가운데 금림군 이개윤의 딸을 최종 선택하였다. 효종은 최종적으로 선택된 이개윤의 딸을 양녀로 삼아 공주라는 봉작명을 내리고 '의순공주'라는 칭호를 붙여주었다. 의순공주 나이 16세로 효종의 수양딸이 된 셈이다. 그리고 도르곤에게 꼬투리를 잡히지 않기 위해 금림군의 족보에 대해서 효종 본인과 금림군이 5촌사이이며, 그 딸과는 6촌으로 양녀를 삼았다는 말까지 미리 준비해두었다.

1650년 4월 22일 공조판서 원두표가 총책임자가 되어 의순공주 일행이 출발하였다. 의순공주가 출발할 때 궁녀후보자 16명과 유모 1명, 시녀 1명, 여종 3명 등 총 22명의 조선 여성들이 떠났다. 효종이 직접 서쪽 교외까지 나가 의순공주를 전송하였다. 당시 공주 일행을 본 도성 사람들이 모두 슬픔에 겨워 비참해 했다고 한다.

3. 타국에서의 생활, 그리고 귀환

'공녀(貢女)'란 전통시대에 한국에서 중국에 바친 여성을 말한다.

공녀는 13세기 후반에 고려가 원(元)의 간섭을 받으면서 본격화되었다. 『고려사』에 의하면, 1275년(충렬왕 1)부터 1355년(공민왕 4)까지 80년간 약 44차례에 걸쳐 170명 이상의 여성이 원으로 보내졌다.

하지만 이것은 어디까지나 『고려사』에 기록된 숫자일 뿐이다. 기록에 누락되거나 개인적으로 원의 관료들에게 끌려간 여성까지 합친다면 이보다 더 늘어날 것이다. 어느 연구자는 최대 2천명 이상으로 추정하기도 한다.

공녀는 조선왕조가 건국된 이후에도 없어지지 않았다. 명이나 청에서 여전히 조선 조정에 여성을 요구하였다. 명의 요구로 1408년(태종 8)을 시작으로 1433년(세종 15)까지 총 27년간 일곱 차례에 걸쳐 114명의 여성이 끌려갔다. 주로 성조(成祖, 永樂帝)와 선종(宣宗, 宣德帝) 연간에 집중되었다. 병자호란이 끝난 후에는 청에서 여성을 요구하였다. 그래서 1638년(인조 16)과 1650년(효종 원년) 두 차례에 걸쳐 32명의 여성이 청에 바쳐졌다.

의순공주는 조선의 마지막 공녀로서 16세에 청으로 갔다. 그리고 의순공주가 다시 조선 땅을 밟은 해는 1656년(효종 7)이었다. 만 6년 동안 청에 머문 셈이다. 청으로 간 의순공주는 어떤 대접을 받았을까?

의순공주는 아버지 이개윤의 표현에 따르면 자못 미모가 있었다. 의순공주가 혼인한 상대는 당시 청의 최고 실권자인 도르곤이었다. 1650년 5월, 도르곤은 여러 친왕과 패륵을 거느리고 산해관에서 사냥을 하였다. 의순공주가 도착하자 연산(連山, 요령성 서쪽)에서 맞이하여 성혼하였다.

조선의 기록에는 도르곤이 6만 군사를 데리고 요동 경계에 나왔다고 한다. 도르곤이 처음 의순공주를 만났을 때에는 "상당히 기뻐하는 기색이 있었다."고 기록에 남아 있다. 그래서 자태가 뛰어나다는 의미로 '백송골(白松鶻)'이라는 칭호를 붙여주었다. 하지만 북경에 도착하고 난 이후에 도르곤은 태도를 바꿔 공주가 아름답지 않고 시녀들도 아름답지 않다는 이유로 온갖 불만을 표출하였다.

"오늘의 일은 그대 나라의 행동을 보고자 한 것이었는데 선발이 좋지 못하여 공주가 뜻에 차지 않는다.…그대 나라의 불성실을 여기에서 볼 수 있다."(『효종실록』 효종 1년 8월 27일)

도르곤이 처음에 의순공주를 마음에 들어 하다가 수도 북경에 도착한 후에 맘에 들지 않는다고 타박한 이유는 무엇일까? 갑자기 마음이 바뀌어 의순공주가 맘에 차지 않을 수도 있으나, 도르곤이 의순공주의 외모를 탓하기 직전에 조선 사신들에게 한 말을 살펴보면 이유는 다른 데에 있었을 가능성이 높다.

도르곤은 조선 사신들에게 "번번이 왜적과 흔단이 있다는 핑계로 성을 쌓고 군사를 훈련시키겠다고 청하니, 이는 반드시 그대 나라가 다른 뜻을 가지고 있기 때문"이라면서 언성을 높였다. 도르곤 발언은 군사 시설을 강화하려는 조선에 대해 불만을 표출한 것이다. 이 점으로 미루어보아 도르곤이 조선에 대한 불만 때문에 의순공주 및 시녀들의 용모가 맘에 차지 않는다고 트집을 잡았을 가능성이 높아 보인다.

의순공주가 도르곤과 어떤 사이를 유지했는지 알려져 있지 않다. 다만 금림군(錦林君)의 외손의 기억에 따르면, 의순공주는 귀국 후 섭정왕을 그리워했다고 한다. 그래서 무당을 시켜 혼을 불러 다정한 말을 한번 듣기를 원했으나 끝내 신(神)이 내리지 않았다. 그러자 공주가 경대 상자를 열고 도르곤이 쓰던 초피(貂皮) 모자를 꺼내 무당 앞에 던지니 비로소 신이 내렸다고 한다. 이 일화를 통해 공주와 도르곤의 사이가 나쁘지 않았다고 짐작되며, 공주가 귀국하면서 도르곤의 유품까지 일부 챙겨왔다고 판단된다.

의순공주에게 불행이 닥친 것은 청으로 간 지 몇 개월이 지나지 않아서였다. 도르곤이 1650년 12월에 갑자기 사망했기 때문이다. 불행은 여기서 끝나지 않았다. 도르곤이 사망한 이듬해인 1651년에 청 조정에서는 도르곤이 황제의 자리를 엿보았다는 죄목으로 역적으로 단죄하여 부관참시하였다. 도르곤의 지위와 재산, 식구들도 몰수하여 여러 왕족과 장수에게 분배하였다. 이 과정에서 의순공주 역시 다른 사람에게 보내졌다.

그런데 의순공주가 간 곳에 대해서는 기록마다 조금 차이가 있다. 조선왕조실록에는 백양왕(百陽王)의 아들, 보로(甫老), 도르곤의 휘하 장수[九王手下將], 친왕(親王), 심왕(瀋王) 등으로 나오고 있다. 청의 자료인 『청문헌통고(淸文獻通考)』에는 "처음 조선 국왕의 친족의 딸이 화석단중친왕(和碩端重親王) 박락(博洛)의 비(妃)가 되었다. 왕이 죽자 비가 과부가 되었다. 그 아버지 금림군 이개원(李愷元: '李愷胤'의 오자로 보임)이 사신으로 들어와 그 딸의 환국을 요청하자 허락하였다."고 되어 있다.

의순공주가 위에서 거론한 사람들에게 어떤 처지로 갔는지는 자세하지 않으나 재가했다는 기록이 많다. 분명한 사실은 보로 또는 박락마저 1652년에 사망하자 의순공주는 홀로 되고 말았다는 것이다. 그러자 아버지 이개윤이 북경에 가서 딸을 귀환시켜주기를 요청하여 허락을 받고 딸을 조선으로 데리고 왔다. 의순공주의 귀환과 관련하여 청 임금 세조(순치제)가 보낸 칙서를 소개하면 아래와 같다.

"배신(陪臣) 금림군 이개윤의 딸이 과부로 살고 있으면서 부모 형제를 멀리 이별하였으니, 내가 측은하게 여긴 지 오래되었다. 또 이 여인은 왕에게 이미 종친(宗親)이 되고 또 어루만져 길렀으니, 왕이 늘 마음에 둠이 실로 깊을 것이다. 지금 이개윤이 공물을 바치느라 조정에 와서 그 딸을 보고자 요청하니 전부터 가엾이 여긴 나의 뜻이 더욱 절실해졌다. 이에 특별히 귀국하게 하여 친척에 의지해 스스로 수절토록 하니, 왕은 그리 알라."(『효종실록』 효종 7년 4월 26일)

의순공주가 조선으로 다시 돌아온 시기는 1656년(효종 7) 4월이었다. 효종은 호조에 명하여 의순공주에게 매달 쌀을 지급해 평생을 마치도록 하였다. 하지만 그 세월은 그리 오래 가지 못했다. 1662년(현종 3) 8월 18일, 돌아온 지 6년도 채 못 되어 의순공주는 병으로 세상을 떴다. 나이 28세였다.

4. '족두리묘'와 남겨진 이야기

의순공주는 아버지의 간청으로 간신히 고국으로 돌아왔다. 하지만 의순공주를 기다린 것은 따뜻한 환영이 아닌 사회의 차가운 시선이었다.

의순공주가 돌아온 지 얼마 되지 않아 사간원에서는 이개윤의 처벌을 요구하였다. "조정을 업신여기며 사사로운 뜻에 끌려 멋대로 돌려달라고 청하였으니 국법으로 결코 용서할 수 없습니다."면서 조정의 동의도 없이 의순공주의 귀국을 멋대로 성사시킨 이개윤을 성토하였다. 결국 이개윤은 삭탈 관작되어 성 밖으로 쫓겨났다.

의순공주를 바라보던 사회의 시선은 18세기 말의 저술로 추정되는 『연려실기술(燃藜室記述)』(이긍익)에서 단초를 얻을 수 있다.

"금림군 이개윤이 자청하여 그 딸을 보냈으니, 이는 그 뜻이 오로지 나라를 위하는 데 있는 것이 아니라 청국에서 보내는 비단이 많음을 탐낸 것이다. 이개윤의 집이 지극히 가난했는데 이 때문에 부자가 되었다. 딸은 의순공주라 하는데, 구왕(도르곤)이 받아들였다가 뒤에 소박하여 버리고 그의 하졸에게 시집보냈다. 이행진(李行進)이 이개윤과 함께 사신으로 북경에 가서 글로 아뢰어 그 딸을 데리고 돌아오니 당시의 사람들이 침을 뱉고 욕하였다."

위의 기록은 사실(事實) 면에서 틀린 부분이 있다. 무엇보다도 의순공주가 소박을 맞았다가 도르곤의 부하에게 시집갔다는 부분은 명백한 왜곡이다. 도르곤이 부관참시된 후에 다른 남성에게 다시 보내진 의순공주에 대해 대단히 악의적으로 기술했음을 볼 수 있다.

한편, 민간에도 의순공주와 관련한 설화가 남아있다. 청으로 시집가는 의순공주가 평안도 정주에서 짐승보다 못한 오랑캐에게 몸을 더럽힐 수 없다며 가파른 벼랑 아래 깊은 물속으로 몸을 던져 자살하였으며, 시체가 떠오르지 않아 그녀가 쓰고 있던 족두리만으로 무덤을 만들어 '족두리묘'로 칭했다는 것이다.

이 이야기가 언제부터 형성되었는지 알 수 없으나 의정부지역에서는 꽤 광범위하게 형성되어 있다. 대표적으로 1994년에 의정부시에서 펴낸 『시정30년사』(하)에는 다음과 같은 내용이 실려 있다.

"금오동 천보산 중턱에 있는 청룡사에 오르다 보면 쪽도리 산소와 정주당이라는 곳이 있다. 병자호란으로 인한 우리 민족의 치욕상을 여실히 말해주는 곳이다. 금오동에 살고 있는 어느 왕족의 따님 한 분이 청나라로 잡혀가게 되었다. 청나라 사신을 따라 평안도 정주 땅에 이르렀을 때 투신자살을 하고 말았다. 시신을 구하지 못하고 쓰고 있던 족두리만 건져다가 이 곳 금오동 선영에 장사를 지내니 지금도 쪽도리 산소라 이름한다. 조정에서 큰 당, 작은 당, 색시 당을 주어주니 그녀의 어머니는 식음을 전폐하고 평안도 정주 땅을 바라보면 딸의 넋을 위로하였다 하여 정주당이라고 부르고 있다."

이 이야기는 『연려실기술』처럼 악의적인 기록은 아니지만 의순공주가 투신자살을 했다고 보고 있어 사실에 부합하지 않는다는 점에서는 마찬가지다.

그렇다면 의순공주 사후에 공주에 대한 기록이나 설화가 왜 사실과 다르게 남게 되었을까? 『연려실기술』의 기록은 의순공주보다는 아버지 이개윤에 대해서 더 큰 불쾌감을 드러내고 있다. 재물 때문에 딸을 오랑캐에 혼인시켰다가 그 딸을 다시 데려온 행위를 뻔뻔하다고 본 것이다. 이에 비해 족두리묘의 형성은 의순공주가 오랑캐와 혼인하느니 차라리 죽음으로써 정절을 지키기를 바란 민간의 바람이 투영된 이야기다.

두 내용은 다른 시각에서 의순공주를 바라다본 결과이나, 공통점은 기록이나 설화 모두 의순공주의 고단한 삶에 대해서는 눈길을 주고 있지 않다는 점이다. 16세의 꽃다운 나이에 본인 의지와 상관없이 청에 갔다가 귀환 후 쓸쓸히 병사하고 만 의순공주의 존재는 병자호란의 패전이 낳은 깊은 상흔이었다. 공주 대신 공주가 된 의순공주를 온전히 기억해야 하는 이유가 바로 여기에 있다.

🔖 참고문헌

『조선왕조실록』, 『승정원일기』
송준길, 『동춘당집』, 이긍익, 『연려실기술』
이덕무, 『청장관전서』, 성해응, 『연경재전집(研經齋全集)』,

『청사고(淸史稿)』『종실왕공공적표전(宗室王公功績表傳)』

신명호, 『조선공주실록』, 역사의 아침, 2009.

정구선, 『공녀』, 국학자료원, 2002,

토마스 바필드 지음, 윤영인 옮김, 『위태로운 변경』, 동북아역사재단, 2009.

최소자, 「청대 한·중 통혼고 – 의순공주에 대하여」, 『이대사원』 7, 1968.

_____, 「청초의 왕위계승과 多爾袞」, 『이대사원』 9, 1970.

홍정덕, 「의정부 정주당 놀이의 역사성 연구 – 의순공주의 생애」, 『경기향토사
        학』 4, 전국문화원연합회 경기도지회, 1999.

영빈이씨: 아들 버리고 영웅이 된 비운의 후궁

이 미 선
한국학중앙연구원

1. 모성애를 버린 냉혹한 어머니

조선 왕실 역사에서 사도세자의 죽음보다 더 참혹한 사건이 있을까. 세자는 한여름 무더위에 창경궁 휘령전 앞마당 뒤주 속에 갇혀 8일을 고통스럽게 버티다가 결국 굶어 죽었다. 그의 나이 스물여덟. 아들 세손(훗날 정조)만이 애타게 울며 할아버지 영조에게 아비를 살려 달라고 매달렸을 뿐, 가족 어느 누구도 세자를 편들어 말리는 사람은 없었다.

세자빈 혜경궁 홍씨는 죽음을 말리기는커녕 노론 세력인 친정의 편에서 남편의 죽음을 수수방관하였고, 장인 홍봉한은 뒤주 유폐라는 형벌을 제의하기까지 했다. 더구나 친부 영조는 뒤주를 가져오게 한 뒤 세자를 가두고 직접 뒤주의 자물쇠를 채웠으며, 세자를 죽이라는 '대처분'을 요청한 사람은 다름 아닌 생모 영빈이씨(暎嬪李氏)였다. 세자의 죽음에 부모는 물론 가족 모두가 나서서 주도하고 직간접적으로 가담하였다는 사실에 더욱 놀라지 않을 수 없다.

이 사건은 우리 역사상 전대미문의 친자 처형사건으로 남아있다.

오늘날 혜경궁 홍씨가 아들 정조를 왕위에 올린 '훌륭한 어머니'로 평가되는 데 반해 영빈이씨는 '모성애를 버린 비정하고 냉혹한 어머니'로 알려져 있다. 그러나 영빈이씨는 노론과 소론의 대립 상황에서 영조와 노론을 지지함으로써 세손 정조가 왕위에 오를 수 있도록 자신의 아들을 희생시켰다.

영빈이씨는 모정(母情)이라는 사사로운 감정을 앞세우기보다 왕실의 일원으로서 대의(大義)를 지켜 영조의 왕권을 강화하고 종묘 사직을 보존하기 위해 악역을 떠맡은 그 시대의 여장부가 아니었을까!

2. 생각시에서 유능한 궁관(宮官)으로

이씨는 1696년(숙종 22) 7월 18일에 서울 관광방(觀光坊)에서 태어났다. 본관은 전의(全義)로, 이정립(李正立)의 증손녀이고, 통훈(通訓) 이영임(李英任)의 손녀이다. 아버지는 증(贈) 찬성(贊成) 이유번(李楡蕃)이고, 어머니는 본관이 한양인 김우종(金佑宗)의 딸이다.

증조부 이정립과 외조부 김우종이 유학이었다면 이씨는 양인가의 여식이었는데 어찌된 일인지 1701년(숙종 27) 나이 여섯 살에 궁녀로 입궁하였다. 더구나 이씨의 가택이 있는 관광방은 당시 북촌으로 현재 서울 종로구 소격동 일대이다. 조선시대 가난한 양반들의 주거지가 남산 주변의 남촌이었다면, 북촌은 당대의 권문세가들의 주거지였다. 이점을 고려해 본다면, 그녀가 궁녀로 입궁한 사실은 이해가 가지 않는다. 관련 자료가 없어 단정할 수 없지만, 아마도 이씨는 대대로 한미하고 쇠락한 양인 이상의 집안에서 태어나고 부모를 일찍 여읜 후에 생계를 위해 어린 나이에 궁중에 투탁된 것으로 보인다. 저간의 사정을 정확히 알 수 없지만, 이씨의 입궁 원인은 절박했던 가정형편 등 주로 경제적인 면에 있었으리라 짐작된다.

보통 양반가의 딸이라면 한창 재롱을 피울 나이였으나, 이씨는 경제적인 이유 등으로 자신의 의지와는 상관없이 아기나인[內人]이 되어 힘겨운 궁궐생활을 하게 된 것이다. 그러나 다행히도 이씨는 숙종의 두 번째 계비였던 인원왕후 김씨 처소의 아기나인이 되었다. 아기나인은 견습 나인으로 '생각시'라고도 불렀는데, 보통 4~6세에 입궁한 여자아이를 말한다. 대체로 이들은 아이가 없던 왕실 여성들의 적적함을 달래기 위해서 입궁되었다.

중궁전의 아기나인으로 입궁한 이씨는 어려서부터 어른스러웠고 품행이 남달랐다. 어린 이씨는 제 또래와는 달리 궁궐의 모든 일을 잘 처리하고 법도에 맞게 응대하였다. 평소 그녀를 눈여겨본 숙종은 "높은 벼슬하는 집안의 여자들도 이러한 나이에는 오히려 어린아이의 습관을 면하기 어려운 법인데, 위항(委巷)의 여자가 조숙하기가 이와 같을 수 있는가!"라고 칭찬할 정도였다.

그녀는 스무 살쯤에 대전의 정식나인이 되었을 것이다. 보통 아기나인으로 입궁한 후 15년이 지난 스무 살 안팎에 계례를 올리고 정식나인이 되었기 때문이다. 어렸을 때부터 이씨는 타고난 총기와 특별한 자질로 왕실 웃어른으로부터 상당한 능력을 인정받은 듯 보인다. 이러한 사실이 정조가 직접 쓴 영빈이씨의 「행장(行狀)」을 통해 엿볼 수 있다.

"정유년[1717년(숙종 43)]에 숙종이 온천에 거둥하셨다. 무릇 행재소(行在所)에는 궁인이 배종(陪從)하여 가는 전례가 없었다. 그러나 이때 숙종이 조용히 조섭하시는 중이여서 옷가지를 챙기고 음식을 차려드리는 일들은 궁인이 아니면 아무도 제대로 할 수 없었다. 그래서 똑똑하고 신중한 궁인을 특별히 뽑아서 따라가게 하였는데 거기에 영빈이 참여하게 되었다. 아마도 또한 인원왕후(仁元王后)의 의중에서 나왔을 것이다."

1717년(숙종 43) 그녀는 숙종의 온천 행행에서 배종하는 궁관에 뽑혔다. 이때 그녀는 숙종 곁에서 시중은 물론 의식주에 관련된 일을 위해서 임시적으로 파견된 셈이다. 그녀가 국왕의 거둥에 시종할 수 있었던 것은 믿고 맡길 정도로 유능한 궁관이기도 했지만 인원왕후(仁元王后)의 적극적인 추천이 있었기 때문이었다. 당시 서른 살이었던 인원왕후 김씨는 분명 궁관 이씨의 인생에 큰 영향을 끼쳤다.

인원왕후 김씨는 1687년(숙종 13) 9월 29일 서울 순화방 양정재(養正齋)에서 태어나서 1701년(숙종 27) 숙종의 계비 인현왕후 민씨가 죽은 이후 그 이듬해에 열여섯의 나이로 왕비에 책봉되었다. 숙종이 그녀를 선택한 것은 아들 경종을 노론 세력으로부터 보호하기 위해 소론 집안 출신이라는 가문 배경 때문인데 그 후 인원왕후가 적극적인 노론 지지자로 선회하는 것은 역설적이다.

인원왕후 김씨와의 친밀감이 어떻게 형성되었는지는 알 수 없으나, 이들은 비슷한 시기에 궁궐에 입궁하였다는 공통점을 가지고 있었다. 인원왕후 역시 1701년(숙종 27) 숙종의 계비 인현왕후 민씨가 죽은 이후 그 이듬해에 간택되어 입궐하였다. 어린 나이에 입궁한 인원왕후는 9살 아래이고 자신의 처소에 배속된 어린 이씨를 때론 동생처럼, 동무처럼 의지하면서 궁궐에서의 외로움을 달랬으리라. 이들은 비슷한 시기 어린 나이에 낯선 궁궐에 입궁하였다는 동질감이 있었기 때문에 왕비와 궁녀라는 신분적 차이에도 불구하고 종속관계뿐만 아니라 친자매 또는 친구처럼 서로 신뢰하며 유대 관계를 쌓아갔을 것이다.

3. 인원왕후 추천으로 '왕의 여자'가 되다

숙종의 온천 거둥에 배종한 이후, 이씨의 행적을 알 수 없다. 그러나 왕비의 지밀상궁으로 승진되어 항상 그림자처럼 붙어 다니면서 시중을 들었을 것이다. 대개 각 처소에 배속된 나인들은 자신들이 모시는 상전이 세상을 떠날 때까지 같은 생활공간에서 한평생 동고동락하다가 상전이 별세하고서 비로소 그 관계가 끝나는 것이 일반적이기 때문이다. 이 때문에 인원왕후와 이씨는 서로 주인과 시종 관계이지만 오랫동안 서로 흉허물 없이 지냈으므로 강렬한 정서적 유대 관계를 형성할 수 있었다.

나인들 가운데에서 국왕과 왕비의 최측근에 근무하는 지밀나인들이 가장 지체가 높았다. 지밀이란 왕, 왕비, 후궁, 대비, 세자, 세자빈 등의 침실을 의미한다. 즉 왕이나 왕비의 침실에서 잠을 자며 근무하는 지밀나인들은 낮에는 물론 밤에도 오랫동안 함께 하기 때문에 자연스럽게 최고의 측근이 될 수밖에 없었다. 대개의 지밀상궁은 각종 궁중 의례에서 왕이나 왕비 등을 인도하거나 시위하는 일이 주 업무였다. 그녀가 영조의 대전 상궁이 되기까지 많은 사건들이 일어났다.

1718년(숙종 44) 2월, 세자빈 단의왕후(端懿王后) 심씨가 사망한 데 이어 한 달도 채 안되어 연잉군의 친모 숙빈(淑嬪) 최씨가 사망하였다. 같은 해 9월에는 심씨의 뒤를 이어 선의왕후(宣懿王后) 어씨가 14살의 나이로 책봉되었고, 1719년(숙종 45) 2월 15일에는 연잉군과 정빈이씨 소생 아들(훗날 효장세자)이 태어났으며, 이듬해 3월에는 화순옹주(和順翁主)가 태어났다. 이렇듯 그녀는 인원왕후의 곁에서 궁궐 안팎에서 일어나는 여러 일들을 보좌하며 상궁으로써 맡은 바 임무에 충실하였다. 이 때문에 숙종과 인원왕후 내외의 신임을 얻었다.

1720년(숙종 46) 6월 8일에 숙종이 경덕궁 융복전(隆福殿)에서 세상을 떠나고, 5일 뒤에 숙종의 장남 경종이 즉위하였다. 숙종의 나이 60살. 갑작스러운 왕위승계는 숙종과 노론의 거두 좌의정 이이명(李頤命)이 1717년(숙종 43) 7월 19일에 이른바 '정유독대'를 통해 세자교체문제를 논의하는 과정에서 숙종의 와병과 소론의 격렬한 반발로 실현되지 못한 상황에서 일어났다.

경종이 즉위하면서 조정은 소론의 권한이 강해지고 노론 세력이 약화되었다. 이러한 때에 자식이 없었던 경종비 선의왕후 어씨가 종친 중 한 명을 양자로 삼으려 하자, 다급해진 노론은 경종을 무력화시키려 경종의 이복동생 연잉군을 왕세제로 밀었다. 34세였던 경종은 노론의 이 주장을 받아들여 연잉군을 세제로 책봉하기에 이른다. 1721년(경종 1) 8월 8일 연잉군의 나이 28살 때였다.

연잉군을 세제로 책봉한 지 2개월 후 노론 측에서는 한 걸음 더 나아가 세제 대리청정을 강행하였다. 이는 사실상 경종을 상왕으로 밀어내고 세제 연잉군을 추대하려는 노론의 쿠데타였다. 그러나 소론은 노론의 이 주장을 오히려 경종에 대한 불충으로 탄핵하여 정국을 주도해 나갔다. 특히 소론의 격렬한 반발로 승지 전원과 3사 전원 그리고 영의정 김창집(金昌集), 영중추부사 이이명, 판중추부사 조태채(趙泰采), 좌의정 이건명(李健命) 등의 노론 4대신들은 모두 삭탈관작과 유배형에 처해졌고 소론정권을 구성하는 데 성공하였다. 이를 신축환국(辛丑換局)이라 한다.

이러한 과정에서 임인년(壬寅年) 옥사가 발생하였다. 즉, 목호룡(睦虎龍)이 노론 측에서 숙종 말년부터 경종을 시해하고자 모의하였다고 고변한 것이다. 고변으로 인해 8개월간에 걸쳐 국문이 진행되었고, 그 결과 김창집, 이이명, 이건명, 조태채 등 노론 4대신을 비롯한 노론의 대다수 인물이 화를 입었다. 이로써 소론은 노론을 정치 일선에서 몰아내고 정권을 잡았다. 그러나 그로부터 2년 후인 1724년(경종 4) 경종이 승하하고 노론이 지원한 연잉군이 보위에 오르면서 다시 노론이 정국을 주도하게 되었다.

연잉군이 왕위를 오르면서 영빈이씨에게도 큰 기회가 찾아왔다. 그녀의 총혜(聰慧)와 견식(見識)을 매번 칭송해왔던 인원왕후가 영조에게 그녀를 대전의 지밀상궁으로 추천한 것이다. 인원왕후는 연잉군이 세제로 책봉된 이후부터 왕위에 오르기까지 넘어야 할 고비 때마다 그를 적극적으로 후원해 준 왕실의 웃어른이다. 영조는 영빈이씨의 호오(好惡)를 떠나 자신을 지지해준 대비의 요청을 거절할 수 없었으리라. 영빈이씨의 나이 29살이었다. 영조는 대비전의 지밀상궁인 착하고 예쁜 그녀를 미리부터 보아온 터라 마음에 들어 했다.

혈기 왕성했던 두 살 연상인 영조는 대전의 처소로 옮겨 자신의 곁에서 묵묵히 보좌하며 궁중 생활의 모든 일들을 빈틈없이 처리해나가는 궁관 이씨에게 점점 마음을 빼앗기기 시작하였다. 이 시기에 궁궐에서는 효장세자의 책봉 의식은 물론 숙빈최씨의 사당 조성, 정성왕후 서씨의 책봉 등 여러 가지 대사(大事)를 치렀는데, 영빈이씨가 영조의 측근 궁관으로서 주도적으로 도맡아 처리하였을 것이라 짐작된다. 어렸을 때부터 총명한 데다 생각시 때부터 궁중 법도를 꿰뚫고 있었던 그녀는 이 당시에 영조의 내조자의 역할을 톡톡히 했던 것이다.

사실 영조의 첩은 연잉군 시절에 정빈이씨(靖嬪李氏, 1694~1721)
뿐이었다. 연잉군은 1704년(숙종 30)에 부인 서씨[훗날 정성왕후]와
혼인하였으나, 후사가 없었기 때문에 소실을 두었다. 함성(咸城, 현
재 함양) 집안 이후철(李後哲)의 딸인 정빈이씨는 1701년(숙종 27)
8살에 입궁한 궁녀였다. 그녀는 조졸한 맏딸을 제외하고 효장세자
(孝章世子)와 화순옹주(和順翁主)를 두고 있었다. 영조가 숙빈 최씨
상중에 효장세자를 임신시켜 숙종의 책망과 노여움을 받았을 만큼
정빈이씨는 영조의 총애를 한 몸에 받았다.

[도 1] 수길원(파주)   [도 2] 수길원(파주)

그러나 그녀는 1721년(경종 1) 11월 16일 밤에 창의궁의 사제에
서 향년 28세의 젊은 나이로 병사하였다. 연잉군이 왕세제로 책봉
되고 궁궐에 들어온 지 1달 만의 일이었다. 사실 영조는 줄초상으
로 그녀의 죽음은 더욱 충격이 컸다. 1718년(숙종 44)에 생모 숙빈
최씨를 잃은데 이어 1720년(숙종 46)에는 부친 숙종을 떠나보냈으
며 슬픔이 채 가시기도 전에 정빈이씨마저 세상을 떠났다. 슬픔과
아픔이 컸던 영조는 한동안 후궁을 두지 않았다. 그러던 중에 인
원왕후가 대전 지밀상궁으로 추천한 영빈이씨를 총애하게 되었다.

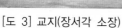

[도 3] 교지(장서각 소장)   [도 4] 연호궁(칠궁, 서울 종로구)

영조는 얼마 뒤에 영빈이씨를 후궁으로 두고 싶다는 심중을 여러 신하들에게 내비쳤다. 그러한 정황이 「행장」에 보인다.

> "갑진년[1724년(영조 즉위)]에 금상이 대통(大統)을 입승(入承)하였다. 이때 궁중의 사무가 가장 많았는데, 인원왕후가 빈의 견식(見識)이 다른 사람을 넘고 총혜(聰慧)가 범상치 않다 하여 조서를 내려 상의 급사(給事)의 반열에 들게 했다. 상께서 말씀하시기를, '왕가의 일 가운데 후사를 얻는 것만큼 중요한 일이 없으니 사대부의 여자로서 잘 알지 못하는 사람을 선발하기보다는 차라리 궁중의 후덕한 사람을 취하는 편이 낫다.'라고 하셨다."

영조는 궁궐의 법도를 잘 알지 못하는 사대부가의 규수를 간택하기보다 궁궐 안에서 모범적인 행실을 보인 궁인을 후궁으로 올리는 것이 낫다고 판단했던 모양이다.

영조와 영빈이씨 사이에 첫 아이가 태어난 것은 1727년(영조 3) 4월이었다. 늦어도 1년 전에는 영조와 영빈이씨가 사랑을 나누었을 것이다. 1년 전이면 영조는 33살이고 영빈이씨는 31살이다. 영빈이씨는 영조의 아이를 임신한 상태에서 1726년(영조 2) 11월 16

일 내명부 종2품 숙의에 봉작되었다. 승은을 받은 궁관 여성이 숙용, 소용, 소원 등의 등급을 거치지 않고 바로 숙의에 봉작된 것은 매우 이례적인 조치였다. 이처럼 그녀가 영조의 후궁이 될 수 있었던 것은 대비 인원왕후의 지지도 있었지만, 궁궐 안에서 보여준 신중한 품행과 뛰어난 총명함이 있었기 때문이었다.

영조는 영빈이씨가 아기나인으로 입궁한 지 27년 만인 1728년(영조 4)에 귀인으로 봉작하였고, 그리 오래지 않아 1730년(영조 6) 11월 27일에 '빈(嬪)'으로 올려 주었다. 그때까지 이씨는 다섯 명의 딸을 연달아 낳았지만 아들을 낳기도 전에 이미 내명부에서도 가장 높은 자리인 정1품의 첩지를 받게 된 것이다. 그가 '영빈(暎嬪)'이라는 이름을 얻었을 때는 경종비인 선의왕후 어씨가 죽고 막 발인을 끝낸 상황이었다. 영조는 상중이었음에도 자기가 아끼는 후궁에게 최고의 직품을 하사했다. 이 일에 대해 실록은 '온 나라가 놀라 탄식했다'고 적고 있을 정도로 그만큼 영빈이씨는 영조의 깊은 사랑을 입었다. 영빈이씨를 향한 영조의 애정과 신뢰가 각별했기에 가능한 일이었다.

영빈이씨는 영조에게 빈의 첩지를 받은 고마움을 표시하기라도 하듯 5년 뒤 1735년(영조 11) 집복헌(集福軒)에서 사도세자를 낳았다. 사실 영조와 대신들은 연달아 옹주만을 낳은 데에 내심 걱정과 실망을 감추지 못했고, 왕자 생산을 학수고대했는데, 이러한 상황이 실록에 잘 나타나 있다.

"이때 영빈이씨가 연달아 네 명의 옹주를 출산했고, 또 임신했으므로 남아를 출산하는 경사가 있기를 상하가 기원하였으나, 어제 또 옹주를 출산하였다. 대신들은 임금께서 지나치게 실망하여 염려할까 두려워하여 각기 위로와 면려의 말을 진달하였다. 송인명(宋寅明)이 고매(高禖, 아들을 낳게 해

달라고 비는 신)에게 빌고 명산에 기도하는 등의 일을 아뢰니, 임금이 이르기를, '내가 어찌 이 일 때문에 침식(寢食)을 제대로 하지 못하는 지경에 이르겠는가? 다만 삼종(三宗)의 혈맥을 생각하느라 마음이 평상시와 같지 못한 것뿐이다.' 하였다."(『영조실록』 권33, 영조 9년 3월 8일 기축).

후사가 없어 그 불안감이 누구보다도 컸던 영조는 기쁨을 감추지 못하였다. 후사를 보지 못한다는 것은 자신이 조상들에게 물려받은 몸으로 대를 이어야 하는 효의 일차적인 요건을 채우지 못했다는 의미였다. 게다가 국왕은 종묘와 사직을 짊어지고 있는 존재였다. 왕정 체제에서 후사의 부재는 불안한 사태를 초래할 수 있었다. 흡사 대통령의 임기는 마쳐가는데, 후임 대통령을 뽑지 못한 형국과 같은 셈이다. 바로 이러한 때에 영빈이씨가 아들을 낳은 것이다. 더구나 왕자탄생은 효장세자가 죽은 지 꼭 7년 만의 경사였다. 영조의 나이 42세에 귀하게 얻은 하나 밖에 없는 아들이라 영조는 뭐라도 해주고 싶었을 것이다. 영빈이씨에게든 새로 얻은 아들에게든.

영빈이씨에 대한 영조의 총애와 신임은 대단하였다. 그녀가 승은을 받았던 1726년(영조 2)부터 시작하여 영빈이씨의 43살이 되던 1738년(영조 14)까지 12년 동안 영조와 영빈이씨 사이에 1~2년 터울로 연이어 아들 하나와 딸 여섯이 태어났다. 12년 동안 아이를 여섯이나 낳았으니 영빈이씨는 임신과 출산을 반복했던 셈이다. 1727년(영조 3)에 화평옹주(1727~1748)를 비롯하여 화협옹주(1731~1752), 화완옹주(1738~1808) 및 조졸한 옹주 셋과 사도세자를 낳았다. 영조와 영빈의 금실이 얼마나 좋았는지 쉽게 짐작할 수 있다.

영빈이씨는 분명 남편 영조의 사랑뿐만 아니라 왕실 어른들로부터 하나같이 인정을 받고 있었다. 당시 궁중에는 많은 왕실 여성들이 있었다. 우선 최고 어른인 대왕대비 인원왕후 김씨를 비롯해 왕대비 선의왕후 어씨, 왕비 정성왕후 서씨가 있었다. 그녀가 사도세자를 낳았을 때 인원왕후 김씨는 49세, 왕비인 정성왕후 서씨는 44세였다. 이외에 숙종의 후궁인 영빈김씨(67세), 귀인김씨(58세), 효장세자의 부인인 현빈조씨도 있었다.

'영빈의 성품은 부드럽고 인자하다'고 영조가 칭송할 정도로 영빈이씨는 왕실 어른들에게 살가우면서도 예의 바르게 행동했고, 자신보다 어린 사람에게도 인자했다. 심지어 사도세자에게 생모였지만, 법적으로 정성왕후 서씨의 아들이었기에 세자에게 존대하여 마치 상전을 모시듯 하였고, 중전이었던 정성왕후와 대비 인원왕후를 극진히 모셨다. 또한 영빈이씨는 후궁의 신분이었으므로 현빈조씨는 물론 심지어 자신의 며느리 혜경궁 홍씨에게도 존대하였다. 훗날 혜경궁 홍씨는 『한중록』에서 불안하고 미안한 마음을 감추기 어려웠다고 회상하였다. 그래서인지 궁중 여성들은 하나같이 영빈이씨를 신임하고 친애했다.

특히 영조의 왕비 정성왕후와도 놀라울 정도로 의가 좋았다. 아이를 낳지 못한 정성왕후는 영빈이씨의 아들 사도세자를 그 누구보다도 사랑하고 그의 편이 되어 주었다. 이는 정성왕후 서씨와 영빈이씨가 질투와 경쟁 관계가 아닌 신뢰와 협조 관계를 유지했음을 보여준다. 이를 볼 때 영빈이씨는 궁중여성들과 관계를 잘 맺었다는 것을 알 수 있다.

정성왕후 승하 후 대비 인원왕후까지 한 달 만에 승하하자 내전의 총책임자로서 두 왕후의 3년 상을 치렀다. 더구나 영빈이씨는 당시 66세였던 영조와 15세였던 정순왕후(貞純王后)의 혼례를 정성껏 준비했다. 이렇듯 영빈이씨는 영조의 내조자로서 집안의 대소사 처리는 물론 영조의 곁에서 항상 수발을 들었다. 이토록 지극하게 모시는 만큼 영조 또한 그녀를 믿고 의지했다.

영빈이씨에 대한 영조의 총애는 그녀의 소생들에게까지 이어졌다. 장녀 화평옹주(和平翁主)를 예조참판 박사정(朴師正)의 아들인 금성위(錦城尉) 박명원(朴明源)과 혼인시켰고 차녀 화협옹주(和協翁主)를 영의정 신만(申晩)의 아들인 영성위(永城尉) 신광수(申光洙)와 혼인시켰으며, 화완옹주(和緩翁主)를 우의정 정우량(鄭羽良)의 아들인 일성위(日城尉) 정치달(鄭致達)과 혼인시켰다. 첫째 사위 박명원은 반남박씨로 『열하일기』의 저자 연암 박지원의 삼종형이기도 하였다. 정조를 해하려다 오히려 정조 즉위 후 죽임을 당했던 호조참판 정후겸(鄭厚謙)은 막내 화완옹주의 양자로 정조의 고종사촌이기도 하였다. 이들 3명의 옹주는 혼인을 하였지만 영빈이씨가 살아있었기 때문에 궁궐에 자주 드나들었다. 그만큼 영조와의 관계도 친밀했다.

영조는 영빈이씨와 마찬가지로 여러 딸들 중에서도 특히 화평옹주를 사랑했다. 그녀는 화평옹주를 낳고 3명의 딸을 더 낳았으나 일찍 조졸하였고 그래서인지 영조와 영빈이씨는 유독 장녀 화평옹주를 사랑하였다. 영조도 화평옹주와 화완옹주를 예뻐했는데, 수시로 그들의 집을 방문하고 궁중에 머물도록 하였다. 그런 덕분에 영빈이씨는 이미 혼인해서 사가에서 살고 있는 옹주들을 만나 볼 수 있었다. 이처럼 영빈이씨는 남편 영조의 사랑과 배려, 착하고 예쁜 옹주들과의 잦은 만남, 그리고 아들 사도세자의 성장과 같은 행복에 감사했고, 영원히 지속될 것이라 믿었다.

4. 아들의 죄를 고해 천륜(天倫)을 끊다

사도세자는 영조가 42살에 얻은 늦둥이였다. 왕통을 이을 효장세자가 죽고 너무 늦게 얻은 새로운 세자의 탄생이었다. 그런 세자였기 때문에 영조는 세자에게 많은 사랑과 기대를 쏟았고 너댓 살까지도 세자궁에서 침식을 하였을 정도였다. 영조와 대신들의 기대에 부응하듯 세자는 어려서부터 영민했다. 3세 때 부왕과 대신들 앞에서 효경을 외웠고 7세에 동몽선습을 뗐으며 시를 지어 대신들에게 나눠주기도 했다.

1743년(영조 19)에 9세가 된 사도세자는 그해 봄에 관례를 치렀고, 이듬해 1744년(영조 20) 1월에 동갑인 혜경궁 홍씨와 혼인하였다. 장인 홍봉한은 딸 홍씨가 세자빈이 된 바로 그해에 자신을 위해 특별히 실시된 문과에 급제하여 사관이 되었고, 그 후 영의정까지 올랐다. 영조가 홍씨를 선택한 것은 바로 노론 명문이라는 가문 배경 때문이었다.

사도세자가 성장하면서 영조와 세자의 갈등은 점점 깊어졌다. 갈등의 구체적인 시기는 사도세자가 대리청정을 시작한 1749년(영조 25)부터였다. 세자의 대리청정은 영조가 선위를 하겠다고 고집하다가 신하들의 반대가 이어져 성사된 것이다. 원래 대리청정은 국왕이 보위에 있지만, 병이 들거나 나이가 많아 정사를 제대로 돌볼 수 없게 되었을 때에 세자가 국왕을 대리하여 정사를 맡는 제도였다. 그런 까닭에 영빈이씨는 어린 세자가 대리청정을 맡게 되었다는 소식을 듣고 많이 걱정하였을 것이다.

영조와 영빈이씨의 바램과 달리 대리청정 시기에 세자는 영조의 기대에 미치지 못해 질책을 받았다. 그 이유에 대해 혜경궁 홍씨는 "왕과 세자가 일찍부터 떨어져 살아 부자의 정을 쌓지 못했고,

세자를 책임진 상궁들이 무예나 놀이 쪽으로 이끌어서 세자는 책보다 무예를 더 좋아해 왕의 실망을 샀다."고 설명했다. 또한 부자 간의 성격 차이도 이러한 갈등을 더욱 조장했다. 혜경궁 홍씨에 따르면, "영조는 살림이 자상하며 민첩한 데에 비해, 세자는 행동이 민첩하지 못해 대답과 질문에 우물쭈물하고 그 즉시 대답하지 못한 행동이었다고 하면서 이 때문에 영조가 근심하였다."고 이들의 대조적인 성격을 밝혔다.

이 시기에 사도세자는 영조를 두려워하기 시작했다. 영조로부터 지나칠 정도로 야단을 맞았고 면박을 받았으며, 시간과 장소에 상관없이 반복되는 영조의 꾸지람과 질책에 세자의 생활은 그야말로 황폐화되어갔다. 뿐만 아니라 영조가 정치적인 목적으로 왕위를 세자에게 넘겨주겠다는 선위소동을 일으킬 때마다 며칠 동안 석고 대죄를 해야만 했다. 이렇게 부자간의 갈등이 점점 심화됨에 따라 영조로부터 오는 불안과 두려움은 스트레스로 변하여 정신병을 앓게 되었고, 이것이 화병으로 발전되었다.

영조와 세자 사이에 당쟁의 먹구름이 드리워져 있던 이런 상황에서 1748년(영조 24) 6월에 음으로 양으로 사도세자를 편들어주던 화평옹주가 세상을 떠나고 3년 후 1751년(영조 27) 11월 14일에는 현빈 조씨마저 세상을 떠났다. 큰 며느리의 죽음을 상심한 영조는 환갑에 가까운 나이에도 불구하고 빈소가 마련된 창경궁 건극당(建極堂)에 자주 애도하러 갔다.

그런데 운명의 장난인지 그곳에서 현빈 조씨의 궁녀 문씨를 만났다. 문씨는 지독한 상실감에 젖어 있던 영조에게 공허함과 괴로움을 잊게 해주는 청량제 같은 존재였으리라. 이렇게 그해 12월부터 영조의 승은을 받기 시작하여 이듬해 봄에 임신까지 했다. 임신한 문씨는 사도세자를 무함하기 시작했다. 당시 궁중에서는 "문씨가 아들을 못 낳으면 다른 사람의 자식을 들여서라도 아들을 낳았노라 하려 한다."는 소문까지 돌만큼 영조와 세자 사이는 나쁠 대로 나빠져 있었다. 세자는 툭하면 자신을 불러 꾸짖은 아버지 영조에게 복수라도 하듯이 술과 여자에 빠져 문란한 생활을 하고, 그로인해 궁녀 임씨를 임신시켰다. 1753년(영조 29) 2월에 임씨가 세자의 아들을, 뒤이어 3월에 문씨가 영조의 딸을 낳았다.

한편 영빈이씨는 남편 영조와 아들 사도세자 사이에 끼여 이러지도 저러지도 못했다. 그저 아들의 비행이 남편의 귀에 들어가지 못하도록 노심초사할 뿐이었다. 그녀는 사도세자와 영조의 사이가 벌어지자, 자신에게 발길이 뜸해진 영조의 마음을 되돌리려 애를 썼다. 그럴 때마다 대비 김씨와 왕비 서씨에게 찾아가 하소연하는 일이 많았으며, 그들로부터 따뜻한 위로를 받았다. 영빈이씨에게 있어 대비 김씨와 왕비 서씨는 든든한 후원자였던 셈이다. 이들 역시 세자를 귀여워했다. 자식을 한 명도 두지 못한 그들은 자식에 대한 정을 세자에게 쏟았다. 세자도 아버지 대신 할머니 대비 김씨와 왕비 서씨에게 많은 것을 의지했다. 분명 그들은 영조와 세자 사이에서 완충 역할을 했던 것이다.

그런데 세자를 감싸주던 영조비 정성왕후 서씨가 1757년(영조 33) 2월에 세상을 떠나고 3월에는 대왕대비 인원왕후 김씨가 승하하였다. 이후에 예상대로 영조와 세자가 직접 충돌하는 일이 자주 발생했다. 특히 정순왕후 김씨가 왕비로 간택되면서 부자간의 사이는 점점 갈등이 더하여만 갔다. 이때 노론은 그들대로 영조의 계비 정순왕후와 후궁 숙의 문씨를 끌어들여 영조와 세자 사이를 이간질했다. 때문에 영조는 깊은 절망을 하게 되었고, 사도세자의 비행은 날로 심해져만 갔다.

영조와의 관계가 악화되면 될수록 세자의 정신병적 증세, 예컨대 의대공포증, 울화증 심지어 살인 등 횡포와 포악함은 날로 심해졌다. 어느 날 영빈이씨는 혜경궁 홍씨로부터 세자의 상태를 듣고 깜짝 놀라 식음을 전폐한 채 고민하다가 세자를 불러 얘기를 해보았다. 그러나 아무 소용이 없었고 속으로 골병만이 들뿐이었다.

이후로 세자에 대한 흉흉한 소문이 궁중에 무성하게 퍼졌다. 영빈이씨는 선택의 기로에서 고심했을 것이다. 그러던 중 같은 해 윤5월 12일 며느리 홍씨가 세자의 근황을 시어머니 영빈이씨에게 자세히 알린 듯이 보인다. 이러한 상황에서 1762년(영조 38) 정순왕후의 생부인 김한구(金漢耉)와 홍계희(洪啓禧) 등의 사주를 받은 나경언(羅景彦)이 세자의 비행을 폭로하는 사건이 일어났다.

고발의 내용은, '동궁이 왕손(王孫)의 어미[은전군의 생모]를 때려죽이고 여승(女僧)을 궁으로 불러들였으며, 몰래 자신을 따르는 관료들과 20여일이나 무단으로 관서지역을 유람했다'는 내용이 적힌 '허물십조'다. 이에 놀란 영조는 나경언을 죽이고 세자의 비행에 가담한 사람들도 모두 죽인 뒤 "이것이 어찌 세자로서 행할 일인가"라고 한탄하며 세자에게 명하여 땅에 엎드려 관을 벗게 하고, 맨발로 머리를 땅에 조아리게 한 후 자결할 것을 명했다. 나름대로 명분도 만들었다. "네가 자결하면 종묘사직을 보존할 수 있으니 어서 자결하라."

영조가 칼을 들고 자결을 재촉하자, 사도세자가 부모 앞에서 자결하는 것이 효에 어긋난다고 항변했다. 그럼에도 불구하고 영조는 당시 11세였던 정조가 지켜보는 가운데 창경궁 휘령전(徽寧殿) 앞마당에서 사도세자를 뒤주에 가두었다. 이렇듯 친아버지 영조는 사도세자에게 죽음을 명령하였고, 장인 홍봉한은 뒤주를 직접 가져와 사위의 죽임에 협조했다. 결국 사도세자는 뒤주에 들어간 지 8일 만인 1762년(영조 38) 윤5월 21일 숨을 거두었다. 양력으로 환산하면 7월 12일이다.

한 여름 뙤약볕 아래 그는 8일 동안 뒤주에서 물 한 모금도 마시지 못하고 '질식사'하고 만다. 이 끔찍한 사건이 임오화변(壬午禍變)이다. 이때 영빈이씨는 남편 영조에게 아들 사도세자를 살려달라는 말 한 마디도 하지 못했고, 자식의 비행을 일러바치고 궁 안에 돌던 유언비어를 옮기며 세자에 대한 처분은 죽음 밖에 달리 방도가 없다고 제의하였다. 이처럼 이 사건은 도승지 이이장(李彝章)이 영조에게 "전하께서 깊은 궁궐에 있는 한 여자의 말로 인해서 국본을 흔들려 하십니까?"라고 했을 만큼 아들의 죽음에 생모 영빈이씨의 고변이 중요한 역할을 하였다. 『영조실록』에서도 영빈이씨가 사도세자에 관해서 영조에게 비밀리에 밀고한 내용을 가지고 그를 꾸짖었다고 기록되어 있고, 영조가 그녀의 죽음을 계기로 지은 『표의록(表義錄)』 안에 갑신처분의 대의를 잘 표현하고 있다.

천륜의 정을 끊고 모성애를 버린 '비정한 어머니'로 오늘날 평가되는 영빈이씨의 이미지와는 달리 영조의 평가는 사뭇 다르다. 오히려 개인적인 감정을 끊은 것이 종묘사직을 보존하는 충성심의 발로였다고 칭송할 정도였다. 다음 「어제영빈이씨묘지명」에서 보이는 기록은 이를 잘 말해준다.

> "임오년[1762년(영조 38)]의 일[임오화변(壬午禍變)]에 이르러서는 종국을 편안히 하고 세신과 군민을 보호한 것이 진실로 빈의 공이다. 이 어찌 부인이 판별할 수 있는 것이겠는가! 내 어찌 한 터럭만큼 과장된 말이겠는가! 이것은 우리나라 신민이 모두 칭송하는 것이다. (중략) 백성으로서의 그 충성을 보전하면서 어미로서의 그 마음을 깨끗하게 하였으니 둘 다 온전히 했다고 말할 수 있겠다."

친정이 조정의 세력가 가문이 아니었기에 그녀는 정치에 관여하지 않았으며 당시 사도세자가 폐위당하는 와중에서도 크게 동요하지 않았다. 하지만 모든 부모가 그렇듯 잔혹하게 죽은 아들을 지켜보던 어미의 속마음이 어디 그랬을까! 한 인간으로서 자식의 죽음을 보는 고통이 어땠을까는 충분히 상상할 수 있다.

5. 죽은 후에 온갖 호사 누렸지만

사도세자의 영구가 발인할 때 영빈이씨는 아들의 관을 붙잡고 통곡하였다. 비록 명분 때문이었지만 사랑하는 아들을 죽게 한 어머니의 심정이 오죽했을까. 아들의 죽음 이후 영빈이씨는 자식에게 못할 짓을 하였으니 내 자취에는 풀도 나지 않을 것"이라며 고통스러워하였다. 그로 인해 크게 상심하였던 그녀는 사도세자가 죽은 지 2년만인 1764년(영조 40) 7월 26일 경희궁(慶熙宮) 양덕당(養德堂)에서 69세를 일기로 생을 마감하였다.

[도 5] 경희궁 원래 모습(서울 종로구)   [도 6] 경희궁 복원된 최근 모습

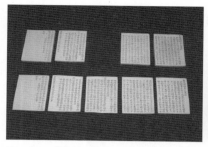

[도 7] 묘지(墓誌, 연세대학교 박물관 소장)　　　[도 8] 의열묘(연세대학교 안)

영조는 39년간을 곁에서 함께 해로하였던 영빈이씨가 죽자, 크게 애통해하며 궁궐 안에서 사흘을 친히 임하고서 이날 밤에 견여(肩輿)로 장동(壯洞) 사제(私第)를 예방하여 빈소를 만들었다. 중추 그믐날에 임하여 '수의보사(守義保社, 대의를 지켜서 종묘사직을 보존하다)' 네 글자를 써서 내렸다. 그리고 손수 비문을 짓고 후궁 1등의 예로 장례를 치렀으며, 이듬해 의열(義烈)이란 시호를 내렸다.

[도 9] 교지(장서각 소장)　　　[도 10] 의열묘 현판(연세대학교 박물관 소장)

또한 그 이후 그녀의 무덤과 사당은 시호를 따서 의열묘(義烈墓), 의열궁(義烈宮)으로 부르고 궁원에 준하는 전례를 행하였다. 묘는 양주군 연희면에 조성하고 사당은 한성 북부 순화방에 지었다. 왕실과 국가를 위해 의로운 결단을 내렸다고 칭송하며 영조는

『어제표의록(御製表義錄)』을 직접 써서 남기기도 했다. 그리고 세손이 할머니 영빈이씨의 대의를 이해해주길 원했다.

"만일 영빈이 임오년 5월 13일 아침에 나에게 눈물 흐리며 고한 일이 없었다면 내가 어찌 오늘이 있었겠는가? 그 때에 사세(事勢)의 급박함이 호흡지간에 차올랐으니, 비단 종국(宗國)이 장차 망할 뿐만이 아니었다. (중략) 영빈은 다만 종국이 있음만 알고 나를 위해서 그 사은(私恩)을 끊었으니, 이와 같이 하지 않았다면 나라가 망했을 것이다. 아! 21일에 장차 은혜를 내리려 하는데, (중략) 이 의거(義擧)가 없었다면 수은(垂恩)의 복호(復號)를 시행할 수 없었으니, 혜빈(惠嬪)이 장차 어찌 혜빈이 되겠으며, 세손은 또 어찌 세손이 되겠는가? (중략) 진실로 의(義)가 바르고 은(恩)이 지극하다. (중략) 조용히 은(恩)과 의(義)로 돌아가서 둘 다 온전할 수 있고, 수미일관하게 의열(義烈)이라 할 수 있겠으니 옛날에도 듣지 못했던 바이다. 아! 종국을 위한 나의 고심과 과궁(寡躬)을 위한 영빈의 대의를 혜빈이 알고 중자(冲子)도 안다. (중략) 수은묘(垂恩廟)라 써서 이 묘에 자은(慈恩)을 드리우고, 이제 영빈묘에 '수의보사(守義保社)' 네 글자를 써서 내리니, 이는 영빈을 위한 것이 아니라 진실로 종국을 위하고 후세에 보이려는 뜻이다."

이후 그녀의 사당인 의열궁은 1788년(정조 12)에 박명원의 상소를 받아들인 정조의 뜻에 따라 '선희궁(宣禧宮)'이 되었다. 건립 당시에는 지금의 서울특별시 종로구 신교동에 해당하는 곳에 있었으나, 1870년(고종 7)에 위패를 육상궁(毓祥宮)으로 옮겼다. 1896년에 원래의 자리에 궁을 복원하였다가 1908년(순종 2) 다시 육상궁으로 이건하였다.

의열묘는 1899년(광무 3)에 사도세자가 장조(莊祖)로 추존되자 묘(墓)가 원(園)으로 승격되며, '수경원(綏慶園)'이란 원호를 받았고, 시호 '소유(昭裕)'가 더해졌다. 왕릉보다는 간소하지만 영빈이씨가 사도세자의 생모가 되었기에 수경원은 다른 후궁의 무덤과 달리 원(園)의 양식에 맞춰 조성되었다.

현재 수경원은 경기도 고양시 덕양구 서오릉 경내에서 숙종과 인현왕후의 명릉을 지나 인원왕후의 익릉으로 가는 중간에 조성되었다. 원래 신촌 연희동(현재 연세대학교 경내)에 조성되어 수경원으로 승격되었으나, 1968년 6월에 이곳으로 옮겨졌다. 부속 건물인 정자각과 비각만이 옛 모습 그대로 연세대학교 교내에 보존되었는데, 정자각은 연세기록보존소로 활용되고 있다.

[도 11] 수경원(고양) [도 12] 선희궁(칠궁, 서울 종로구)

▣ 참고문헌

『英祖實錄』

「暎嬪李氏墓誌」, 국립중앙박물관 소장; 연세대학교 박물관 소장

『表義錄』(奎 3470)

「고문서」(藏 2784)

「고문서」(藏 2786)

김용숙, 『조선조궁중풍속연구』, 일지사, 2000.

신명호, 『궁녀』, 시공사, 2004.

이미선, 「조선시대 후궁(後宮) 연구」, 한국학중앙연구원 한국학대학원 박사학위논문, 2012.

_____, 「영조 후궁 영빈이씨(暎嬪李氏)의 생애와 위상 - 임오 대처분(壬午大處分)을 중심으로 - 」『역사와 담론』76, 호서사학회, 2015.

이은순, 「『한중록』에 나타난 사도세자의 사인」, 『이화사학연구』 제3집, 이화사학연구소, 1968.

_____, 「사도세자의 정치적 생애와 시벽의 분립」, 『조선후기당쟁사연구』, 일조각, 1988.

장서각 편찬, 『영조비빈자료집(英祖妃嬪資料集)』2, 한국학중앙연구원출판부, 2011.

최성환, 「정조대 탕평정국의 군신의리 연구」, 서울대학교 박사학위 논문, 2009.

최봉영, 『영조와 사도세자 이야기』, 한국학중앙연구원 출판부, 2013.

_____, 「임오화변과 영조말·정조초의 정치세력」, 『조선후기 당쟁의 종합적 검토』, 한국정신문화연구원, 1992.

_____, 「임오화변과 당쟁」, 『조선후기 당쟁의 종합적 검토』, 한국정신문화연구원, 1992.

최선경, 『왕을 낳은 후궁들』, 김영사, 2007.

화순옹주: 열녀가 된 왕의 딸

이 순 구
국사편찬위원회 편사연구관

1. 화순옹주의 죽음

1758년(영조 34) 1월 17일 영조의 딸 화순옹주(和順翁主)가 죽었다. 아버지 영조에게 화완옹주 못지않게 사랑을 받았던 딸이다. 그런데 그런 화순옹주가 아버지 앞에서 스스로 목숨을 끊은 것이다.

화순옹주는 월성위(月城尉) 김한신에게 시집갔다. 혼인한 지 16년, 김한신이 죽자 화순옹주는 그 순간부터 그야말로 물 한 모금 입에 대지 않았다고 한다. 죽기로 마음 먹은 것이었다. 음식을 끊은 지 14일 만에 옹주는 죽었다.

"부인의 도는 정(貞) 하나일 뿐이다. 세상에 부모상을 당한 자가 누구나 따라 죽으려고 하지만, 죽고 사는 것이 또한 큰지라, 하루아침에 목숨을 결단하는 이는 대개 적다. 열녀(烈女)가 마음의 상처가 크고 슬픔이 심하여 그 자리에서 목을 매는 것은 혹시 쉽게 할 수 있지만, 어찌 열흘이 지나도록 음식을 끊고 죽음에 이를 수가 있겠는가? 절조가 옹주와 같은 이가 또 있겠는가? 이때에 아버지가 엄하게 또 친밀하게 해서도 능히 마음을 돌이킬 수 없었으니, 진실로 순수하고 굳세며, 지극히 바른 기개는 누군들 빼앗을 수 있겠는가? 이는 진실로 필부(匹婦)도 어려운 바인데, 왕실의 귀주(貴主)로서

행하니 더욱 우뚝하지 아니한가? 아! 정렬하도다. 아! 아름답도다."

사관은 옹주의 죽음을 장렬하게 기록하고 있다. 그러나 영조는 달랐다. 신하들이 옹주의 절개에 대해 정려할 것을 권했으나 영조는 그렇게 할 수 없었다.

"자식으로서 아비의 말을 따르지 아니하고 마침내 굶어서 죽었으니, 효에는 모자람이 있다. 앉아서 자식이 죽는 것을 보고 있는 것은 아비의 도리가 아니기 때문에, 내가 거듭 타일러서 약을 먹기를 권하니, 저가 웃으며 대답하기를, '성상의 하교가 이에 이르시니 어찌 억지로 마시지 아니하겠습니까?'라고 하고, 조금씩 두 차례 마시고는 곧 도로 토하면서 말하기를, '비록 성상의 하교를 받들었을지라도 중심이 이미 정해졌으니, 차마 목에 내려가지 아니합니다.' 하기로, 내가 그 고집을 알았다. 그래도 본심이 연약하므로 강권하면 점차로 마실 것을 바랐는데, 끝내 어버이의 뜻을 생각하지 않고 운명하였으니, 정절은 있을지 모르지만, 효에는 어떠한가? 더구나 그날 바로 죽었으면 내가 덜 한스러워 하겠건마는 열흘을 먹지 않고 죽으니 내 마음에 괴로움이 많았다. 아까 예조 판서가 정려하는 은전을 실시하라고 청하였는데, 이는 잘못이다. 아비가 되어 자식을 정려하는 것은 자손에게 법을 주는 도리가 아니며, 또한 뒤에 폐단 됨이 없지 아니하다."

자식이 부모 앞에서 죽었는데, 무슨 정려할 뜻이 있었겠는가? 아버지로서는 어떤 이유이든 자진하는 딸에게 잘했다고 할 수 없었던 것이다.

그러나 이로부터 29년 후 정조는 이 옹주고모에게 열녀문을 하사했다. 정조는 직접 유려한 문장으로 그 덕을 칭송한다.

"아! 참으로 매섭도다. 옛날 제왕의 가문에 없었던 일이 우리 가문에서만 있었으니, 동방에 믿음 있는 여인이 있다는 근거라. 어찌 우리 가문의 아름다운 법도가 빛나지 않겠는가? 더구나 화순 귀주는 평소 성품이 부드럽고 고우며 본디부터 죽고 사는 의리의 경중을 잘 알고 있었으니 외고집의 성품인 사람이 자결한 것과는 비교가 되지 않는다. 아! 참으로 어질도다."

화순 옹주는 왜 자진(自盡)을 했을까? 부러울 것이 없는 왕의 딸이 왜 스스로 죽음을 택했을까라는 것이다. 아버지의 간절한 만류가 있었음에도 말이다.

2. 화순옹주는 어떤 사람인가?

화순옹주는 1720년(경종 1) 영조가 연잉군 시절일 때에 태어났다. 어머니는 정빈이씨(靖嬪李氏)인데, 화순옹주를 낳았을 때는 물론 후궁이 아니라 왕자의 첩 신분이었다. 정빈 이씨는 본래 궁녀로 입궁했다가 영조의 눈에 들어 효장세자와 화순옹주를 포함한 두 딸을 낳았다. 본부인(훗날의 정성왕후)에게서는 자식이 없는 상황이었으므로 젊은 왕자인 영조에게 화순옹주는 귀한 딸이었을 것이다.

그런데 이씨가 화순옹주를 낳은 그 다음해(1721)에 28세의 젊은 나이로 사망한다. 화순옹주는 출생 후 바로 어머니를 잃게 된 셈이다. 갓난쟁이와 다름없는 화순옹주는 딱한 처지에 있게 됐다. 연잉군은 세정이라는 궁녀에게 화순옹주 등을 돌보게 했다. 그러나 세정은 어디까지나 보모의 역할이었을 것이고 아마도 적모인 본부인과 첩(훗날 영빈 이씨)이 일정하게 돌보는 역할을 했을 것이다.

화순옹주가 만 4살이 될 무렵 영조는 왕위에 오른다. 화순옹주에게는 큰 변화가 오게 되었다. 왕자의 딸 신분에서 왕녀가 되었기 때문이다.

> "왕녀(王女)를 봉하여 화순 옹주(和順翁主)로 삼았다."(『영조실록』1년
> (1725) 2월 28일)

아버지 영조가 즉위한 후 6개월 즈음에 6살 된 딸 화순옹주를 옹주에 책봉하고 있는 장면이다. 이미 왕의 딸이기는 했지만, 정식으로 옹주로 책봉을 받는 것은 형식적으로 중요한 의미가 있었다. 이보다 3일 전인 25일에는 오빠인 효장세자가 왕자 경의군에서 왕세자로 책봉된 바가 있다. 영조와 그 가족이 왕과 왕의 가족으로 거듭나는 과정이었다.

그리고 화순옹주는 11살이 되던 해인 1730년(영조 6) 궁방을 지급 받는다. 내용은 은자 2000량, 콩 100석, 쌀 100석을 받고 전답은 차후에 정한다는 것이었다. 왕자의 예에 따른다고 했다. 이제 명실상부하게 왕실의 옹주로서의 위치를 갖게 된 것이다.

그러나 태어나자마자 생모를 잃은 화순옹주로서는 아무리 왕의 딸이 되고 옹주로 책봉을 받았다고 해도 쓸쓸한 어린시절을 보낼 수밖에 없었을 것이다. 궁인들의 보살핌이 있고, 적모와 또 다른 어머니가 있다고 하지만, 역시 친모와 같은 애정은 기대할 수 없기 때문이다.

> "지난 번 화순옹주가 홍진(紅疹)을 겪은 뒤에 하혈(下血)하는 증세가 있었기 때문에 매우 마음에 괴이하게 여기며 의아해 하다가, 이제 와서야 비로소 독약을 넣어 그렇게 된 것임을 알게 되었다."(『영조실록』6년(1730) 3월 9일)

영조는 재위 6년 세자와 옹주를 돌보던 세정을 문초하며 이 궁녀가 화순옹주에게 독약을 넣었다고 말한다. 세정은 영조가 잠저 시절에 데리고 있다가 문제가 있어 내친 궁녀였는데, 세제가 되고 다시 불러들였다. 마땅한 궁인이 없고 또 스스로 반성을 했을 것이라는 전제하에 그렇게 했다. 그런데 실제로 반성함이 없었고 궁궐로 들어와 세자와 옹주를 돌보게 된 후에 여러 가지 왕실에 불미스러운 행위를 하고 또 이처럼 왕자녀에게 독약을 쓰는 일이 있었다는 것이다.

한번 내쳤던 궁인을 다시 들이는 일은 아무래도 세자와 옹주에게 익숙한 사람이었다는 사실이 중요했을 것으로 보인다. 생모가 없는 상황에서 그래도 익숙한 사람을 다시 선택한 것이 아닐까 생각된다. 그런데 익숙함으로 인해 오히려 옹주가 해를 입는 사건이 발생한 것이다. 생모가 살아 있었다면, 많이 달랐을 상황이 아닐까 한다.

> "화순옹주가 어머님 없이 지내는 일을 불쌍히 여기고 큰 누이로 공경하셨다."(『한중록』 권2)

혜경궁 홍씨가 사도세자와 화순옹주의 관계를 기억하면서 쓴 기록이다. 사도세자가 이복누이인 화순옹주를 큰 누이로 공경했다는 것이다. 그런데 그 이유가 '어머니 없이 지내는 일을 불쌍히 여겨'서라고 했다. 적모인 정성왕후와 사도세자의 어머니 영빈 이씨 등 여러 어머니들이 있지만, 화순옹주에게는 역시 어머니는 없는 것이다. 이미 화순옹주는 혼인하여 남편 월성위가 있는 상황이었지만 사도세자는 불쌍하다고 여기고 있다. 결과적으로 화순옹주의 삶에서 어머니의 부재라는 것이 큰 결핍으로 자리하고 있는 것을 알 수 있게 한다.

물론 화순옹주에 대한 아버지 영조의 사랑은 두터웠던 것으로 보인다. 앞에서도 말했지만, 영조에게 화순옹주는 거의 첫 번째 딸이나 다름없기 때문이다. 정빈 이씨가 화순옹주보다 먼저 딸을 또하나 낳았지만 일찍 죽어서 영조는 당연히 화순옹주를 사랑할 여지가 많았다. 그러나 아버지 영조의 사랑은 지속적으로 화순옹주에게만 집중될 수는 없었다. 화순옹주 이후에 많은 옹주들이 태어나서 영조의 딸들에 대한 사랑은 서서히 분산될 수밖에 없었다. 생모로부터 받는 집중적인 사랑과는 비교할 수 없는 것이었다.

화순옹주는 1732년(영조 8) 13살의 나이에 월성위 김한신과 혼인하게 된다. 이 해 8월부터 옹주의 혼담이 나오고 단자를 받아 간택을 시작했는데, 9월 11일 한 달 여만에 김한신으로 결정을 하게 됐다. 혼인식은 11월에 이루어졌다. 그런데 혼인 후 옹주가 출합(出閤) 즉 궁궐을 나가게 되는 것은 혼인하고 2년 쯤 후인 1734년(영조 10) 8월 이후인 것을 볼 수 있다. 그러니까 왕실의 옹주도 혼인 후 바로 시가로 가지 않고 일종의 '해묵이'를 했던 것으로 보인다.

김한신은 영조 때 영의정을 지낸 김흥경(金興慶)의 아들이다. 경주 김씨로 영조의 계비 정순왕후와 같은 집안이다. 아들로는 김이주(金頤柱)가 있고, 추사 김정희가 그 증손이 된다. 화순옹주는 아이를 낳지 못했는데, 양자를 통해 가계를 이은 것이다.

'어진 부마와 착한 옹주' 김한신과 화순옹주는 이렇게 불렸다고 한다. 주변으로부터 아름다운 커플이라는 칭송을 들은 것이다. '키가 크고 인물이 준수했으며 재주가 총명하였다.'는 김한신에 대한 인물평이 옹주와 아름다운 짝이 되기에 좋은 조건이었던 것 같다. 자식은 없었지만, 금슬은 좋은 부부임에 틀림없다.

그런데 김한신의 인물됨만 좋았던 것이 아니라 화순옹주 자신도

원만한 부부관계를 유지하기에 좋은 자질을 가지고 있었다. '화순옹주는 성품이 온순하고 공순하고'라는 혜경궁 홍씨의 표현을 보면 남편과 화합할 수 있는 태도를 가지고 있었던 것이다. 또 화순옹주는 사도세자의 말처럼 어머니 없는 외로운 어린 시절을 보냈다. 그런 옹주로서는 혼인으로 새로이 자신에게 관심을 가져주는 사람을 만나게 되니 거기에 충실하게 되는 것이 비교적 자연스러운 일이었다. 화순옹주는 금슬 좋은 부부를 이룰 좋은 조건을 갖추고 있었던 것이다.

그렇다면 이런 상황이 정말 화순옹주가 남편 김한신의 죽음에 물 한 모금 마시지 않고 자진하게 된 이유였을까?

3. 화순옹주는 왜 열녀가 되었는가?

1) 열녀를 권하는 사회

『경국대전』「예전」에는 "재가했거나 실행한 부녀자들의 아들과 손자는 문과를 볼 수 없다."는 조항이 있다. 이 조항이 만들어지기까지의 과정은 조선에서 열녀가 왜, 어떻게 권장 되었는가를 알 수 있게 한다.

> "부부는 인륜의 근본입니다. 그러므로 부인은 삼종의 의미는 있지만 다시 시집가는 이치는 없는 것입니다. 그런데 지금 사대부의 정식 부인들 중에 남편이 죽었거나 버림을 받았을 경우, 혹 부모의 뜻에 따라 혹은 스스로 매파를 두어 그 남편이 둘, 셋에 이르니 이는 절개를 잃고도 부끄러워할 줄 모르는 것으로 풍속에 누가 됩니다. 바라옵건대 양반의 부인 중에 세 번 시집간 자는 고려의 법에 따라 자녀안에 기록하여 부인의 도를 바로 하십시오."

태종 연간 신하들의 수절에 대한 건의가 등장하기 시작한다. 그러나 이때는 어디까지나 '세 번 시집가는 자'를 문제 삼는 정도였다.

그러던 것이 조선 성종 대에 이르면 강도가 심해진다. 『경국대전』이 완간되기 8년 전(1477) 조정에서는 며칠간에 걸쳐 격렬한 논쟁이 벌어졌다.

> "양반 여자로서 일찍 과부가 된 데에다가 부모마저 돌아가셔서 살아갈 방도가 막연하고 돌아갈 곳조차 없어 부득이 재가한 사람이나 또는 부모의 명령으로 수절할 수 없게 된 사람은 어쩔 수 없습니다. 그러나 이미 자식도 있고 또 집도 가난하지 않은데 스스로 재가한 여자들은 세 번 시집간 예로 논하는 것이 어떠하겠습니까?"

> "친정에도 본인 혼자뿐이고 자식도 없이 일찍 과부가 된 여자가 부득이 개가한 경우나 보호해줄 사람이나 자식 없이 일찍 과부가 된 여자를 그 친척들이 의논해서 재가하게 한 경우 등을 제외하고는 나머지는 모두 세 번 시집간 예로 논하십시오."

> "법전에서도 재가녀는 봉작하지 않는 선에서 그치고 세 번 시집간 경우에만 실행한 것과 같이 여겨 그 자손을 벼슬길이나 과거에 나아가지 못하게 하였습니다."

이때 논란의 요지는 삼가녀(三嫁女)는 반드시 법으로 다스려야 하지만 재가녀는 경우에 따라 선처할 수 있다는 것이다. 의견은 대체로 재가는 반드시 금지할 필요는 없다는 쪽이 많았다. 특히 일찍 과부가 되고 의탁할 곳이 없는 경우에는 더욱 재가를 금할 수 없다는 것이다. 이에 비하여 어떤 경우든 부녀자의 재가는 실절이며 따라서 금지해야 한다는 것은 소수 의견이었다. 그러나 다수의 반대 의견에도 불구하고 성종 16년(1485)에 반포된『경국대전』
에는 재가녀 자손에 대한 금고의 법이 실리게 되었다.

　조선에서 이렇게 재가금지법까지 만들어지게 된 이유는 무엇일
까? 조선은 이제까지의 가족 형태와는 다른 부계 중심의 가족제도
가 정착하기를 바랐다. 즉 고대 이래 모계나 처계가 가족제도에
미치는 영향력을 축소하고자 했다. 조선은 중국의 부계중심의 가
족제도가 더 선진적이라고 생각했던 것이다. 가족관계에 있어서
부계와 모계가 대등한 영향력을 가지면 힘은 분산될 수밖에 없다.
조선은 더 이상 힘이 분산되는 가족 형태를 원치 않았던 것으로
보인다. 부계 중심 사회로의 전환은 그래서 필요했다.

　열녀란 재혼하지 않는 여자로서 부계를 확고히 하는 데 필요하
다. 여자가 남편 사후 남자 집안을 떠나지 않고 계속 머물면, 부계
가계 구성에는 흐트러짐이 없게 된다. 그러나 여자가 재혼을 하면
전남편의 아들을 어떻게 할 것인가 등의 복잡한 문제가 발생할 수
있다. 부계가족의 순수성 유지와 권력의 일원화는 불가분의 관계
이며 이를 위해 여자의 수절은 요구될 수밖에 없었다.

　조선은 부계적인 가족제도의 정착을 위해 열녀를 원했고, 그것
을 위해 재가녀에게 불이익을 주는 방법을 택했다. 재가에 대한
제재법은 효과가 있었다. 조선에서 과거는 양반남성들의 삶을 결
정짓는 가장 중요한 요소였다. 관직에 나아가고, 그것을 통해 양반
신분을 유지할 수 있었기 때문이다. 과거를 볼 수 없는 양반은 더
이상 양반이 아니다. 따라서 자신의 아들이 과거를 볼 수 없다는
데도 불구하고 재혼을 할 수 있는 양반여성은 많지 않았다.

　조선은 물론 불이익을 주는 정책만 썼던 것은 아니다. 조선은
성리학에 기초한 국가이다. 성리학은 송 이전의 유학에 비해 인간
의 도덕적 수양을 강조했다. 즉 인간은 도덕적 수양을 통해 완성

된 인격체인 성인에 도달할 수 있다고 보았다. 이는 인간의 자율의지의 확대를 가져왔다. 누구나 도덕을 실천하면 성인이 될 수 있다는 신념은 인간에게 자부심을 주었고 스스로 노력하는 효과를 낳았다. 조선은 자발성이 사회를 안정적으로 운영하는 데 중요한 자원이 된다는 것을 알았다. 자발적 동의 즉 내면화에 의한 에너지는 강요에 의한 것보다 훨씬 강력하기 때문이다. 처음에는 국가가 도덕성을 강조하고 통제를 했지만, 점차 사람들이 스스로 도덕의 실천에 앞장섰다. 국가에는 충신이 집안에는 효자와 열녀가 양산되기 시작했다.

2) 내면화되는 열녀의식

처음 조선에서 열녀는 재혼하지 않는 여자를 의미했다. 굳이 더 나가자면 남편을 위해 목숨을 아끼지 않는 여자 정도를 뜻했다. 젊어서 남편과 사별한 뒤 개가하지 않고 수절하여 3년간 남편의 묘를 지키고, 제사를 잘 받들거나, 시부모를 잘 봉양하고 시부모가 죽은 뒤에도 그 제사를 친어버인 것처럼 잘 받들었다는 것이 조선 초기 열녀의 일반적인 모습이다.

그러나 조선 17세기가 되면 단순히 재가하지 않았다고 해서 열녀가 될 수 있는 것이 아니었다. 점차 열녀는 남편을 따라 죽는 여자를 의미하게 됐다. 조선시대 이옥은 "나라 안의 소복 입은 홍안의 여인들은 모두 옛날 개념으로는 열녀인데, 이즘에는 남편을 따라 죽어야만 나라에서 정문을 세워주니 따라서 조선의 열녀는 모두 죽은 자뿐이다."라는 했다. 열녀의 개념이 변화된 것이다. 즉 '재가하지 않는 여자'에서 '남편을 따라 죽는 여자'로 변화했다.

왜 이런 변화가 나타났을까? 이옥은 '나라에서 남편을 따라 죽어야만 정문을 세워줬다'고 했으나 이는 그 주체를 바꿔 생각해볼 수가 있다. 국가는 왜 따라 죽은 사람에게만 정문을 주게 됐을까? 그것은 이미 재혼하지 않는 여자들은 너무 많아서 더 이상 그들에게 열녀로서의 정문을 줄 수 없게 됐기 때문이 아닐까? 조선후기에는 과부면 누구나 재혼하지 않는 것이 일상화되었다. 재혼하지 않는 것만으로는 정문을 줄 요건이 될 수 없게 된 것이다. 여자들은 수절이 아니라 죽음까지 택했다. 그렇다면 국가가 남편 따라 죽는 여자에게만 정표를 하기 때문에 여자들이 남편을 따라 죽게 된 것이 아니라, 남편을 따라 죽는 여자들이 많아져서 국가가 이들에게 정표를 하게 된 것은 아닐까? 양자에는 별 차이가 없는 듯 보이지만, 사실상은 큰 차이가 있다. 어느 쪽이 열녀 양산을 주도했는가의 문제이기 때문이다.

열녀의 양산을 주도한 것은 여자들 쪽이라고 할 수 있다. 더 이상 재혼하지 않은 것만 가지고는 인정받을 수 없다는 사실은 감지한 여성들이 더 심하게 죽는 쪽을 택했기 때문이다. 죽음을 불사하면서까지 여성들이 원했던 것을 무엇일까?

> "사람이 제 몸을 버리는 것은 모두 어려워한다. 그렇기 때문에 신하가 그리하였을 경우에는 충신이 되고 자식이 그리하였을 경우에는 효자가 되고 부녀자가 그리하였을 경우에는 열녀가 되는 것이다. 어떤 사람은 '지어미가 지아비를 따라 죽는 것은 교훈으로 삼기 어렵다.'고 하였다. 그러나 효도에 지장이 없다면, 지어미가 지아비를 위하는 것이 충효와 무엇이 다르겠는가? 부부의 의리를 중히 여겨 같은 무덤에 묻히려고 결연히 뜻을 따라 죽기란 어렵지 않은가, 매섭지 않은가? 여염의 일반 백성들도 어렵게 여기는데 더구나 제왕의 가문이겠는가?"

다시 정조의 화순옹주를 기리는 글의 일부이다. 부부의 의리가 중요해도 결연히 따라 죽기란 어렵다는 말을 하면서 화순옹주의 단호함을 드러내주고 있다.

정조는 조선의 역대 왕들 중에 유일하게 개인 문집을 갖고 있을 정도로 감수성이 뛰어난 왕이다. 그런 정조가 화순옹주의 도덕적 행위에 대해, 마음으로부터의 존경심을 표하고 있다. 『공자의 이름으로 죽은 여인들』에서 전여강(田汝康)은 중국 명나라 때에 열녀가 양산되었던 것은 당시 과거에 계속 불합격하는 남성들이 증가하면서 그들이 자신의 불우한 처지를 여성들의 순절에 투사하여 여성의 도덕성을 그야말로 눈물 나게 찬양했기 때문이라고 했다.

정조의 글은 명대 불우한 문사들의 글만큼 의도적이거나 공개적이지는 않다. 그러나 화순옹주의 자결을 전무후무한 왕실의 도덕적 행위로 높이 평가하고 있다. 여기에 화순옹주를 포함한 여성들이 왜 열녀가 되고자 했는가의 해답이 있다고 생각된다. 조선에서든 혹은 중국에서든 여성들이 원했던 것은 그들 자신에 대한 이러한 찬양이었다. 왜냐하면 그것은 바로 도덕이라는 것에 있어서 여성들 스스로 완성된 인격체에 도달했다는 생각을 가질 수 있도록 하기 때문이다.

조선시대 열녀는 부계 중심의 가족제도를 순수하게 유지하기 위해 권장되었지만, 시간이 지나면서 여성들은 열녀를 자신들의 방식으로 해석하기 시작했다. 여성들은 남성들이 그랬던 것처럼 성리학에서 최고 목표로 하는 도덕적 인격체의 완성이라는 커다란 틀 안에 자신을 위치 지우고자 했다. 이것은 조선 여성들의 도덕성의 내면화 과정이라고 말할 수 있다. 도덕이 최고의 가치로 인정받는 사회에서 도덕적 존재로 추앙 받는다는 것은 최고의 현달이었다. 여성들은 열녀 되기에서 자신을 드러내는 방법을 찾았던 것이다.

정조도 말했듯이 사람이 제 몸을 버리는 것은 어려운 일이다. 적어도 그 시대가 요구하는 최고의 덕목을 실현한 인격체로 대접받는다는 보장이 없다면 이루어질 수 없는 일이다. 조선의 여성들은 사실상 최고의 도덕적 인격체가 되기 위해서 열녀가 되었던 것이다. 열녀의 양산은 도덕성의 내면화와 자발성에 보다 깊은 연원을 두고 있다.

화순옹주는 누구보다도 조선의 열녀 도덕성이 가장 강력하게 내면화된 사람이었다고 할 수 있다. 거듭 말하지만, 옹주는 자질구레한 이익에 구애받지 않는 왕의 딸이었기 때문이다. 이복동생인 사도세자가 영조의 탄식에도 불구하고 '누님의 절의가 굳은 것'을 탄복 또 탄복했다는 것도 화순옹주의 도덕성에의 집중을 잘 드러내 주는 기록이다.

▣ 참고문헌

『영조실록』, 『정조실록』, 『한중록』(혜경궁 홍씨)

신채용, 「영조대 탕평정국과 부마 간택」, 『조선시대사학보』 51, 2009.

이순구 외, 『한국 여성사 깊이 읽기』, 푸른역사, 2013.

사도세자 : 아버지의 손으로 지워야만 했던 아들

최 문 수
한국학대학원 박사과정

1. 사도세자(思悼世子)를 바라보는 두 가지 시선

영조(英祖) 38년(1762) 윤5월 13일, 왕위계승자인 사도세자(思悼世子)가 68세 고령의 부왕에 의해 서인(庶人)으로 폐위 된 뒤 뒤주에 갇혔다. 직접적인 이유는 당시 형조판서로 있던 윤급(尹汲)의 하인 나경언(羅景彦)이란 자의 고변에 따른 조처였으나, 이미 갈등의 고리는 깊어진지 오래였다. 영조는 궁궐 문을 모두 닫아걸고 군사들로 하여금 칼날을 궁 밖으로 향하여 경계하게 한 뒤, 세자 스스로 자결토록 종용했다. 그러나 사도세자가 울부짖으며 살려줄 것을 호소하자 뒤주를 가져오라 명하여 그 속에 들어가게 한 뒤, 자신이 직접 자물쇠를 채우고 못을 박아 세자를 기어코 가두고야 말았다. 이때 사세를 영조는 이렇게 표현하였다. "변란이 급박한 지경에 놓여있다.(變在呼吸之間)"

윤5월이라면 양력으로 따져서 7월의 한 여름, 뜨거운 땡볕 아래 좁은 뒤주에 갇힌 28세의 건장한 세자는 끝내 여기서 벗어나지 못하고 8일간 물 한 모금조차 마시지 못한 체 궁궐 한 복판에서 그렇게 죽고 말았다. 조선 역사상 가장 끔찍하고 비극적인 사건으로 일컬어지는 임오화변(壬午禍變)의 전말이다.

사도세자가 죽임을 당한 이 사건은 그 면면을 따져볼 때 참으로 극적인 내용으로 채워져 있다. 아버지와 아들, 그리고 손자로 이어지는 가족사도 그러하거니와 남편을 여의고 어린 아들을 지키며 살아간 여자의 일생과 그 속에서 숨 죽여 성장해온 한 고독한 임금의 이야기 역시 예사롭지는 않다.

뿐만 아니라 궁궐의 한 복판에서 전개되는 정치적 암투와 난맥상, 그리고 당쟁의 소용돌이는 탕평이라는 정치적 대통합을 슬로건으로 내걸었던 영조치세의 이미지와는 다르게 조선시대에서 가장 정쟁이 치열했던 시기 중 하나로 이야기 되고 있기도 하다. 때문에 사도세자에 얽힌 그 주변 역사적 사실들은 여전히 우리에게 흥미로운 이야기꺼리들을 제공해 오고 있다.

하지만 실제 사건의 전개과정을 살펴보자면 그날의 사실들을 제대로 풀어내기란 결코 쉽지 않다. 부왕이 다음 보위를 이을 세자이자 첫째 아들을 잃고 자신의 나이 41세에 얻은 유일한 아들을 스스로의 손으로 기어이 죽이고야 말았다는 것부터 일반적인 이해의 범주에서는 크게 벗어나 있기 때문이다. 더구나 사도세자의 장인, 그리고 심지어 생모까지 함께 동조하여 그 죽음에 관여하고 있었다는 점을 생각해 본다면 당시의 정황은 범상치 않은 면면들로 채워져 있는 것이다. 도대체 그들에게 무슨 일이 있었던 것일까.

그런데 막상 그 실상을 살펴보고자 해도 기록 역시 변변치가 않다. 당대 직접적인 기록으로는 『조선왕조실록』과 『승정원일기』 이외에 혜경궁 홍씨(惠慶宮洪氏)가 남긴 『한중록(閑中錄)』, 영조가 쓴 「어제사도세자묘지문(御製思悼世子墓誌文)」과 정조(正祖)가 쓴 「어제장헌대왕지문·행장(御製莊獻大王誌文·行狀)」 정도가 있고, 이 밖에 일제시기 조중윤(趙重潤)·조중훈(趙重訓) 형제가 편집한 『사백록

(候百錄)』, 정조 후반기 박하원(朴夏源)이 쓴 『대천록(待闡錄)』, 그리고 비슷한 시기 조한규(趙翰逵)가 쓴 『임오본말(壬午本末)』 정도가 당시의 사건을 말하고 있을 뿐이다. 그나마도 『승정원일기』에서는 임오화변의 사건 자체에 대해 의도적으로 기록을 배제한 듯, 일절 내용을 남기지 않고 있어 어려움을 더해준다.

사실 임오화변은 영조의 선언에서도 나타나듯 오랫동안 입에 담아서는 안되는 중대사로 한동안 그 언급 자체가 금기시 되었던 사건이었다. 그 친아들인 훗날의 정조가 세손으로 왕위계승을 앞두고 있는 마당에 이를 문제시 하는 것은 매우 심각한 정치적 파란을 몰고 올 것이 자명했기 때문이다. 따라서 당시 사건을 기록한 여러 사료들은 제 각각 일정한 한계 속에서 기술되어진 측면이 있다.

우선 조선왕조의 공식 기록으로써 『조선왕조실록』이나 『승정원일기』는 관변사료라는 측면에서 당시 왕실의 정치적이고 공식적인 입장을 중심으로 기술되어야 했다. 이에 영조와 사도세자를 둘러싼 이야기들 역시 상당부분 정제되어 기술된 특징을 보인다. 실제로 영조 52년(1776)에 세손이던 정조의 요청에 의해 사도세자의 죽음과 관련한 기록을 모두 삭제할 것을 명하는 '병신년(丙申年) 하교'가 내려진 바가 있다. 때문에 이들 부자관계의 내밀한 사실들을 왕실자료를 통해 도출해내기는 지극히 제한적일 수밖에 없다.

그렇다고 외부의 기록으로 이를 보완하는 것 역시 어려움이 있다. 18세기 조선은 노론과 소론, 거기에 남인까지 포함하여 당쟁으로 점철되었던 시대였다. 심지어 노론 내부에서 조차 홍봉한을 위주로 한 부홍(扶洪)과 공홍(攻洪)의 파벌이 존재했을 만큼 세력경쟁이 격렬하게 진행되던 상황이었다. 따라서 영조와 사도세자의 관계가 파국으로 점철된 일련의 과정에 대해서도 역시 각자의 정치적 입장에 따라 기술되는 경향을 보이고 있었던 것이다.

이러한 측면에서 사도세자의 부인인 혜경궁 홍씨의 저작『한중록』의 경우 아버지 홍봉한(洪鳳漢)과 자신의 가문에 돌려지는 정치적 혐의를 불식시키고, 임오화변의 당위성을 밝힘으로써 아들 정조를 지키려는 의도로 저작되었다는 측면에서 그 사료적 가치를 의심하는 견해도 있다. 또 아버지 사도세자에 관한 정조의 기록 역시 정조가 사도세자의 입장과 정통성을 현창하는 것에 큰 관심을 두었었던 만큼 그러한 혐의에서 자유롭지는 못하다.

한편 개인이 남긴 문헌들 역시 대부분 소론계 인사들에 의해 저작된 것으로, 특히『사백록』을 쓴 조중윤·조중훈 형제는 소론의 영수 조태구(趙泰耈)의 후손이다. 때문에 이들 기록을 토대로 주관적인 서술과 객관적인 사실의 간극을 분석해내기는 적지 않은 어려움이 있을 수밖에 없는 것이다.

이러한 배경 속에서 현재 영조와 사도세자의 관계를 분석한 기존의 연구성과는 크게 2가지 방향으로 정리되고 있는 듯하다. 하나는 부자간의 심리적 상태에 주목하여 사도세자의 정신적 병리증상과 그 발병 원인을 중심으로 영조에 대한 일정한 책임론을 제기하는 입장이 있고, 다른 하나는 당시 탕평의 기조 속에서도 격렬하게 전개되었던 노·소론간 당쟁을 중심으로 이를 설명하려는 성과들이 그것이다.

특히 이시기 당쟁을 중심으로 정치적 지형에 대한 분석은 부왕의 당파와 세자의 당파가 각각 다른 가운데 그 정치적 환경이 아버지로 하여금 아들을 직접 죽일 수밖에 없었던 비극으로 이어진 것이라는 해석을 제공하면서 사안의 극적인 성격을 더욱 부각시키고 있다.

하지만 이들 모두 양쪽의 성과에 대해서 기본적으로 긍정하는 입장에 있으면서도, 이를 종합적이고 유기적으로 풀어내기 보다는 자신의 논지만을 위주로 하여 설명하려는 태도를 보이고 있으므로 그 해석은 충분치 않다는 느낌이다. 왕인 아버지가 다음 왕이 될 세자를 궁궐 한 복판에서 굶겨 죽이는 초유의 일이 하나의 단편적인 이유만으로 발생될 수는 없는 문제이기 때문이다.

따라서 임오화변이란 사건을 제대로 이해하기 위해서는 이를 종합적으로 바라보고 이해하려는 노력이 필요하다. 이는 단순히 당대 발생한 초유의 사건으로만 끝난 것이 아니라 그 이후 조선왕조의 정치적 운영과 환경 전반에 걸쳐 적지 않은 영향을 준 사건이었기 때문이다.

2. 마음이 병든 아들, 광기어린 세자

사도세자 이선(李愃)(1735~1762)은 자가 윤관(允寬), 호는 의재(毅齋)로, 태어나면서부터 매우 총명하고 영특하여 적잖은 기대를 모았던 인물이었다. 그는 세 살에 이미 영조와 대신들이 모인 자리에서 『효경(孝經)』을 낭랑하게 송독하였으며, 내시가 지필묵을 가지고 오자 붓을 들어 '천지왕춘(天地王春)' 네 글자를 써 내어 좌중을 놀라게 하였다. 영조가 그 늠름함과 의젓함을 보고 감격해하며 세자가 쓴 글을 주고 싶은 신하에게 주게 하자, 세자는 도제조(都提調) 김흥경(金興慶)을 가리켰고 이에 영조는 "세자가 대신을 알아본다"며 크게 기뻐한 사실을 『조선왕조실록』은 기록하고 있다.

적어도 유년기까지의 사도세자는 부왕인 영조를 기쁘게 하는 사랑스런 아들이었다. 그러나 이후 성장하면서 사도세자는 점차 여러 문제점들을 보이게 되었고, 이러한 문제들은 급기야 병적인 단계로까지 발전하게 되었다. 여러 기록상의 정황들을 모아보자면 대략 사도세자의 병증은 다음과 정리된다. 옷 입기를 두려워하는 '의대증(衣帶症)', 두려움이 심한 '경계증(驚悸症)', 자신을 자학하거나 폭력적인 성향을 보이는 '가학증(加虐症)' 등등. 특히 사도세자는 자신의 병증을 스스로 '기승지병(氣升之病)', '화증(火症)'으로 표현하고 있는 것으로 보아 이것은 지극히 심리적이고 정신적인 문제에서 기인한 것임을 미루어 짐작케 한다.

하지만 그의 병증은 결코 단순한 문제가 아니었다. 개인이 지닌 정서적인 문제점으로만 그친 것이 아니라 점차 폭력성을 띄면서 왕왕 궐내에서 살인을 저지르는 상황으로까지 이어졌기 때문이다. 몇몇 궁인과 환관들에게 나타나던 사도세자의 폭력성은 빈궁이었던 혜경궁 홍씨를 향해서도 칼을 빼어 달려드는 등 과격한 양상을 보이더니, 급기야 자신의 아들인 은전군 찬(恩全君禶)을 낳은 훗날의 경빈 박씨(景嬪朴氏)를 자신의 손으로 직접 때려죽이는 지경에까지 이르렀다. 이때 경빈 박씨를 죽인 일은 임오화변 당시 사도세자의 처벌을 합리화하는 매우 중요한 명분으로 언급되기도 하였다.

한편 그는 부왕 영조와의 갈등이 심해지자 궁궐 안 우물에 몸을 던지기도 하였다고 『한중록』에서는 전한다. 물론 『한중록』이 어느 정도 사료적 가치를 의심받는 입장에 있기는 하지만, 혜경궁 홍씨가 당대 사도세자의 가장 지근거리에 있었던 인물로 『실록』과 같이 관변자료에는 실리지 못할 내밀한 이야기들을 해줄 수 있는 거의 유일한 존재였다는 점에서 그 가치를 모두 부정하기는 힘든 실정이다.

사도세자의 문제점은 이뿐 만이 아니었다. 그는 진선(進善)과 더불어 왕세자의 가장 중요한 의무였던 부왕에 대한 문안(問安)을 1년여 가까이 폐하는가 하면, 환관을 자신으로 위장시켜 놓고는 20일에 걸쳐 몰래 평양 유람을 다녀왔다가 조야에 큰 물의를 일으키기도 하였다. 또 경악스럽게도 영조와 갈등이 극에 달했을 시기에는 칼을 들고 부왕을 죽이겠다며 광증을 부리기도 하였다고 한다. 물론 『한중록』의 기록이다. 부왕에게 칼을 빼들었다는 것은 일종의 시역을 도모했다는 이야기인데, 이쯤 되면 영조와 사도세자의 관계는 일반적인 부자관계로만 얘기하기는 힘든 단계에 와 있었음이 분명하다. 확실히 사도세자는 심각한 반항아요 비뚤어지고 병든 아이였던 것이다.

어느 것 하나 세자로서 문제되지 않을 수 없는 사안들이었다. 성리학의 나라 조선에서 가장 중요한 덕목인 효(孝)와 예(禮)를 폐한 세자, 서인(庶人) 같았다면 그 허물로 죽임을 당했을 수도 있는 일이었다. 어디 그뿐인가. 역대 조선의 왕 가운데 개국과정에 참여했던 태종 이방원(李芳遠)을 제외하고 자신의 손에 직접 피를 묻히며 살인을 저지른 인물이 있었던가. 연산군 이외에는 없었다. 이력만 본다면 사도세자는 연산군과 다를 바 없는 셈이었다.

그렇다면 사도세자는 왜 이토록 비뚤어지고 광기어린 인물이 되어 버렸는가. 『한중록』은 전한다. 이것은 부왕에게 따뜻한 사랑 한번 제대로 받아보지 못한 울분이 낳은 병증이라고. 그가 태어난 직후부터 성장기의 사실을 기록한 사료들을 살펴보면 사도세자는 실제로 유년기에 정서적인 사랑을 제대로 받기 어려운 환경에서 성장했던 인물이었던 것으로 보인다.

그는 불과 두 살의 나이에 왕세자로 책봉될 만큼 귀한 자식이었다. 그런 만큼 그는 어릴 때부터 매우 특별하게 관리되었다. 생후 1백일 만에 사도세자는 생모인 영빈 이씨(暎嬪李氏)에게서 떨어져 그의 양육를 위해 특별히 설치된 저승전(儲承殿)의 상궁들에게로 옮겨지게 되었다. 즉 사도세자는 태어나자마자 생모와 적모 그 누구도 아닌 저승전의 상궁들에게 맡겨져 격리되어 버린 셈이다.

조선시대 원자가 태어나면 양육을 위해 특별히 관리되는 것은 당연한 일이지만 문제는 오히려 당시 정국의 분위기였다. 혜경궁 홍씨와 정조는 모두 당시 상황을 두고 저승전의 상궁들이 과거 경종(景宗)을 모시던 인물들이었으며, 사도세자의 양육에 대하여 비교적 호의적이지 않았다고 설명하고 있다. 이를테면 경종의 일을 생각하며 영조와 그 자손에 대해 적대적이었던 궁인들이 사도세자의 양육을 담당하였다는 이야기인 셈이다.

정조가 쓴 『현륭원행장(顯隆園行狀)』에는 저승전 상궁들이 중전과 특히 친모 영빈 이씨의 접근을 최대한 차단하려고 했다는 사실이 기록되어 있다. 이 기록에 따르면 이들은 비록 영빈 이씨가 친모이지만 적모가 아니므로 세자와는 군신(君臣)의 의(義)가 있으니, 매 출입시에는 그러한 예를 갖출 것을 요구했었다고 한다. 때문에 친모인 영빈이씨는 자연스럽게 갈등을 피해 저승전으로의 출입을 꺼리게 되었고, 영조 역시 이러한 사정 속에서 출입을 피하게 되었다는 것이다.

일부 학자들은 바로 이러한 정황이 사도세자의 성격형성에 결정적인 영향을 미쳤을 것으로 보고 있다. 저승전에서 부모와의 접촉으로부터 멀어진 채 양육된 세자는 부모의 훈육보다는 나인들의 품에서 유희에 빠져 성장하게 되면서 그 성정이 자유분방하게 되었고, 이후 부모의 훈계와 타이름을 두려워하고 눈치를 살피면서 점차 부자간의 관계 역시 소원해지게 되었다는 것이 이들의 견해이다.

비록 훗날 영조가 이를 염려하여 자신의 거처를 저승전에서 가까운 경춘전(景春殿)으로 옮겨 세자의 훈육에 관심을 쏟고자 하였지만, 이 때는 이미 세자의 나이가 일곱 살이 되어 인성이 굳어진 시기였기 때문에 큰 효과는 기대할 수 없었다고 정리하고 있다. 더구나 사도세자는 열 살이 되던 영조 20년(1744) 혼인과 함께 별궁으로 거처를 옮기면서 더더욱 부모와의 접촉은 멀어지게 되었다.

비판적인 입장에서 보자면 당쟁의 폐해가 왕자의 보육을 맡은 일개 궁인들에게까지 영향을 미쳐 사도세자의 성정을 왜곡시키는 결과로 이어졌다는 분석이 선뜻 이해되지는 않는다. 그러나 이러한 정황과 우려가 괜한 억측은 아니었던 모양이다.

영조 6년(1730) 3월, 사도세자의 이복형인 효장세자(孝章世子)가 바로 궁녀 순정(順正)과 세정(世貞)의 모략으로 독살당하는 일이 실제로 벌어져, 영조가 이를 친국했던 사실이 『조선왕조실록』에 기록되어 있기 때문이다. 국문결과 이들은 당시 세자였던 효장세자만을 독살하는 것에 그치지 않고 여러 옹주들까지도 함께 독살코자 모의했다는 사실이 밝혀지면서 큰 파문을 일었다.

물론 이 사건은 이인좌의 난 직후 그 잔당을 척결하려는 정치적 명분으로 활용된 것이라는 견해가 있긴 하다. 하지만 어찌되었던 간에 일국의 세자가 독살된 사실을 근거로 사안이 진행되었다는 측면에서 접근해 본다면 당시 국왕이었던 영조가 처해 있던 정치적 현실이 어떠한 것이었는지를 말해주는 매우 중요한 사건인 셈이다.

때문에 이러한 경험에 따른 경계와 조처들 속에서 사도세자는 분명히 일정한 영향을 받지 않을 수 없었을 것으로 판단된다. 따라서 일부의 견해와 같이 영조의 사랑이 전연 없었던 것은 아니었겠지만 그 기대와는 다르게 이른바 무예를 좋아하고 호방한 기질, 차분히 잠심하여 학문을 궁구하는 것에는 관심이 덜했던 사도세자의 면모는 어릴 때부터 부모의 애정을 바탕으로 훈육을 통해 다듬어지지 못한 성정에서 길러진 불행한 소산이었다는 분석은 일면 일리 있어 보인다.

3. 서투른 아버지, 냉정한 군주(君主)

사도세자의 광증과 패악으로 인해 부자간의 관계는 비극으로 마무리되었다. 조선의 공식적인 입장에서 사도세자는 도저히 왕위를 이어 받아 조선의 미래를 기대하기 힘든 인물이었다. 영조의 표현대로라면 조선의 안위를 보전하려면 그는 살아선 안 되는 존재였다. 하지만 사도세자의 광증을 단순히 그의 자유분방한 기질로 돌리기에는 무리가 있다. 세자의 마음의 병에는 나름 그 원인이 있을 터이기 때문이다. 그렇다면 그의 병증과 패악의 근원은 도대체 무엇이었을까.

많은 학자들은 부왕 영조와의 정서적인 갈등이 사도세자로 하여금 점점 성정을 잃어버리게 만드는 원인으로 작용했다고 보고 있다. 구체적인 시기를 따지면 대략 사도세자가 대리청정을 담당하기 시작한 영조 25년(1749)부터의 일이다. 실제로 정신적인 측면에서 광증으로 분류될 법한 증세들은 이때부터 등장하고 있는 것이다. 그렇다면 과연 대리청정기 이들에게 어떤 갈등의 요소들이 쌓여가고 있었는지를 살펴볼 필요가 있겠다.

주목할 부분은 대리청정을 시행할 당시 사도세자의 나이는 불과 15세. 지금으로 따지면 대략 중학생 정도의 세자가 국가 운영을 위해 만기(萬機)를 짊어지며, 정파간 경쟁이 가장 치열했던 시기의 정치 한복판에 내 던져진 셈이다. 물론 그 뒤에는 부왕인 영조가 자리를 지키며 버텨주고 있었다. 하지만 불행하게도 이 시기 사도세자에게 영조는 든든한 후원자나 버팀목의 존재가 전혀 아니었다. 오히려 자신을 매섭게 몰아치고 질책하며 목을 조여오는 두려운 존재에 가까웠다.

영조는 대리청정기 발생하는 모든 문제들에 대해 항상 서무를 대리하는 세자에게 책임지우며 그를 몰아세워갔다. 영조는 본인이 스스로 강건한 군주가 되고자 했던 만큼 세자 역시 자신의 기준에 걸맞는 위엄과 체모를 갖추기를 원했다. 하지만 대리청정기 사도세자의 면모는 영조의 입장에서 그 기대를 채우기에 항상 부족했다. 이것은 정무처리와 학문, 품행을 망라하고 그들이 마주치는 모든 부분에서 그러하였다. 이를테면 영조와 사도세자는 잘 맞지 않는 사이였다.

이와 관련해 혜경궁 홍씨는 '부자의 성품이 달라 영조는 세심하고 날카로우나, 세자는 행동지간이 날래고 민첩하지 못해 그 응대와 질문에 머뭇거리고 즉시 대답하지 못하였는데, 이에 항상 영조가 대노하며 근심하였다.'라고 기록하고 있다. 이렇게 부왕과의 불협화음이 계속되는 동안 사도세자는 점차 두려움과 강박증, 그리고 일정한 반발심을 키워가게 되었던 것이다.

영조는 사도세자를 불신하였다. 그리고 영조의 불신은 점차 세자의 정서를 공포로 몰아갔다. 영조는 신하들이 있는 곳이건, 여러 종친들이 있는 곳이건 장소를 가리지 않고 세자에 대한 불만을 쏟아내고 그를 가혹하게 질책하는 일이 잦아졌다. 심지어 그 시기 발생하는 가뭄이나 자연재해마저도 의례히 세자의 공구수신(恐懼修身)하는 몸가짐의 문제로 돌려 그를 몰아세웠다. 아마도 사도세자가 천둥과 우레를 두려워했다는 병증은 여기서 비롯된 것으로 보인다.

이 모든 일들이 서무를 대리하고 있기에 부각된 문제들이었다. 사도세자에겐 의대를 갖추고 정청에 나서는 것 자체가 두려움이고 공포였다. 옷 입기를 두려워했다던 의대증이란 바로 이러한 심리였을 것이다. 따라서 사도세자의 불안한 정서는 그 억눌렸던 자아를 표출할 대상이 필요했을 것이고, 이것이 일부는 기행을 벌이는 반발심으로, 또 일부는 자신의 분노를 폭발시킬 대상을 골라 학대를 하거나 급기야 살생을 벌이는 방식으로 나타나기에 이르렀다. 그러한 가운데 사도세자는 점차 광인으로 변해갔다.

이러한 맥락에서 많은 학자들은 사도세자의 정신적인 문제들의 원인을 아버지 영조에게서 찾고 있다. 아버지인 영조 자체가 인격적으로 불안정한 인물이었다는 점에 초점을 맞추고 있기 때문이다. 영조는 인격이 완성되는 시기인 유아기와 청소년기를 매우 불안정한 환경 속에서 보내야 했던 인물이었다. 희빈 장씨(禧嬪張氏)와 갈등관계에 있었던 숙빈 최씨(淑嬪崔氏)의 아들로 태어난 그는 어머니의 비천한 신분과 궁궐 내부의 첨예한 알력들을 몸으로 체험하며 긴장 속에 살았다. 희빈 장씨의 모욕과 박해뿐만 아니라 그 죽음에도 숙빈 최씨는 일정하게 관련되어 있었기 때문에 세자였던 이복 형 경종과의 관계에서도 그는 운신에 많은 부담을 가질 수밖에 없었다.

게다가 당시 당쟁의 역학관계 속에서 경종은 남인과 소론의 지지를 받고 있던 실정이었으므로, 그는 자의건 타의건 간에 공공연히 노론에 주목을 받는 처지에 놓여있었다. 설상가상 경종이 왕위를 승계한 이후 건저(建儲)와 대리청정 문제 속에서 발생한 여러 정치적 사건들은 그로 하여금 더욱 주변을 의식하며 세심하고 예민하게 행동하지 않을 수 없게 만들었다. 그리고 경종이 승하하고 난 이후에는 황형(皇兄)을 독살하였다는 의심을 받으며 스스로 치세기간 내내 그 혐의에서 자유롭지 못했다.

이러한 환경 속에서 영조는 스스로 고백하는바와 같이 자연스레 지극히 편벽되고, 조급하며 호오(好惡)에 대한 반응이 뚜렷한 성정을 갖추게 되었다. 이를테면 일정부분 왜곡된 성정을 가지게 되었던 것이다. 특이한 점은 영조의 성정이 대면하는 상황에 따라 매우 상이한 모습으로 표출되었다는 점이다. 공식적인 상황과 사적인 상황, 혹은 그 대상의 친소관계에 따라 그 반응이 극단적으로 다르게 표출되었던 것이다.

영조는 공식적인 상황에서는 끝까지 냉정함을 잃지 않으며, 내면의 감정을 충실히 조절하는 면모를 보였지만, 사적인 영역으로 나오게 되면 아무런 거리낌 없이 자신의 감정을 마음껏 쏟아내는 경향을 보였다. 이는 사람을 대할 때에도 그러했다. 자신이 총애하는 사람에게는 무한한 애정과 관심을 주지만, 그렇지 않은 사람에게는 매우 차갑고 심지어 저주에 찬 행위들까지도 서슴없이 내보이곤 하였다. 심지어 자신의 자녀들에게도 마찬가지였다. 영조의 자식 중 화평(和平)과 화완옹주(和緩翁主)는 사랑하는 자식이었다면, 화협옹주(和協翁主)는 눈 밖에 난 자식이었다. 사도세자는 후자에 속했다.

일부 학자는 이를 두고 '사적 은(恩)'이 영역과 '공적 의(義)'의 영역에서 전혀 다른 면모를 보이고 있는 것이라고 분석하였다. 그의 편벽된 호오(好惡)관은 과거 잠저 시절 고난하고 고립적인 환경에서 성장했던 이유로 인해 사람의 다양한 면면을 포용하고 이해하는 대신 자신의 관점에서 일방적으로 호오를 투영하여 대응하는 특징을 보이고 있다는 것이다.

일종의 편집증과 강박증적 측면으로 볼 수가 있는데, 죽은 동생인 연령군(延齡君)이 그리워 그의 옛집을 가고자 했으나, 자신이 미워하는 연령군의 생모 명빈 박씨(禛嬪 朴氏)의 신위가 연령군의 신위와 나란히 있다 하여 끝내 가지 못했음을 고백하는 『조선왕조실록』의 기사에서 그 일면을 엿볼 수가 있다. 사도세자는 바로 영조의 사적영역 안에 들어와 있던 존재였다.

흥미롭게도 정신병리학계에서는 영조와 사도세자의 갈등관계를 정신병리적 측면에서 분석해보려는 시도들이 심심치 않게 제출되고 있어 눈길을 끌고 있다. 이들 가운데 '보웬(Bowen)의 가족치료 이론'을 대입하여 이들 부자 관계를 분석한 연구 성과는 그 내용이 자못 흥미롭다.

이 연구에 따르면 유아들은 부모 또는 주변 사람들과 지속적인 상호작용을 통해 자아를 형성하게 마련인데, 이 때 가장 절대적인 영향을 미치는 것은 바로 부모라고 한다. 만약 부모와 자식간에 정서적, 인격적 교감과 소통이 원활하지 못할 경우 무관심과 거부가 지속되면서, 자녀는 온전한 자아를 형성하지 못하고 왜곡된 자아를 만들게 된다는 것이다.

동시에 자아의 형성이 결핍되고 미성숙한 부모는 자신들의 불안한 감정과 갈등의 요소를 자녀에게 투사하게 되는데, 이를 통해 자신의 미성숙하고 불안한 심리는 그대로 자녀에게 전이된다고 한다. 따라서 영조와 사도세자의 관계도 역시 이와 같은 보웬의 이론을 통해 충분히 설명할 수 있다고 보는 것이다.

이러한 관점에서 이들 연구가 주목하는 인물은 사도세자가 아니라 바로 영조였다. 정신분석적 이론에서 본다면 영조는 온전한 자아를 형성하지 못한 인물이었으며, 그것은 그의 출생적 한계와 성장과정 속에서 길러진 결과라고 해석되었다. 그는 주어진 상황이나 특별한 목표를 지향하는 환경이 설정될 경우 그 왜곡된 자아를 조절할 수 있지만, 내면에 있어서는 여전히 왜곡되고 이중적인 면모를 지닌 인물이었다. 그리고 이러한 그의 기질이 줄곧 아들인 사도세자에게 영향을 주고 있었다는 결론으로 이어지고 있다.

영조는 집권기간 내내 자신의 정통성과 왕권의 위상 확보에 절치부심했던 군주였다. 실제 여러 차례 선위파동을 일으켰던 것도 그러한 불안감을 해소시키기 위한 고식적인 액션의 일종이었으며,

이것이 재위 25년 실제 대리청정으로 이어졌다. 결국 영조는 대리청정을 통해 자신의 역할을 사도세자에게 맡기고, 일정부분 세자를 방패막이 삼아 자신은 뒤에서 자신의 의지를 관철시키며 권위를 다지는 방향으로 대리청정을 활용하고 있었던 셈이다.

때문에 국정에 대한 처결과 관련하여 매끄럽고 만족스럽지 못한 쟁점과 민감한 현안이 발생할 경우에는 오히려 자신이 앞장서 그 책임을 세자에게 떠넘기며 비난하였고, 마치 세자를 몰아세움으로써 자신이 처한 정치적인 부담을 벗어버리려는 듯한 행위들을 줄곧 취해 왔다. 그리고 그러한 부왕의 질책 속에서 사도세자는 점점 정서적으로 상처를 받으며 왜곡되어 나갔다.

결국 사도세자에게 영조는 후원자가 되어주지 못하였으며, 자신을 보호하고 따뜻한 정감을 나눠주지 않는 냉정한 적대적 존재로 비춰질 수밖에 없었다. 그리고 그 속에서 사도세자는 병들어 갔으며, 부자는 서로에게 상처를 주던 가운데 갈등의 골은 더욱 깊어지고 말았던 것이다.

4. 당쟁 속에 깊어지는 상처

사도세자에게는 분명히 병이 있었다. 광증으로 언급되던 그의 행적이 실제 차갑고 엄격한 영조와의 갈등 속에서 형성된 것이었다 하더라도, 향후 조선의 왕으로서 나라를 책임지고 이끌어가기에는 분명 많은 문제를 안고 있었던 것은 사실이었다. 특히 영조의 치세가 탕평의 수면 아래에서 당쟁이 요동치던 시기였음을 생각해봤을 때, 그에게서 후대 안정과 번영을 기대하기에는 확실히 불안한 점이 있었다.

그러나 단순히 개인의 정서적인 문제, 나아가 부왕과의 심리적 부조화만으로 일국의 세자가 궁궐 한 복판에서 굶어 죽어나갈 수는 없는 문제였다. 때문에 우리는 이쯤에서 당시의 정치적 환경과 연결하여 사도세자와 영조의 부자간 갈등을 종합적으로 살펴보지 않을 수 없다. 바로 당쟁이 이들 관계 악화에 있어 촉매제 역할을 한 측면도 분명 존재하기 때문이다.

영조는 나경언의 고변으로 사도세자를 뒤주에 가두기 전 다음과 같은 발언을 하였다.

> "주상께서 연이어 차마 듣지 못할 전교를 내렸다. 주상께서 또 전교하여 말하기를, '나경언(羅景彦)이 어찌 역적인가? 오늘날(今日) 조정의 신하(朝臣)들의 변벽된 논의가 도리어 아버지의 당(父黨)과 아들의 당(子黨)을 만들었다. 그러니 조정의 신하 모두가 역적이다.'하였고, 사관(史官)을 돌아보면서 이르기를, '너도 올바르게 쓰지 않으면 또한 역적이다.' 하면서, 수없이 가슴을 치니, 여러 신하들이 두려워하다가[惶懼] 아침이 되어서야 물러갔다."

영조가 아버지의 당(父黨)과 아들의 당(子黨)을 지적했을 만큼 당시 정국은 영조와 사도세자를 두고 당파 간의 입장과 당론을 투영하여 대응하고 있었다. 그리고 이와 같은 당쟁은 영조와 사도세자 부자의 갈등을 더욱 증폭시켰고, 그 속에서 사도세자의 심리와 정서를 더욱 극단으로 내몰았다. 그 극단의 종착지는 물론 임오화변이라는 파국이었다.

사실 이 시기 당쟁은 이미 사도세자 탄생 이전부터 줄곧 격렬하게 전개되어왔다. 숙종(肅宗) 사후 경종이 왕위를 승계하는 가운데 노론과 소론은 희빈 장씨의 소생인 경종의 존재를 둘러싸고 크게 대립하였고, 이 과정에서 노론은 자신들이 지지하던 연잉군(延礽

君)을 세제(世弟)로 옹립하는데 성공함으로써 주도권을 확보하고자 하였다. 결국 신임옥사(辛壬獄事)로 일컬어지는 일대 혼란이 벌어지고야 말았지만, 끝내 왕위를 계승하는데 성공한 영조는 치세기간 내내 노론을 통해 선택되어(擇君論) 황형을 독살하고 왕위를 차지했다는 정치적 공세에 시달려야만 했다.

때문에 그는 자신의 정통성을 설명하는 신임의리(辛壬義理)의 부식을 위해 절치부심하지 않을 수 없었다. 영조가 탕평을 최대의 역점 사업으로 내세웠던 이유도 바로 여기에 있었다. 보위에 오르자 그는 오히려 노론이 아닌 소론 중심의 정국을 조성해갔다. 노론 택군의 의혹을 해소하는 동시에 탕평을 염두에 둔 조처였다. 이는 집권초기 소론계와 일부 남인이 주도한 이인좌(李麟佐)의 난을 겪으면서도 바뀌지 않았다. 또 재위 3년(1727)에는 자신의 첫째 아들인 효장세자의 배필로 당시 소론의 중심인물이었던 조문명(趙文命)의 딸을 간택함으로써 소론에게 힘을 실어주기까지 하였다. 노론 택군의 혐의를 받은 임금의 치세에서 오히려 노론이 소외되는 모양새였다.

그러나 효장세자는 이듬해 독살되었다. 과거 경종을 모시던 궁녀 순정과 세정의 모략에 의해서였다. 이 사건은 사안이 주는 충격만큼이나 향후 후계구도를 둘러싼 심상치 않은 파장을 예고하고 있었다. 그리고 노론은 이제 건저문제를 계기로 다시금 주도권을 확보하기 위해 온 당론을 집중시키고자 하였다.

효장세자 사후 노론쪽에서는 민진원(閔鎭遠)이 나서서 건저와 관련하여 다음과 같은 의견을 제시하였다.

"신이 전하께 바라는 것은 숙원(淑媛)을 선택하라는 것이 아닙니다. 대개 후사를 구하는 도(道)는 마땅히 먼저 넓게[廣博]해야만 하는 것입니다."

민진원의 얘기인 즉 후궁을 뽑아 후사를 기대하기 보다는 넓게 (廣博)구하는 것이 마땅하겠다는 이야기인데, 여기서 넓게 구하라는 것은 바로 종친들 가운데에서 적절한 인물을 골라 세자로 세워야 한다는 의미였다. 이는 흡사 과거 경종시절 영조를 세제로 옹립했던 상황을 연상시킨다.

노론 4대신이 사라진 상황에서 당시 민진원이 노론을 이끌던 실질적인 중심인물이었다는 측면에서 그의 언급은 일종의 당론의 성격을 지녔다고 보아도 무방하겠다. 때문에 소론 역시 서명균(徐命均)이 나서서 민진원의 '광박의 논리'를 부정하는 한편 박문수(朴文秀)가 여기에 힘을 보태며 당론 차원에서 대응해 나갔다.

이러한 분위기 속에서 드디어 영조 11년(1735) 1월 사도세자가 탄생하였다. 그리고 영조는 민진원의 반대를 무릅쓰고 곧바로 그를 원자에서 세자로 책봉하였다. 동시에 영의정이던 소론 이광좌(李光佐)에게 세자의 보도(輔導)와 관련해 다음과 같이 말을 남겼다.

> "내가 경에게 바라는 바는 오직 원보(元輔)의 자리에 있으면서 세도(世道)를 진정시키는 것이다. 반야(半夜)의 하교는 거의 고명(顧命)과 같은 것이니, 내가 몸소 노고(勞苦)를 담당하여 자손에게 안일(安逸)함을 넘겨주려 한 것이다. 세자(世子)와 상견례(相見禮)하는 것은 경을 머물러 두려 행하고자 하는 것이다. 지금은 비록 머리가 셋이고 팔이 여덟 개인 자라 하더라도 결코 경을 침해하지 못할 것이니, 경은 비단 나를 보필하는 것만이 아니라 반드시 원량(元良)을 보필함을 중하게 여겨야 한다. 내가 마땅히 밥을 올려가며 경을 먹여줄 것이니, 경이 원량을 위해 떠나지 않고자 한다면 이 밥을 먹으라. 원량의 기질(氣質)이 기특하니, 내가 의탁함이 있을 것이다."

영조는 이후 세자시강원 관리의 대부분을 소론계 인사들로 채워 나갔다. 또 재위 19년(1743) 11월에는 노론 홍봉한의 딸을 세자빈으로 간택하여 세자를 후원하도록 하였다. 홍봉한은 당색으로는 노론으로 분류되지만 당시 노론 강경파와는 일정한 거리가 있던 인물로, 이것은 탕평의 지지하는 세력을 육성시키는 동시에 일정하게 노론 강경파를 견제하려는 영조의 의도가 반영된 결과였다.

이처럼 사도세자를 둘러싼 18세기의 정국은 당쟁 속에서 설명될 수밖에 없는 시기였으며, 사도세자는 이미 태어나기 이전부터 당론의 영향 속에 놓여져 있었다. 나아가 탕평의 기치를 내걸었던 영조의 치세였음에도 불구하고 왕과 세자는 타의에 의해 자연스레 당색이 입혀지는 상황에 놓이게 되었던 것이다.

5. 비극의 시작과 끝, 대리청정(代理聽政)

영조와 사도세자 간의 관계가 본격적으로 악화된 계기는 바로 대리청정이었다. 그리고 부자간의 갈등은 바로 이 기간, 당쟁이라는 촉매제를 통해 더욱 증폭되는 결과를 가지고 왔다. 때문에 우리는 대리청정기 이들간 갈등의 원인과 배경이 무엇이었는지 주목해 볼 필요가 있다.

당시 사도세자의 나이는 불과 15세. 각 당파들은 어린 세자를 둘러싸고 집요하게 자신들의 당론을 관철시키고자 하였으며, 부왕 영조는 그 처결을 두고 세자를 지속적으로 몰아세워갔다. 그 속에서 사도세자의 심리는 점점 무너져갔다.

영조의 질책은 대리청정을 시작한 첫날부터 나타났다. 영조 25년(1749) 2월, 환경전(歡慶殿)에 나아가 신하들로 하여금 정무를 세자에게 품달하도록 윤허한 자리에서 함경도 성진(城津)의 방영(防營)을 다시 길주(吉州)에 소속시키는 문제에 대한 세자의 처결을 두고 영조는 크게 책망하며 사도세자의 경솔함을 꾸짖었다.

> "너의 말이 비록 옳지만 당초 방영을 성진으로 옮겨 소속시킨 것은 이미
> 나에게서 나온 것이니, 길주로 다시 옮기는 것은 경솔하지 않느냐? 마땅히
> 먼저 대신에게 묻고, 또 나에게도 품한 뒤에 하는 것이 옳다."

당시 사도세자는 영의정 김재로(金在魯)와 좌의정 조현명(趙顯命)
의 계품을 참고하여 사안을 처결한 상태였다. 아울러 영조는 이미
'의심스러운 점은 대신에게 묻고 자신(사도세자)의 의견을 참작한
뒤 결정하라'며 격려한 상태였으므로 사실 사도세자의 처결 과정
에는 경솔함을 지적할 만한 큰 문제점은 없었다. 그런데도 불구하
고 영조는 '나에게도 품한 뒤 결정하라'며 곧 바로 말을 바꾸면서
까지 문제를 제기하고 나선 것이다.

이어 이튿날 영조는 다시 사도세자를 향해 '너는 쾌(快) 한 글자
가 병통이니, 사람들의 웃음거리가 되지 않으려면 쾌심(快心)을 경
계하라'는 말을 남겼다. 하지만 이는 단순히 세자의 마음을 경계시
키려는 당부 수준의 말이 아니었다. 대리청정기 내내 영조는 사도
세자의 처결에 대해 거침없이 불만을 드러내었고 그때 마다 그를
매섭게 질책하기를 반복하였다. 특히 상대 당을 겨냥하는 정치적
공세와 당론을 담은 상소문에 대한 처결에 관해서는 그 질책의 수
위와 면모가 더욱 날카롭고 엄중히 하였다.

양상이 이쯤 되자 오히려 노론 쪽에서 세자를 두둔하는 상황에
까지 이른다. 당시 노론의 영수 김재로는 차자를 올려 사도세자를
대하는 영조의 태도를 비판하고 경색된 정국을 풀어 줄 것을 요구
하고 나섰다.

"동궁 저하(東宮邸下)께서 어린 나이로 대리청정을 하심에 대응(酬應)하시는 것이 모두 마땅하고 정령(政令)의 사이에 또한 일찍이 성상의 뜻을 우러러 받들지 않음이 없어 신이 일찍이 찬탄(贊歎)하였는데, 전하(殿下)께서는 매번 지나치게 그것을 꾸짖고 계십니다."

김재로조차 세자가 지나치게 질책을 받고 있다고 언급할 만큼 당시 영조는 자신이 대리로 세운 세자의 처결에 매우 예민한 반응 보이고 있었던 것이다. 하지만 이러한 태도는 이후에도 크게 달라지지 않았다.

영조 27년(1751) 6월에는 민진원의 손자 민백상(閔百祥)이 노론 4대신을 비호하는 상소문을 올린 것이 문제가 되었다. 민백상은 과거 세자가 영조와 함께 『어제자성편(御製自省編)』을 읽던 자리에서 신임옥사와 관련한 일을 언급하며 영조를 향해 '이 시기를 당하여 전하께서는 어떻게 감내하셨습니까(何以堪之)?'라며 노론을 동정한 적이 있다고 적어 올려 파문이 일었다. 이에 대해 영조는 민백상이 감히 없는 말을 지어내어 동궁을 모함하면서까지 당론을 설파했다며 대노하였고, 곧바로 그를 거제부로 귀양 보내버렸다.

하지만 이 일이 수습되는 과정에서 이 '하이감지(何以堪之)'라는 말은 계속 문제가 되었다. 이 날의 일에 대해 당시 사관은 "민백상의 상소 가운데 '하이감지(何以堪之)'라는 말은 『승정원일기』를 상고해 보면 과연 기재되어 있는데, 임금이 오히려 사관이 전파한 것으로써 죄를 주었다."라고 기록하며 영조의 처사를 비판하고 있다.

물론 노론계 사관이 이 일을 자당의 입장에서 변호하는 방향으로 기록했을 가능성은 있다. 하지만, 분명히 『승정원일기』에 기록되어 있다고 사초에 명시했던 만큼 세자의 '하이감지(何以堪之)'라는 발언 여부는 어느 정도 사실이었다고 봐야할 것이다. 때문에 이 일은 세자의 발언 하나가 당쟁의 한 빌미를 제공했다는 점에서 사도세자와 영조 모두의 입장을 난처하게 만들기에 충분했다.

다시 이듬해 10월, 이번에는 노론계 정언 홍준해(洪準海)가 소론계 영의정 이종성(李宗城)을 탄핵하고 지평 이사관(李思觀), 교리 이양천(李亮天) 등이 홍준해를 지원하며 연달아 상소를 올리자 또다시 문제가 일었다. 영조는 사도세자의 처결이 너무 온건했음을 강하게 질책하며 이를 다음과 같이 문제 삼았다.

> "원량(元良)의 처분이 어찌 이와 같이 심히 관대하단 말인가? 이런 류(類)의 자들을 엄하게 징계하지 않으면 장차 나라는 나라 꼴이 되지 못하고, 임금은 임금이 되지 못하게 될 것이다."

이 때 영조는 대신들의 대면을 일체 거부하고 탕약을 들이는 것조차 거부하며 노여운 심기를 거두지 않았다. 그리고 노여움의 화살은 이번에도 여지없이 사도세자에게 돌아갔다. 사안은 급기야 선위파동으로까지 이어졌다. 결국 같은 해 12월에 가서야 자신 역시 차마 탕제를 들지 못하며 대죄를 청하던 사도세자의 간곡한 마음을 확인한 끝에 밤 3경에 이르러 비로소 전위의 하교를 거두고 2달여를 끌었던 사건을 마무리 지었다. 이때 사도세자는 홍역을 앓고 난 직후였다.

나쁜 말과 소리를 들으면 의례히 입과 귀를 헹구어 그 물을 동궁에 내다 버리게 했다던 『한중록』의 기록은 제쳐두더라도, 『조선왕조실록』과 『승정원일기』 상의 내용으로만 보아도 대리청정기 내내 사도세자에 대한 영조의 비난과 질책은 매우 날이 선 수준이었다. 그렇다고 세자의 마음을 다독이며 부자간 별도의 교감이 이뤄지지도 않았다.

그럼 영조는 사도세자의 무엇이 그토록 불만스러웠던 것일까. 그의 자질과 처결의 내용에 실제로 그토록 심각한 문제가 있었던 것이었을까. 그 단서는 사도세자에게 대리청정을 맡겼던 첫날 영조의 유시에서 실마리를 얻을 수가 있다. 영조는 처음으로 사도세자에게 서무를 맡기며 다음과 같은 당부의 말을 남겼다.

　　"너는 깊은 궁중에서 태어나 안락하게 자랐으니 어찌 임금되기가 어려운 것을 알겠느냐? 지금 길주에 관한 일을 보니 쉽게 처리해 버리는 병통이 없지 않다. 나는 한 가지 정령도 감히 방심하지 않았고 조제(調劑)에 고심하였으며 머리와 수염이 모두 백발이 되었는데, (재위)25년 동안 (신하들이)서로 죽이는 일이 없었으니 너는 마땅히 이를 지키기를 금석(金石)과 같이해야 한다. 임금이 신하를 부리는 도는 그들을 합하여 쓰는 것이 가한가? 나눠 쓰는 것이 가한가? 저 여러 신하들은 그들의 조상을 미루어 보면 모두 혼인으로 맺어진 서로 좋은 사이지만 당론이 한번 나오게 되자 문득 초(楚)나라와 월(越)나라처럼 멀어져 각기 서로 해칠 마음을 품었으니 내가 고집스럽게 조제에 힘쓴 것은 단연코 옳은 것이다. 지금 진언하는 자들이 혹자는 말하기를, '조제하는 것이 도리어 당파 하나를 만들었다.' 하고, 혹자는 '조제하는 것이 도리어 편협하다.' 하며, 혹자는 '현명하고 어리석은 사람과 옳고 그름을 분별하지 않는다.'라고 하는 등 그 말하는 바가 천만 갈래로 나뉘었다. 비록 감히 서로 살해하지는 못했으나 서로 살해하고 싶은 마음이 없던 적이 없었다. 오늘부터 네가 만약 신하들이 아뢰는 대로 듣고 믿어서 시원스럽게 그 말에 따르기를 지금 길주의 일과 같이 한다면 그 결과 종묘 사직과 신하와 백성들은 어떻게 되겠느냐? 한쪽은 나아가고 한쪽은 물러남이 겉으로는 시원스럽게 보이지만 살륙의 폐단을 열어 놓게 되는 것이니, 네가 이 명을 지키지 않으면 뒷날 무슨 면목으로 나를 보겠느냐? 4백 년 조종(祖宗)의 기업과 한 나라의 억만 백성을 너에게 부탁하였으니 너는 모름지기 나의 말을 가슴 깊이 새겨 기대를 저버림이 없도록 하라."

이 유시의 핵심은 바로 '조제(調劑)'한 단어에 모아진다. 영조는 서무를 대리할 세자에게 바로 조제의 자세를 강조하고 있는 것이다. 조제란 무엇인가? 각 당파와 당론의 충돌을 잘 조율하고 완충시켜 탕평의 길로 나아가기 위한 핵심 덕목을 지칭한다. 영조는 자신이 치세의 핵심 사업으로 내세운 탕평이란 바로 조제와 보합(保合)이라는 원칙 속에서만이 실현 가능하다고 굳게 믿고 있었다.

　당쟁 속에서 노론에 택군되어 경종을 독살하고 왕위에 올랐다는 정통성에 대한 혐의, 이것을 벗어버리고 조선의 안정과 태평을 마련하는 문제는 바로 탕평의 성공여부에 모든 것이 달렸다고 영조는 보았다. 그리고 만약 탕평이 실패할 경우 조선은 존망의 위기에 내몰리게 될 것이라고 그는 판단했다.

　따라서 영조는 당쟁을 조율하기 위해 줄곧 외줄타기와 같은 신중함과 긴장감으로 통치에 임했고, 앞으로 조선을 이끌어갈 후왕 역시 이러한 자세를 견지하지 않으면 안된다고 보았다. 때문에 그는 자신의 뒤를 이을 세자 역시 이 조제와 탕평의 의미를 깊이 이해하고 그 역량을 충실히 발휘해주길 바랬다.

　하지만 영조가 보기에 사도세자는 미덥지 않았다. 아니 어쩌면 영조에겐 사도세자의 처결을 믿고 기다려줄 여유가 없었을 수도 있다. 세자의 처결은 다소 미숙하고 경솔한 모습도 있고, 혹은 너무 단호하지 못하여 우유부단한 모습도 보였다. 그러나 이것은 당쟁과 탕평에 대한 영조의 강박 속에서 봤을 때, 유연하게 수용되기 힘든 문제였다.

　때문에 그는 특히나 세자가 당론과 관련한 사안을 처결할 때 마다 극도로 예민한 반응을 보이곤 하였다. 즉 대리청정기 사도세자와 영조의 갈등은 바로 당쟁과 탕평이라고 하는 당대의 정치적 환경에 그 원인이 있었던 것이다.

세자의 처결이 마음에 차지 않을 때마다 뒤로 물러나 있던 영조는 사안의 전면으로 나서서 자신의 의견대로 관철해나갔다. 하지만 대리청정을 맡긴 마당에 자신이 전면에 나서기 위해선 세자를 질책하는 모양새를 취할 수밖에 없었다. 여기에 나이 어린 미숙한 사도세자의 입장은 그다지 고려되지 않았다.

신료들은 어린 세자가 서무를 관장하는 상황을 통해 자신들의 당론을 관철시키고자 집요하게 접근하였다. 하지만 세자는 섣불리 자신의 뜻대로 처결할 수 없었다. 나름 자신의 판단으로 처결을 하면 '쾌(快) 한글자의 병통'을 지적받게 마련이었다. 그렇다고 온건하게 처분을 할 경우에는 분별없는 관대함을 보였다며 다시 엄중한 꾸중과 함께 '차마 듣지 못할 하교'의 곤란함을 겪는 일이 반복되었다.

사도세자는 그렇게 당시의 정치적 환경과 아버지 영조 사이에서 점차 병들어 가고 있었다. 이렇게 병들어 가는 아들을 아버지는 따뜻하게 보듬어 주는 일도 없었다. 오히려 점차 흔들리는 사도세자의 증세에 대해 영조는 혐오감을 보이며 그를 외면하기까지 하였다. 부자의 관계는 이처럼 왜곡되어 갔다.

사도세자의 입지는 영조 31년(1755) 2월에 발생한 나주괘서사건(羅州掛書事件)과 을해옥사(乙亥獄事)를 거치면서 더욱 곤궁해지게 되었다. 이 사건으로 조정내 소론계 세력은 크게 위축되었는데, 당초 소론계의 비호를 받았던 사도세자는 이에 더욱 고립될 수밖에 없었다.

이러한 분위기 속에서 영조는 다시 재위 33년(1757) 11월, 사도세자가 수개월 동안 부왕을 진현하지 못한 자신의 잘못을 뉘우친다는 하령(下令)의 내용이 진실 되지 못하다는 이유로 분란을 일으켰다. 초경(初更)에 상복을 입고 숭화문(崇化門) 밖 길바닥에 엎드려 통곡을 하더니, 대신들을 모아놓고 또 다시 전위한다는 소동을 벌이며 사도세자를 크게 책망하고 나섰던 것이다.

그러자 이번에는 노론계 중신 유척기(兪拓基)가 나섰다. 당시 조정에서 거의 유일하게 세자를 비호하는 입장에 있던 유척기는 영조가 세자를 지나치게 엄위(嚴威)하게 대하므로 자제가 두렵고 위축되어 질병으로까지 발전하게 되었으니 심기를 화평하도록 힘쓰기를 강하게 아뢰었다.

그러나 약원(藥院)제조로 있던 그는 간언을 한 3일 뒤, 연로함을 이유로 면직되었고, 후임은 좌의정 김상로로 교체되었다. 유척기는 이례적으로 '배려에는 황송하나, 사심(私心)은 역시 매우 섭섭하다'는 말을 남기며 조정을 떠나고 말았다. 그리고 그 뒤를 이은 김상로는 소론계로부터 영조와 사도세자 사이를 이간한다는 혐의를 받으며 종종 논란의 중심에 놓이곤 하였다.

조정이 노론 중심으로 재편된 을해옥사 이후 사도세자의 처지는 자신을 비호해줄 정치세력이 부재한 상황에서 더욱 고립되는 형국에 놓이게 된다. 이 시기 사도세자는 급기야 거병을 통한 역모를 꾀하고 있다는 혐의까지 받기에 이른다. 그리고 이 같은 의심은 영조가 재위 35년(1759)에 계비로 노론 김한구(金漢耉)의 딸을 맞아들인 속에서 더욱 가속화되었다.

거병의 혐의까지 입혀진 속에서 당시 조정의 분위기는 사도세자를 더욱더 위기로 몰아갔다. 그리고 처지가 난처해진 그의 거동은 한층_면밀하게 주목되는 상황에 놓이게 되었다. 여러 차례 혐의들이 제기될 때마다 영조의 심기는 더욱 과민하게 요동쳤다. 때문에 당시 세자시강원 유선(諭善) 서지수(徐志修)는 사도세자를 향해 이와 같은 말을 진언하였다.

"저하(邸下)께서 비록 대궐에 계시지만 일동 일정(一動一靜)을 중외(中外)에서 모르지 않습니다. 하물며 여러 날 동안의 여정이겠습니까? 서관(西關)의 길은 저들의 경계(彼境)에 접해 있는데, 그 전해지는 말이 장차 어느 곳까지 이르겠습니까?"

이 와중에 사도세자는 환관을 자신과 같이 꾸며놓고 몰래 평양으로 거둥하였다가 노론의 정치적 공세 속에 큰 곤욕을 치뤘다. 그리고 이 일의 여파가 이어진 1년 뒤, 결국 '환시(宦侍)들과 공모하여 역모를 꾸민다'는 내용으로 고변을 해온 나경언의 사건이 빌미가 되어 그는 뒤주에서 죽고 말았다.

영조는 사도세자를 가둔 뒤주에 손수 못 박으면서 다음과 같이 선언하였다.

'이것은 나라를 위태로움에서 구하는 길이다.'

6. 영조(英祖)의 시대를 이해하기

임오화변의 비극으로 마무리된 영조와 사도세자의 관계는 혈연적으로는 아버지와 아들이지만, 각각 왕과 세자라는 신분을 가졌다는 측면에서 그 관계의 규정이 쉽지가 않다. 이들은 존재 자체가 조선의 국체를 상징하기 때문에 때로는 아버지와 아들로, 혹은 군주와 신하로, 경우에 따라서는 조선의 현재와 미래로 규정되었기 때문이다. 그러므로 영조와 사도세자를 단순한 부자의 관계로만 설정하여 이해를 시도할 경우에 자칫 오류를 범할 가능성이 크다.

우리가 영조와 사도세자의 갈등과 비극을 보다 충실히 이해하기 위해서는 정확한 역사적 사실들을 확보하는 것도 중요하겠지만, 그 보다 먼저 짚고 넘어가야 할 몇 가지 전제들이 있다. 그것은 바로 그들이 살아간 18세기 조선에 대한 이해이다.

간혹 우리는 스스로 21세기의 가치관과 시각으로 과거 조선시대를 바라보고 있다는 사실을 잊곤 한다. 때문에 전혀 다른 가치관과 구조 속의 세상을 보면서도 현대적 관점에서 일방적인 판단을 쉽게 해버리는 경우가 많은 것이 사실이다. 모든 역사적 사실들은 당대 역사적 환경의 결과물이라는 것을 우리는 반드시 유념해야만 한다.

우선 당시 조선은 전제군주정체의 국가였다는 점을 우리는 분명히 이해해야 한다. 모든 주권을 군주가 독점하고 있는 전제주의 국가에서 군주는 국가의 운명 그 자체를 상징한다. 때문에 그 자질과 능력 여하에 따라 국가의 명운은 크게 달라질 수 있으며, 이러한 이유로 조선의 왕은 보위에 오른 이후에도 끊임없는 배움과 수양을 요구받았다.

조선시대 왕은 공식적인 경연(經筵) 이외에 별도의 소대(召對)나 야대(夜對)를 통해 수시로 공부를 해야 했다. 이것은 서연(書筵)을 요구받았던 세자들 역시 마찬가지였다. 경연과 서연의 제도가 정착된 이래 학문과 제도가 더욱 정비된 조선 후기사회에는 그러한 경향이 더욱 뚜렷해졌다. 만약 왕이 경연을 소홀히 할 경우에는 신료들의 압박에서 결코 자유로울 수가 없었다.

자질과 소양이 제대로 쌓이지 않은 군주의 통치는 전제군주정에서는 일종의 재앙이었다. 국가 운영의 최종결정권이 군주 한 사람에게 있는 만큼 군주의 오판과 권력의 남용은 그야말로 국가의 존망과도 결부된 문제이기 때문이다. 따라서 이것을 방지하고 견제하기 위한 신료들의 노력은 필연적인 것이었으며, 끝내 이를 감당할 수 없는 수준의 군주가 출현했을 경우에는 반정이라는 이름으로 그 지위를 박탈당하는 상황도 연출되곤 하였던 것이다.

이미 2차례에 걸친 반정을 경험한 조선이었던 만큼 그러한 우려와 기대는 세자에게도 동일하게 투영되었다. 세자는 아직 미완의 존재이지만 향후 조선의 미래를 상징하기 때문이다. 따라서 그들에겐 충실한 제왕학의 학습이 제공되는 동시에 왕위에 오르는 순간까지 그 자질과 소양에 대한 검증이 이어질 수밖에 없었다. 자격이 없다고 한다면 현실의 권력자를 폐위하기 보다는 세자를 그 지위에서 내려오게 하는 것이 더 안전하기 때문이다.

따라서 사도세자는 전제군주정체의 세자라는 신분에서 조선의 미래를 두고 끊임없는 시험과 검증을 거쳐야만 했던 존재였다는 점을 우리는 분명히 인식할 필요가 있다. 그는 한 개인의 삶을 넘어서는 국가와 국체의 개념 속에 규정된 존재적 삶을 살아야만 했던 인물이라는 점은 임오화변의 비극을 이해하는 중요한 전제가 될 것이다.

한편 조선후기 사회는 성리학 사상이 완숙하게 뿌리내린 일종의 종교사회였다는 점 또한 이해되어야 한다. 성리학은 물질적인 가치가 아닌 인간의 심성문제와 그 도덕적 실현에 궁극적 목표를 두고 있는 만큼, 조선은 단순히 풍요와 번영만을 추구하는 여타 사회의 발전 방향과는 다른 지향점을 가지고 있었다.

이는 지배층인 양반사대부가 꿈꾸는 조선의 이상향과 관련이 있었다. 그들은 조선의 발전이 도덕적이고 윤리적인 토대 위에 백성들의 풍요와 국가의 번영이 설정되는 방식이어야 한다고 생각했다. 때문에 그들은 전자를 본으로 후자를 말로 보아 그 근본이 확립되는 것이 무엇보다 시급한 사회적 과제라고 믿었다.

성리학의 이론적 발전이 더욱 깊어진 16세기 이후에 와서는 양반사대부 가운데 도학적 성향이 더욱 뚜렷한 이른바 '사림'을 통해 이와 같은 사회적 요구가 더욱 활발하게 제시되었으며, 그 논의는 여러 학맥과 사승관계를 통해 형성된 학문집단을 중심으로 더욱 조직적으로 제기되었다.

그들은 자신의 학문적 입장을 적극적으로 현실 정치 속에 구현시키고자 하였으며, 이는 선조 이후 조성된 사림 위주의 정치 환경을 토대로 확고한 조선의 정치적 의제로써 자리매김하게 되었다. 이 과정에서 사림은 이제 조선을 굳건한 성리학의 나라로 만들기 위해 군주의 위상과 역할도 역시 새롭게 설정할 필요를 느끼게 되었다. 이에 이른바 '성학(聖學)'의 이름으로 성리학적 제왕학이 군주에게 요구되기까지 하였던 것이다.

성학이란 성인(聖人)이 되는 학문으로 즉 성리학을 말한다. 통상 왕조국가에서 군주는 백성들의 풍요와 번영 그리고 국부의 책임을 짊어진 존재로 상정되는 것이 일반적인 통념이었다. 그러나 16세기 후반이후 조선 후기 사회에서는 군주도 성학적 내용의 제왕학 학습을 요구받게 됨으로써, 이제 일반 사대부와 함께 성리학이라는 학문적 테두리 안에 수렴되는 존재가 될 수밖에 없었다.

그러한 상황에서 이제 조선 정치의 주도권은 국왕으로부터 학맥에 기반 한 학문집단에게로 옮겨져 가는 양상을 보이게 되었다. 이들은 정치적 현안이 있을 때 마다 각자의 학문적 입장과 해석에 따라 분기하며 대립하기도 하였다. 붕당으로 명명된 이들 당파들은 특히 도덕과 윤리적 해석을 중심으로 하는 성리학적 관점 속에서 현실 정치를 파악하려는 입장에 있었다. 때문에 당파 간 의견의 대립이 발생했을 때, 쉽게 타협점을 잡거나 의견의 합치를 이루지 못하는 모습이 종종 빚어질 수밖에 없었다.

이른바 당쟁은 이러한 당파 간 의견 대립을 두고 부정적인 시선

속에 전개되었다. 그리고 조선의 국왕은 전제군주이자 권력자의 입장에서도 그 대립을 원활하게 조율해내지 못하는 상황에 놓이게 되었다. 당쟁이 애초에 학문을 배경으로 전개되는 것이었던 만큼 학문에서 벗어난 현실 권력의 힘만으로는 이들 당파간의 목소리와 당쟁을 조율한다는 것은 사실상 불가능했기 때문이다. 더구나 이미 군주의 존재는 학문의 범주 안으로 들어와 있었으므로 그러한 속성은 더욱 가중되었다.

17세기 이후 당쟁의 전개는 정치적 난맥상을 초래한다는 우려와 더불어 많은 부작용들을 만들어 냈다. 그리고 이것은 왕왕 왕실의 권위와 위상을 손상시키는 결과로도 이어지곤 하였는데, 현종(顯宗)대 벌어진 예송논쟁의 경우가 바로 대표적이다.

때문에 이후 조선의 국왕들은 정치적 혼란과 난맥상을 극복하고 실추된 국왕의 권위와 위상을 재정립하려는 자각과 노력의 필요성을 강하게 인식하게 되었다. 하지만 이는 단순한 힘의 우위와 위상의 재확인 정도로는 한계가 있는 것이었다. 당쟁과 관련한 이러한 고민은 일시적인 정치적 조처나 수완이 아니라 결국 국왕과 각 당파간 학문적 주도권 문제의 성격으로 귀결 되게 되었다.

때문에 18세기 왕권의 위상은 각 당파들을 압도할 만큼의 학문적 권위를 바로 국왕이 확보하고 있었을 때 확보될 수 있는 것 처럼 보였다. 그리고 영조는 바로 이러한 분위기가 극에 달했던 시기 선왕의 독살과 관련한 당론의 혐의 속에서 왕으로 등극하게 되었다.

그는 누구보다도 당쟁의 폐해를 몸소 겪으며 왕이 된 인물이었다. 때문에 그는 스스로 고백했듯이 그 속에서 성격적인 결함을 가지게 되었다. 하지만 영조는 자신의 히스테리와 성격적 결함과는 무관하게 군주로써 자신의 역할을 분명히 인식했던 인물이었다. 이에 그는 탕평의 기치를 내걸어 정국을 안정시키는 한편 누구보다 절실하게 정국의 조정자로써 자신의 역할을 분명히 하고자 하였다.

이 같은 맥락에서 영조는 당쟁의 조율을 위한 권위와 위상을 확보하기 위해 스스로 요순(堯舜)임을 자임하였다. 그리고 어렵지만 꿋꿋이 자신의 치세를 탕평의 안정으로 이끌어가는데 성공하였다. 나아가 그는 탕평의 안정이 세자를 통해 후왕에게도 그대로 물려지길 바랐다. 물론 이는 자신과 같이 당쟁의 조율자를 자임할 만한 역량과 자질을 갖추는 것을 전제로 한 것이었다. 하지만 세자는 자신이 원하는 대로 움직여주지 않았다.

영조가 지닌 마음의 병만큼 그 아들 사도세자는 같이 병들어 갔다. 당쟁과 탕평을 둘러싼 영조의 상처와 히스테리는 범상한 것이 아니었기에, 그 아들 사도세자를 둘러싼 부모의 조바심은 항상 질책과 힐난으로 표출되곤 하였다. 이를 두고 미숙한 부모의 전형으로 소개하는 경우도 있지만, 오히려 미숙보다는 고통에 더 가까운 것일지 모르겠다.

이들 부자는 어쩌면 국왕과 세자의 신분이었기에, 또 특히 당쟁이 첨예하게 전개된 18세기 조선사회 속에 인물들이었기에 그 관계가 비극으로 끝난 것이었을지 모른다. 그들을 둘러싼 시대와 역사적 환경이 임오화변을 낳은 원인이라고 볼 수 있는 여지가 크기 때문이다.

조선시대 세자의 지위에서 폐위된 인물이 꼭 2명이 있었지만, 태종대 양녕대군은 폐세자 된 이후에도 천수를 누린 반면 사도세자는 그렇지 못했다. 물론 세손으로 선택된 정조의 존재가 중요한 기준이었을 것이나 어쩌면 이들의 운명을 결정지은 것은 아마도 조선 전기의 사회와 후기의 사회 바로 그 차이였을지도 모를 일이다.

▣ 참고문헌

『朝鮮王朝實錄』

『承政院日記』

『御製續自省編』

혜경궁홍씨, 『한중록』, 명문당, 1994.

성낙훈, 『韓國黨爭史』, 고려대 민족문화연구소, 1965.

정만조, 「영조대 중반의 정국과 탕평책의 재정립; 소론탕평에서 노론탕평으로
　　　　의 전환」, 『역사학보』 111, 1985.

김용숙, 『閑中錄 研究』, 정음사, 1987.

이은순, 「思悼世子의 政治的 生涯와 時僻의 分立」, 『朝鮮後期 黨爭史研究』,
　　　　1988.

최봉영, 「壬午禍變과 英祖末·正祖初의 政治勢力」, 『朝鮮後期 黨爭의 綜合的
　　　　檢討』, 한국정신문화연구원, 1992.

박광용, 『영조와 정조의 나라』 푸른역사, 1998.

이덕일, 『사도세자의 고백』, 푸른역사, 1998.

최옥환, 「思悼世子의 罪와 罰」, 『전북사학』 24, 2001.

김성윤, 「영조대 중반의 정국과 임오화변」, 『역사와 경계』 43, 2002.

남은숙, 「보웬이론에 의한 사도세자의 가계분석 – 한중록에 나타난 사도세자의
　　　　병리적 증상의 원인을 중심으로 – 」, 상명대학교 정치경영대학원 석사
　　　　학위논문, 2008.

최성환, 「『閑中錄』의 정치사적 이해」, 『역사교육』 115, 2010.

_____, 「임오화변 관련 당론서의 계통과 정조의 임오의리」, 『역사와 현실』
　　　　85, 2012.

_____, 「영조대 후반의 탕평정국과 노론 청론의 분화」, 『역사와 현실』 53,
　　　　2004.

이근호, 「영조대 효장세자의 정치적 위상」, 『한국학논총』 40, 2013.

곽재우: 괴오기위(魁梧奇偉)한 선비

김 해 영
경상대학교 역사교육과 교수

1. 강우 명가의 자제

망우당(忘憂堂) 곽재우(郭再祐)는 명종 7년(1552) 음력 8월 28일 경상도 의령현 세간리에서 아버지 곽월(郭越)과 어머니 진주 강씨의 셋째 아들로 태어났다. 그가 태어난 세간리는 어머니 강씨의 친정이 있는 곳으로, 강씨의 친정은 세간리에 많은 농장을 가진 부호였다.

그의 친가는 현풍현 솔례동에 대대로 살았던 영남의 명문이었다. 현풍 곽씨는 현풍현의 토박이 성씨로 고려 후기부터 중앙으로 진출하여 벼슬하는 인물을 배출하였다. 조선 왕조에 들어와 그의 직계 현조(玄祖) 안방(安邦)이 세조 때 좌익원종공신에 참여하였고 두 고을 수령을 거치면서 청렴한 공직생활이 알려져 청백리에 녹선되었다. 고조 승화(承華)는 점필재 김종직의 문인으로 한훤당 김굉필과는 동문이자 인척간이었으며, 증조 위(瑋)는 진사로 예안현감을 지냈다. 이처럼 그의 집안은 청백리 집안의 내력을 지닌 데다가, 고조가 당대 유학의 종장인 점필재의 문하에 들면서 명문가로서의 위세를 떨칠 수 있었다.

더욱이 그의 집안은 중종 - 명종 연간에 이르러 전성기를 맞았다. 조부 지번(之藩)이 중종 15년(1520)에 문과에 급제한 이래 종숙간(趄)이 명종 원년(1546)에, 숙부 규(赳)가 명종 10년(1555)에 문과에 급제하였다. 그의 부친도 그가 태어나기 6년 전 명종 원년(1546)에 진사시에 합격하여 그의 나이 다섯 살 때에 별시 문과에 급제하였다. 이처럼 그의 출생을 전후하여 부친의 형제, 종형제가 차례로 문과에 급제하여 벼슬길에 있었으니 그가 성장할 당시 가문의 위세가 어떠했는지는 미루어 짐작할 수 있다.

곽재우는 위로 형 재희(再禧)와 재록(再祿)이 있었고 아래로 재지(再祉)와 재기(再祺) 두 이복 동생이 있었다. 그가 세 살 때 친모 강씨가 별세하여 부친이 김해 허씨와 재혼하였기 때문이다. 여형제로는 친모 강씨 소생의 누이와 계모 허씨 소생의 누이가 있어 각각 허언심(許彦深)과 성천조(成天祚)에 출가했다. 계모 허씨 또한 의령 부호의 딸로 무남독녀였다. 그녀는 퇴계 이황의 처와는 사촌간이기도 하였다. 곽재우는 계모 슬하에서 성장하였고 계모 허씨를 친모 이상으로 효성을 다하여 극진히 봉양하였다.

그는 16세 때 상산(商山) 김씨에 장가들었다. 상산 김씨는 당시 단성 지방에서 상당한 세력을 떨치던 사족으로 창원 등지에서도 족세가 번창하였다. 그의 장인 김행(金行)은 홍문관 부제학 김언필(金彦弼)의 아들이자 남명 조식의 사위였다. 김행에게는 오직 딸만 둘이 있었는데 그 가운데 차녀가 곽재우의 부인이 되었고 장녀는 동강 김우옹의 부인이 되었다. 곽재우의 손위 동서인 김우옹은 당세의 명사로서 동서 분당 당시 동인의 선봉으로, 남북 분열 당시 남인의 중심 인물로서 당쟁을 주도했던 인물이다.

곽재우의 출생을 전후하여 현풍 곽씨는 현풍현 솔례촌 인근의 창녕, 영산, 고령, 합천, 초계, 의령, 삼가, 단성 등지의 재지 사족들과 중첩적인 인척 관계를 맺으면서 경상도 지역에 강력한 사회 경제적 기반을 갖고 있었다. 곽재우 자신의 처·외가를 비롯해서 가까운 친인척은 대부분 의령 인근 지역에 강력한 재지적 기반을 가진 사족 가문이었다. 이러한 사회적 기반이 후일 임진왜란이 발발했을 때 그가 의병을 일으켜 군사 활동을 활발히 전개할 수 있었던 배경으로 작용하였다.

2. 의거: 견위수명의 실천

곽재우가 의령에서 의병을 일으킨 때는 임란 발발 후 열흘째 되는 날인 4월 22일이었다. 이 때는 왜군이 김해와 창원을 함락하고 칠원을 거쳐 영산, 창녕, 현풍으로 진격할 무렵이었다. 그는 왜적의 침입을 당하여 여러 고을이 힘없이 무너지고 도내의 감사와 병사, 수령과 장수들이 제대로 싸워보지도 않고 흩어져 도망하는 것을 보고 울분을 참지 못하였다. 그는 왜적과 싸우기로 결심한 뒤 가족을 피난시킨 다음 우선 십수 명의 동지들을 규합하여 창의의 기치를 올려 불안과 공포에 떨던 민중의 향토애와 적개심을 이끌어냈다. 그의 군사 활동은 뒷날 초유사 김성일로부터 의거로 인정받아 그에게 '돌격장', '의병장'과 같은 공식적 직함이 부여되지만, 창의 당시에는 스스로를 '홍의장군', '천강장군'으로 칭하면서 군사를 모으고 지휘하였다.

곽재우는 기병 이후 얼마 지나지 않아 휘하 병사를 시켜 의령과 초계 고을의 관곡을 풀어 내고 또 기강에 버려진 배에 실려있던 조세미(租稅米)를 취하였다. 왜란 중 치안이 무너진 상태에서 그가 취한 이러한 행동은 오해를 받을 만한 소지가 있었다. 당시 왜란을 틈타 토적(土賊)으로 일컬어지는 무리들이 인근 지역에서 횡행하였고, 실제로 같은 고을에서 정대성(鄭大成)이라는 자가 이 같은 행동을 자행하기도 하였다. 곽재우 의병 부대의 관물 남취 사건을 관에서 문제삼게 되면서 그에 대해서는 체포령이 내려지고, 이 때문에 그의 휘하에 있던 대원들은 흩어지게 되었다.

대원의 이탈로 거의 해산에 직면했던 그의 의병 부대는 초유사 김성일이 함양 땅에 이르게 되면서 회생할 수 있었다. 김성일은 곽재우 의병 부대의 활약과 관물 남취 사건에 대하여 자세한 정황을 전해 듣고, 곽재우의 군사 활동을 공적으로 인정하는 조처를 취하였던 것이다. 당시 관군이 무너진 상황에서 무엇보다 시급하였던 것은 왜군에 대항할 수 있는 전투 병력을 확보하는 일이었다. 그는 즉시로 도내의 일반 군민들을 상대로 초병(招兵)에 응하라는 호소문을 직접 작성하여 고시하는 한편, 곽재우에게는 별도의 서신을 보내어 그의 군사 활동을 독려하였다.

곽재우는 초유사의 서신을 장대에 매달아 널리 고을 사람들에게 보였다. 이로부터 고을 사람들도 비로소 그의 군사 활동을 '의거'로 인정하게 되었고, 감사와 수령도 이를 저지할 수 없게 되었다. 김성일이 함양에 도착한지 불과 사흘만에 그의 군사 활동이 도적질의 혐의를 벗어나 의거로 공인되는 급박한 결정이 이루어졌던 셈이다.

초유사 김성일에 의해 곽재우의 의병 활동이 재개될 무렵부터는 의령뿐만 아니라 인근의 고을에서도 의병 부대가 조직되어 군사 활동이 개시되고 있었다. 이렇게 각 고을마다 조직된 의병 부대의 주된 활동은 자신들의 고을을 지키는 것이었다. 곽재우의 지휘 하에 이루어진 이러한 향토자위적 성격의 군사 활동은 곽재우 의병 부대가 군사 활동을 재개하는 5월 하순 무렵부터 6월 말까지의 시기에 걸쳐 나타나며, 임진전란사에 빛나는 정암진 승첩도 이 시기에 있었다.

당시 정암진에 쇄도한 왜군은 고바야가와 다가가게(小早川隆景) 휘하의 안고꾸지 에게이(安國寺惠瓊)의 부대로 이들 왜군은 본대와 전주에서 합세하기 위하여 이 무렵 의령을 통과하려 하였다. 당시 정암진 부근의 벌판은 진흙이 많아서 왜군은 미리 정찰병을 보내어 건조한 곳에 말뚝을 꽂아 도강할 지점을 정하였다. 이를 정탐한 곽재우는 밤 사이에 군사를 풀어 나무 푯말을 늪지대에 옮겨 꽂아 두고 정암진 요소요소와 숲에 군사를 매복시켜 두었다. 다음날 도착한 왜군 선발대가 강을 건너기 위해 푯말이 있는 늪지대 쪽으로 들어가 허우적거리자 이를 아군 매복병이 손쉽게 섬멸하였다. 또한 그는 적은 병력으로 다수의 왜군을 상대하기 위해서는 평야에서의 싸움은 승산이 없다고 판단하여 왜군을 산곡으로 유인하는 작전을 구사하였다. 그리고 유인에 성공한 뒤에는 위계와 교란, 기습과 포위를 현란하게 구사하여 소수의 병력으로 다수의 왜적을 궤멸시켰다.

5월 말경 정암진을 거쳐 의령을 지나 삼가, 단성, 산음, 함양을 거쳐 전라도로 진출하려던 기도가 곽재우의 방어로 좌절되자, 이후 왜군은 북상하여 영산과 창녕을 거쳐 현풍에 이르러 이 곳에서 장차 낙동강을 건너려 하였다. 이 때문에 다시 곽재우 의병 부대는 한동안 낙동강을 격하고 현풍의 왜군과 다시 대치하기도 하였다. 그러나 이내 왜군은 낙동강을 건너 우도로 침입하려는 계획을 포기하고 성주 쪽으로 물러났다.

정암진 승첩은 곽재우 의병 부대가 기병 초기에 기습 작전을 통해 왜선 따위를 격퇴하였던 것과 비교해 볼 때, 무엇보다도 특정 지역으로의 침입을 실질적인 군사적 대치와 구체적인 접전을 통해 격퇴하였다는 점에서 의의가 자못 컸다. 정암진 전투는 의령 접경의 낙동강-남강 전선에서 아군과 왜군 간에 구체적인 접전을 통하여 거둔 최초의 승전이었으며, 이로써 의령을 통과하여 전라도로 진출하려던 왜의 작전에 큰 타격을 주었다.

3. 격서 사건

곽재우는 왜란 전만 하더라도 의령에 살던 유학(幼學) 신분의 일개 유생에 불과하였으나, 왜란이 발발하자 가장 먼저 의병을 일으켜 조정의 주목을 받았다. 또한 그는 의병 활동 중 경상감사 김수의 왜란 초기의 무능한 대처와 부당한 도피 행각에 대해 책임을 물어 그를 처단할 것을 성토하는 격문을 김수의 군영에 보내고 또 인근 고을에도 이를 통문함으로써 커다란 물의를 일으켰다. 그의 이러한 행동은 김수 측으로부터 '반적' 내지는 '역적'의 혐의로 조정에 보고되었고, 초유사 김성일로 부터도 '발호' 혹은 '불궤'의 행위로 질책을 받는 등 한 때 커다란 위기에 봉착케 하였다.

이 때의 격서 사건은 김수의 환도 이후 도내 군사에 대한 지휘권 발동에서 야기된 것으로, 곽재우가 이를 성토하는 격서를 김수 진영에 보내고 또한 여러 고을에 이를 통문함으로써 발발되었다. 이에 김수 측에서도 곽재우를 역적으로 지목하여 행조에 장계를 올리고 곽재우에게도 같은 취지의 격서를 보내게 되면서 심각한 양상을 띠게 되었다.

김수 측의 장계와 격서로 사태가 심각한 양상을 띠게 되자, 이후 곽재우를 비호하는 윤언례(尹彥禮)와 박사제(朴思齊)의 통문이 여러 고을에 전달되었고, 곽재우 자신도 격서 사건의 전말을 해명하는 상소를 행조에 올리게 된다. 상황이 심각해지자 김성일은 서신을 보내 곽재우의 과격한 행동을 질책하고 회유하였으며, 당시 거창 의병장으로 활동하며 도내에서 명망이 높았던 김면도 또한 곽재우의 과격한 행동을 훈계하는 서신을 보냈다.

한편 조정에서는 격서 사건 발생 후 한 달이 지난 8월 초순 경 김수의 장계를 보고 사태의 심각성을 알게 되었다. 선조는 몇몇 신하를 인견하는 자리에서 "곽재우가 김수를 죽이려고 하는데, 이는 자신의 군사를 믿고 죽이려는 것이 아닌가"라고 그를 의심하였으며, 또한 "김수를 체차할 수도 곽재우를 견책할 수도 없다"는 말로 뚜렷한 해결책이 없음에 당혹해 하였다. 마침내 김성일을 경상 우도 감사로 임명하고 김수를 한성판윤으로 불러들이는 조처가 취해지게 되었다.

그러나 김수의 장계에 뒤이어 얼마 뒤 김성일의 장계를 접하고서야 조정에서는 어느 정도 안심하였다. 김성일의 장계는 곽재우의 행동을 역적의 소행으로 보고한 김수의 장계와는 자못 논조가 다른 것이었기 때문이다.

> "재우가 일개 도민으로 도주(道主)를 범하려 하고 심지어 그의 죄를 성토하여 격문을 보내었으니, 비록 나라를 위해 분노하여 이 지경에 이르렀다고는 하지만 형적이 난동을 부리는 백성이 되어진 바에는 곧 토죄해 없애야 마땅합니다. 그러나 재우는 온 나라가 함몰한 후에 고군분투로 왜적을 격파하여 도내의 남은 백성들이 그를 간성으로 의지하고 있는데, 지금 난언 때문에 곧 주륙을 가한다면 남은 성을 보존하고 왜적을 방어할 계책이 없어지고 군사와 백성들은 그의 죄를 알지 못한 채 일시에 무너져 흩어질 것입니다."

김성일의 장계를 접한 조정에서는 격서 사건에 대해 여전히 의문을 품으면서도 그가 의병을 일으켜 왜적의 침입을 저지하고 격퇴한 공을 들어 그에게 5품의 관직을 제수하고 사태의 추이를 일단 관망하기로 하였다. 당시 비변사 관문으로 하달된 조정의 조치는, 곽재우의 공적을 칭찬하고 이 사건이 의분으로 말미암아 발생한 것으로 인정하는 한편, 김수의 죄를 묻고 조치하는 일은 조정에서 할 일이니 사려있는 행동을 하라는 경고의 내용이 포함되어 있었다.

당시 격서 사건과 관련해서 도내 사림들은 대체로 곽재우의 입장을 이해하고 그에 대해 동정적이었다. 그런 한편에서는 그의 이러한 행동이 왜적이 잔존하고 있는 상황에서 자중지란을 야기하는 일이고 일개 선비가 조정의 명을 기다리지 않고 도주를 목베려 한 일은 온당치 못한 일로 여기는 이도 있었다. 또한 이 격서 사건으로 말미암아 선조는 그가 반역을 일으킬지도 모르는 인물로 의심하여 뒷날 그에게 병사나 감사와 같은 중책을 맡기는 일을 주저하였다.

4. 다시 낙동강 전선으로 나아가

7월초 김수의 환도로 격서 사건이 발생하던 무렵 곽재우 의병 부대에는 주목할 만한 변화가 나타났다. 종전까지만 하더라도 의령 경내와 의령 접경의 낙동강 방면을 작전 지역으로 하였던 그의 군사 활동이 이 무렵부터 지휘 병력의 규모가 커지고 작전 지역이 넓혀지면서 군사 활동의 양상이 달라졌던 것이다.

곽재우가 두 고을 병력을 지휘하게 되는 것은 진주성에서 되돌아 온 무렵부터였다. 이 때는 김수와 곽재우 사이에 지휘권 문제로 야기되었던 격서 사건이 진정 국면에 들어간 시점이었다. 그가 이 무렵 두 고을 병력을 지휘하게 된 것은 초유사 김성일과 감사 김수 사이에 모종의 협의가 있었던 때문으로 추정된다. 그는 진주성을 향해 떠나면서 김성일의 권고와 수습책을 받아들이는 회신을 보내었고, 진주성에서 돌아온 이후 두 고을 병력을 지휘하게 된다.

그가 진주성에서 돌아온 때는 왜군의 동향 또한 심상치 않았다. 당시 현풍과 창녕에 주둔하고 있던 왜군의 움직임이 심상치 않고 또한 대규모 왜선이 강 하류 쪽으로 이동하고 있다는 보고가 경상 감사 김수의 진영에 이르자 단성에 있던 김수는 당황하여 함양으로 지휘소를 옮기기도 하였다. 이들 대규모 왜선이 의령 쪽에 이르는 것이 7월 2일 경으로 나타나며, 이를 의병장 곽재우가 총력을 기울여 막아내었다고 한다. 왜적은 이 때 의령 쪽의 침입에 실패하였을 뿐만 아니라 상당수의 인명 피해를 입어 낙동강 하류로 곧바로 퇴주하기도 하였다.

지휘하는 군사의 규모가 커지면서부터 곽재우는 이 무렵 왜군이 점거하고 있던 낙동강 좌안의 현풍, 창녕, 영산 지역을 직접적 공격을 통하여 축출하려는 적극적 작전을 개시하게 된다. 곽재우의 지휘하에 이루어진 현풍, 창녕, 영산 지역의 수복 작전은 대략 다음과 같이 전개되었다.

우선 그는 먼저 현풍을 공략하기로 하여 정예 부대 수백명을 이끌고 현풍에 이르러 적을 성 밖으로 끌어내기 위해 여러 차례 유인 작전을 시도하였다. 그럼에도 왜적이 전혀 움직임을 보이지 않자, 한 자루에 다섯 가지가 난 횃불을 만들어 밤중에 산마루에 올라 일시에 불을 붙여서 불빛이 적진에 비치게 하였다. 곧이어 북을 치고 나팔을 불고 포를 터뜨리고 함성을 질러서 아군의 세력이 굉장한 양 과시하며 다음 날 반드시 전멸시키겠다고 위협하였다. 그랬더니 다음 날 왜적들이 모두 도망쳐 사라졌다고 한다.

현풍에서 왜적이 도망간 닷새 뒤에는 창녕의 왜적들도 소문을 듣고 철수하였다. 그러나 영산에 모여든 왜적은 수적인 우세를 믿고 오래도록 움직이지 아니하였다. 곽재우가 초유사에게 보고하여 영산 수복 작전에는 의령뿐만 아니라 삼가와 합천의 군사도 동원하였다. 합천과 삼가의 군사는 윤탁이 지휘하고 의령 군사는 곽재우가 이를 지휘하기로 하여 적진과 마주 보는 봉우리 위에 진을 치고 대치하였다. 왜적의 선봉 부대 기병 백여 명이 돌격해 쳐들어와 이들과 한 차례 접전을 벌리기도 하였으나, 다음날 왜군은 군막을 불태우고 도망하였다. 영산이 수복되면서부터 현풍-창녕-영산 방면의 길은 왜적의 통행이 두절되어 이후 왜적은 밀양-대구에서 인동-선산으로 이르는 쪽으로만 왕래하게 된다.

현풍, 창녕, 영산성의 수복에 뒤이어 곽재우 의병 부대는 이해 10월의 진주성 전투에도 외원군으로 참전하였다. 임진년의 진주성 전투는 삼천 수백 명에 불과한 우리 군민이 3만이 넘는 왜군과 맞서 6주야에 걸쳐 싸워 이겨낸 전투였다. 이 때 곽재우는 정암진을 지키면서 진주성의 급보를 전해 듣고 그의 심복인 군관 심대승을 선봉장으로 삼아 2백여명의 군사를 이끌고 지원케 하였다. 진주성 전투는 목사 김시민의 지휘 하에 성내 군민의 결사 항전으로 수성에 성공한 전투이지만, 승전의 배경에는 성 밖에서 지원한 의병 부대의 활약이 있었음을 간과해서는 안된다.

5. 벼슬살이의 명암

7년여를 끈 왜란 기간 동안 곽재우가 무관(無官)의 의병장으로 군사 활동에 종사한 기간은 그다지 길지 않다. 그보다는 오히려 관직을 지닌 관인으로서 군사를 지휘하거나 이와 연관된 군사 활동에 종사한 기간이 훨씬 길었다. 그의 의병 활동이 조정에 알려지면서 그에게 제수된 첫 벼슬은 종6품직의 유곡도 찰방이었다. 뒤이어 경상 감사 김수에 대한 격서 사건의 처리와 함께 정5품직의 형조정랑이 제수되었다. 그러나 이들 관직 임명에 따른 교첩이 그에게 이르는 데는 두 달여 이상의 시일이 소요되었고, 전란 중이라 현직에 취임할 수도 없었다. 그는 왜란이 일어난 이듬해 계사년 봄까지도 여전히 의병장으로 활동하였다.

유곡찰방, 형조정랑에 제수된 이후 왜란 중 그의 관직 이력을 살펴보면, 임진년 10월에 절충장군으로 승진하여 조방장을 겸하였고, 계사년 12월에 성주목사로서 조방장을 겸하다가 갑오년 가을에 목사직을 버리고 조방장의 직임만을 수행하며, 을미년 봄에 진주목사에 임명되나 가을에 목사직을 떠나며, 진주목사에서 물러난 이후 한동안 현풍 가태리에 물러나 있다가 정유재란이 있을 당시 경상우도 방어사의 직책을 맡고 있었던 것으로 나타난다.

그가 목사, 조방장, 방어사를 역임하는 동안은 전쟁이 소강 상태에 있었기 때문에 이 동안에 그가 수행한 활동은 주로 산성의 수축이나 방어에 관한 업무였다. 성주목사로서 악견산성을 수축한 일, 조방장으로서 영남 지역 산성 방비 업무를 전담한 일, 방어사로서 현풍 석문산성의 신축과 창녕 화왕산성의 수비 업무를 수행한 것이 그러하다.

정유재란이 일어날 즈음 곽재우는 경상좌도 방어사로 현풍의 석문산성을 신축하고 있다가 왜군의 침입을 맞이하게 되었다. 그는 석문산성을 떠나 밀양, 영산, 창녕, 현풍의 네 고을 군사를 이끌고 창녕 화왕산성으로 옮겨와 이 곳을 죽음으로 지켜낼 것을 결의하였다. 마침내 왜의 대군이 성 밖에 이르렀을 때 적의 형세는 칼날

빛이 해를 가리고 군기가 들을 덮을 정도였다. 적의 무시무시한 형세를 보고 모두가 떨었으나 곽재우는 태연히 웃으면서 "저들이 병법을 안다면 경솔히 침범하지는 못할 것이다"라고 하고 굳게 지키기만을 명령하였다. 과연 왜군은 하루 낮밤을 살피다가 마침내 함부로 공격할 수 없음을 알고 돌아가버렸다.

곽재우의 지휘하에 이루어낸 화왕산성의 성공적 방어는 명장으로서의 그의 명성을 다시금 세상에 알리는 계기가 되었다. 그러나 이 때 성 안에서 계모 허씨가 병사하자 그는 벼슬에서 물러나 강원도 울진현으로 피난하여 이 곳에서 상제를 지켰다. 이 동안 여러 차례 기복의 명을 받게 되나 끝내 나아가지 않았다. 그는 강원도 울진현 피난 생활을 통해 줄곧 상복을 입고 상례를 지켰으며, 상중에 있는 사람이 남에게 신세를 질 수 없다고 하여 폐양자를 만들어 팔아 생활하기도 하였다.

그가 다시 관직에 나아가는 것은 계모의 3년상이 끝난 기해년(1599) 9월 경상좌병사에 임명되면서였다. 그러나 좌병사에 부임한 지 불과 수개월이 지난 이듬해 2월 그는 한 통의 상소문을 올린 뒤 체직의 명을 기다리지도 않고 고향으로 돌아가버렸다. 이 때 그는 병사직을 더 이상 수행할 수 없는 이유를 다음과 같이 말하였다. 첫째는 조정에서 수군에만 힘을 기울여 육지의 산성에 대한 수비를 폐기함으로써 자신이 병사로서의 직임을 수행할 수 없다는 것이고, 둘째는 전란 수습책으로 전략상 일단 왜군과 화친이 필요한데 이를 조정에서 거론조차 할 수 없을 정도로 배척하고 있다는 것이며, 셋째는 유능한 영상 이원익이 당쟁으로 인해 부당하게 교체되는 등 국정이 잘못 흘러가고 있다는 것이었다.

곽재우가 체직의 명을 받지도 않은 상태에서 병사직을 버리고 고향으로 돌아간 사실은 이내 경상감사의 장계로 조정에 보고되었다. 사태를 접한 조정에서는 병권을 전제하는 중임을 맡은 병사가 임의로 직책을 떠난 사실과 상소문 가운데 왜적과의 화친을 주장한 사실을 들어 그를 즉시 체포하고 추국하여 형율로써 다스리도록 하였다. 의금부에서 그의 죄가 장 일백 대에 먼 변방에서 군졸로 복역하는 죄에 해당된다고 하여, 마침내 그는 전라도 영암에 유배되었다.

6. 배고프면 솔잎을 먹으리

귀양에서 풀려난 뒤 곽재우는 현풍 비슬산에 들어가 불에 익힌 곡식을 끊고 솔잎을 먹는 선도 생활을 하였다. 곧이어 영산현 남쪽의 창암 강가에 정자를 짓고 이곳에서 거처하였다. 정자에는 망우정이란 현판을 걸었다. 그의 당호를 망우당이라고 하는 것은 여기에서 비롯되었다. 그는 이곳에 고기잡이 배 한척과 거문고를 마련해두고 소요자락하면서 영원히 화식을 끊고 세상사에 관한 일로 걱정하지 않으려 했다.

그의 벽곡 생활은 김덕령(金德齡)의 죽음과 관련이 있는 것으로 이해하는 사람이 많았다. 김덕령이 뛰어난 용맹과 공적에도 불구하고 이몽학의 난에 연루되어 마침내 비명에 죽자, 그 자신도 마찬가지의 화를 당하지 않을까 하는 두려움이 그로 하여금 세상을 도피하도록 했다는 것이다.

곽재우는 왜란 중 휘하에 적지 않은 병사를 거느리고 왜적을 상대로 수많은 실전적 전투를 치룬 뛰어난 의병장으로 널리 이름을 떨쳤던 인물이다. 또한 장수로서의 능력과 자질이 조정에 알려져 조방장, 방어사, 병마사와 같은 군직을 맡아 관군을 이끌고 여러 형태의 군사 작전을 수행하여 역시 탁월한 무장으로서 명망을 쌓았던 인물이다. 그의 이러한 장수로서의 능력이나 명망은 조정으로 하여금 그의 거취를 주시하게 하였고, 그 또한 이러한 조정의 주시를 의식하지 않을 수 없었다.

조정에서 곽재우를 요주의 인물로 주시하고 있었음은 일찍이 그가 찰리사(察理使)로 임명되는 과정에서의 논란을 통해서도 엿볼 수 있다. 그가 처음 찰리사로 임명된 것은 선조 37년(1604) 2월로 당시 그가 망우정에 있을 때였다. 이 때 조정에서는 그를 이대로 재야에 방치해 둘 것이 아니라 병사와 같은 중책을 맡겨야 한다는 논의가 있었다. 그러나 결국에는 그에게 군사 지휘권을 온전히 행사하는 병사직을 맡기는 일을 위험시하여 그를 찰리사로 임명하고 말았다. 찰리사는 왕명을 수행하는 사신으로 도원수의 지휘를 받아 방수 업무 따위를 수행하는 임시직일 따름이었다. 당시 곽재우를 찰리사로 임명한 것에 대한 사관의 논평이 다음과 같다.

> "곽재우의 전수(戰守)한 공로와 충의의 절개가 사람들의 이목에 전파되어 장수들 중의 으뜸이 되었으니, 변방의 직임을 주어 하나의 보장(保障)을 만들게 해야 할 것이다.(중략) 이제 다시 기용하는 것은 참으로 여망에 부응되는 것이지만 아깝게도 서용한다고는 하나 오히려 휘하에 예속되는 것을 면하지 못하게 함으로써 그의 큰 재능을 끝내 펼 수 없게 하였으니, 이것이 이른바 영웅이 무재(武才)를 쓸 곳이 없다는 것으로, 참으로 한탄스러울 뿐이다."

곽재우의 벽곡도인 생활에 대해서는 뒷날 허균(許筠, 1569~1618)이 다음과 같이 그의 생각을 피력하였음도 주목된다.

> "지금의 곽공은 포의로써 칼을 들고 일어나 지방의 장관들을 힐책하고 그

권세를 잡으니 따르는 자가 구름 같았다. 이로써 한창 날뛰는 왜구를 무찔러 여러 차례 큰 전공을 세우니 적이 두려워 꺼리는 대상이 되었고, 기풍과 공렬이 한 시대를 뒤흔들었으니 참으로 사람들의 의혹을 열어 놓기에 충분하였다. 공은 대체로 "공적이 너무 높으면 그에 상당한 상을 줄 수 없다"는 이치를 알았기 때문에 일찍이 떠나버리려 하였는 바, 떠나가는 데 있어 명분을 세우기 곤란하므로 벽곡한다는 것으로 핑계를 대고 그 자취를 감춘 것이다. 이것은 바로 장량이 걸어갔던 옛 길로서 공이 그 길을 답습한 것이다."

여기서 말하는 '의혹'이란 신하된 사람의 공훈이 크고 위세가 높아져 반역이라도 도모하지 않을까 하는 의혹을 의미하는 것이다. 곽재우와 함께 같은 시기에 사헌부의 탄핵에 얽혀 들었던 허균이 곽재우가 벽곡도인 생활을 했던 까닭을 이같이 해석하고 있음은 주목하지 않을 수 없다. 선조는 그의 말년에 이르기까지도 곽재우에 대한 의혹의 눈길을 거두지 않았으니, 곽재우 또한 그와 같은 국왕과 조정의 주시를 모를 리 없었을 것이다.

7. 광해조: 직언과 감언 그리고 타계

선조의 뒤를 이어 광해군이 즉위한 때는 일본과의 강화로 왜란에 대한 우려가 사라진 대신 북방 여진족의 동태가 심상치 않았다. 당시 곽재우는 '오늘날 명장은 곽재우 한 사람뿐'이라고 일컬어졌을 정도로 이름난 장수로서는 거의 유일한 생존자이기도 하였다. 광해군이 즉위하자 조정에서는 그를 평안도관찰사로 임명하여 그에게 서북변 방어를 전담케하는 방안을 거론하였고, 광해군도 곽재우의 기용에 즉각적인 관심을 보였다. 그러나 그는 국왕의 두 차례에 걸친 부름에도 병을 핑계로 나아가지 않았다.

곽재우가 여러 차례의 부름에도 응하지 않자 조정에서는 그를 보통의 무부(武夫)로 보지 말고 '현자(賢者)'에 대한 예우를 갖추어 대우할 것을 건의하였다. 당시 조정에서 건의한 이 '현자에 대한 예우'가 정확히 무엇을 말하는지는 알 수 없으나, 광해군은 이 건의를 받아들인 듯하다. 이는 그에게 약을 내리고, 병의 차도를 보아 상경토록 하면서 더 이상 상경을 종용하지 않는 대신 국정에 대한 그의 충언을 듣고자 하는 뜻을 전하는 등 그에게 파격적인 예우를 보였던 데서 알 수 있다.

마침내 그는 국왕에게 상소로서 국정에 대한 그의 생각을 진달하였다. 그는 정치의 성패나 국가의 중흥 여부는 국왕에게 달려있다는 생각을 하였으며, 당시대를 국왕의 비상한, 특단의 조처가 있어야 하는 시기로 보았다. 그가 이 때 조정에 올린 국가 중흥에 관한 이 한 편의 소에 대해서는 "모책이 능하고 장엄하며, 인륜과 강상을 심었다."라는 평가가 따르기도 했다. 그리고 곽재우의 상소문을 접한 광해군은 '흰 무지개가 태양을 꿰뚫는 충성을 지닌' 인물이라고 그를 칭찬하고 그의 조언을 마음에 깊이 새기겠다고 약속하면서 그의 상경을 종용하는 비답을 내렸다. 광해군의 소명이 재차 이르자 마침내 그는 이해 여름 상경하여 사은숙배하였다. 그가 서울에 있는 동안에는 그를 보기 위해 어린아이와 군졸, 누구 할 것 없이 많은 사람이 몰려와 그의 숙소는 문전성시를 이루었다. 이로써 그가 당시 얼마나 저명 인사였는지, 또한 얼마나 민중의 열렬한 지지를 받았던 인물이었는지를 알 수 있다.

그가 상경한 이 달 6월에 호분위 부호군에 임명되고, 뒤이어 7월에 5위도총부 부총관, 8월에 한성부 좌윤에 임명되었으며, 곧이어 같은 달에 함경도관찰사 겸병마수군절도사 겸함흥부사에 제수되었다. 그러나 그는 이들 관직에 나아가지 않는 대신 상소로서 시국의 폐단을 거론하였다.

그가 이 때 주장한 내용으로는 창경궁 복구 공사와 같은 대규모 토목 공사를 중단할 것, 은전의 사용을 중단할 것, 명나라 사신에 대한 접대를 그르친 역관과 원접사를 처벌할 것, 대동법을 널리 시행할 것 등이었다. 이에 대해 광해군은 이러한 건의를 모두 의정부와 상의할 것이나, 다만 명나라 사신을 접대했던 신하에 대한 처벌만은 받아들이기 곤란하다고 비답하였다.

그는 국왕의 비답을 받고 명나라 사신을 접대한 역관과 원접사에 대한 징계 문제를 재차 상소로서 진달하였다. 그가 이 문제를 무엇보다 중시했던 것은 당시 명나라 사신의 접견 문제와 관련해서 한 나라의 국왕이 되돌릴 수 없는 수치를 당했다고 여겼기 때문이었다. 그러나 역관과 원접사의 처벌을 주장한 그의 연이은 상소에도 불구하고 그의 주장이 받아들여지지 않자 마침내 벼슬을 버리고 귀향하였다.

귀향 길에 그는 해인사 백련암에서 두어 달을 머물렀다. 그는 이로부터 세상 일은 그의 뜻대로 할 수 없는 것임을 알고 벼슬에 나아갈 뜻을 버렸다. 이 무렵 어떤 사람에게 답한 편지에서 "푸른 솔 바위 틈에서 배고프면 솔잎을 따먹고, 흰 구름 덮인 산 속에서 목마르면 샘물을 마신다"라고 한 시구는 한 때 널리 전송되기도 하였다.

이후 그는 줄곧 망우정에 머물렀다. 그가 다시 조정의 부름을 받게 되기는 광해군 5년(1613) 4월 전라도 병사에 임명되면서였다. 이 때의 전라 병사 임명은 그 전 해 정인홍이 그의 등용을 청하였기 때문이었다. 그런데 그가 전라 병사에 임명되었을 때는 영창대군을 반역죄로 다스려야 한다는 논의가 조정에서 일어나던 때였다. 그는 소를 올려 전라도 병사직을 다른 사람으로 교체하기를 요청하는 한편 영창대군을 죽여야 한다는 조정의 논의를 강력히 비판하였다.

광해군은 곽재우의 상소로 인해 다른 의논이 제기될까 염려한 나머지 그의 상소 내용을 드러내어 거론하지 못하고 대신에 영창대군을 민가로 내보내는 조처를 취했다. 곽재우의 상소로 말미암아 대신들도 영창대군에 대한 그 동안의 논의를 후회하였다고 하며, 뒷날 동계 정온(鄭蘊)으로 비롯되는 영창대군에 대한 전은론은 그의 상소에서 비롯되었다고 한다.

이후 그는 계속 망우정에서 지내다가 광해군 9년(1617) 4월 이곳에서 세상을 떠났다. 그가 운명하는 시각에는 갑자기 번개가 치고 소낙비가 내렸으며 붉은 기운이 하늘을 치솟아 사람들이 모두 이상하게 여겼다.

8. 괴오기위(魁梧奇偉)한 선비

그의 죽음이 알려지자 온 국민이 모두 슬퍼하였다. 조정에서는 부의를 전하고 예조좌랑을 보내어 치제케 하는 한편 세자시강원 보덕 배대유(裵大維)에게 명하여 그의 전(傳)을 짓도록 하였다. 이 때 배대유가 지은 전의 찬(贊)을 옮기면 다음과 같다.

> "오직 공이야말로 참으로 대장부가 아니겠는가. 왜란을 당해 충성을 다한 것은 의리이며, 그칠 줄을 알아 용감히 물러남은 지혜로움이로다. 적송자를 따라 놀던 한 때의 모습은 쇄락하고 광명하여 우주에 우뚝했도다. 생각하건 대 하늘이 공에게 뛰어난 장수의 자질을 온전히 주어 이 나라를 부지토록 했던 것인가? 진실로 공을 중신의 자리에 있게 했더라면 나라의 안위를 떠

맡을 사직신이 되었을 것이니, 공이야말로 문무를 온전히 갖춘 천재요, 세상에서 뛰어난 큰 선비였도다. 만일 공을 논하는 자가 공이 의병을 일으킨 행적만 보고 단지 무장으로만 안다면 어찌 공을 안다고 할 수 있겠는가? 어떤 이가 말하기를, 남명 선생이 공을 택해 외손서로 삼았고 또 가르쳐 이끌었다고 하니, 아! 밝기가 같아서 서로를 훤히 알고, 기상이 같아서 서로를 찾은 것인가? 남명 선생의 문하에서 공을 얻은 것이 또한 마땅치 아니한가?"

배대유의 전은 곽재우 서거 후 그의 행적에 관한 최초의 공식적인 전기였다. 배대유는 영산 사람으로 정인홍의 문인이며 정유재란 때 곽재우가 화왕산성을 지킬 때 그의 휘하에서 장서기를 맡았던 적이 있었다.

곽재우 서거 후 이듬 해(1618)에는 유림에서 그를 추모하기 위해 현풍 가태리에 충현사(忠賢祠)라는 사당을 세워 춘추로 제사를 지내었다. 이 충현사는 현종 15년(1674) 현풍현감 유천지가 규모를 확장함으로써 서원의 모습을 갖추게 되고 곽재우의 재종숙으로 정유재란 때 황석산성에서 순직한 존재 곽준의 위패도 함께 봉안하였다. 숙종 3년(1677)에는 당시 우의정이던 허목(許穆)의 건의로 예연서원(禮淵書院)으로 사액되었다.

허목은 예연서원의 사액을 건의했을 뿐만 아니라 곽재우의 묘지명을 짓고 망우당 문집의 서문을 짓는 등 그를 현양하는 데 있어서 많은 힘을 쏟았다. 허목은 곽재우를 '괴오기위'한 선비라고 하였다. 괴오기위란 외모나 체격이 걸출하거나 생각과 행동이 범상치 않은 모습을 두고 일컫는 것이나, 한나라 때 인물 장량(張良)의 사람됨을 묘사할 때 쓰던 말이었다. 그는 곽재우의 인생 궤적이 장량과 비슷하다고 여겼다.

허목보다도 뒷 시기에 눌은(訥隱) 이광정(李光庭)도 곽재우에 대해서 "선생의 도는 충효에 근본하고 있으나 그 행적으로 드러난 것은 기위해서 범상치가 않다."라고 하여 그의 기위한 행적에 대해서 다음과 같이 말하였다.

"바야흐로 기강에서 낚싯대를 잡고 있은 것은 그 행위가 지나치게 과단한 것 같았다. 전란이 아직 닥치지 않았는데 선영의 봉분을 깎아 평지로 만든 것은 그 행위가 괴이한 것 같았다. 필부로서 방백을 베려고 하였으니 사람들이 광자가 아닌가 의심했다. 창을 던지고서 벽곡을 하였으니 사람들이 궤탄(詭誕)하다고 의심했다. (중략) 그러나 선생의 기(奇)는 아직 세상에 다 드러나지는 않았다. 홍의백마로 출몰하기 신과 같으니 교활한 왜적들도 그를 헤아리지 못했고, 이 때는 대장 깃발 앞세우고, 저 때는 산림처사의 관을 쓰고서 홀연히 가고 옴에 그 어떤 위무도 선생의 지키는 바를 빼앗지 못했다. 충성스러운 건의며 올곧은 논의를 거리낌 없이 펴니 강직하고 꿋꿋한 대신들도 서로 돌아보며 임금도 그 과도함에 성내지 못했다. 세상에 나아가 벼슬할 적에는 우레 울리고 바람 몰아쳐 우주를 다투는 듯하다가 돌아와 자취를 끊기에 이르면 쓸쓸히 강가의 한 어부였다. 그리고 그 평소에 행하는 바를 보면 또한 확고하게 순유(純儒)의 조행이었다. 세상에서 누가 선생을 알 수 있으랴? 공자가 노자를 일컬어 용과 같다고 하였는데 선생과 같은 분이 아마도 그러하다고 해야 할 것이다."

곽재우를 향사하는 사우가 예연서원으로 사액된 뒤 숙종 19년 (1693)에는 그의 증손 곽흔(郭昕) 등이 시호를 청하는 상소를 올려 국왕의 윤허를 얻었다. 그러나 시호를 내리기에는 관작이 맞지 않는다는 이유로 오랫동안 시행하지 못하다가 숙종 35년(1709)에 집의 이정신(李正臣)의 요청에 따라 증직과 증시가 이루어져, '자헌대부병조판서겸지의금부사(資憲大夫兵曹判書兼知義禁府事)'로 추증되고, '충익공(忠翼公)'의 시호가 내려졌다.

영조 7년 (1731)에는 한음 이덕형의 후예인 현감 이우인(李友仁)

이 그의 묘소를 방문하였다가 자손과 사림들을 설득하여 묘의 봉분을 쌓도록 하였다. 곽재우는 임종 때 "임진, 계사년의 왜란 때 두 왕릉이 무너지고 종묘가 화재를 입게 되었으니, 신하된 자 어찌 묘의 봉분을 쌓을 수 있겠는가. 내가 죽거든 구덩이에 묻기만 하라."고 유언을 한 바가 있었다. 자손들이 이를 어기지 못하다가 이 때에 이르러 비로소 봉분을 만들게 되었다.

영조 37년(1761)에는 예연서원 앞에 신도비를 세웠다. 비문은 대제학 권유(權愈)가 지었다. 그는 곽재우를 "해동에서 태어났으나 천하의 선비가 되었다."라고 칭송하였다. 이 밖에 그의 죽음을 애도하여 지은 지인들의 만사나 제문을 보면, 그는 고결한 인품과 뛰어난 자질, 비범한 용모와 풍채를 지닌 대장부였는가 하면, 충효를 실천하고 절의를 행동으로 보인 큰 선비로 그려지고 있다.

▣ 참고문헌

李章熙, 『郭在祐研究』, 養英閣, 1983.

郭忘憂堂記念事業會編, 『忘憂堂全書』, 1987.

郭忘憂堂記念事業會編, 『忘憂堂郭再祐研究』(1), 1988.

李樹健, 「忘憂堂 郭再祐 義兵活動의 社會 經濟的 基盤」, 『南冥學研究』5집, 1996.

김해영 외, 『의령지역 임란 의병활동 재조명』(남명학연구총서 6), 도서출판 술이, 2008.

김해영, 『망우당 곽재우』(남명학교양총서 21), 경인문화사, 2012.

홍순언: 종계변무의 공로자 역관

이 상 규

한국학중앙연구원 전임연구원

1. 왜 홍순언에 주목하는가?

태조 이성계(李成桂)가 명나라 법전에 고려 공민왕대의 권신 이인임(李仁任)의 아들로 잘못 기재된 것을 2세기만에 바로잡고 공로자들을 시상한 것이 1590년(선조 23)의 광국공신(光國功臣)이다. 이 광국공신 가운데 역관으로서 2등으로 녹훈된 이가 홍순언(洪純彦, ?~1593이후)이다. 명종－선조대의 한학(=중국어)역관이었던 홍순언은 종계변무의 공만이 아니라 임진왜란 초기에 명나라 원병을 불러오는 데도 이바지하여 전후 공신의 물망에도 오르기도 하였다.

흔히 알려지기로는 홍순언이 젊은 시절 중국에 사행가서 불우한 처지에 놓인 처자에게 거금을 쾌척했다가 이 처자가 귀인과 혼인하여 뒷날 종계변무를 돕는 일로 홍순언에게 보은한다고 하였다. 의인 역관으로 묘사된 홍순언의 이야기이다.

설화적 차원이 아니라 각종 기록에서 홍순언의 역관 경력은 여느 역관들보다 아주 자세하게 나온다. 필자가 이전에 왜학(=일본어) 역관들의 경력을 몇 번 다룬 적이 있었다. 이들 왜학역관의 면모를 묘사하는 것보다 홍순언의 경우는 그 기록이 아주 생생한 편이었고 그 사람의 속마음까지도 알 수 있어, 대단히 경이롭다고 느꼈다.

홍순언의 역관 경력 외에도 주목할 만한 점으로 16세기에 역관 가계가 형성되었는가의 여부를 검토할 수 있는 사례이기도 하라는 것이다. 자신까지 2대에 걸쳐 역관이었고 동생으로 짐작되는 홍수언(洪秀彦)도 역관이었다. 자신은 명종-선조대에 역관으로서 탁월한 활약을 보여서 광국공신 2등에까지 책봉되었으나 자녀 가운데 역관이 나오지는 않았다. 그 자신은 서얼 출신으로 역관을 지망하였고 관상감 관원이 주류였던 집안의 딸과 혼인하였다. 무과로 진출한 아들도 있었고 생원시에 입격한 아들도 있었으며, 1대를 내려가 처의 당질 가운데는 문과에 급제한 이도 나타났다. 17세기 이후 역관, 의관 등 중인 관직 내에서 선택하거나 세습하는 사정과는 달랐다.

2. 한학역관 홍순언의 가계

홍순언의 윗대는 할아버지가 봉상시 부정 홍경창(洪慶昌)이고 아버지가 1531년(중종 26) 역과에 입격한 홍겸(洪謙)이다. 동생으로 짐작되는 홍수언(洪秀彦)이 1549년(중종 4) 역과에 입격하였다. 홍순언이 역과방목에 입격한 연도를 정확하게 알 수는 없다. 생졸년도 알려지지 않았다. 명종-선조 대에 활약했고, 졸년은 1593년(선조 26) 이후로 추정된다. 가계 사항을 밝히는 데에 아쉬운 점이 있기는 하지만, 『선원록』(1681년), 『신창맹씨세보』(1762년 간행) 등에 처가·사돈가의 사실이 적혔다. 현손대까지 경력은 연대기 자료와 공신녹권류에 나온다.

홍순언의 부인은 1507년(중종 2)에 문과에 급제한 맹종인(孟宗仁)의 서손녀이다. 홍순언의 장인 맹숭업(孟崇業)은 맹종인의 서자로 태어나 1543년(중종 38)에 잡과의 한 갈래인 운과(雲科)에 입격하여 관상감 관원이 되었다. 처남 맹윤탕(孟胤湯)·맹윤은(孟胤殷), 동서 김눌(金訥)도 관상감 관원이었다. 맹숭업의 손자-증손 대에 무과로 전공을 넓혀나갔고 현손대에 무과 우세의 경향이 유지되었다. 1680~90년대에는 생원, 진사, 문과 합격자가 몇 명 나오기는 했지만 주류는 무과였다. 손아래 동서인 김눌은 본관이 강릉이고 참판 김광진(金光軫)의 서자였고 1570년(선조 3)에 같은 운과에 입격하였다. 김눌의 아들대에 무과 합격자가 있었고 손자 대에 가서는 문과에 급제하기도 하였다.

홍순언의 딸은 세종의 서현손 낙성부령(洛城副令) 이낭(李琅)과 혼인하였다. 이낭의 아버지 송계수(松溪守) 이중숙(李仲叔)은 적·서 부인과 사이에서 2녀 첩5남을 두었고 그 가운데서도 역관의 딸 3명을 며느리로 두었다. 신성부령(信城副令) 이거(李琚)는 어머니가 비 청덕(靑德)이고 사역원 직장 홍정(洪貞)의 딸과 혼인하였다. 그 아래 보절부령(保節副令) 이영(李玲)은 어머니가 비 유절(有節)이고, 부인은 1540년(중종 35)에 역과에 입격한 권사의(權士義)의 딸이다. 그 아래가 역시 비 유절의 소생인 낙성부령이 당릉군(唐陵君) 홍순언(洪純彦)의 딸과 혼인하였다.

다시 말해, 송계수 이중숙이 천첩녀 2명한테서 낳은 아들 3명은 모두 역관의 딸을 부인으로 맞이하였다. 세조대에 '문무 2품 이상의 첩자손'이 역관을 포함한 기술관 또는 기술관 생도로 충원한다는 조항은 15세기 신분제의 고착에 따라 역과를 비롯한 기술관 지망자를 제대로 채울 수가 없게 되자 생겨난 것이다. 성종-연산군 대에 들어서서 천첩 소생도 상급 기술관서인 의과에 응시할 수 있게 되었다. 1543년(중종 38)에 반포된 『대전후속록』에서 더욱 세밀하게 규정되어 '기술관 생도는 2품 이상 첩의 증현손으로 채운다'는 것으로 바뀌었다. 공교롭게도 이중숙의 사돈 3명은 모두 역관이었고, 이들이 입격한 시기는 1540년대에 『대전후속록』의 조항이 만들어진 때와 비슷하다.

홍순언은 조선 왕실의 숙원이었던 종계 변무를 성사시키는 데 공로를 세워 광국공신 2등에 녹훈되었고 임란 초전에 명 원병을 불러오는 데 기여하여 난 후에 공신 물망에 오르기도 하였다. 탁월한 역관이었던 홍순언은 맹승업의 딸과 혼인하여 5남 1녀를 두었다. 맏아들 홍건(洪建)은 전공이 무과였고 아버지의 공신호를 이어받아 익평군(益平君)이 되었다. 2자 홍구(洪逑)는 무과 판관이었다. 3자 홍선(洪選)은 두드러진 관직을 지내지 못했다. 4자 홍운(洪運)은 1574년(선조 7)생이고 자가 여형(汝亨)이며 1612년(광해군 4)에 생원시에 입격하였다. 5자 홍조(洪造)도 관직 사항이 없고, 딸 1명은 앞서 얘기했듯이 세종의 서현손과 혼인하였다.

손자 홍효손(洪孝孫)은 이괄(李适)의 난을 진압하는 데 공을 세워 정사공신(靖社功臣) 3등으로 녹훈되어 익풍군(益豊君)에 올랐고 평안도 숙천부사까지 지냈다. 한 가지 아쉬운 점은 손자 홍효손의 아버지를 모른다는 사실이다. 홍효손의 아들 홍심(洪深)·홍급(洪汲)은 모두 관직 사항이 없고, 적장손 홍대유(洪大有)·홍운(洪實)은 무과 계통의 관직을 지냈다.

홍순언의 역관 전공은 2대에 걸쳐 이어졌고, 아들 대 이후로는 조손 간에 2차례의 공신 책봉을 발판 삼아 무과 전공으로 나아가거나 생원시에 입격하기도 하였다. 역과에서 무과 또는 생원으로 진출한 것은 홍순언의 처가인 신창맹씨 가계에서도 있었던 현상이다. 17세기 이후 역관 가계가 형성되는 사정으로 본다면 탁월한 역관 홍순언의 전공이 아들 대에 이어졌을 것으로 기대되지만 이 시기의 사정은 그러지 않았다. 아직 일반화하기 어렵기는 하지만, 16세기에 역관을 비롯한 기술관은 2~3대 계승은 있었지만 17세기로까지 이어지지는 않았다. 선조대부터 17세기로 이어지면서 역관을 포함한 기술관 세전이 된 경우도 일부 있기는 하지만, 16세기 전체로 봤을 때는 역관 가계가 형성되었다고 보기 어렵다. 오히려 이 시기는 역관의 세전이라는 신분의 고착적 요소보다 무과·생원·문과 등으로 나아갈 수 있는 유동성의 여지가 있었던 것으로 판단된다.

3. 종계변무의 기여와 명 원병 요청

홍순언의 정확한 생졸년은 알 수 없지만, 그는 명종 연간에 역과에 입격하여 임진왜란 시기인 1593년(선조 26)까지 역관으로 근무하였다. 여타 기록을 통해 짐작해 보면, 1540년대 후반에 역과에 입격한 것으로 보인다.

오늘날까지 남은 잡과단회방목 가운데 1540년(고려대 소장)·1543년(계명대 소장)·1546년(중앙대 소장) 것에는 홍순언의 이름이 없고 1549년 것에도 없다. 1549년 역과단회방목은 하버드대학에 소장된 것으로, 여기에는 동생으로 짐작되는 홍수언(洪秀彦)의 이름이 있다.

홍순언이 역관으로 입격한 시기는 1540년대로 짐작되지만 입격 연도를 알려줄 역과방목은 남지 않았다. 명종 시기 홍순언이 역관으로서 근무한 모습은 1561년(명종 16)에 압해관(押解官)으로 다녀온 것이고 그밖의 행적은 자세하지 못하다. 1561년에 홍순언의 아버지 사역원 부정(副正) 홍겸(洪謙)은 아들을 명나라 사행의 역관으로 참여시키기 위해 공조참판 윤옥(尹玉)에게 뇌물을 썼다는 혐의를 받았다.

홍순언의 역관 경력은 선조대에 종계변무를 위한 적극적인 대응 속에서 두드러지게 드러났다. 순회세자가 13살의 나이로 일찍 죽고, 명종의 뒤를 이을 왕은 덕흥군의 아들 하성군으로 지명되었다. 명나라 사자 한림원검토(翰林院檢討) 허국(許國) 병과급사중(兵科給事中) 위시량(魏時亮)은 1567년(명종 22)에 융경제(隆慶帝)의 등극 조서를 가지고 조선에 왔다가 평안도 가산(嘉山)에 이르러 조선 국왕의 부음을 들었다. 조선으로서는 황제 등극 조서를 맞이하는 절차는 대단히 중요한 의식이기는 하였다. 그러나 조사를 안내하던 중에 명종이 승하하여 조정 관리들이나 명사를 접대하는 평안도·황해도의 지방관들이 일의 형세를 몰라서 우려할 만한 지경이었다. 원접사 일행이 차사원 등을 이끌고 오사모에 소복 차림으로 명사 측에 나아가서 통사 홍순언으로 하여금 조선에 국상이 있음을 알리게 하였다.

명사가 눈물을 머금고 이러한 일은 천고에 없었다고 하면서 자신들은 황제의 명으로 파견되었기 때문에 이러한 사태에 비로소 직면하게 되었다고 하였다. 그러면서 홍순언에게 왕세자는 있는가를 물었다. 왕세자가 없다고 답하자 이번에는 형제는 있는가 하고 물었다. 형제도 없다고 답하자, 명 상사는 왕을 대신하여 조서를 받을 사람은 누구인지를 물었다. 홍순언은 그것은 낮은 자리에 있는 자기가 알 바가 아니라고 답했다. 조사는 수상이 누구인지를 묻자, 홍순언은 이준경(李浚慶)이라고 하였다. 홍순언은 이어지는 조사의 물음에 수상이 문장이 있고 덕량이 갖추어졌으며 온나라 사람들이 그에게 의지하는 바가 있다고 답하므로, 명사는 그렇다면 근심할 것이 없다고 했다.

원접사는 명사에게 갑작스럽게 국왕의 부음을 제대로 전달하지 못했다고 설명하자, 명사는 갑자기 흉변을 듣고 슬픔을 이기지 못하겠다고 응대했다. 결국 명사는 한성으로 들어가는 날짜를 늦추고 국상 거행의 혼선을 덜어주고 한양에 들어와서는 먼저 등극조서를 반포하고 명종의 상에 조제했다. 사신을 위하여 잔치를 베푸는 일도 정지되었다. 1567년에는 조선에 나온 명사가 조선쪽의 갑작스럽게 전례가 뒤바뀐 사정을 잘 몰랐고, 그로부터 5년 뒤에 명사 한세능(韓世能)이 나왔을 때는 서로 변례에 밝지 못해서 구습을 시행하여 미안한 지경이 되었다고 하였다. 윤근수는 뒷날 국가 전례를 맡은 예관들이 몰라서는 안될 일이라고 하면서 자신도 홍순언이 살아 있을 때에 그로부터 들었다고 기록하였다.

1572년(선조 5) 9월에 홍순언은 명사가 나오기 앞서 종계변정을 요청하는 국왕의 뜻을 중국어로 번역하는 일을 맡았다. 이 때 예조판서 이하 영의정까지 승문원으로 나와서 칙사가 나왔을 때에 본국이 행해야 할 의례를 논정하고 국왕이 칙사를 만나 구두로 종계변정을 요청하고 이어서 중국어로 된 단자를 전달하였다.

1573년(선조 6)에 홍순언은 주청사 이후백(李後白), 부사 윤근수(尹根壽), 서장관 이해수(李海壽) 등을 수행하여 남경(南京)까지 가서 실록을 편수하는 일과 회전(會典)을 고치는 일을 알아보기 위해 찬선 허국(許國)의 가인(家人) 유심(兪深)에게 글을 보내 알아보았다. 유심은 일찍이 허국을 수행하여 조서를 갖고 나왔을 때 홍순언을 대면한 사이였다.

1574년(선조 7)에 역관 홍순언은 성절사의 상통사 3명 가운데 1인으로 연경을 다녀왔다. 이 사행은 겉으로는 성절사행이었지만, 국초 이래로 현안이었던 종계변무가 중요 소임이었다. 서장관 허봉(許篈)은 평안도 선천에서 상통사 홍순언을 불러들여 명 관리들의 동향이나 사행이 통과할 곳의 관리 성향도 청취하였다. 홍순언은 이전에 조천사의 역관으로 참여했거나 원접사의 역관으로서 경험했던 점들을 요긴하게 서장관에게 들려주었다. 조천사는 종계변무의 사안을 진척시키기 위해 이전에 명과 조선을 오갔던 관리들과 조선 관리들이 서신 교류를 이어가는 가운데 명 내부에서 세종(가정제)실록 및 회전이 찬수되는 사정을 알 수 있었고 조선의 여망을 반영하고자 애를 썼다. 종계변무 자체만 놓고 보았을 때, 조·명 간 관리들의 시문 교류를 교두보로 하면서 명 관리들도 조선의 요청 사항을 이해하면서 어느 정도 자발적으로 협조해 주었다고 할 수 있다. 이면에는 홍순언이나 안정란(安廷蘭)같은 역관들이 이전 경험이나 요령을 적절하게 사신에게 들려주고 전면에서 동분서주하면서 주선한 공로도 있었다.

1582년(선조 15)에 홍순언은 황자 탄생을 알리는 명나라 사자를 맞이하기 위한 원접사 이이(李珥)의 차비역관에 배속되었다. 명나라 사자는 한림원 편수(翰林院編修) 황홍헌(黃洪憲), 공과급사중(工科給事中) 왕경민(王敬民)이었다. 원접사 이이를 소문으로만 듣고 처음 보는 명사 황홍헌은 홍순언에게 자신들을 산림의 기상이 있는 사람으로 응접하게 하느냐며 의심하였다. 한학역관이라면 마땅히 조천사로든 원접사의 일원으로든 명나라 관리나 수행한 인원들과 여러 차례 접촉이 있었고 그로 말미암아 양국 관리들의 시문이나 학문, 조정 내의 위치를 잘 알고 있었을 것이다. 홍순언은 담담하면서도 간결하게 원접사의 면모를 설명하였다.

원접사로 나온 이이는 바로 1년 전에 개정된 『대명회전(大明會典)』에 개정된 종계가 실렸는데 명나라에서 조선에 보내주지 않는 것을 두고 강개한 어조로 적당한 인물을 보내서 국가의 치욕을 씻을 것을 주장하였다. 자신이 사신의 적임자로 지목되기도 했으나, 결국 김계휘(金繼輝)가 다녀왔다. 이이는 사신을 인도하여 입경하였고 문묘에 배향할 때 극기복례설을 명나라 사자에게 강해하였는데, 그 글은 정주학보다는 양명학에 기운 풍조를 비판하는 논조의 글이었다. 조사 양인은 5~6번 읽은 뒤에 아주 좋은 설이라고 칭찬하고 명나라로 돌아가 널리 전파하겠다고 하였다. 다만 황홍헌이 시를 읊으면서 맨 끝구에 압운자를 내놓자 그에 짝하여 허봉이 지은 시를 원접사 이이가 채택하지 않았고, 이에 종사관으로 동행한 고경명(高敬命)이 크게 한탄하고 애석해 하였다. 이번에도 홍순언이 허봉의 시를 황조사에게 몰래 보이자, 그가 전편을 베껴 가져오게 하고 한동안 끄덕였다는 일화가 있다.

1584년(선조 17) 주청사는 종계가 변무된 문구만 베껴서 가져왔고, 1588년(선조 21)에 주청사 유홍(兪泓), 서장관 윤섬(尹暹) 일행은 명 회전에 조선국 사실을 고쳐서 실은 책 한 권을 받아왔다. 명 예부에서 황제의 어람을 거치지 않았다는 이유로 줄 수 없다고 하자, 유홍이 꿇어앉아 땅에 머리를 받아서 피가 흐르도록 청하여 곁에 있던 상서가 감동하여 조선 사자가 돌아가는 편에 붙여 주었다고 하였다. 다시 1년 뒤인 1589년(선조 22)에 성절사로 다녀온 윤근수(尹根壽), 서장관 윤형(尹泂) 일행이 고쳐진『대명회전』을 받아옴으로써 완료되었다. 홍순언은 성절사의 역관으로 참여하여 측근에서 상사 윤근수를 보필하였다. 북경을 4번이나 다녀온 윤근수는 명의 제독 주사 화숙양(華叔陽)이 조선 사신을 까다롭게 대한다는 것을 사전을 알고 제독 주사와 가까운 인물 진씨(陳氏)를 알아내어 그로 하여금 조선의 요청 사항을 협조해 주도록 한 것으로 보인다. 윤근수와 같이 명나라를 여러 차례 다녀온 관리라면 종계변무에 관계되는 명 관리들의 성향을 어지간히 파악하려고 했을 것이며, 홍순언이나 안정란같은 역관들이 명 조사나 조사의 가인(家人)을 알고 있었기 때문에 윤근수에게 조언하였을 것이다.

종계변무가 완료되고 광국공신 1등 3인 2등 7인 3등 9인이 책록되었다. 홍순언은 2등에 녹훈되어 당릉군이란 칭호를 받았다. 이렇듯 조선측의 노력으로 종계변무가 마침내 성사된 것으로 이해될 수도 있으나, 그것만으로는 전체적인 사정을 그려내기에는 부족하다. 종계변무를 위한 노력이 선조대에 활발하게 전개되었으며, 그렇게 된 1차적 동력은 명에서 『목종(융경제)실록』·『세종(가정제)실록』이 편찬되고 1576년(만력 4·선조 9)부터 『대명회전』 중수가 본격적으로 시작된 것에 있었다. 조선이 중종 연간부터 끊이지 않고 종계변무를 위해 노력했지만, 성과가 미미했던 이유는 명이 조종성헌을 중시하였고 법전 편찬을 위한 복잡한 과정이 있었으며 또 종계변무의 사안을 명이 외교적으로 이용한 측면도 있었기 때문이다.

광국공신으로 녹훈된 뒤에도 홍순언은 몇 차례 중요한 역관 행적을 남겼다. 1591년(선조 24) 3월에 통신사가 일본의 사정을 탐색하고 돌아왔고, 성절사 김응남(金應南) 등이 일본 사정을 탐색한 결과를 명에 보고하기 위해 출발하였다. 홍순언은 이 성절사의 역관으로 참여하였다. 조선의 자문이 명 예부로 들어간 뒤로 조선 사신이 거치는 곳마다 보는 사람들이 귀엣말을 하고 신의를 대하는 뜻이 없고 산해관(山海關)에 이르렀을 때에 관하인들이 "너희 나라가 일본과 함께 모반하였는데 어떤 까닭으로 왔는가?"하고 의심하였다. 통주(通州)를 지날 때 1567년 황제 등극 조서를 갖고 조선에 나왔던 허국 각로의 가인이었던 유심(兪深)이 길거리가 내려다보이는 높은 언덕에서 홍순언과 이문학관(吏文學官) 허징(許徵)을 손으로 불렀다. 유심은 복건(福建) 등처에서 전해지는 조선과 일본의 공모설이 속속 올라와서 도로를 검문하는 관리들이 조선

사절을 의심하여 국문할 것을 청했으나 허각로가 저지하였고 1572
년 등극 조서를 갖고 나온 한세능이 주선해준 덕분에 조선 사절은
사명을 무사히 수행할 수 있었다. 조선 사신 또는 역관 홍순언 등
과 접촉한 바 있는 유심·한세능·허국의 협조가 있어 자칫 질시와
의심으로 사명 수행이 어려웠을 법한 사정에서 벗어날 수 있었다.

1592년(선조 25) 7월 사은사 신점(申點)·서장관 정기원(鄭期遠)·
역관 홍순언이 돌아와서 원병을 청하고 은을 보내줄 것을 요청한
결과를 보고하였다. 좌랑 한세능과 제독 원외(提督員外) 강경(姜鏡)
은 조선의 형편에 동조하여 2가지 일을 주선하는 데 정성을 쏟았
다고 보고되었다. 이 사신은 임란 전에 출발했다가 옥하관(玉河館)
에 있을 때 일본군이 침략하여 국왕이 평안도로 피란했다는 소식
을 들었다. 서장관 정기원과 역관 홍순언이 연향을 면제하여 남은
비용으로 궁각과 염초를 사들여 왔다.

당시 유성룡은 명 조정의 논의가 3가지로 나뉘어졌다고 보았다.
하나는 압록강을 지켜서 변고를 살피는 것이고 하나는 이적끼리
싸우는 것이니 중국이 구할 필요가 없다는 것이고 또 하나는 마땅
히 압록강을 방어하고 정예병을 도강시켜 무위를 떨치게 한다는
것이다. 세 가지 가운데 병부 상서 석성(石星)은 조선을 도울 것을
힘써 주장하고 군기·화약을 먼저 지원해서 적을 방어하도록 주장
하였다. 과도관(科道官)들이 군기·화약을 외국에 주는 것은 금물이
라고 반대했지만, 석성이 애써서 두 갈래로 병력을 지원해서 보내
고 군량으로 쓸 은 3만냥을 주도록 하였다.

석성 자신이 조선에서 청병하는 사신을 보내주면 힘쓸 것이고
황제도 조선의 처지를 불쌍하게 여긴다고 하면서 청병사 파견을
홍순언에게 종용하였다. 이것으로 조정에서 정곤수(鄭崑壽)·심우승
(沈友勝)을 급파할 것을 결정하였고 정곤수의 주장으로 홍순언을

데리고 가도록 하였다. 홍순언은 은 100냥을 가져가게 하여 인정의 용도로 쓰게 할 것을 요청하였다. 당시 홍수언·홍순언·표헌 3명 가운데 정곤수의 사행에 데려갈 역관으로 표헌(表憲)이 지명되었다. 명병을 수시로 응접해야 하므로 홍순언은 어전통사이고 홍수언은 명사 앞으로 배정된 별통사이고 표헌은 예비 어전통사라서 빼기 어려웠다. 결국 한윤보가 사행 도중에 지나는 참의 형편을 묻고 지방 관리를 응대하고 청병의 일을 수행하는 역관으로 결정되었다. 홍순언은 1593년(선조 26)까지 역관으로 근무한 것으로 나온다.

조선측 기록에는 병부 상서 석성이 파병에 적극성을 보인 것으로 나오고 홍순언에게 청병사를 보낼 것까지 권했다고 나온다. 파병 결정에 힘을 발휘했던 석성은 실제로는 조선과 일본이 연계되었다는 의심을 갖고 본격적인 파병 명령을 내리려 하지 않았다. 그는 조선이 무너지면 명이 위험하다는 인식에서 일본군을 제압하고 협상을 통해 종전시키고자 하였다. 그러면서도 파병 시기를 신중하게 조율하였다. 병력을 보내면서도 화의론을 주장하면서 일본과 협상을 벌여서 전쟁을 끝내고자 하였다. 그런데도 석성이 원군 파병을 주도하여 재조지은의 대명사로 여기지고 그가 파병을 전략적으로 저울질했으며 파병한 뒤에도 회의론적 태도를 취한 것은 중시되지 않았다.

4. 사실성보다는 의인 역관으로 묘사된 요인

홍순언이 명종 말년부터 1593년(선조 26)까지 종계변무의 성사에 기여하고 임란 초기 명 원병을 불러오는 데에 공헌한 점은 그와 조천사 또는 영접사의 일원으로 참여한 관리들이나 조정 관료에게라면 어느 정도 알려져 있었을 것이다. 그들 가운데 비교적 홍순언의 행적을 가까이서 접하고 또 기록으로 남긴 사람으로는 이준경, 윤두수, 유성룡, 허봉 등이 있다. 무엇보다도 허봉이 1574년 성절사로 가서 남긴 기록에 홍순언의 면모가 자세하게 그려졌다. 허봉의 동복 아우 허균도 홍순언과 같은 시기에 조정에 있지 않았지만 홍순언의 면모를 사실적으로 기록하였다.

역관으로서 보인 홍순언의 활약상은 당대인들에게 잘 알려졌겠지만, 홍순언이 죽은 뒤에는 사실적 요소보다는 종계변무가 교착상태에 빠졌을 때 섣불리 뇌물을 쓰기보다는 순리대로 풀어갈 것을 주장한 면이 강조되어 의인역관(義人譯官)으로 묘사되기 시작하였다. 사실의 차원을 넘어서서 미담으로 묘사된 것은 선조─광해군대의 관료였던 유몽인(柳夢寅, 1559~1623)의 『어우야담(於于野談)』에서이다. 유몽인은 3번이나 조천사로서 명에 다녀왔고 홍순언과 같은 동네에 살아서 선조대에 종계변무가 성사된 사정을 잘 알았을 것이지만 홍순언을 선배 역관 곽지원(郭之元, ?~1587, 1540입격)과 더불어 의인 역관으로 묘사하였다. 중국에 가서 병에 걸려 패가망신하고 처자까지 팔게 된 처지에 놓은 사람을 백금 500냥을 주어 구제한 것으로 그렸다.

유몽인은 대부분의 역관들이 중국 사행에 가서 교역의 이득만을 노리는 작태를 비판하면서 곽지원·홍순언 두 역관의 의기를 강조하였다. 유몽인은 허봉보다 10살이나 더 많았지만, 그는 광해군 말기에 저술한 『어우야담』에서 홍순언의 면모를 사실적 기술보다 야담(설화)적으로 기술하여 교훈적 요소를 부각시키려 하였다. 10살이나 어리고 직접적 대면을 해보지 못했을 허균이 동복 형에게 들은 것이나 주고받거나 수습한 것으로 홍순언의 일을 사실적으로 적은 것과는 대조가 된다.

유몽인은 곽지원·홍순언 두 사람이 이전 역관들에게서 볼 수 없었던 의로운 기상을 드물게 내보였다고 칭찬했지만, 누차 조천사의 역관으로 참여하여 재물을 모으고 집안을 일으킨 2품의 신응주(申應澍)가 부모한테 불효한 죄로 추국을 받고 매를 맞아 죽었다는 얘기도 같은 책에 썼다. 한학역관 신응주가 인목왕후 주청을 허락받은 사행의 역관으로 다녀온 뒤 잇따라 명 사행의 기회를 독차지하여 110여명의 당상·당하 역관들에게 불효죄로 무고를 당했다. 신응주가 부모에게 불효를 했는지의 여부는 알 수 없지만, 그가 죽음을 당한 것은 잇따른 조천사행의 기회를 그가 독차지하여 그와 다른 편에 있었던 사역원 내의 110여명의 역관들이 집단적으로 불만을 제기하여 무고한 데 있었다. 30여년이 지난 인조 연간에 가서야 신응주가 억울하게 죽었다는 사실이 밝혀졌다.

유몽인은 앞서 곽·홍 두 역관의 면모를 묘사했듯이 의기를 강조하여 역관 신응주가 부모에게 불효를 해서 추국 끝에 죽었다고 썼다. 신응주의 아버지 신연(申涎)도 판중추부사 역관이었고 또 그의 부인과 딸들이 그를 속이고 부모에게 먹을 것을 제대로 주지 않고 냉대했다는 것들을 아주 근접적으로 묘사했다. 그렇지만 사대부들이 가졌던 의리적 측면에 기울어서 신응주가 장살당한 근본 요인이 역관들 간에 부경 기회를 둘러싼 다툼에 있었음을 알지 못했다. 이런 점으로 볼 때 『어우야담』이후 홍순언의 면모는 사실적인 역관 경력보다는 명나라에 가서 불우한 여인을 돕기 위해 재물을 희사했다는 이야기로서 부각되었다.(『어우야담』의 이본 30여 가지 가운데 홍순언 전이 실리지 않은 것도 있어, 반드시 선후 관계를 따지기는 어렵다.)

실제 홍순언이 역관으로서 탁월한 능력을 보인 것은 중국어에 능숙했고 명을 오랫동안 드나들고 명나라 사신을 응대하면서 관리나 그 주변에 있는 인사들을 알게 되었고 그들과 친교가 트이면서 껄끄러운 사안도 우선 문턱을 넘어갈 수 있는 요령에 있지 않았을까 한다. 종계변무의 과정에서도 홍순언과 같은 노련한 역관들이 이전 사례를 익히 알고 있어 문관들이 도움을 받지 않을 수가 없었다. 화술의 첫째 요령으로 자기를 낮추면서도 상대방을 기분 나쁘게 하지 않고 하고 싶은 말을 차분하게 전달하는 습관도 꼽을 수 있겠다. 윤두수·유성룡·허봉·허균의 저작에서 느낄 수 있는 것은 역관으로서 문관 관리들이 외교의 실제에서 취약한 점 - 명 사자를 응대할 때 의례 적용을 제대로 못하는 점, 이전 사례 또는 다급한 상황에서도 조정의 방침을 조리있게 전달하는 점 - 을 조언하고 보필하는 점이 홍순언이 최고의 역관으로 평가된 요인이었던 것으로 짐작된다.

선조 말년~인조 대에 관직을 지낸 김시양(金時讓, 1581~1643)은 광해군 대의 뇌물 외교를 비판하면서 홍순언을 선견 군자라고 칭송하였다. 허봉의 사행록에서 자세히 알 수 있듯이 관문을 통과하면서 인정을 쓰지 않을 수 없었고 곤란한 사명일 경우 더욱 인정을 썼으리라는 것은 어렵지 않게 추측할 수 있지만, 인조반정 이후 광해군 대의 정치는 대부분이 부정 일변도로 규정되었다. 더구나 명의 병부상서 석성이 원병을 보내주는 데 주도했다는 사실만이 강조되고 결과적으로 명군의 파병이 망해가는 조선을 구했다는 재조지은 관념으로 굳어졌다.

김시양에 뒤를 이어 정태제(鄭泰齊, 1612~1669)는『국당배어(菊堂排語)』에서 홍순언이 위급한 여인을 도운 일화를 자세하게 묘사하였다. 김만중(金萬重, 1637~1692)의『서포만필(西浦漫筆)』, 김유(金楺, 1653~1719)의『검재집(儉齋集)』,『통문관지(通文館志)』(1720) 등으로 이어져서 이야기의 틀이 만들어졌고 『연려실기술별집』, 『해동역사』, 『성호사설』, 『팔역지』, 『열하일기』, 『임하필기』등으로 가감을 거치며 반복되었다. 홍순언 설화에는 종계변무를 위해서 뇌물을 써서는 안된다는 주장이 강조되고 그러한 근거로서 광해군 대에 명나라에 뇌물을 써서 구제하기 힘들었다는 점이 내세워졌다. 『서포만필』 이후 각종 야사류에서 홍순언 설화가 여러 갈래로 각색되고 광해군 대의 정치가 모두 부정되는 조로 묘사되었다. 다시 말해 조선후기 교양인의 범주에서 홍순언의 생애는 뇌물 외교를 배척하고 중국에 가서 거금을 주어 불우한 이를 도운 의인 역관으로 굳어져서 이해되어 왔다.

한 가지 아쉬운 점은 문관들이 홍순언의 전기를 기록해 주지 않은 것이다. 종계변무의 공이나 대명 외교에서 뇌물을 쓰는 것을 신중히 할 것을 주장한 것은 그의 면모를 짐작하는 데 도움을 주지만 그의 활약상이나 생애는 잘 알려지지 않았다. 그는 당당하게 광국공신 2등에 녹훈되었지만, 엄연히 서얼 출신으로 신분적 한계를 넘는 관직을 제수받거나 양반 관료들에게 무례하게 비치면 견제를 받았다.

▣ 참고문헌

末松保和, 「麗末鮮初に於ける對明關係 - 제12장 宗系辨誣の發端」, 京城帝國大學文學會論纂 第10輯(史學論叢)2, 1941.
김경록, 「선조대 홍순언의 외교활동과 조·명관계」, 『명청사연구』 제41집, 2014.
김두헌, 『조선시대 기술직 중인 신분 연구』, 경인문화사, 2013.
김영숙, 「역관 홍순언과 조명외교」, 『중국사연구』 제70권, 중국사학회, 2011.
이상규, 「나라를 구한 역관 홍순언」, 『능력으로 난관을 헤쳐 간 사람들』(2013

년도 하반기 장서각 역사문화강좌), 한국학중앙연구원, 2013.
_____, 「한학역관 홍순언 가계의 신분 변화」,『한국계보연구』제4집, 한국계
    보연구회, 2013.
정은주,『조선시대 사행기록화-옛 그림으로 읽는 한중관계사-』, 사회평론,
    2012.

정충신: 전란을 극복하고 출세한 공신

이 영 춘
한중역사문화연구소 소장

1. 서설

정충신(鄭忠信, 1576 선조 9~1636 인조 14)은 조선 중기의 무신으로서, 미천한 신분에도 불구하고 자신의 의지와 능력, 시대적인 환경과 지인들의 도움으로 무관으로 출세하였고, 이괄의 난을 진압하여 진무(振武) 일등공신 금남군(錦南君)에 올라 팔도 부원수가 될 수 있었다. 그는 대단한 업적을 남긴 영웅이나 위인이라고 할 수는 없지만, 불우한 환경을 딛고 일어나 자기 성취를 이룬 인간 승리의 주인공이었다고 할 수 있다. 그의 성공은 많은 야사에 남겨진 출생의 비밀과 영웅담들이 증언해 주고 있다. 그의 생애는 조선시대의 역사와 군사 외교 및 민간 설화에서 여러모로 흥미 있는 소재를 제공하고 있다.

정충신은 광주의 아전 출신으로서, 평화시대라면 꿈도 꾸지 못하였을 지위에 오르고 영광을 누릴 수 있었다. 모든 것이 임진왜란이라는 비상시국 때문에 가능한 일이었다. 나라가 전쟁의 소용돌이에 빠져있을 때는 출신 성분은 그다지 문제가 되지 않는다. 그리고 전쟁의 혼란은 영웅들을 만들게 마련이다. 그는 요행히도 전쟁의 시대에 태어나, 임진왜란, 정유재란, 심하전쟁(深河戰爭), 이괄(李适)의 난, 정묘호란을 몸소 겪었다. 그리고 그는 병자호란 6개월 전에 죽었으므로 나라의 치욕과 개인의 불운을 겪지 않았다. 아마 그가 1년만 더 살았더라면 전장에서 죽었거나 불명예스러운 수치를 당했을 수도 있었을 것이다. 그의 생애는 참으로 절묘한 타이밍 위에서 전개되었던 것이다.

그의 일생을 결정한 것은 두 사람과의 인연이었다. 그가 17세 소년 시절에 만난 광주목사 권율과 그의 사위였던 이항복(李恒福)이 그들이었다. 권율의 소개로 만난 이항복은 그를 개인 비서 겸 전령으로 데리고 다니며, 글을 가르쳤고, 그를 무과에 급제시켜 자신의 군관으로 채용하였다. 임진왜란 중에 그는 항상 이항복을 수행하면서, 왜군의 진중에 들어가 정탐을 하기도 하고, 명나라 장수들에 대한 연락을 담당하기도 하였다. 권율과 이항복과의 인연이야말로 정충신이 미천한 신분에서 관료로 출세하는 받침돌이 되었던 것이다.

정충신은 1602년에 주청사(奏請使) 장만을 따라 북경에 다녀왔고, 1617년에는 통신사(通信使)의 군관이 되어 일본에 다녀오기도 하였다. 또 1621년에는 요동을 점령한 누루하치의 후금 조정에 그 자신이 차관(差官)으로 다녀왔다. 이러한 다양한 외교적 경험은 그에게 당시의 국제 판세에 대한 탁월한 식견을 갖추게 하였다. 이 때문에 그는 광해군 때와 인조 때 후금과의 교섭 및 방어 전략에 중추를 담당하였다. 그는 현장을 중시하는 무관답게 명분론에 빠지지 않고 항상 형세 판단에 따른 실리를 중시하였고, 외교적 노력에 의해 위기를 해결할 것을 주장하였다. 이 때문에 그는 국왕의 격분을 사기도 하고 탄핵을 받기도 하였으나, 당시로서는 드물게 현명한 판단이었다고 할 수 있다.

2. 정충신의 신분과 출세 배경

정충신(鄭忠信, 1576 선조 9~1636 인조 14)은 조선 중기의 무신이다. 그의 본관은 나주[錦城]이고, 자는 가행(可行), 호는 만운(晩雲)이다. 나주정씨는 하동정씨의 분파로서, 그 7세에 해당하는 금성군(錦城君) 정성(鄭盛)을 시조로 하고 있다. 정충신은 고려말기에 삼도절제체찰사(三道節制體察使)를 지낸 명장 정지(鄭地)의 9대 손이며, 아버지는 판중추부사 금천군(錦川君)에 증직된 정륜(鄭倫)이다. 어머니는 영천이씨(永川李氏)로 어모장군 이인조(李仁祚)의 딸이다.

1894년에 간행된 정충신의 문집 『만운집(晩雲集)』 부록에 수록된 「만운선생세계(晩雲先生世系)」에 의하면, 그의 7대조 정종(鄭種)은 문과에 급제하고 제주목사(당상관)를 역임하였고, 6대조 정서(鄭鋤) 역시 문과에 급제하고 한림에 뽑혔다가 함평현감을 지냈으며, 고조 정원종(鄭元宗)도 문과에 급제하여 홍문관 교리를 역임하였으며, 증조 정천(鄭荐)은 임피 현령을 지낸 것으로 되어 있다. 그러나 『국조문과방목』에 이들의 이름이 없는 것으로 보아 '문과급제'는 '무과급제'와 혼동이 되었거나, 가공된 사실로 보인다. 실록에서는 정충신을 광주의 '공생(貢生)' 또는 '아전'이라고 하였고, 연보나 시장(諡狀)에 의하면 조부 정석주(鄭錫柱)와 아버지 정륜(鄭倫) 및 정충신 자신은 병영에 소속된 정병으로 진무(鎭撫)의 일을 하였다고 한다. 이를 미루어 보면 정충신 일가는 대체로 병영 소속의 서반 아전이었을 것으로 생각된다. 또한 민간에 전해진 설화에 의하면 정충신 자신이 서얼이었다고도 하지만, 이는 확인하기 어렵다.

정충신은 16세 무렵에 강진에 하숙을 정해 두고 전라우병영에서 정병으로 근무하였다고 한다. 병영에 소집이 되지 않을 때는 광주목 관아에서 지인(知印: 通引) 일을 보았다. 지인은 보통 향리의 자제들이 하는 직무였지만, 그가 향역(鄕役)에 얽매여 있었던 것은 아니었다.

1592년(선조 25) 4월 임진왜란이 일어나자 조정에서는 전라도 지역의 방위를 위하여 권율을 광주목사에 임명하였다. 정충신이 17세 되던 해였다. 그는 목사로 부임한 권율의 통인이 되었다. 그 해 7월 이치 전투에 승리한 권율은 영리하고 성실한 그에게 승첩의 장계를 주어 의주 행재소(行在所)로 보내었다. 그때 장계를 전달할 사람을 모집했으나 응하는 사람이 없었는데, 17세의 어린 그가 가기를 자청하였다고 한다. 그는 왜군으로 가득한 길을 낮에는 숨어서 자고 밤에 걸으면서 단신으로 행재소에 도착하였다. 권율은 장계 외에도 병조판서로 있던 사위 이항복(李恒福)에게 소개장을 보내 그를 수하에 데리고 있도록 부탁하였다.

이항복은 정충신을 개인 비서 겸 전령으로 데리고 있으면서 시간 나는 대로 글을 가르쳤고 그도 열심히 배웠다. 특히 이항복은 정충신에게 『춘추좌씨전(春秋左氏傳)』·『사기(史記)』 등 중국의 역사를 가르쳤으므로, 그는 시국의 정세와 사물의 이치를 보는 안목을 키울 수 있었다. 이항복은 또 그에게 무과를 보도록 하여 무관으로 발탁한 후 자신의 군관으로 채용하였다. 임진왜란 중에 그는 항상 이항복을 수행하면서 왜군의 정세를 탐지하기도 하고 명나라 장수들에게 전령으로 왕래하였으므로 중국어에 능통하게 되었다. 정충신은 이항복을 평생 스승으로 섬겼고 충심으로 복종하였다. 이러한 이항복과의 관계가 그의 출세에 든든한 기반이 되었음은 물론이다. 그가 청년기에 만나게 된 권율 및 이항복과의 인연이야말로 그에게 관료로 출세하는 행운을 가져다주었던 것이다.

1697년 정유재란이 일어나던 해에 정충신은 부모의 상을 잇달아 당하여 벼슬에서 물러나 2년 간 상복을 입었다. 그는 상을 마친 후

1602년(선조 35)에 주청사 장만(張晚)을 따라 북경에 다녀왔다. 이후 그는 주로 장만의 휘하에 있게 되었는데, 1607년(선조 40)에는 함경감사에 임명된 장만을 따라가 함흥에서 읍성을 축성하는 일을 감독하였다. 그 후에도 정충신은 장만의 휘하에서 종군하며 안현 전투를 치렀고, 후에는 부원수로 보좌하기도 하였다. 장만과의 인연도 그의 생애에 큰 행운이 되었다.

1608년 겨울에 정충신은 조산 만호가 되어 처음으로 군사 지휘관이 되었고, 1609년(광해군 1)에는 보을하진 첨사로 승진하여 3년간 변방에서 근무하였다. 1613년(광해군 5) 대북정권에 의해 계축옥사가 일어나고 정국이 요동치자 그는 다음 해에 벼슬에서 물러나 전라도 광양에 집을 짓고 한동안 은거하였다. 그러나 다음해 포이 만호에 임명되자 부임하지 않을 수 없었다. 무관은 산림(山林)이나 문관처럼 벼슬을 사양할 수가 없기 때문이다.

3. 재능과 노력

1617년에 오윤겸(吳允謙)이 통신사 정사에 임명되자, 포이 만호로 있던 정충신을 군관으로 대동하여 일본에 다녀오게 되었다. 그들은 그해 5월에 서울을 떠나 후시미(伏見, 교토)까지 갔다가 11월에 돌아왔다. 이때의 경험으로 그는 일본이 다시는 조선을 침략하지 않을 것을 알았다고 한다. 그의 표현에 의하면 "남왜(南倭)는 비록 침략을 해 달라고 간청을 하여도 그들은 오지 않을 것이다. 오늘날 내가 걱정하는 것은 북로(北虜)에 있을 뿐이다"고 한 것이다. 이말을 보면 그의 정세 판단이 얼마나 정확하였던 지를 알 수 있다.

1618년(광해군 10) 정월에 이항복이 폐모론에 반대하였다가 탄핵을 받고 북청에 유배되자, 정충신은 그를 호위하여 따라갔다. 그해 5월에 이항복이 배소에서 타계하자 영구를 받들어 포천으로 돌아와 장례를 치르고 심상삼년(心喪三年)의 예를 다하였다. 그때의 일기가 「백사북천일록 (白沙北遷日錄)」이다.

1620년(광해군 12)에 정충신은 체찰사 장만의 군관이 되어 평안도로 갔는데, 광해군은 전년에 있었던 심하(深河) 전쟁을 마무리하고 후금과의 관계를 정상화하기 위하여 그를 건주에 보내기로 하였다. 그러나 조정의 논의가 결정되지 않아 가지 못하였다. 그해 11월에 당상관에 승진하여 대 후금 전진기지였던 창주 첨사에 임명되었고, 다음해(1621) 2월에는 만포 첨사로 이동하였다. 그해 10월에 그는 조정의 명을 받고 만포에서 압록강을 건너 건주를 경유하여 후금의 새 수도였던 요양(遼陽)으로 갔다. 그때 누루하치는 온천에 가고 없어 만나지 못하였으나, 정충신은 국서를 전달하고 후금의 장수들과 양국의 우호를 위한 담판을 하고 의주로 돌아왔다. 그리고 그 내용을 용천에 있던 모문룡에게 전달하였다. 그때의 기록이 「건주문견록」이다. 여기에는 담판의 내용과 당시 후금의 실정이 자세히 기록되어 있다. 다음해(1622) 그는 평안도 병마우후가 되었다.

1623년 3월 정충신이 의주에서 근무하고 있을 때 인조반정이 일어났다. 그는 조정의 명을 받아 의주 부윤 정준(鄭遵)을 처단하고 임시로 부윤 직을 대행하였다. 그때 조정에서는 그에게 명나라의 장수들을 상대하는 한편 후금과의 외교 문제도 담당하게 하였다. 이때 명나라의 장수들은 그에게 군사를 빌려주도록 강청하였으나, 그는 경솔하게 군사를 동원하지 말고 시세를 보아 계책을 정하자고 합리적으로 타일러 설득하였다. 이후로는 명나라 장수들이 조선에 병력을 빌려달라는 요청이 없어졌다. 얼마 후 그는 안주목사 겸

방어사로 이동하였다.

4. 안현(鞍峴) 전투의 승리와 일등공신

1624년 정월에 평안도병마절도사 겸 부원수 이괄이 영변에서 반란을 일으켰다. 이때 정충신도 그와 친분이 깊었기 때문에 반란의 주동자로 고발되어 탄핵을 받게 되었다. 그러나 그는 재빨리 임지였던 안주를 버리고 나와 도원수 장만의 토벌군에 가담하였다. 그가 안주를 그대로 지키고 있었더라면 이괄의 일당으로 지목되었거나 진압 작전에 참여하지 못하였을 것이다.

정충신은 이괄과의 친밀한 관계 때문에 그의 성격이나 전략을 통찰하고 있었다. 그는 이괄이 평안도에서 근거지를 구축하지 않고 서울로 직행할 것으로 예측하였다. 그래서 그들은 이괄을 막기 위해 서울로 향하였으나, 이괄군은 전광석화와 같이 서울로 진격하였다. 장만과 정충신 등의 토벌군은 초기의 전투에서 반란군의 제압에 실패하고 이괄 군의 뒤를 밟아 서울로까지 따라 갔다. 이때 정충신은 전부대장(前部大將: 선봉장)이 되어 반란군을 추격하였다. 서울에 이르자 장만은 서울 성곽을 포위하여 지구전을 펼것을 주장하였으나, 정충신과 남이흥(南以興)은 서울 장안을 내려다보는 안현에 진을 칠 것을 주장하여 관철하였다.

다음날 2월 11일 아침에 관군을 얕잡아 본 이괄이 성급하게 공격을 시작하였다. 정충신 등의 관군은 안현의 높은 능선에 방어진지를 구축하고 있었는데, 이괄 군은 아래쪽에서 위를 쳐다보며 공격을 하게 되었으므로 형세는 관군에 유리하게 되었다. 그때 흙먼지 바람까지 아래로 불어 반란군은 고전을 면치 못하였다. 결국

이 전투에서 반란군은 400여 명이 전사하면서 대오가 무너져 잔병들이 성내의 민가 등으로 흩어지게 되었다. 이때 관군은 오직 1사람이 전사하였을 뿐이었다. 이리하여 반란군은 간단히 격파되었다. 그 후 남이흥은 이괄 군이 자멸하기를 기다리자고 하였으나, 정충신은 그날 밤에 부하들을 보내 이괄 일행을 추격하게 하였다. 이에 혼비백산한 이괄의 부하들이 한밤중에 이괄을 비롯한 반란군 주동자들의 목을 베어 바침으로써 난은 단시일에 끝나게 되었다.

반란군을 진압한 장만과 정충신 남이흥 등은 1등 공신으로 책봉되었다. 정충신은 '갈성분위 출기효력 진무공신(竭誠奮威出氣效力振武功臣)' 1등의 공신 호를 받고 금남군(錦南君)에 봉군되었다. 그해 8월에는 평안도병마절도사 겸 영변대도호부사에 임명되었다. 그가 소년시절에 꿈꾸었던 병마절도사의 꿈이 실현된 것이었다. 다음 해 정월에 그는 임지에서 안면마비의 증세가 와 말을 할 수 없게 되자 인조는 그를 해직하여 서울에서 치료받도록 조치해 주었다.

1627년(인조 5) 1월 13일 후금 군이 의주로 침입하여 정묘호란이 일어났다. 순식간에 의주와 안주가 함락되고 병사 남이흥이 분사하였다. 곧 이어 평양과 황주까지 함락되자 인조는 신하들과 함께 강화도로 피난하였다. 1월 25일 후금 군이 황주로 진입하여 전세가 위급해 지자, 조정에서는 정충신을 부원수로 임명하여 체찰사 장만의 휘하에서 적을 막도록 하였다. 그는 평안도와 황해도의 남은 군사를 수습하고 강원도 군사를 합쳐 임진강에 방어선을 구축하였다.

이 무렵 후금 군은 황주에서 더 이상 진격하지 않고 사신을 보내 강화를 제의하였다. 이는 당초 후금의 침략 목적이 조선을 병탄하겠다는 것이라기보다 조선을 굴복시켜 명과의 관계를 끊고 자신들의 통제 하에 두겠다는 것이었기 때문이었다. 정충신은 이 때 장만에게 정세를 분석하여 설명하였는데, "적은 강화가 타결되면 물러 갈 것이다"라고 예측하였던 것이다. 또한 후금은 명나라와의 전쟁에 역점을 두고 있었고, 평안도 각지에서 의병이 일어나 용골산성에서 후금 군을 격퇴하자 조선에서 장기전으로 가는 것을 피하고자 하였다. 그래서 쌍방은 휴전에 들어갔고, 논란 끝에 강화가 타결되었다. 3월 3일 강화도에서 후금 사신과 인조가 맹약 의식을 행함으로써 전쟁은 막을 내렸다.

정묘호란에서는 정충신이 부원수로 임명되어 출전하였으나, 곧 강화가 성립되었으므로 그가 뚜렷이 활동한 실적이 없었다. 그러나 국가가 위급한 상황에 빠지자 곧 그가 부원수로 발탁되었다는 사실은 그의 무장으로서의 인망과 위상을 말해주는 것이다.

정충신은 1628년 4월에 부원수로서 평안도 숙천에 주둔하고 있을 때 풍병(風病)을 만났다. 이에 인조는 그를 서울로 부르고 어의를 보내 치료하도록 하였다. 서울에 있는 동안 그는 구인후(具仁垕)·신경진(申景禛)·신경유(申景裕)·남이웅(南以雄)·남이공(南以恭)·최명길(崔鳴吉)·이서(李曙)·정홍명(鄭弘溟)·박미(朴瀰)·김육(金堉)·정광성(鄭廣成) 등의 명사들이 문병을 오기도 하고, 함께 연회를 하기도 하였다. 그 자신도 영의정 신흠(申欽)·좌의정 오윤겸(吳允謙)·우의정 김류(金瑬)·김상용(金尙容)·김상헌(金尙憲) 등을 찾아 인사를 드리기도 하였다. 이렇게 그는 서울의 명망 있는 문무관들과 두루 교유하였다. 정충신이 당대의 고관대작 명사들과 허물없이 교제한 것을 보면, 출생 신분에도 불구하고 그가 사대부 사회에서 소외되지 않았음을 잘 알 수 있다. 아무리 공신이라 하더라도 의관이나 역관들은 사대부 관료들과 교유할 수 없었는데, 그는 무관이었음에도 당대의 문사들과 두루 좋은 관계를 맺을 수 있었다. 이는 그가 1등 공신이 된 외에도 학식이나 문장이 상당하여 문사들에게서 경시되지 않았기 때문으로 생각된다.

　1630년 4월 가도에 있던 명나라 도독부의 도사(都司) 유흥치(劉興治)가 난을 일으켜 상관인 부총병 진계성(陳繼盛) 등을 죽이고 가도를 장악하였다. 이에 인조는 과감히 유흥치 토벌 작전을 시작하였다. 조정에서는 정충신을 가도 정벌 수군 부원수로 임명하고, 이서를 육군 대장으로 임명하여 작전을 시작하였다. 정충신은 5월에 배를 타고 출정하여 6월에 평안도 삼화의 광량(廣梁)에 도착하였다. 그동안에 충청도와 전라도의 수군을 집결시켜 전함 200여 척에 1만 2천명의 수군이 집결되었다. 그러나 유흥치는 명나라 조정에 자신의 입장을 변명하고 충성을 맹세하여 부총병으로 승진하였다. 이렇게 되자 조선 정부도 그를 토벌할 명분을 잃게 되어 정벌군을 철수하였다. 정충신도 8월 15일 서울에 돌아와 부원수 직을 유지한 채 비변사 당상에 임명되었다.

　다음해(1631) 3월 가도의 수비장 유흥치가 명나라 장수들을 죽이고 후금에 투항하려다가 장도(張燾)와 심세괴(沈世魁) 등에게 살해되었다. 이에 후금이 가도를 치기 위해 황자 아지호(阿之好)와 마부대(馬夫大)를 보내 2만의 군사를 거느리고 평안도에 출병하였다. 그들은 조선에 병선의 제공을 요구하였으나, 조선은 이런 저런 핑계로 응하지 않았다. 이에 후금군은 연해에서 배 11척을 수색하여 가도 정벌 기회를 엿보고 있었다. 이에 가도에 있던 도독 황룡(黃龍)이 그들을 공격하여 패퇴시키자 후금 군은 6월에 철수하고 말았다.

　이때 가산 사람들이 후퇴하는 후금 군사들을 습격하여 죽이자, 후금은 주모자들을 색출해 넘기라고 요구하였다. 이에 가산 군수 방식(方軾)은 정충신의 허가를 얻어 시형 집행을 기다리고 있던 죄수를 넘겨주어 사태를 마무리 하였다. 이 때문에 정충신 등은 조정에서 탄핵을 받고 경미한 징계를 받았다. 이후 정충신은 안주에 주둔하여 군사를 조련하고 산성을 순찰하면서 정세를 지켜보고 있었다. 그리고 조정에 청야수성(淸野守城)과 둔전 확대 그리고 후금에 차관(差官)을 보낼 것을 건의하여 채택되었다.

5. 우울한 만년

1632년 1월에 평안병사 이완이 해임되자 정충신이 잠시 그 후임이 되었다가 3월에 다시 부원수가 되어 안주로 부임하였다. 그해 10월에 후금은 조선 정부에 그들을 명나라와 똑같이 대접하고 조공 물품을 증액시키라는 요구를 해 왔다. 이에 조선은 그들의 요구를 거절하고 국교를 단절키로 결정하였다. 그래서 1633년 2월에 조선은 김대건(金大乾)을 고절사(告絕使)로 임명하여 국교 단절의 문서를 보내도록 하였다.

김대건 일행이 안주를 지나가게 되자, 부원수 정충신과 평안감사 김시양(金時讓)은 그들의 행차를 잡아두고 조정에 장계를 올려 국교 단절을 보류하고 외교 문서를 온건하게 고칠 것을 건의하였다. 국왕이 보내는 외교 사신을 변방의 장수가 잡아놓고 보내지 않으며 조정의 결정에 이의를 제기하는 것은 있을 수 없는 일이었다. 이에 격분한 인조는 그들을 효시할 것을 의논시켰으나, 대신들이 만류하여 결국 김시양은 영월에, 정충신은 당진에 유배되었다. 4월에 사간원에서 간쟁하여 그들을 변방에 유배시킬 것을 청하자, 정충신은 황해도 장연으로 이배되었다가 5월에 석방되었다. 그 후 정충신은 광주 본가로 낙향하여 전라도 각지를 유람하면서 지냈다.

정충신은 다음해(1635) 정월에 서용(敍用)의 명을 받았고, 3월에

도총관에 임명되었다가 6월에 포도대장이 되고 10월에 경상우도병마절도사에 임명되었다. 그는 진주로 부임하였으나, 다음해 4월에 담화증(痰火症)이 발병하여 말을 할 수 없게 되자 사직하였다. 임금은 그를 서울로 불러 어의를 보내 치료하게 하였다.

1636년 2월 후금은 용골대(龍骨大)·마부대(馬夫大) 등을 사자로 보내, 청 태종이 황제 위에 오르고 국호를 '대청(大淸)'으로 개정하였음을 통고하였다. 이에 관학 유생들이 들고 일어나 오랑캐 사신을 목 베고 국교를 단절할 것을 주장하였다. 조정에서는 척화파의 명분론이 득세하여 마침내 3월에 청나라에 사신을 보내 국교 단절을 통지하였다. 이 소식을 듣고 정충신은 병석에서 일어나 "국가의 존망이 올해 결정되겠구나!"하고 탄식하였다.

그의 병세가 알려지자 인조는 내의원에 명하여 온갖 약재를 보내 치료하게 하였으나, 정충신은 5월 4일 서울 반송방 집에서 타계하였다. 인조는 자신이 입고 있던 유의(襦衣)와 도포(道袍)를 주어 염습하게 하고, 공신의 장례에 규정된 물품들은 물론 특별히 부의를 더 주어 후하게 장례하게 하였다. 그는 그해 7월 자신이 점지해 둔 충청도 서산 북마힐산(北摩詰山, 충남 서산시 지곡면 대요리) 아래에 매장되었다. 저서로 『만운집(晚雲集)』 또는 『금남집(錦南集)』 3권 1책이 있다. 시호는 충무(忠武)이며 광주 경렬사(景烈祠)에 제향 되었다.

6. 결 어

우리 역사에 대한 정충신의 기여는 이괄의 난을 조기에 진압하여 당시의 사회를 안정시켰다는 점을 꼽을 수 있다. 그는 중국과 일본 및 후금에 사행으로 다녀와 동아시아 정세를 통찰하였고, 특히 후금과의 관계에서 화의를 주장하였으나 수용되지 못하였다. 조선 왕실에서 차지한 그의 공은 큰 것이었지만, 민족사적으로는 그다지 큰 업적을 남겼다고 할 수 없다. 그러나 그는 자신의 재능과 노력 및 여러 가지 행운으로 자아를 실현하고 인간 승리의 예를 보여주었다. 정충신은 향리 신분에서 일등공신이 되고 종1품 숭정대부(崇政大夫) 팔도 부원수에 오른 입지전적인 인물이었다. 그의 빛나는 성공에는 자세히 연구하고 음미할 여지가 있다. 그의 성공 요인을 찾아보면 아래와 같은 것을 들 수 있다.

첫째는 그가 시대를 타고 났다는 점을 들 수 있다. 그는 요행히 전쟁의 시대에 태어나, 임진왜란, 정유재란, 심하전쟁, 이괄의 난, 정묘호란을 몸소 겪었다. 그리고 그는 병자호란 6개월 전에 죽어 나라의 치욕과 개인의 불운을 겪지 않았다. 아마 그가 1년만 더 살았더라면 전장에서 죽었거나 불명예스러운 수치를 당했을 수도 있었을 것이다. 그의 생애는 참으로 절묘한 타이밍 위에 있었다고 하겠다. 전쟁의 혼란은 영웅들을 만든다. 나라가 전쟁의 소용돌이에 빠지면 대부분의 사람들은 큰 고통을 겪고 불운에 빠지지만, 몇몇 사람들에게는 그것이 커다란 기회의 때가 되기도 한다. 그리고 그러한 비상시국에는 출생 성분은 그다지 문제가 되지 않는다.

둘째는 그의 타고난 재능, 노력, 성실성 그리고 원대한 포부와 용기를 들 수 있다. 그는 타고난 총기와 판단력을 가지고 있었고, 기회가 왔을 때 그것을 과감히 모험하는 용기가 있었다. 그는 젊은 시절 병마절도사가 되겠다는 꿈을 가지고 있었고, 그것을 위한 노력을 게을리 하지 않았다. 그는 무관이었음에도 불구하고 상당한 학문적 조예와 시문(詩文)의 기량을 닦았고, 필체도 상당하였다. 그는 부단한 노력으로 어학[中國語], 천문·지리, 복서, 의술(특히 馬

醫)에 정통하였고, 다방면에 걸쳐 박학다식하였다. 그는 효성이 지극하고 충성심이 충일하였을 뿐만 아니라, 스승과 상관에게 충직하였고, 동료 붕우 간의 교제와 처신에 능하였으며, 관직생활에서 성실하고 청렴하였다. 이러한 재능과 노력 및 좋은 성품이 그의 성공을 가능케 하였던 것이다.

셋째는 정충신이 좋은 사람들을 만난 행운이었다. 그는 17세 소년 시절에 광주목사 권율을 만나 병조판서 이항복의 수하에 들어갈 수 있었고, 그에게서 글을 배울 수 있었다. 그 때문에 그는 무과에 급제하고 무관으로 출세할 수 있었다. 도원수 장만과의 인연도 큰 도움이 되었다. 그는 관료 생활 초기에 장만의 군관이 되어 북경을 다녀왔고, 오래 동안 그의 막료 생활을 한 것이 무관으로 출세하는데 큰 자산이 되었다. 이괄과의 악연은 역설적으로 그에게 성공의 기회를 주었다. 그는 진압군의 선봉부대장이 되어 안현 전투에서 이괄 군을 격파함으로써 일등공신이 되었던 것이다.

정충신은 1602년에 북경에 다녀왔고, 1617년에는 통신사의 군관이 되어 일본에 다녀왔으며, 1621년에는 요동을 점령한 누루하치의 후금 조정에 그 자신이 차관으로 다녀왔다. 이러한 다양한 외교적 경험은 그에게 당시의 국제 판세에 대한 탁월한 식견을 갖추게 하였다. 이 때문에 그는 광해군 때와 인조 때 후금과의 교섭 및 방어 전략에 중추를 담당하였다. 그는 현장을 중시하는 무관답게 명분론에 빠지지 않고 항상 형세 판단에 따른 실리를 중시하고 외교 노력에 의한 해결을 주장하였다. 이 때문에 한 때 국왕의 격분을 사기도 하고 탄핵을 받기도 하였으나, 당시로서는 드물게 명민한 판단이었다고 할 수 있다.

그러나 정충신은 무관으로서 성공하여 항상 전선에 나가 근무하였고, 한 번도 정책 결정에 참여하지 못하였다. 비록 그의 공훈이나 관작은 높았지만, 그는 항상 부원수로서 일선의 지휘 실무를 담당하였을 뿐 도원수나 체찰사와 같은 최고의 지휘관이나 정책 결정권자가 되지 못하였다. 이것은 그의 출생 신분과 조선시대의 무관 경시 풍조에 기인한 것으로 보이지만, 그것이 그의 한계가 되었고 더 이상의 큰일을 할 수 없었다.

정충신은 전쟁으로 점철된 혼란한 세상에서 비상한 재능과 노력 및 특이한 인연과 행운으로 성공적인 생애를 일구었다. 그의 사례는 조선시대 신분사, 군사사, 외교사 및 문학사(구비문학) 측면에서 많은 자료를 제공한다.

▣ 참고문헌

鄭忠信, 『晚雲集』, 1894.

李恒福, 『白沙集』.

吳允謙, 『東槎上日錄』

『靖社振武兩功臣謄錄』(奎14582)

이민환 지음, 중세사료강독회 옮김, 『책중일록-1619년 심하 전쟁과 포로수용소 일기-』, 서해문집, 2014.

백동수: 무예서를 편찬한 무인

곽 낙 현
한국학중앙연구원 전임연구원

1. 들어가며

백동수(白東脩)는 북학파의 일원이며, 장용영 초관으로 1790년(정조 14)에 편찬된『무예도보통지』에 실려 있는 창과 도검무예 실기를 담당한 사람으로 알려져 있다. 그러나 백동수에 대한 사료는 극히 제한적이다. 이를 뒷받침 하는 사례가 2002년에 나온『조선의 협객 백동수』라는 책이다. 이 책은 저자인 무예가 김영호씨가 7년여에 걸친 자료발굴과 상상력으로 백동수라는 인물을 처음으로 학계와 일반 대중들에게 선을 보였다. 그러나 아쉽게도 거의 소설에 가까운 형태로 백동수를 그려내었다.

그 이유는 제한된 몇 개의 사료에 의존했기 때문이다. 그럼에도 이 책은 전체적으로 백동수라는 한 무인의 기이한 행적을 알리려는 저자의 뜻이 일반 독자들에게 전해졌다. 서얼 출신의 무인 백동수를『무예도보통지』의 편찬을 주도했던 인물로 부각시켜 세상에 빛을 보게 한 사실은 저자의 공로라고 할 수 있다.

이를 계기로 2011년에 들어서면서 백동수에 대한 열풍이『무사 백동수』라는 소설로 이어졌고, 드디어 공중파 TV를 통해 시청자들의 안방 문을 두드렸다. 시청자들의 폭발적인 관심과 사랑으로 드라마는 성공적이었다. 성공요인으로는 소재의 다양성을 꼽을 수 있다. 역사적 사실과 실존 인물의 행적에 허구를 가미한 점은 일반 사극과 크게 다르지 않지만, 인물들의 행동과 사건을 추동하는 모티브로 배치한 덕에 다채로운 이야기가 파생되었다. 특히 백동수라는 인물을 중심에 놓고 『무예도보통지』를 만든 백동수와 정조의 암살을 노리는 비밀살수집단의 대결이 대중들의 심리를 자극한 것으로 보인다. 여기에 인기배우들의 연기력도 한 몫을 했다.

오늘날 외국인과 내국인들에게 한국의 무예를 소개하기 위한 하나의 공연 콘텐츠로 남산팔각정, 수원화성, 남한산성 등의 장소에서 조선후기에 편찬된 『무예도보통지』의 창과 도검을 사용한 무예가 재현되고 있다. 세계적으로 한류에 대한 열풍이 일고 있는 시점에서 이와 같은 전통무예의 정기적인 시범공연은 우리나라 문화를 알리는 신체문화로서 중요한 역할을 하고 있다.

이를 통해 『무예도보통지』를 편찬한 이덕무, 박제가, 백동수라는 인물들에 관심을 갖게 되었고, 그 중에서도 무예 실기를 담당한 백동수라는 인물이 부각되기 시작했다. 이는 『무예도보통지』의 단병무예를 정확히 알고자 하는 무예인들이 늘어나면서 생기는 현상이라고 할 수 있다. 그러므로 백동수를 주목할 필요가 여기에 있다. 현재 우리나라의 전근대와 근대를 이어주는 연결고리 가운데 하나로 전통무예를 대표적으로 꼽을 수 있다. 전통무예의 기법과 재현을 가능케 해 준 것이 바로 『무예도보통지』에 실려 있는 24가지의 무예이다.

장용영 초관으로 근무하던 백동수는 『무예도보통지』에 실려 있는 한국, 중국, 일본의 동양 3국의 무예 기법에 대한 실기를 담당하였다. 오늘날 전통무예단체들이 시행하는 무예 자세는 백동수의 공이 크다고 할 수 있다. 조선후기의 백동수의 혼이 다시 현대에 살아나서 무인들을 통해 전수된다고 볼 수 있을 것이다. 따라서 백동수에 대한 조명은 반드시 선행되어야 할 과제인 것이다.

2. 백동수의 관직과 교유관계

백동수(白東脩)는 1743년(영조 19)부터 1816년(순조 16)년까지 한성에서 살았던 무인이다. 백동수의 자는 영숙(永叔), 호는 야뇌(野餒), 인재(靭齋)이다. 본관은 수원이다. 증조부는 백시구(白時耉)이고, 조부는 백상화(白尙華)이며, 부친은 백사굉(白師宏)이다. 백시구는 황해도, 함경도, 평안도 병마절도사를 지낸 무관이었다. 그러나 조부 백상화가 서자였기 때문에 백동수 또한 서자의 신분이었다. 이덕무는 1756년(영조 52) 백동수의 두 살 위 누이와 혼인하여 매형이 되었다.

백동수는 29세인 1771년(영조 47) 신묘 식년시(式年試) 무과(武科)에 병과 18위로 급제하였다. 그러나 관직을 받기까지는 17년이란 세월을 기다려야 했다. 관직은 매형인 이덕무의 천거로 1788년(정조 12)에 46세가 되어서야 수원에 위치한 장용외영의 초관(종9품)에 임명되었다. 장용외영에서 백동수는 장용영 군사들에게 창과 도검무예를 지도하였다.

백동수는 자신의 무예실기를 인정해 준 정조에게 보답하는 마음으로 군졸들에게 열심히 창과 도검무예를 가르쳤고, 정조의 명으로 1790년(정조 14) 4월에 간행된 단병무예 종합교범서인『무예도보통지(武藝圖譜通志)』의 무예 실기를 담당하였다. 정조는 백동수가『무예도보통지』를 교정한 공로를 인정하여 근무일수를 채울 동안 자리를 기다려 준 뒤에 사과(司果, 정6품)의 관직으로 승진시켜 복직하게 하였다.

이어 1790년(정조 14) 6월에 훈련원주부(訓鍊院主簿, 종6품)로 발탁되었다가, 1791년(정조 15) 4월 훈련원판관(訓鍊院判官, 종5품)으로 있다가 1792년(정조 16)에 윤4월 28일 충청도 비인현감(庇仁縣監, 종5품)에 임명되었다. 이어 1802년(순조 2)에는 평안도 박천군수(博川郡守, 종5품)로 임명되어 1806년(순조 6) 5월까지 역임하였다. 이후 1816년(순조 16) 그의 나이 73세에 세상을 떠났다.

백동수는 연암 박지원을 주축으로 모이는 문인들의 모임인 '연암파(燕巖派)'의 일원이었다. 그는 많은 벗들과 유람하면서 시(詩)를 통해 문유(文遊)를 하였다. 그는 박지원, 박제가, 유득공, 이서구, 서상수, 이덕무 등과 젊은 시절부터 뜻을 같이하고 격식 없이 찾아다니며 문유를 하였다. 이들은 모두 한 마을에 살면서 수시로 왕래하여 서로 사상을 교류하고 키워갔다. 그들은 학문과 문예를 이야기할 때 선진적 취향이 비슷하여 가까이 지냈으며, 특히 백동수는 이덕무, 박제가, 유득공과는 같은 서얼출신이었다.

백동수는 이덕무(李德懋)와 처남 매부간이었다. 1756년(영조 32) 백동수의 두 살 많은 누나가 이덕무와 결혼하면서 둘 사이는 더욱 가까워졌다. 이들은 집안에서는 깍듯이 예를 지켜야 하는 처남과 매부 사이였지만, 대문을 나서면 흉금을 털어놓는 둘도 없는 벗이었다. 그리고 이덕무는 백동수를 통해 박제가를 만날 수 있었다. 이들의 교유는 훗날 『무예도보통지』를 완성하는 계기가 되었다. 이덕무가 자신의 둘도 없는 스승이자 생애 최고의 친구가 될 박제가의 존재를 인식한 것은 박제가의 나이 15세 무렵이었다. 이들의 만남은 백동수의 집에서 이루어졌다. 이덕무와 박제가는 처음 만나는 순간부터 서로를 이해하려고 하였다.

이덕무는 백동수에 대한 자부심이 대단하였다. 이때 백동수의 나이는 열 넷이었다. 백동수의 매형인 이덕무는 백동수와 같이 양심적이고 기상이 뛰어난 선비들을 냉소할 뿐 그들을 온전하게 부양하지 못하는 천박한 세상의 인심을 깊이 탄식하였다. 이덕무는 1761년(영조 37) 1월 20일에 「야뇌당기(野餒堂記)」를 통해 백동수의 선비기질을 설명하면서 영숙이 '내가 자기 마음을 알아준다[吾知其心].'하였다는 구절을 넣어 백동수와의 두터운 우정을 은근히 과시한 것이다.

백동수는 이덕무 이외에 절친한 인물로 박제가를 꼽았다. 그는 박제가보다 나이가 일곱 살이나 많았지만 나이 차이를 생각하지 않고 박제가를 진정한 친구로서 대해 주었다. 그는 이틀 양식이 구비된 것도 아닌데, 박제가를 만나면 차고 있던 칼을 풀어서 술을 받아 마셨다. 마신 술로 목청 높여 노래 부르며 웃었다. 이렇게 허물없이 대할 수 있었던 백동수의 친구가 바로 박제가였다.

북학파의 거두 박지원도 백동수의 인물됨을 알아주는 사람 중 한 명이었다. 박지원은 백동수와 특별한 인연이 있었다. 1771년(영조 47) 박지원이 35세의 나이로 과거를 포기하고 백동수 등과 함께 송도·평양 등지를 거쳐 천마산, 묘향산 등지를 유람한 적이 있었다. 그때 백동수가 황해도 금천군 연암협을 소개해 주었는데 박지원은 이때부터 연암(燕巖)이란 호를 스스로 붙이고, 후에 여기에 은둔할 뜻을 굳혔다. 그런데 백동수가 기린협(현 강원도 인제)으로 들어간다는 소식이 박지원에게 전해졌다. 박지원은 서운함을 달래기 위해 「증백영숙입기린협서(贈白永叔入麒麟峽序): 기린협으로 들어가는 영숙 백동수에게」를 지었고 이어 박제가도 기린협으로 떠나는 백동수를 위해 두 사람의 우정을 회상하며 「송백영숙기린협서(送白永叔麒麟峽序): 기린협으로 떠나는 영숙 백동수를 전송하며」

를 써서 주었다.

위 내용에서 박제가는 백동수를 기린협으로 보내면서, 지난 날 궁핍한 삶 가운데 벗의 도리를 깨달았다고 회고하였다. 박제가는 곤궁할 때의 벗이 가장 좋은 벗이라는 사실을 진리라고 여겼다. 그것은 허물이 없고 시시콜콜한 관계라고 경시해서 그런 것이 아니요 또 요행으로 얻을 수 있다고 해서 그런 것도 아니었다. 처한 사정이 같기 때문에 지위나 신분에 얽매일 필요가 없고, 근심하는 바가 같기 때문에 서로의 딱한 처지를 잘 이해하므로 그렇게 말한 것이었다. 박제가는 아무 때이고 친구의 집 대문을 벌컥 열고 들어가 안부를 묻곤 하루 종일 아무 말 없이 베개를 청하여 한잠 늘어지게 자고 떠나기도 했다. 그래도 다른 사람과 십 년간 사귀며 나눈 대화보다 낫다고 여겼다. 백동수가 바로 그런 친구였다.

이처럼 백동수는 젊은 시절 북학파 학자들인 박지원, 박제가, 이덕무 등과 학문적 교류를 통해 청대의 선진학문인 고증학적 방법론과 실용적 사고를 배웠다. 이후 이 지식들은 실증적으로 『무예도보통지』를 편찬하는 원동력이 되었다.

3. 무예서 편찬과 백동수의 무예관

『무예도보통지』는 1790년(정조 14)에 편찬되었다. 『무예도보통지』의 편집 방향은 실용에 주안점을 두어 무사들이 쉽게 이해하고 활용할 수 있도록 했다. 『무예제보(武藝諸譜)』, 『무예제보번역속집(武藝諸譜飜譯續集)』, 『무예신보(武藝新譜)』, 『기효신서(紀效新書)』, 『무비지(武備志)』 등 기존 무예서들의 장점을 흡수하여, 군사들이 보고 훈련하는 데 편리하게 만드는 것이 목적이었다.

무예제보(1598)

무예제보번역속집(1610)

무예도보통지(1790)

『무예제보』프랑스동양어학교
소장 국립중앙도서관
마이크로필름

『무예제보번역속집』
계명대학교
동산도서관 소장

『무예도보통지』
한국학중앙연구원
장서각 소장본

무예기법은 크게 찌르는 자법(刺法), 베기의 감법(砍法), 치기의 격법(擊法)의 세 가지로 구분하였다. 목차 순서는 무기의 특성을 고려하여 1권에는 찌르기 중심의 장창(長槍), 죽장창(竹長槍), 기창(旗槍), 당파(鎲鈀), 기창(騎槍), 낭선(狼筅)의 창류 6기를 실었다. 2, 3권에는 베기 중심의 도검류 12기를 실었다. 2권에는 쌍수도(雙手刀), 예도(銳刀, 조선세법), 왜검(倭劍), 왜검교전(倭劍交戰) 4기를 기록하고, 철을 다루는 법을 상세하게 기록하였다. 3권에는 제독검(提督劍), 본국검(本國劍), 쌍검(雙劍), 마상쌍검(馬上雙劍), 월도(月刀), 마상월도(馬上月刀), 협도(挾刀), 등패(藤牌) 등 8기를 실었다. 4권에는 치기 중심의 권봉류 권법(拳法), 곤방(棍棒) 편곤(鞭棍), 마상편곤(馬上鞭棍), 격구(擊毬), 마상재(馬上才) 등 6기를 실었다. 백동수는 마상 무예 6기를 정리하면서 도보(圖譜)로 정리된 무예서가 어디서도 간행되지 않았다는 점을 부각시켰다.

『장용영고사』에 실려 있는『무예도보통지』관련 기사 1790년(정조 14) 4월 29일자의 내용을 보면 다음과 같다.

위 인용문을 통해 백동수가 장용영초관으로 근무하면서 이덕무

한국학중앙연구원 장서각 소장본

『무예제보』에는 곤방, 등패, 낭선, 장창, 당파, 쌍수
도의 6기(중략) 검서관 이덕무, 박제가에게 명하여
장용영에 사무국을 열고 자세히 살펴 편집하게 하
여 주석과 해설을 붙이고 모든 잘잘못에 대해서도
다시 논단케 했다. 이어 장용영 초관 백동수에게
명하여 기예를 살펴 시험하고서 간행하도록 했다.
(중략)

와 박제가와 함께 『무예도보통지』 편찬에 참여한 것을 알 수 있
다. 정조는 이덕무와 박제가에게는 주석과 해설을 붙이고 모든 잘
잘못에 대한 내용을 교정하라고 지시하였다. 이어 백동수에게는
무예 실기에 대한 점검을 통해 올바로 무예 기법이 정리되었는지
를 검토한 후, 무예서를 간행하라고 지시한 내용이 보인다.

　『무예도보통지』는 『무예제보』의 곤방, 등패, 낭선, 장창, 당파,
쌍수도의 6기, 『무예신보』의 죽장창, 기창, 예도, 왜검, 교전, 월도,
협도, 쌍검, 제독검, 본국검, 권법, 편곤의 12기를 더하여 18기로 정
리되었다. 이어 『무예도보통지』에 기창, 마상월도, 마상쌍검, 마상
편곤, 격구, 마상재 6기를 더하여 총 24기 무예로 완성되었다. 『무
예도보통지』의 훈련대상은 장교가 아닌 군졸이었다. 이들을 배려
하는 차원에서 5가지 단계로 나누어 무예서는 정리되었다. 먼저
기계도식을 통한 무기에 대한 사용법을 인지시키고, 두 번째는 무
기에 대한 재질과 설명 그리고 무기에 대한 연혁 등을 다양한 인
용서목을 통해 이론적으로 이해시켰다. 세 번째는 무기를 사용하
는 기법의 개별 자세를 그림과 함께 설명한 보(譜), 네 번째는 개별
자세에 대한 기법을 전체적으로 쉽게 이해하고 외우게 한 전체기

법의 자세명을 언급한 총보(總譜), 다섯째는 전체기법의 자세명을
외운 상태에서 시각적으로 상·하·좌·우전·후 등 전체적인 기법의
이동경로의 흐름을 이해시키기 위한 총도(總圖) 등으로 구성되었다.

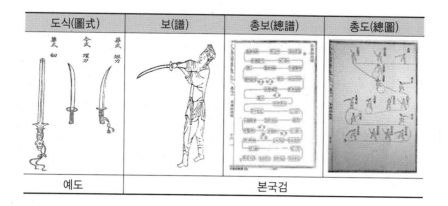

도식(圖式)	보(譜)	총보(總譜)	총도(總圖)
예도	본국검		

이처럼 『무예도보통지』는 실용적인 목적에서 편찬된 무예서이다.
군졸들을 대상으로 효율적인 군사훈련을 시키기 위해 체계적으로
편집된 것이 특징이라고 할 수 있다. 또한 『무예도보통지』 언해본
을 편찬하여 무예기법의 대표적인 자세들의 흐름을 쉽게 이해할 수
있도록 하였다.

쌍수도-견적출검세   예도-거정세   제독검-식검사적세   본국검-발초심사세

쌍검-비진격적세　　　등패-약보세　　　월도-맹호장조세　　　협도-용광사우두세

　또한 장용영고사에는 "초관 백동수는 교정한 공로가 있으니 근무일수를 채울 동안 자리를 기다려 복직시키고 먼저 사과(司果)에 부치도록 하라. 기예와 각 자세를 해설한 지구관과 감인을 담당한 장교는 변장에 제수하라. 화원과 사자관(寫字官), 창준(唱準), 서리, 공장(工匠) 등은 판하에 의해 시상하라."는 내용이 나온다. 이를 통해 백동수가 『무예도보통지』를 교정한 공로로 승진을 하였음을 알 수 있다.

　실제적으로 백동수는 1788년(정조 12) 겨울, 장용영초관에 임명되었다. 정조가 백동수에게 맡긴 임무는 장용영 병사들에게 창과 도검무예를 지도하는 일이었다. 이처럼 백동수가 한 일은 무예실기를 전담하여 훈련시키는 것이었다. 단병무예에 대한 이해와 무예기법을 잘 모르는 병사들에게 창과 도검을 사용하는 무예 기법을 알기 쉽게 전수하는 것이었다. 이를 통해 장용영의 무예 수준을 향상시키고, 군영마다 다른 창과 도검무예의 동작과 자세를 하나로 통일하는 일이었다. 강한 군사로 양성하기 위해서는 무예가 중요하였고, 그 중에서도 창과 도검무예가 체력과 담력을 향상시키는 데는 최상이었다. 이처럼 백동수가 장용영에서 필요한 사람이 될 수 있었던 것은 무엇보다도 자타가 공인하는 무예에 대한 조예 때문이었다.

　백동수의 무예는 무인 집안에서 내려오는 가학(家學)을 체득한

것이었다. 유득공의 아들인 유본학(柳本學)의 「김광택전」에 따르면, 검선으로 불린 김체건은 신선술과 검술을 배워 타의 추종을 불허하는 검술을 지니고 있었다고 한다. 특히 칼춤에 빼어난 재주를 보인 그는 검무 솜씨가 가히 입신의 경지에 들어 땅 가득히 꽃잎이 흩어지는 형세를 취할 줄 알았고 몸을 숨겨 보이지 않게도 했다고 전해진다. 아들인 김광택 또한 당시에 명성이 대단했던 것으로 전하고 있다. 김광택은 성대중이 여항에 숨어 있는 다섯 기사(奇士) 중 한 사람으로 소개한 이었다. 백동수는 김광택을 통해 검법을 배울 수 있었고, 이를 통해 창과 도검무예의 달인이 될 수 있었다.

실제로 백동수는 언해본을 몇 부 필사하여 장용영 교관들에게 나눠주고 무예 지도에 활용토록 했다. 그는 장용영에서 창검을 다루는 실력이 가장 뛰어난 장교 두명을 선발하여 보좌역으로 삼았다. 그와 호흡을 함께한 인물은 지구관 여종주(呂宗周)와 김명숙(金命淑)이었다. 여종주는 강원도 인제군에 살 때 지평에서 만나 무예를 수련했던 벗이며, 김명숙은 평안도에서 불러온 장교였다. 백동수는 이들에게 가장 중요한 임무인 '간세(看勢)'를 맡겼다. 간세란 무사들이 기예를 연마할 때 무사들의 동작과 자세를 면밀하게 살펴 틀린 점을 교정해주는 직책을 말한다. 이를 통해 백동수 혼자서 『무예도보통지』에 실려 있는 24기의 무예 실기를 담당한 것이 아니라 장용영의 창검무예 장교 두 명을 선발하여 함께 무예 실기를 점검하여 오류를 수정하고 하나의 통일된 무예 기법을 정리하였다.

이처럼 백동수가 『무예도보통지』를 편찬할 때 역할은 발로 직접 뛰어다니면서 눈으로 확인하여 무예실기의 오류를 바로 잡고, 하나의 통일된 기법으로 정리하는 것이었다. 『무예도보통지』는 이덕무, 박제가의 고증학과 명물도수학, 그리고 백동수의 표준화된 실용적 무예기법으로 정리되었다. 이를 통해 조선, 명, 일본의 삼국 무예가 하나의 실용적인 체계 안에서 집대성되었다. 조선식의 무예 편찬 방식에 따라 단병무예 표준교범서가 완성되었고 군영에 통일된 무예를 보급할 수 있었다. 정조는 장용영에 24가지 무예를 전 군영에 보급하는 임무를 부여하였다. 훈련도감이나 훈련원에서 맡아야 할 임무였다. 그러나 24가지 무예를 보급하는 일은 사실상 백동수가 담당하였다.

백동수의 무예관 확립에는 북학(北學)의 고증학이 밑거름이 되었다. 그가 추구하는 방법은 직접 현장을 찾아다니면서 이론에 대한 무기의 실물과 기법을 확인하는 것이었다. 백동수의 무예관은 무예를 쉽게 습득할 수 있도록 통일하는 무예의 표준화였다. 마상무예 6기를 제외한 18기는 모든 군영에서 군사들에게 훈련시켰지만, 군영에 따라 약간의 차이가 있었다. 이러한 문제를 해결하기 위해 무예 지도를 하는 교련관들을 한 자리에 모아 기예의 차이를 찾아내어 하나로 통일시키는 것이었다. 장용영의 교련관은 훈련도감(訓鍊都監)과 용호영(龍虎營)에서 선발된 지구관, 기패관 출신들이었다.

백동수는 무예 기법의 점검을 통해 당파, 쌍수도, 예도, 왜검, 교전, 제독검, 본국검, 쌍검, 월도 등 창과 도검무예 9기에서 용어의 명칭, 기법의 차이 등을 확인하였다. 백동수는 나라 안에서는 한교(韓嶠)와 임수웅(林秀雄)을 모범으로 삼고, 나라 밖에서는 척계광(戚繼光)과 정종유(程宗猷)를 모범으로 삼았다.

『무예도보통지』와 같은 단병무서에서 가장 중요한 것은 무예기법이었다. 물론 이론도 충실해야 했다. 이덕무, 박제가, 백동수는 무예이론을 증명할 수 있는 무예실기에 대해 논의를 하였고, 직접 현장

답사를 통해 확인하는 방법을 선택하였다. 이러한 일의 적임자는 백동수였다. 백동수는 각종 문헌에 기록된 기사를 종합 정리해 놓은 이덕무의 글을 바탕으로 실물을 찾아 나섰다. 1787년(정조 11)부터 장용영에 소속되어 있던 도화서 화원 허감(許鑑)이 그와 동행하였다. 우선 훈련도감의 군기고를 찾았다. 왜창(倭槍) 20자루가 보관되어 있었다. 왜창의 실물을 확인하고 창을 들고 기둥을 향해 찔러 기능을 시험하였다. 이어 백동수는 검을 살펴보기 위해 허감과 함께 군기시(軍器寺)로 달려갔다. 이처럼 발로 뛰는 고증 작업을 통하여『무예도보통지』가 편찬될 수 있었다.

『무예도보통지』의 편찬책임자인 이덕무는 고증학의 한 분야인 명물도수(名物度數)를 기준으로 하는 실용적인 관점을 가지고 편찬을 주도하였다. 명물은 각종 사물의 명칭과 특징을 가리키고, 도수는 계산을 통해 얻은 각종 수치를 말하는 것이다. 이러한 토대는 '연암파'와의 교유를 통해 고증학적 방법론과 실용적 사고를 키웠던 것과 연경을 통해 청의 석학과 문물을 받아들이면서부터 학문의 다양성을 경험한 때문이기도 했다.

위의 내용을 통해 이덕무의 명물도수학의 무예관은 백동수도 공감하는 것이었음을 알 수 있었다. 그러나 백동수는 무예실기를 담당한 실무자로서 무예를 하나로 통일하는 무예의 표준화를 강조하였다. 이를 통해『무예도보통지』에 실려 있는 24가지의 무예가 모든 군영에 하나로 통일되고 획일화된 표준무예로 보급되기를 원하였다. 따라서 백동수의 무예관은『무예도보통지』의 무예의 표준화라고 할 수 있다. 이에 대한 해답이 바로『무예도보통지』편찬으로 나타나게 되는 것이다.

4. 나가며

2011년에 들어서면서 백동수에 대한 열풍이 『무사 백동수』라는 소설로 이어졌고, 공중파 TV를 통해 「무사 백동수」가 30부작으로 방영되기도 하였다. 드라마의 성공요인으로는 소재의 다양성을 꼽을 수 있는데, 특히 백동수라는 인물을 중심에 놓고 『무예도보통지』를 만든 백동수와 정조의 암살을 노리는 비밀살수집단의 대결이 대중들의 심리를 자극하였다.

오늘날 외국인과 내국인들에게 한국의 무예를 소개하기 위한 하나의 공연 콘텐츠로 남산팔각정, 수원화성, 남한산성 등의 장소에서 조선후기에 편찬된 『무예도보통지』의 단병무예가 재현되고 있다. 세계적으로 한류에 대한 열풍이 일고 있는 시점에서 이와 같은 전통무예의 정기적인 시범공연은 우리나라 무형의 신체문화를 알리는 중요한 역할을 하고 있다.

이러한 가운데 『무예도보통지』를 편찬한 이덕무, 박제가, 백동수라는 인물들에 관심을 갖게 되었고, 그 중에서도 무예 실기를 담당한 백동수라는 인물이 부각되기 시작했다. 이는 『무예도보통지』의 단병무예를 정확히 알고자 하는 무예인들이 늘어나면서 생기는 현상이라고 할 수 있다. 현재 우리나라의 전근대와 근대를 이어주는 연결고리 가운데 하나로 전통무예를 대표적으로 꼽을 수 있다. 전통무예의 기법과 재현을 가능케 해 준 것이 바로 『무예도보통지』에 실려 있는 24가지의 무예이다. 이 무예기법들은 우리나라의 전통무예 단체들과 연구자들에게 한국의 전통문화의 하나인 무예를 내·외국인들에게 널리 소개하고 알리는 매개체와 연구 사료로 활용되고 있다.

이러한 우리나라 무형의 전통문화유산을 보존하고 발전시키기 위해서는 백동수와 같은 인물이 깊이 있게 연구되고 학제간의 교류가 활발하게 진행되어야 할 것이다. 이를 통해 국가에서 체계적으로 조선시대의 무예를 관리하고 보존하는 시스템이 갖추어 질 때 우리의 전통무예는 더욱 빛을 발할 수 있을 것이다.

▣ 참고문헌

곽낙현, 『조선의 칼과 무예』, 학고방, 2014.

_____, 「백동수의 생애와 무예관」, 『온지논총』 37집, 2013.

김영호, 『조선의 협객 백동수』, 푸른역사, 2002.

나영일, 『정조시대의 무예』, 서울대학교출판부, 2003.

민족문화추진회, 『국역연암집』, 민족문화추진회, 2005.

_____, 『국역청장관전서』, 민족문화추진회, 1978.

_____, 『국역홍재전서』, 민족문화추진회, 1998.

박성순, 『박제가와 젊은 그들』, 고즈윈, 2006.

수원시, 『역주장용영고사』, 2005.

6부

선각자

최한기: 기학을 제창한 조선 최고의 저술가

권 오 영
한국학중앙연구원 교수

1. 조선 최고의 저술가

최남선(崔南善)은 그의 『조선상식문답』 속편에서 "진역(震域)의 최대 저술(著述)은 무엇입니까"라고 질문하고 아래와 같이 답을 하고 있다.

> "일가집(一家集)의 큰 것으로는 송시열의 『송자대전』 215권 102책, 정조의 『홍재전서』 184권 100책, 서명응의 『보만재총서』 수백권, 정약용의 『여유당집』 500권(자찬묘지명에 의함. 근래 전서(全書)라고 명한 것은 그 중의 154권 76책), 성해응의 『연경재전서』 150권 등이 있고, 그 최대한 것으로는 최한기(崔漢綺, 惠岡)의 『명남루집』 1000권이니 아마 이것이 진역 저술상에 있는 최고 기록이요 또 신구학을 구통(溝通)한 그 내용도 퍽 재미있는 것이지마는 다만 대부분이 미간(未刊)으로 있고 원본 조차 사방에 산재(散在)하여 장차 어떻게 될지 모르는 상태에 있음은 진실로 딱한 일입니다."

최한기(崔漢綺, 1803~1877. 字: 芝老, 號: 惠岡)는 우리나라 역사에서 일개인으로는 가장 많은 저술을 남긴 학자로, 평생 지은 저술이 약 1천 권(3백여 책)이라고 전한다. 그가 1천 권에 가까운 저술을 남겼다면 그는 분명 저술을 통한 학문 활동으로 평생을 보냈다고 할 수 있다. 현재까지 확인되는 그의 저술만 보더라도 그 내용이 매우 다양하고 우리나라 역사상 독보적인 학문적 업적을 남겼다는 것을 알 수 있다.

최한기는 1803년(癸亥) 10월 26일(음)에 개성의 삭녕최씨(朔寧崔氏) 가문에서 아버지 최치현(崔致鉉)과 어머니 청주한씨(淸州韓氏: 韓敬履의 딸) 사이에서 태어났다. 최한기의 생부 최치현은 개성에서 이름난 시인이었고 시고(詩稿) 10권을 남겼다. 최한기는 태어나자마자 큰집 종숙부 최광현(崔光鉉)의 계자(系子)로 정해졌는데, 양부 최광현은 호가 귀경헌(歸畊軒)으로 글씨를 잘 썼고 서첩(書帖) 1권을 남겼다. 또한 그는 옛사람의 법서(法書)를 모아 판각을 하여 『귀경당박고첩(歸畊堂博古帖)』 10첩(帖)을 만들었고 문집 1권을 남겼다. 그는 1800년 무과에 급제하여 곤양군수와 내금위장을 지냈다.

최한기가 최광현의 계자가 되는 과정에는 다음과 같은 일화가 전해진다. 최광현이 아들이 없어 부인 안동김씨가 천지신명께 정성을 다하여 기도를 드렸는데 어느 날 남편이 꿈에 나타나 4촌 아우가 되는 최치현의 집 담아래에 소나무를 심고 있었다. 부인이 "어찌하여 우리 집에 심지 않고 그 집 뜰 가에 심습니까."라고 하니 남편이 "이 곳에 심어 뿌리가 확고해지면 우리 집에 그림자를 비추어 그 음덕이 두텁게 될 것이다."라고 하였다. 이 무렵에 최한기가 태어나니 곧바로 최광현의 양자가 되어 소종(小宗)을 잇게 되었다.

최한기의 집안은 본래 개성에서 대대로 살아왔으나 19세기 초에 서울로 이사해 온 것으로 보인다. 1823년(순조 23) 무렵에는 서울 회현방(會賢坊)의 장동(長洞)에 거주하였고, 얼마 뒤 남촌 창동(창골, 현 남대문로 4가)에서 살다가 1851년(철종 2)에 송현(솔고개)의 상동(상정승골, 남대문로 3가)으로 이사하여 그곳에서 살았고 평생을 서울의 중심부에서 학문연구를 힘쓰다가 1877년(고종 14) 6월 21일에 작고하였다.

최한기는 어려서부터 두뇌가 명석하고 총명하였으며 이해력이 풍부하였다. 그는 책 읽기를 좋아하여 매번 '기서(奇書)'를 얻으면 즐거워 잠을 이루지 못하였다고 한다. 그는 책을 읽다가 하나라도 모르는 것이 있으면 매우 부끄러워하였다.

최한기는 젊은 시절 우리나라의 아름다운 산수를 매우 사랑하였다. 특히 그는 금강산을 유람하면서 기기괴괴한 자태를 뽐내는 아름다운 경승에 대하여 시를 읊었다. 또한 금강산 유람의 과정에서 스님과 만나 차를 마시면서 대화도 나누었고 금강산의 최고봉인 비로봉을 관광하고 동해의 해돋이를 바라보면서 세계로 향한 열린 마음을 갖고 있었다. 그는 금강산을 기행하면서 쓴 시를 모아『동유록(東遊錄)』을 엮었다.

최한기는 19세기 세도정치 하에 살면서 벼슬에 나갈 뜻이 없었다. 1840년대에 당시의 세도가이며 영의정인 조인영(趙寅永)이나 재상인 홍석주(洪奭周)가 그에게 벼슬길에 나오라는 권유를 했으나 그는 이를 마다하고 평생 서울에서 오직 동서학문의 집대성을 위하여 정열을 쏟았다. 그는 우선 32세 때인 1834년(순조 34)에 서울 남촌 창동에 친구인 김정호(金正浩)를 불러 장정부(莊廷勇)의「만국경위지구도(萬國經緯地球圖)」제작을 의뢰하였다. 최한기와 김정호는 이 세상에 둘도 없는 친구 사이였다. 두 사람은 젊은 시절 서울에서 만나 조선 땅에 태어난 것을 한없는 행복으로 생각하며, 자기 조국 조선을 위해 학문과 지도제작을 위해 일생을 바치자고 맹세하였다. 이처럼 나라의 장래를 걱정하는 재야의 두 선각자는 말없이 자기 일을 찾아서 하고 있었다.

최한기는 1836년(헌종 2) 『신기통(神氣通)』과 『추측록(推測錄)』을 지었다. 그는 『신기통』의 '기(氣)'와 『추측록』의 '측(測)'을 따와서 『기측체의』라 이름을 붙이고 1850년대 중반 무렵에 북경 인화당 (人和堂)에서 이 책을 간행한 것으로 보인다. 이 두 책은 기(氣)의 체(體)와 용(用)을 밝힌 저술이다. 그런데 그가 책의 앞부분에서 자신의 이름 앞에 굳이 '패동(浿東)'이라고 붙인 이유는 북경에서 간행한 책에 조선사람이라는 사실을 밝혀 세계 학계에 자신의 학설을 떳떳이 내놓고자 했던 것으로 이해된다.

그런데 1850년대에 최한기가 왕성한 저술활동을 하며 그의 학문세계를 마음껏 펼쳤던 학문 활동의 요람은 바로 서울 상동에 있던 기화당(氣和堂), 장수루(藏修樓), 양한정(養閒亭), 긍업재(肯業齋)였다. 그는 1850년대에 자기 집에 사설 도서관인 장수루를 설치하고 동서고금의 책을 비치하였다. 그는 동서양의 모든 훌륭한 저자들의 언어와 동작, 정신과 골수가 자기가 소장하고 있는 책에 다 실려 있다고 하면서 이러한 책을 활용하여 저술활동을 활발히 하였다. 그는 연구생활에 지칠 때는 가끔씩 양한정에서 서울 시민의 삶의 모습을 지켜보기도 하고, 멀리 하늘에 떠있는 해와 달과 별의 운동을 쳐다보기도 하고 고개를 돌려 사시사철 모습을 달리하는 서울 주위의 도봉산, 삼각산, 수락산, 불암산을 바라보며 몸과 마음을 수양하기도 하였다.

최한기는 연구뿐만 아니라 후생 신진들이 직업과 인도(人道)의 업(業)을 닦는 집을 마련하였다. 기화당의 서쪽 장수루의 동쪽에 세운 긍업재는 최한기가 민생의 직업과 사무를 얼마나 중요하게 생각했는가를 알려주는 집이다. 그는 민생의 업은 다양한데 여기에는 기술의 업이 있고 인도의 업이 있다고 보았다. 기술의 업은 농업·상업·산업·의업·공업 등이 그것이고, 인도의 업은 윤리를 밝히고 학문의 근본을 세우며 여러 업을 통괄하여 성취하는 것이라 하였다. 긍업재의 실제 운영은 전통적인 서당교육과는 그 차원을 달리하며 누구든지 '업(業)'을 갖고 자기에게 맞는 '업'을 택하여 학습했던 곳으로 생각된다.

1862년(철종 13)에는 전국에서 민중이 봉기하여 나라가 매우 소란하였다. 최한기의 아들 최병대는 1863년 좌의정 조두순을 방문하였다. 이 자리에서 조두순은 최병대에게 오늘날의 국가경제와 민생의 고통은 말하기 어려울 정도라고 말머리를 꺼냈다. 그러면서 조두순은 그대의 아버지는 깊은 학식과 밝은 덕과 일을 처리하는 능력이 세상에서 으뜸으로 일컫는 바이고, 나라를 걱정하며 백성을 사랑하는 정리로 보면 마땅히 오늘날의 폐단을 개혁하여 바르게 할 대책이 있을 터이니 집에서 익숙히 들은 바를 진술해 주기를 바란다고 하였다. 이에 최병대는 아버지가 정치와 법제에 관해서도 많은 저술이 있고, 1862년 가을에 정부에서 관료와 선비들에게 삼정책(三政策)을 제시하라 했을 때에 개량[改量: 양전사업(量田事業)]의 절차를 초록해 둔 것이 있다고 하였다. 조두순이 이를 보기를 원하자 최병대는 아버지 최한기의 저술을 베끼어 올렸다. 조두순은 이를 검토하더니 앞으로 개혁을 위해서는 최한기의 시무책을 쓰지 않을 수 없다고 하였다.

최한기는 60대 후반이 되면서 그 학문적 명망이 더욱 높아져 갔다. 1871년 신미양요 때는 강화진무사(江華鎭撫使) 정기원(鄭岐源)이 최한기에게 자문을 구하는 편지를 보내왔다. 국가가 위기를 당하여 세계정세에 가장 밝은 석학인 최한기의 식견이 너무나 필요한 시기였다. 인사를 끊고 오직 학문에만 힘쓰고 지내던 그런 그에게 정기원이 국가의 대사를 자문하였던 것이다. 그것도 이미 흥선대원군에게 보고하여 흥선대원군으로부터 최한기의 자문을 받으라는 허락까지 받았다는 내용의 편지를 보내왔던 것이다.

사실 최한기는 1850년대에는 이미 서양이 '오랑캐[夷]'라는 생각
은 추호도 하지 않았다. 그렇지만 그는 조선을 침략하는 미국의
함대를 물리치는 데 자문을 하지 않을 수 없었다. 그는 학문탐구
나 현실인식에 있어 항상 주체적인 태도에서 모든 문제를 대처해
나갔다. 그는 69세의 나이에도 불구하고 적극적으로 국방문제의
자문에 응할 것을 약속하였다. 그는 강화도의 군영에 가서 자문에
응하는 것보다는 서울에서 책을 참고하며 수시로 전시의 상황보고
를 받으면서 자세하게 자문하는 편이 낫다고 생각하였다. 그는 자
신의 이러한 의견이 대원군에게 잘 전달되기를 바랐다. 우리는 최
한기와 대원군의 간접적인 관계에서, 1870년대 초에 조선의 안보
를 위해서 현실을 외면하지 않고 자신의 학문적 능력을 현실에 반
영하려고 했던 최한기의 학자로서의 모습을 새롭게 만나게 된다.

한편 최한기는 만년에 '재용(財用)'에 대하여 깊은 관심을 갖고
있었다. 그는 『재교(財敎)』라는 저술을 통하여 자신의 재용에 대한
견해를 피력하였다. 현재 『재교』라는 책은 발견되지 않아 그의 재
용관의 전모는 알 수 없지만 제자 김수실(金秀實)의 글을 통하여
그가 만년에 사상적으로 다시 한번 큰 변모를 가져오고 있음을 알
수 있다.

　"선생(최한기)께서 지금 『재교(財敎)』를 지으시어 중정인의(中正仁義)의
도(道)를 일체 재용(財用)의 위에 그 교(敎)를 부치어 원위(源委)를 소급하고
본말(本末)을 미루며 사항에 따라 잘 이끌어 다 설명하지 않음이 없다. 재
(財)를 사용하는 자가 이 책을 읽으면 이(利)를 쫓고 의(義)를 저버리는 근
심이 없을 뿐만 아니라 도덕(道德)을 담론하는 학사대부(學士大夫)도 읽을
수 있으니 천하에 재(財)를 쓰지 않는 사람이 없는 즉 천하의 사람은 모두

이 책을 읽을 수 있겠구려!"(『增補明南樓叢書』5, 崔柄大亂筆隨錄,「財敎後」)

여기서 보면 최한기에 의해 재용의 완전 독립이 선언되고 있다. 이제 더 이상 재용은 상인(商人)만의 담당이 되지 않고 그렇게 될 수도 없었다. 재용(利)은 인의(仁義)와 대등한 모습으로 최한기에 의하여 제시되었다. 오히려 인의의 도(道)가 재용의 위에서 논의되고 있었다. 이러한 그의 견해는 세계 각국의 상업활동을 이해하고 경제적 부(富)만이 개인과 사회, 국가가 부유해질 수 있다는 확고한 인식에서 나온 것이었다. 그가 1871년 신미양요 때 국방의 자문에 응하고 1873년 『재교』를 저술한 것은 재야의 학자였지만 만년까지도 강병과 부국의 문제를 늘 고민하고 있었다는 것을 말한다.

한때 최한기를 존경하며 따랐던 김수실은 최한기가 작고한 뒤 그의 학문적 업적을 높이 평가하면서 우리나라의 제일인자요 천고의 특수한 식견을 지닌 어른이라 하였다. 그러면서 김수실은 최한기가 당대에 그 재주를 써보지 못하고 세상을 떠났으며, 저서가 모두 반드시 전해질 수 있는 것인데도 지금 알아주는 인물이 없어 세상에서 쓰이지 못한 점 등을 들면서 저승에 계신 스승을 일으켜 깨우지 못하니 한스러운 일이라 하였다.

1876년 개항을 직면해서도 개항에 대한 최한기의 정보는 가장 빨랐던 것 같다. 그래서 그는 아들 최병대에게 가장 먼저 개항을 반대하는 상소를 올리게 하였다. 그러나 아들이 소를 올린 일 때문에 귀양을 가게 되자, 그는 나라를 위하여 소를 올리다가 귀양을 가게 된 아들을 오히려 장하게 생각하고 격려하였다. 아마 그가 생각하기에 개항은 불가피한 것이었지만 주체적인 개항만이 그의 진정한 바램이었던 것으로 보인다.

2. 소통의 학문 체계

18세기말까지 북학파 학자나 근기 남인 학자들 사이에 어느 정도 활기를 띠고 연구되었던 새로운 실학풍은 19세기 벽두에 신유박해로 무참히 압살당하였다. 특히 최한기가 살던 19세기 초중반은 안동김씨와 풍양조씨의 세도정치기로 암울한 쇄국의 시대였다. 따라서 무엇보다 동서남북을 소통시키는 학문체계를 구축하는 것이 절실히 필요한 시기였다. 그런데 당시 그러한 소통의 학문체계를 마련한 학자가 바로 최한기이다. 그가 1836년에 저술한 『신기통(神氣通)』과 『추측록(推測錄)』은 바로 소통의 학문이론을 제시한 책이다.

> "나라의 제도나 풍속은 고금이 각각 다르고, 역산(曆算)과 물리(物理)는 후세로 올수록 더욱 밝아졌으니, 주공(周公)과 공자(孔子)가 통달한 대도(大道)를 배우려는 자는 주공과 공자가 남겨준 자취나 고집스럽게 지키고 변통(變通)하지 않아서야 되겠는가, 아니면 장차 주공과 공자가 통달한 대도를 본받아서 따를 것은 따르고 변혁할 것은 변혁해야 하겠는가.… 주공과 공자의 학문은 실리(實理)를 좇아 지식을 확충하고 이로써 나라를 다스리고 천하를 평화롭게 하는 데 나아가기를 바라는 것이니, 기(氣)는 실리(實理)의 근본이요 추측(推測)은 지식을 확충(擴充)하는 요법(要法)이다."(『氣測體義』 序)

위의 글은 최한기가 1836년에 쓴 『기측체의(氣測體義)』 서문의 일부로 유학을 공부함에 있어서 실리(實理)와 변통(變通)의 중요성을 설파하고 있다. 그는 실리와 변통을 추구하기 위해 실리의 근본인 신기(神氣)와 지식을 확충하는 요법(要法)인 추측(推測)이라는 새로운 개념을 정립하였다.

신기와 함께 그가 제창한 독특한 학문방법인 추측은 종래 이학

(理學)의 공부 방법이었던 궁리(窮理)에 대응하여 제시한 것으로 크게 다섯 가지로 나누어 설명하고 있다. 즉 기(氣)를 미루어 이(理)를 헤아리고(推氣測理) 정(情)을 미루어 성(性)을 헤아리고(推情測性) 동(動)을 미루어 정(靜)을 헤아리고(推動測靜) 자기를 미루어 남을 헤아리고(推己測人) 물(物)을 미루어 사(事)를 헤아리는(推物測事) 방법이다. 이같이 그는 1830년대에 신기와 추측을 제시하여 세계 각국의 인(人)과 물(物)의 상호 소통을 주장하였다.

최한기는 사람이 하늘로부터 부여받은 것은 한덩어리의 신기(神氣)와 기(氣)를 통하는 여러 감각기관과 사지(四肢)일 뿐이라고 말한다. 그는 어린 시절부터 장성할 때까지 얻은 바의 지각(知覺)과 사용하는 바의 추측은 모두 나 자신이 얻은 것이지 하늘이 나에게 준 것이 아니라고 하였다. 이 신기에는 오직 추측의 능력이 있는데 추측의 방법에 의하여 내(內)·외(外)와 인(人)·물(物)을 두루 통하여 외부에서 얻어 신기에 저장하였다가 다시 외부에 쓰는 새로운 인식단계를 제시하였다. 신기의 역할이 이렇기 때문에 그 자체 내에는 선(善)과 악(惡), 허(虛)와 실(實)이 없으나 외부대상세계와의 교접을 통하여 선과 악, 허와 실이 생기게 된다는 것이다. 그리고 학문의 주(周)·편(偏)·혼(昏)·명(明)도 신기의 설고 익음에 말미암고 행사(行事)의 대(大)·소(小)·성(成)·훼(毁)가 신기의 강하고 약함에 말미암는다고 설명한다.

최한기는 예로부터 '신기'는 본래 저절로 있었으나, 사람들이 다만 형질(形質)이 있는 것을 알지 못하였던 것이라고 하였다. 무릇 형질을 보지 못하면 조처가 잘 시행되지 않음이 많고, 형질을 보면 베풀어 행함이 참으로 명백하다는 것이다. 그는 이제 자기시대에 와서 여러 가지 실험이 이루어지고 경험이 자못 넓어지게 되어 신기 또는 대기(大氣)에 형질이 있는 것을 알아 천고의 위대한 천명

(闡明)이 이루어졌다는 것이다.

그런데 최한기가 제창한 기학에서 무엇보다 중요한 사실은 종래 성리학자들이 이(理)와 기(氣)를 이해했던 방식과는 달리 새롭게 이와 기를 해석한 점이다. 그는 이(理)를 기의 속성으로 전락시켜 버리고 다시 이(理)를 천지유행(天地流行)의 이(理)와 인심추측(人心推測)의 이(理)로 나누어버렸다. 그전까지 절대 진리의 자리를 차지하고 있던 이(理)는 천지유행의 이(理)로 남아 천지유행의 기(氣)의 조리(條理)로서 제시되고 있지만, 인심추측의 이(理)는 얼마든지 오류가 있을 수 있는 이(理)로 전락해버린 것이다. 더구나 종전까지 성리학자들이 논했던 이(理)는 대부분 인심추측의 이의 차원에서 이루어진 것이라 하면서 비판하였다.

그런 반면 기에 대한 인식에 있어서는 새로운 견해가 제시되었다. 최한기는 지구가 자전·공전을 한다는 사실에 확신을 갖지 못하던 1830년대까지는 그저 기에 대한 전통적인 인식을 계승하면서 '기(氣)의 유행(流行)' 또는 '기(氣)의 운행(運行)'이라고 표현하다가 1850년대에 브노아(Michel Benoit, 蔣友仁)의 『지구도설(地球圖說)』 등을 통하여 확고하게 지구의 자전·공전을 이해하고부터는 기의 성(性)을 '활동운화(活動運化)'로 규정하였다. 그의 기학에서 기의 속성으로 새롭게 제시한 '활동운화'는 바로 지구에 대한 이해와 불가분의 관계가 있었다고 판단된다. 우선 '활동운화'에서 '활(活)'은 '생명성(生命性)'을 의미하는 것으로 해석된다. 우주에 존재하는 모든 것은 생명성이 있다. 따라서 우선 이 '생명성'이 그가 주장하는 기의 속성의 첫째 조건이다. 그리고 '동(動)'은 '운동성(運動性)'을 의미한다. 그는 신기가 한 몸을 통섭한다고 하면서 그 진작(振作)을 말하면 힘(力)이라고 하였는데, 우주에 존재하는 모든 것은 이 힘에 의하여 운동성을 갖고 있다는 것이다. 그에 의하면 우주내에는 동(動)만이 있고 정(靜)이라는 것은 없으며, 정(靜)은 동(動)의 안정된 상태를 말하는 것일 뿐이다. 한편 '운(運)'과 '화(化)'에 대한 해석에서 '운'을 주선(周旋)이라고 하였는데 이것은 기의 '순환성(循環性)'을 의미하고, '화'는 변통(變通)으로 해석하였는데 이것은 기의 '변화성(變化性)'을 말한 것이다. 그는 인간은 물론 사회와 자연 등 우주의 일체 만상은 이 운화를 승순(承順)해야 한다고 하면서, 자연·사회·인간의 관계를 대기(大氣), 통민(統民), 일신(一身)의 운화의 세 등급으로 제시하여 일통(一統)의 체계 속에서 이해하고자 하였다.

최한기는 특히 이 기의 속성 중에서도 '운(運)'과 '화(化)'에 의거하여 세계 각국의 인물은 물론, 학문과 정교, 풍습과 물산의 통용을 주장하였다. 그는 '운'의 설명에서 안과 밖이 서로 나고 들고 순환이 끊임이 없으며 세계의 인물들이 '신기'가 서로 통한다고 하였다. 이제 '운'개념을 통하여 세계 각국의 인물들이 아무런 장애가 없이 서로 소통할 수 있는 이론적 근거가 제시되었다. 그리고 '화'에 근거하여 변통을 잘 하면 '개물성무(開物成務)'에 도달한다고 하였다. 그는 세계 각국이 서로 소통하여 서로의 장점을 취하여 개명된 세계를 만들어 나가고 각국의 학문과 사상을 서로 소통하고 융화(融化)하기 위해서 '기학'을 제창하였다.

그런데 이러한 그의 기학에는 서양 스콜라 철학의 인식론을 비롯하여 티코 브라헤(Tycho Brahe)의 대기설(大氣說) 등을 두루 수용한 흔적이 나타나고 있다. 그는 천문학·지리학·기계학 등 자연과학의 지식을 통해야만 기(氣)를 인식할 수 있다고 생각했다. 특히 천문학의 발달과 지원설(地圓說)에 대한 이해, 그리고 지구의 자전·공전에 대한 해명은 그의 기학 형성에 지대한 영향을 주었다. 그는 천문학이 자신이 제창한 기학의 방향을 제시해 주었고, 지구의 자전·공전설이 기학의 입문(入門) 역할을 했다고 했다. 그는 카노(Juan Sebastian del Cano, 嘉奴)가 지구를 일주한 사실을 '천지의 개벽(開闢)'이라고 표현하고 지구의 일주를 통하여 천고의 의혹이 사라졌다고 했다. 그러면서 지구의 자전·공전설은 브노아가 지은 『지구도설』을 통해 받아들였다.

최한기는 세계 각국의 인물이 신기가 서로 통한다고 하면서 특히 '변통(變通)'과 '주통'을 거론하였다. 그는 세계 각국의 풍기(風氣)에 따른 풍속과 관습의 차이도 상호교류를 통하여 변통해 나갈 수 있다고 생각하였다. 그리고 그는 시간적으로 변통의 필요성을 역설할 뿐만 아니라, 지역적인 위치로 인한 차이를 분명히 인식하고 그에 따른 변통도 함께 주장하였다. 그는 세계 각국의 정교(政敎)를 살피지 않는다면 독부(獨夫)의 나라가 될 것이요 국내의 인재를 살피지 않는다면 봉사나 귀머거리 나라라고 하면서, 만약 각국의 인재선발제도의 우열을 논하는 자리에 참여하여 자기 나라가 뒤져 있다는 것을 듣는다면 매우 분통하게 여길 일이요 후일 불미스러운 자취를 후세에 남겼다는 역사가의 논평이 따를 것이기 때문에 하루빨리 우리보다 우수한 정치제도 등을 받아들여 정비할 필요가 절실하다고 역설하였다.

최한기는 1850년대부터 1870년대까지 자신의 만년기에 세계 각국이 주통(周通)하는 현실에서 자국도 가까운 장래에 문호가 개방될 것을 직시하였다. 그는 동서남북이 교류를 통하여 서로 서로 우수한 과학기술과 좋은 질의 물산은 말할 것도 없거니와 정치·교육 등의 제도에 있어서도 훌륭한 정치와 법제라면 이를 취하여 쓰는 것이 바람직하다고 생각하게 되었다.

3. 화합의 학문—기학(氣學)

최한기의 기학은 소통의 학문일 뿐만 아니라 화합의 학문이다. 그는 이미 1830년대에『신기통』과『추측록』을 저술하여 신기(神氣)와 추측(推測)을 매개로 하여 소통의 학문체계를 마련하였다. 이러한 소통의 학문 체계를 토대로 그는 기학의 학문 목표로 지구촌 인류의 화합을 설정하였다.

최한기는 우선 내가 남의 마음을 아는 것이 '화(和)'이고 남으로 하여금 내 마음을 알게 하는 것이 '협(協)'이 된다고 하였다. 그는 19세기 중반기에 세계 각국의 인류가 서로 화해하고 협력해야 한다고 생각하였다. 그는 인심(人心)을 화협(和協)시키는 것을 매우 중요하게 생각하여, 천하의 백성을 통솔하여 인의(仁義)로 교화하는 것은 국왕과 스승의 화협이고 한 지역을 다스리면서 아름다운 풍속을 후세에 남기는 것은 방백(方伯)의 화협이고 한 집안의 사람을 잘 이끌어 화목의 풍속을 두텁게 하는 것은 가장(家長)의 화협이라고 하였다. 그는 국가의 지도자나 스승, 한 집안의 가장이 앞장서서 화해와 협력을 이끌어 나가기를 바랐다.

최한기는 무릇 천하의 크고 작은 행사는 모두 화(和)로써 목표를 삼아야 한다고 보았다. 그는 신맛·쓴맛·매운맛·짠맛·단맛을 아름다운 맛으로써 맛이 나게 하는 것을 화갱(和羹)이라 하고, 궁(宮)·상(商)·각(角)·치(徵)·우(羽)를 아름다운 소리로써 소리를 빛나게 하는 것을 화성(和聲)이라 하고, 착하고 그르고 덜고 더하는 것을 중정(中正)으로써 미흡한 점을 고치게 하는 것을 화언(和言)이라 하고, 따르고 버리고 움직이고 고요한 것을 우아한 법도로써 자세를 평정하게 하는 것을 화행(和行)이라 하고 이단(異端)·잡술(雜術)을 기화(氣和)로써 통일하게 하는 것을 화학(和學)이라 한다고 하였다.

최한기는 "한 가지 일이 있으면 반드시 인물(人物)의 기(氣)와 나의 기(氣)가 서로 사귀어 관계를 맺게 되는데 두 기(氣)가 모두 순(順)한 것이 화(和)가 되고 하나는 거스르고 하나는 순한 것이 불화(不和)가 되니 그 화(和)할 수 있는 단서를 궁구하여 응(應)하게 하면 일을 성취할 수 있고 인(人)과 아(我)가 모두 편안할 수 있다."고 하였다.

1857년 최한기는 서울 상동의 기화당에서 『기학(氣學)』이라는 저술을 통하여 세계 각국 사람들이 함께 할 수 있는 '기학'을 제창하였다. 그는 기화당에서 기화(氣和)를 강조하면서 궁극적으로 인화(人和)를 중시하였고 만세의 영원한 평화를 갈망하였다. 그는 인화가 이루어지면 집안이 화(和)해지고 집안이 화해지면 사물(事物)도 화하게 되고 사물이 화하게 되면 천하가 모두 화로 돌아가 만세의 영원한 평화에 이르게 된다고 하였다.

한편 최한기는 유교 윤리덕목인 오륜(五倫)을 적극적으로 확대 해석하여 세계를 화합하는 이론으로 보편화시키려고 하였다. 그는 임금과 신하, 아버지와 자식, 남편과 아내, 벗과 벗, 어른과 어린이가 어느 한쪽만을 위해 존재하는 것은 아니고 서로 상대가 있기 때문에 존재하는 것임을 분명히 하고 서로 쓰이고 서로 소통해야 한다고 보았다. 그는 지구촌 인류의 화합을 위해 종래의 오륜의 다섯 강령에 '조민유화(兆民有和)'라는 새 강령을 하나 더 추가하였다.

"오륜(五倫)의 가르침은 그 이상 더할 수 없는 진리이므로 그것을 천하에 다 확충을 시키면 자연 만국이 다 화합할 것이다. 그러므로 부자유친(父子有親)·군신유의(君臣有義)·부부유별(夫婦有別)·장유유서(長幼有序)·붕우유신(朋友有信)의 아래에다 조민유화(兆民有和)라는 구절 하나를 첨가하면 오륜이 통행(通行)하게 되어 만백성이 화합하는 실효가 나타나게 될 것이다.

오륜의 가르침을 단지 각자가 힘써 행하는 것과 천하에 통행하는 것과는 자연 대소(大小)의 차이가 있는 것이니, 각자가 힘써 행하는 것은 자기 일신운화(一身運化)이고, 천하에 통행하는 것은 통민운화(統民運化)이다. 그러므로 천하에 통행하는 오륜을 개인 각자가 행하는 오륜의 천칙(天則)으로 삼고, 개인 각자가 행하는 오륜의 증험(證驗)을 미루어 천하에 통행하는 오륜의 치안으로 삼는다면, 거의 방애(妨礙)되거나 편체(偏滯)하는 폐단이 없게 될 것이니, 이것이 바로 대소가 완비된 오륜이다. 만약 천하에 통행하는 오륜의 범위를 골고루 살펴보지 않고 다만 자신만이 오륜을 행한다면, 비록 집안이나 이웃에서 그 증험이 있을 수는 있어도 오루(汚陋)한 습속(習俗)임을 면하기는 어려울 것이다. 그러므로 온 세상 사람들이 오륜을 치평(治平)의 대도(大道)로 삼아 천하의 교법(敎法)을 밝히고, 자기 일신의 교법으로 모든 사람의 교법에다 화합시킨다면, 치안의 실효를 가져올 수 있을 것이다. 그래서 조정에 있는 관리의 큰 계책은 한 나라에 치안을 이루게 되고, 민간에 있는 인재의 교법은 천하의 치안을 밝히게 될 것이다."(『人政』卷18, 選人門 5, 畎畝敎法兆民有和)

최한기는 인간 개인이 사회의 구성원일 뿐만 아니라 세계의 구성원임을 분명히 하고 '인도(人道)'에 의거하여 세계 각국의 백성을 묶으려는 원대한 구상을 하였다. 그는 동과 서, 남과 북의 각국이 서로 소통하고 나아가 전인류가 화합하는 '조민유화'의 세계를 기화당에서 그려보았다. 그의 기화당은 인간과 사물은 물론 지역과 인종을 뛰어넘어 천하의 '화(和)'를 달성하고자 갈망하던 집이었다.

최한기는 1850년대에 화합의 구현을 위해 지구상에 존재하는 모든 인간을 동일하게 보아 '오랑캐 [夷]'라는 단어도 쓰지 않았다. 그리고 인간의 본성이 착하다는 성선(性善)의 문제도 심체(心體)나 본성 자체에 선이 있는 것이 아니라 인간관계 속에서 생기는 것으로 생각하였다. 이러한 최한기의 견해는 홍대용(洪大容)의 '화이일야(華夷一也)'의 세계관이나 정약용이 성선(性善)의 문제를 성에서 찾지 않고 행사(行事)에서 찾은 연장선상에 있는 것이다.

최한기는 모든 것을 '통(通)'하게 하고 '화(和)'하게 하는 학문적 이론으로 1830년대에는 '신기(神氣)'와 '추측(推測)', 1850년대 이후에는 '운화(運化)'와 '승순(承順)' 등의 개념을 제시하였다. 그는 "무릇 활동운화(活動運化)의 기(氣)는 물(物)과 아(我)를 화(和)하게 하고 천(天)과 인(人)을 통(通)하게 하며 안과 밖을 합(合)하게 하고 정(精)과 추(粗)를 일(一)로 한다."고 하였다. 따라서 화합과 소통, 통합과 통일을 지향하는 학문이 바로 최한기의 기학인 것이다.

최한기는 기학을 제창하면서 '활동운화'를 기학의 핵심 개념이라 하였고 '통민운화(統民運化)'를 기학의 문을 열고 닫는 지도리에 해당한다고 하였다. 그가 살았던 19세기 중반은 전국에서 민요(民擾)가 일어나 민의 유망(流亡)이 매우 심각하였다. 그래서 그는 어떻게 하면 새로운 학문 체계를 세워 대외적으로 우리나라가 세계 각국과의 교류를 통해 각국의 우수한 정치제도와 학술을 받아들여 세계 어느 나라에도 뒤떨어지지 않고 대내적으로는 민(民)을 통합하여 안정을 도모할 수 있을까를 깊이 고민하였다.

이 때문에 최한기는 19세기 중반에 소통과 화합의 학문인 '기학'을 제창하였고, 민을 하나로 통합하는 이론 체계인 '통민운화'를 제기하여 궁극적으로는 민을 잘 다스리고 민을 안정시키려고 노력하였다. 그는 정교의 중요한 방략이 '통민운화'에 있다고 하면서 만백성이 나누어지면 각각 사욕(私欲)을 따르게 되고 통합을 하면 저절로 공명(公明)이 생기니 가지런하지 않는 사(私)는 통합의 도(道)로 절제를 하고 각기 채우는 욕심은 통합의 의리로써 재제를 하여 각기 그 사욕에 편안하게 하여 정교의 공명을 이루어야 한다고 역설하였다. 이러한 그의 발언을 보더라도 그가 제창한 기학은 바로 민을 통합하는 학문이론인 것이다.

최한기는 1851년부터 서울 남촌 창동에서 이웃 마을인 상동으로 이사 와서 『인정(人政)』의 집필을 구상하여 1860년 4월에 기화당에서 『인정』 서문을 쓰고 11월에 『인정』에서 측인(測人), 교인(敎人), 선인(選人), 용인(用人)을 통해 민의 안정을 도모하기를 재야에서나마 주장하였다.

　　최한기의 『신기통』과 『추측록』은 소통의 학문체계를 제시한 책이요, 『인정』과 『기학』은 화합의 세계를 달성하기 위해 저술된 책이다. 특히 『인정』과 『기학』이 집필된 곳이 그의 집 '기화당'이란 사실과 그가 오륜(五倫)에 '조민유화(兆民有和)'라는 강령을 하나 더 추가했던 것은 그의 학문탐구의 궁극적 목표가 인류의 평화와 화합을 달성하는데 있었다는 것을 의미한다.

　　최한기는 만년에 세계를 보는 시각이 크게 넓어지면서 인도(人道)를 통해 지구촌 인류의 화협(和協)까지도 구상하고 있었다. 그는 오륜(五倫)을 적극적으로 확대 해석하여 인류를 화협시키는 윤리 강령으로 보편화시키려고 하였다. 그는 오륜의 다섯 강령에 '조민유화'라는 새 강령을 하나 더 추가하여 인간 개인이 사회의 구성원일 뿐만 아니라 세계의 구성원으로 상호 필요한 관계임을 역설하고, 인도에 의거하여 세계 각국의 백성이 서로 소통하고 화협하는 문명세계로 나아가기를 희망하였다.

　　최한기의 학문적 사상적 업적은 남과 북이 우선 서로 소통하고 화해와 협력하는 단계를 거쳐 하루 빨리 우리 민족의 통일과업을 달성해야 하는 오늘의 시점에서 남북한 학자는 물론이요 인류평화를 사랑하는 많은 학자들이 함께 주목하여 연구해야할 주요 과제로 생각한다.

▣ 참고문헌

성균관대학교 대동문화연구원 편, 『增補明南樓叢書』, 2002.

이우성, 「최한기의 가계와 연표」, 『유홍렬박사화갑기념논총』, 혜암유홍렬박사
　　　화갑기념사업위원회 편집, 탐구당, 1971.

권오영, 『최한기의 학문과 사상 연구』, 집문당, 1999.

권오영 외, 『혜강 최한기』, 청계, 2000.

최영진 외 지음, 『최한기의 철학과 사상』, 철학과 현실사, 2000.

김용헌 편저, 『최한기』, 예문서원, 2005.

박영효와 영혜옹주: 철종의 부마에서 개화혁명가로

이 민 원
동아역사연구소 소장

1. 금릉위 박영효의 두 모습

박영효(朴泳孝, 1861~1939)에게는 두 개 호칭이 따라다닌다. 하나는 금릉위, 다른 하나는 개화혁명가이다. 금릉위는 철종의 부마로 간택된 그날 부여된 것이고, 개화혁명가는 명치유신을 모델로 조선의 개화와 부국강병을 추구하며 갑신정변에 가담한 이후 붙여지게 된 명칭이다. 왕의 부마라면 평생 고귀하게 행세하며 남부럽지 않게 지낼 위치이다. 그런데 개화혁명가라면 특권과 부귀를 버리고 시대의 반역아가 되기 마련 아닌가.

그는 누차 정변의 와중에 일본으로 망명했고, 평생 일본의 마수를 벗어나기는 어려웠다. 그래서인지 오늘날 그에게는 애국자 혹은 친일파의 이름도 따라 다닌다. 그러나 살벌한 역사가들의 얘기이다. 구절양장의 인간사와 정략이 난무하는 국제관계는 참으로 복잡하다. 너희 역사가가 그 시대 무엇을 제대로 알기나 하는가, 이런 질타가 지하에서 들리는 듯하다.

역사가들의 평가는 일단 제외하고, 몇 가지 분명한 점이 있다. 박영효의 존재가 빠진다면, 한국 근대사 이야기가 그다지 심상하지 못할 것이란 점이다. 오늘날 대한민국 국기의 원류가 된 최초의 태극기 제정, 수도 서울 최초의 근대식 정비, 한국 최초의 신문 한성순보, 개항 초기의 개화당 형성과 갑신정변, 갑오경장과 지방제도 개혁, 독립협회운동과 광무황제, 일제하 조선인의 식산운동과 언론, 의왕의 아들 이우공과 박찬주 여사의 결혼에 얽힌 비사 등등의 모든 일과 이야기가 달라졌거나 역사 무대에서 사라졌을 것이다.

이처럼 박영효에 관련된 이야기는 많지만, 밝혀지지 않은 미스터리는 더 많다. 그런 상황에서 지난 1세기 여의 격동 속에 명멸한 한국근현대사의 인물들을 섣불리 평가하는 일은 역사가로서는 자승자박이 될 수밖에 없다. 박영효는 어떻게 왕의 부마가 되었고 어떻게 개화혁명가가 되었는가. 이 글은 이 정도 선에서 논해 보고자 한다.

2. 강화도령 철종과 영혜옹주

유배지로 잘 알려진 강화도에서 홀어머니를 모시고 농사를 짓던 더꺼머리 총각이 있었다. 그는 어느 날 갑자기 한양에서 온 원로대신 정원용 등 문무관료와 군사의 옹위 속에 가마를 타고 서울로 갔다. 참으로 어리둥절했을 것이다. 그로부터 순박한 농촌총각은 일약 조선 팔도 삼천리를 다스리는 막중한 국왕 자리에 올랐다. 강화도령 원범(元範), 조선의 25대 왕 철종(昪, 1831~1863)이 바로 그다. 병약하던 헌종이 후사없이 승하하자 대왕대비 김씨(순원왕

후: 순조의 비)가 원범에게 대통을 잇게 했던 것이다.

철종은 영조의 현손(玄孫)이다. 부친은 광(瓖 전계대원군, 1785~1841), 어머니는 염씨(廉氏: 용성부대부인)로 서울의 경행방(慶幸坊: 낙원동 일대)에서 태어났다. 철종은 사도세자의 서장자이자 정조의 아우인 은언군(1754~1801)의 손자이기도 했다. 영조의 현손인 철종이 어떻게 강화도에서 농사짓는 총각 원범이었을까. 할아버지 이래의 사연 때문이다.

할아버지 은언군은 정조의 서동생이었으나 우애가 깊었다. 그러나 조정 대신의 탄핵을 시시로 받았다. 그래도 정조 생존시에는 비호를 받아 위기를 넘길 수 있었다. 그러나 정조가 승하하자마자 신유박해(순조 1년, 1801)와 함께 부인 송씨와 며느리 신씨가 서학 신앙과 관련되어 순교했고, 이 일이 빌미되어 그 역시 끝내 탄핵을 받고 강화도에서 사약을 받았다. 불행은 여기서 끝나지 않았다.

원범의 아버지 전계대원군도 강화도에 추방되어 불우하게 생을 마쳤다. 설상가상으로 헌종 10년(1844) 맏형(明: 懷平君)의 옥사로 원범은 어머니와 강화도로 유배가 살게 되었다. 그러나 언제 화가 닥칠지 모르는 불안한 삶이었다. 하루하루의 삶을 이어가는 것만으로도 감지덕지할 운명이었다. 나무하던 원범이 뜻밖에 왕으로 옹립된 것은 5년 뒤, 1849년이다.

참으로 긴장된 왕실 내외의 모습이다. 왕조가 오백년 지속되면서 당쟁과 외척의 세도가 겹치는 가운데 국운이 기울어 가고 있었다. 얽히고설킨 사연 많은 왕실이니 그런 기적도 놀랍지는 않다. 그러나 기적의 주인공 철종의 궁중 생활은 이런 저런 이유로 적응하기가 어려웠다. 불행의 연속이었다. 즉위한 지 10여년에 5남 6녀를 낳았으나, 대부분 요절했다. 그 자신도 33세의 한 창 일할 나이에 결국 세상을 뜨고 말았다. 그런 철종에게 혼례를 치르기까지

생존한 유일한 혈육이 있었으니, 다름 아닌 영혜옹주(永惠翁主, 1859~
1872)이다.

3. 영혜옹주의 부마 간택－전국에 금혼령을 내리다

한국학중앙연구원의 장서각에 「영혜옹주길례등록(永惠翁主吉禮
謄錄)」이 있다. 등록의 주인공은 당연히 철종의 딸 영혜옹주, 철종
이 29세에 낳은 딸이다. 그러나 영혜옹주는 철종이 4년 뒤에 승하
함으로써 불과 5세 때 아버지 국왕을 사별한 셈이다. 이후 고종이
등극하자 영혜옹주는 어머니인 숙의범씨(淑儀范氏)와 함께 궁 밖으
로 나가 살게 되었다.

등록의 기록은 1871년 12월 22일의 기록부터 얘기가 시작한다.
철종이 타계하고 고종이 즉위한 지 8년 뒤였다. 승하한 전 왕의 딸
혼례이자 왕실혼이니 현왕으로서도 의례와 격식에 많은 관심을 부
여할 대상이다. 그러나 고종은 이제 겨우 약관이고, 아직은 친정
(親政) 이전이었다. 여전히 부친 흥선대원군이 섭정의 자리에서 정
사를 보고 있었다. 그러므로 이 혼사는 흥선대원군이 왕실내부에
서 주도적 관심을 가지고 진행한 것으로 보아진다.

고종 8년(1871) 12월 22일 조정에서는 12살부터 14살까지 사대부
가의 자제를 대상으로 금혼령을 내렸다. 이제 14살이 된 영혜옹주
에게 장가들 부마를 뽑으려는 것이다. 절차는 왕비나 세자빈 간택
할 때와 마찬가지였다. 다른 점은 대상이 규수가 아니라 양반가의
귀공자인 점일 뿐이다. 전국 팔도 및 개성, 강화, 수원, 광주 등 사
도(四都)에 남아의 금혼령을 내리고, 4조내에 관료[顯官]를 배출하
지 못했거나 특별한 사유가 있지 않은 한, 각 가문에서는 단자를

제출하라 하였다. 금혼령이 발휘되는 기간은 1월 15일까지, 25일 정도였다.

그러나 왕실과 인연을 맺을 수 있는 이 혼사에 사대부가에서는 호응이 적었다. 1872년 1월 3일 예조에서 한성부로 도달된 문서에는 단자를 내는 기한이 이미 지났는데도 5장밖에 되지 않아 대원위 대감이 별도로 강조한다는 내용도 들어 있다. 단자를 접수한 실적은 저조하여, 처음 5건에서 10건, 이후 1~2건씩 한성부의 5부에서 각기 보고되었고, 1월 23일 마감되었다. 왜 호응이 저조했을까. 전왕의 부마를 선발하는 것이니 권력의 중심에서 멀다고 보았기 때문인가, 아니면 가문의 운명을 걸어야 할 왕실혼의 부담 때문인가.

4. 경복궁에서의 삼간택 절차─박영효가 부마로 간택되다

단자가 마감되자 간택 절차가 진행되었다. 1866년 고종의 왕비 간택 장소는 창덕궁 중희당이었다. 그러나 이번의 장소는 경복궁이었다. 경복궁 중건 이후 처음으로 행해지는 왕실의 간택이었다. 초간택은 1872년 1월 26일, 16명의 대상자들이 경복궁의 서문인 영추문(迎秋門)으로 들어왔고, 간택 작업은 흥복전(興福殿)에서 거행되었다. 초간택이 이루어지던 같은 날 광주부·수원부·진무사(鎭撫使)·개성부에서는 해당되는 남아가 없다는 보고가 각기 예조로 접수되었다. 그래서 초간택 후보자는 16명, 그중 신병을 이유로 응하지 못한 사람이 6명, 그러니 총 10명이 후보였다. 이중 재간택 대상자는 5명으로 좁혀졌다.

이어 2월 7일에는 재간택 날짜가 잡히고, 초간택과 같은 방식으로 진행하는 것으로 결정되었다. 2월 8일 작성된 재간택 명단에서 특이한 것은 전도사 박원양의 아들 이름 영주(泳疇)가 영효(泳孝)로 바뀐 점이다. 재간택을 앞두고 개명한 이유가 궁금해진다. 자세히 알 수는 없지만 혼사와 관련되어 행한 일이 아닐까.

2월 9일 재간택 절차를 마치며 후보는 3명으로 좁혀졌다. 전 도사 박원양의 아들 영효, 유학 조택희의 아들 응남, 호군 남정익의 아들 규성이다. 동시에 주혼(主婚) 당상은 종실 영평군(永平君)으로 결정되었다. 영평군은 전계대원군(全溪大院君) 이광(李壙)의 둘째 아들이며 철종의 형이기도 하다. 그러니까 영혜옹주의 백부가 주혼에 지명된 것이다.

이후 최종 간택일자는 22일, 주혼이 간택에 참여하였고 전 도사 박원양의 아들 영효가 부마로 결정되었다. 전안례(奠鴈禮) 장소를 영평군의 집으로 정했고, 1837년 정유년 예[1]에 따른다고 하였다. 부마의 아버지 박원양은 당일로 공조참의에 제수되고, 영효의 형 영교(泳敎)에게도 벼슬을 내리라는 명이 이조에 하달되었다. 앞서 부마로 결정되었을 때 특별 교지를 통해 금릉위로 지목되더니 대신들이 출석하여 그대로 봉작되었다.

---

1) 정유년에 있었던 길례 행사를 살펴보면 1837년 덕온공주(1822~1844, 순조의 셋째 따님)의 길례가 확인된다. 덕온공주 혼례 행사가 기록된 『덕온공주가례등록 德溫公主嘉禮謄錄』에는 공주의복 가운데 '직금남사전면사'(織金藍紗前面紗)가 확인되어 공주의 혼례 때 면사가 착용되었음을 알 수 있다.

5. 금릉위 박영효 – 종친부 가례청에서 혼례를 올리다

부마 간택과 더불어 길례도청(吉禮都廳)이 선정되었다. 종친부 정(正) 조병호, 예조정랑 이휘규, 낭청으로 종친부 전부(典簿) 김정식, 예조좌랑 김현묵이 추천되었다. 관상감에서 납채일은 3월 16일 오시, 납폐일은 같은 달 18일 손시, 명의를 내는 날은 4월 2일 오시, 친영일은 같은 달 13일 손시에 하는 것으로 올려졌고 당일 윤허를 받았다.

2월 22일 예조에서 옹주길례에 행할 제반 사목을 올렸다. 납채·납폐·전안·동뢰·현구고례(見舅姑禮)를 거행하는 데 필요한 물품이 규정되고, 옹주의 의복과 의빈(儀賓)의 의복도 규정되고, 유모·보모·기비·보비·조예 등이 착용할 복색도 정해졌다. 각종 소용되는 물품도 규정되어 윤허를 받았다. 가례청은 종친부 내에 임시로 설치되었다.

혼사는 검소하게 진행되었다. 2월 10일 실록의 기록에는 영의정 김병학이 아뢴 내용이 실려 있다. 요약하면 "천지가 만들어 내는 수량은 한정되어 있으니 재용을 절약하는 것이 백성을 사랑하는 길이다. 푸짐하게 차리고 사치해 허비하는 것을 모두 줄인다면 한 가지 두 가지가 절로 백성들에게 보탬이 될 것이다. 영혜옹주의 혼례가 멀지 않았으니 옷차림과 그릇 가지들을 검박하게 하고 사치해서는 안 된다. 복을 아끼려는 의도이다. 철종께서 한가히 쉬실 때, 뒷날 옹주의 혼례는 검박하게 하여 수백 금으로 제한하겠다고 하시던 옥음이 아직도 귀에 쟁쟁하다."는 것이었다. 이에 고종도 가납하였다.

24일 금릉위 집안에서 길례를 주재할 사자(使者)로서 유학 김철

현(金喆鉉)을 추천하였다. 부마의 관례의가 행해지고, 이틀 앞서 주혼 영평군(永平君) 이경응(李景應)과 도청 이휘규(李徽圭)가 주관하여 납채를 행하였다. 이어 납폐가 거행되고, 명복(命服)을 내어 나가는 예가 거행되었다. 내시가 수인문(壽仁門), 영추문(迎秋門)을 거쳐 부마의 집으로 보내는 절차였다. 다시 종실, 의정부 정승, 판서 이하 관리가 참관하는 의식이 행해졌다. 친영은 다음날 있었다.

사흘 뒤 가례청 당상 이하에게 은전이 베풀어졌다. 주혼 당상 영평군은 구마(廐馬) 한 필을 받았다. 의궤 제작을 위해 예조정랑이 서리 3명, 서사·고직·사령·군사를 거느리고 작업하였다. 서사(書寫) 인력이 부족하여 10명이 추가되었다. 가례청에서 소용되어 실제 마련한 물품[實入秩], 쓰고 돌려준 물품[用後還下秩], 각 관청에서 감당한 물품[各司所掌物目秩], 감역관 이하 4명의 작업인원[別工作], 그릇·상·병풍 등 기명질(器皿秩)이 실려 있다.

이상에서 보듯이 영혜옹주의 가례는 전례에 따라 행해졌다. 이전과 유사한 점은 소용 물품을 절검한 것, 간택에 응모한 인원이 적었다는 점 등이다. 다만 영혜옹주 가례 절차는 흥선대원군이 집정기에 이루어졌고, 간택처는 창덕궁이 아니 경복궁 흥복전이었다. 재간택 단자가 올라갔을 때 박원양의 아들 이름이 개명되고, 주혼이 임명된 시기도 재간택 이후였다는 점 등이 특별히 의례 이외의 의미를 주는 부분으로 주목된다.

6. 영원한 부마 박영효와 그의 멘토 박규수

이렇게 1872년에 박영효는 돌아가신 선왕의 부마가 되었다. 그러나 3개월 만에 옹주가 세상을 떠남으로써 박영효는 졸지에 홀아비가 되었다. 그러나 한번 부마는 영원한 부마, 그에게는 평생 철종의 부마로서 금릉위라는 호칭이 따라다녔다. 그 대신 부마는 다시는 혼례를 올리지 못한다는 전례에 묶여 있어야 했다. 영예와 구속이 함께 따랐다. 옹주를 잃은 슬픔에 더하여 많은 고민과 갈등이 있었을 것이다. 혼례는 본인의 선택이라기보다는 환경에 의해 꾸려진 점도 있었다.

그러나 이후의 삶은 달랐다. 그런 그에게 큰 영향을 준 인물이 있다. 집안의 친척이자 실학과 개화사상을 이어주는 선상에 위치했던 대학자 박규수이다. 박규수는 실학자 박지원의 손자이다. 순조 말년에 국정을 대리했던 효명세자(익종)는 조선사회 개혁에 깊은 관심을 가지고 박규수에게 특별히 관심을 보였다. 그런데 효명세자가 1830년 갑자기 각혈을 하고 죽었다. 절망한 박규수는 이후 근 20년 가까이 은둔하며 학문을 닦았다. 이후 세상에 나왔지만, 고종 즉위 이후에야 조대비(익종의 비)와 흥선대원군의 신임으로 상승가도를 달리게 된다.

박규수는 병인양요 당시 평양감사로서 제너럴 셔먼호를 격침시킨 장본인이다. 이 일로 흥선대원군의 신임이 더욱 두터워졌지만, 이후 그는 흥선대원군과 달리 서양사정과 문호개방에 관심을 기울이고 있었다. 이미 1860년 영불연합군이 북경을 침략한 직후 열하를 다녀온 그의 눈에 조선은 우물 안의 개구리였다. 서양은 물론 일본도 이미 저만치 앞서 가는데, 바로 코앞에 닥친 나라의 운명을 앞으로 어찌할 것인가, 그의 고민은 심각했다. 고종의 친정 이후 그가 개항을 주장했을 때도 조정에서는 반대가 격심했다.

이런 흐름 속에 박규수는 젊고 총명한 박영효 등에게 관심을 부여했다. 영혜옹주의 부마 간택과정에서 박영효의 단자제출을 알선한 것은 수원유수 신석희, 거기에 박규수의 권고가 있었다고 한다.

박영효의 부친에게는 3남 2녀가 있었다. 그는 큰 형, 영교를 따라 친척인 박규수의 사랑을 드나들면서 오경석, 유대치 등으로부터 개화사상을 익혔다. 후일 이광수를 만났을 때 박영효는 "우리들의 새로운 사상은 박규수의 사랑에서 나왔다."고 회고했다.

박규수의 개화사상은 조선의 개항과 박영효·김옥균·서광범 등 신진기예의 청년들에 의해 개화혁신 운동으로 이어졌다. 다만, 박규수·오경석·유대치 같은 1세대 개화사상가가 세상을 떠난 뒤 혈기방장한 이들을 제어해 줄 원로그룹이 없었던 점은 아쉬웠다.

7. 박영효의 태극국기 제정과 근대 한국 최초의 신문 한성순보

1세대 개화사상가의 훈도를 받는 박영효 등은 한동안 고종과 명성황후의 총애를 받으며 조정의 내외정책에 중요한 역할을 하였다. 박영효는 1879년 무렵 김옥균, 서광범 등과 개화당을 형성하여 승려 이동인과 교유하였다. 이후 1882년 9월 박영효는 임오군란의 사후수습을 위해 조선 조정의 특명정권대신 겸 수신사로 일본에 파견되었다. 철종의 부마, 금릉위라는 작호가 중요한 받침이 되었을 것임은 물론이다. 그는 서광범 등 13명의 수행원을 대동하여 3개월 동안 일본 정계의 지도자 및 서양 외교관들과 접촉, 국제정세를 파악하고 명치유신 이후 일본의 발전상을 살펴보았다.

이때 이응준 등의 노력으로 일본에 가는 선상에서 태극기를 제작, 일본에서 조선의 국기로서 처음 사용하였다. 1883년 초 귀국한 그는 한성판윤에 임명되었다. 그는 개혁에 박차를 가하였다. 박문국, 순경부, 치도국을 설치하여 신문간행, 신식 경찰제도 도입, 도로정비, 유색의복 장려 등 개화시책을 폈다. 그러나 보수적 인사들의 반대가 심했다. 3국은 폐쇄되고, 광주유수로 좌천되었다. 수어영에 연병대를 신설하여 군대양성에 주력하였지만, 문제가 되자 사임하였다. 그래도 한국 최초의 신문 한성순보는 창간될 수 있었다. 박영효와 젊은 그들에게 조선의 걸음은 너무 느렸다. 관료들의 저항이 심했고, 전국 유생도 요원했다. 그의 급진적 개화정책 노선, 그리고 일생의 파란은 여기로부터 비롯되었다.

8. 박영효의 남은 이야기

앞에 언급했듯이 박영효가 부마로 간택되는 과정에 박규수의 의중이 넌지시 엿보인다. 그는 박영효의 먼 일가이지만, 그와 김옥균, 서광범, 홍영식 등에게 직접 개화사상을 훈도해 준 사람이다. 가문의 일보다는 조정과 국가의 미래를 대비한 선수(先手)였다. 그런 뜻을 알았는지 부귀가 보장된 부마의 자리였지만, 박영효는 개화혁명가의 길을 갔다. 갑신정변, 갑오개혁 참여도 그 결과였다. 고종에게 올린 그의 건백서에 절절함이 잘 담겨있다.

그런 그가 갑신정변 이후 누차 반역자로 몰려 망명하고, 종래는 조선 그리고 대한제국의 조정을 공략하던 일본에 의해 시시로 협상카드 내지는 인질로 활용되면서 그의 내면도 많이 왜곡되었다. 1895년 삼국간섭 직후 고종 및 명성황후와 함께 이노우에에게 대항하던 그는 오히려 날조된 '박영효 반역음모'사건으로 오히려 적국으로 망명해야 했다. 1898년 독립협회의 의회설치운동 당시 등장한 '박영효 일파와 대통령제'설 등은 이승만조차도 후일 후회한 바 있다. 일본의 공작과 암수가 있었다는 얘기다. 일제하 조선에서

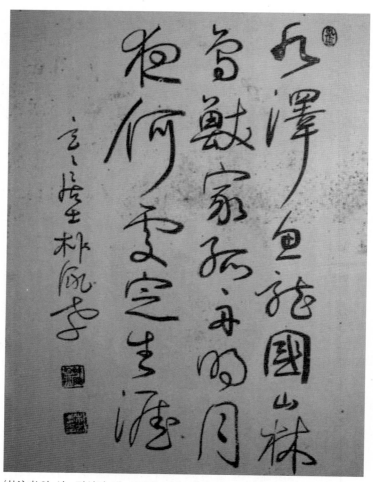

(朴泳孝의 시: 정성길 편·이민원 감수, 『일제가 강점한 조선 (日本之朝鮮』,
한국영상자료원, 2006)

그 마수를 벗어난 사람은 드물었다.

　그에 대한 고종의 오해는 1907년 헤이그특사파견 사건으로 강제
로 퇴위하게 되었을 당시에 조금 풀려갔다. 당시 박영효는 고종의
강제 퇴위에 강력히 반대하다가 체포되어 통감부 측에 의해 제주

도로 귀양을 갔다. 한때 일본에 망명하여 보호를 받는 처지였지만, 일본의 의도와 정략은 박영효의 구상을 넘는 것이었다. 일제 하에 박영효는 조선인의 권리를 보호하기 위해 주력했지만, 일본의 그 늘을 벗어날 수는 없었다. 그 결과 일각에서는 친일파로 몰기도 하고, 식민통치의 순응협력자로 몰기도 한다. 그러나 흔히 얘기하 는 애국과 친일의 경계를 누가 속단할 수 있는가, 박영효의 멘토였 던 지하의 박규수는 그를 알 것이다.

▣ 참고문헌

국사편찬위원회 편, 『尹致昊日記』1-11, 탐구당, 1973~1978.

Despatches from U.S. Ministers to Korea, 1882-1905.

『주한일본공사관기록』(국사편찬위원회 소장)

『영혜옹주길례등록(永惠翁主吉禮謄錄)』(한국학중앙연구원 장서각 소장)

田鳳德, 「朴泳孝와 그의 上疏 研究序說」, 『東洋學』8, 1978.

韓國政治外交史學會 편, 『甲申政變研究』, 평민사, 1985.

崔德壽, 「朴泳孝의 內政改革論 및 外交論研究」, 『民族文化研究』21, 1988.

柳永益, 『甲午·乙未年間(1894~1895) 朴泳孝의 改革活動』, 『국사관논총』36, 1992.

尹炳喜, 「第2次 日本亡命時節 朴泳孝의 쿠데타陰謀事件」, 『李基白先生古稀紀念韓國史學論叢』[下], 1994.

金顯哲, 「朴泳孝의 政治思想에 관한 研究」, 『軍史』34, 1997.

정성길 편·이민원 감수, 『일제가 강점한 조선(日本之朝鮮)』, 한국영상자료원, 2006.

안창호: 실력양성을 주장한 혁명운동가

김 상 기
충남대학교 국사학과 교수

1. 수학과정과 미주 활동

안창호(安昌浩, 호: 島山, 1878~1938)는 고종 15년(1878) 11월 11일 (양) 평남 강서군에서 아버지 안흥국과 어머니 제안황씨 사이의 3남으로 태어났다. 안창호는 순흥안씨로 참의공파에 해당한다. 참의공파는 참의공의 현손인 안근(安根)이 연산군 때에 문과를 거쳐 지평 벼슬에 올랐던 일이 있었을 뿐 그 후 이렇다 할 벼슬을 못한 평민의 집안이었다. 안창호는 7살 되던 1884년 평양의 대동강면 국수당으로 이사하여 한문을 공부하기 시작하였다. 11살 때 부친을 여의었으며 14살부터는 김현진(金鉉鎭)한테 경서를 배웠다. 이 때 황해도 안악출신의 필대은(畢大殷)과 동문 수학하여 그로부터 민족 사상을 습득하게 되었다. 안창호는 유학(儒學)을 깊게 공부하지는 않았던 듯하다. 그가 서당 훈장을 "호랑이 노릇"이나 한다고 말하고 있음에서 이를 짐작할 수 있지만, 그가 후일에 유학을 날카롭게 비판하고 있음에서도 알 수 있다. 물론 비판의 내용이 유학의 폐해에 집중되기는 하나, 안창호의 유학에 대한 태도는 그다지 호의적이지 않았다.

안창호: 실력양성을 주장한 혁명운동가 **473**

안창호는 1894년 평양에서 한학을 공부할 때 청일전쟁을 목도하고 그의 힘의 철학을 깨쳤다. 안창호는 외국 군대가 우리나라에서 전투하는 이유는 우리 민족의 힘이 없기 때문이라는 것을 깨달은 것이다. 그 후 안창호의 행적은 무슨 힘을 어떻게 기를 것인가를 찾아가는 궤적이라 말할 수 있다.

안창호는 18살 되던 1895년 상경하여 구세학당에 입학하였다. 구세학당은 기독교 장로회에서 설립한 학교로 경신학교의 전신이다. 미국 선교사 언더우드(Underwood. Horace Grant, 元杜尤)가 교장이었다. 안창호는 구세학당에서 서양 학문과 기독교를 접할 수 있었다. 그에게 새로운 세계관이 열리게 하였으니 그의 생애에 큰 전환을 가져오는 계기가 되었다. 기독교인이 된 그는 기독교의 평등과 자유의 이념이 자리잡기 시작하였으며, 그는 여기에 서양학문을 배워 힘의 철학을 실천에 옮기기 시작하였다.

안창호는 1897년 독립협회에 가입하였다. 그후 3년간 만민공동회의 관서지부를 설립하여 충군애민사상을 보급하는데 심혈을 기울였다. 특히 평양의 쾌재정연설 등 그의 연설은 많은 주목을 받았으며 그를 전국적인 인물로 알리는 계기가 되었다. 1899년에는 강서군 동진면 암화리에 점진학교(漸進學校)를 세웠다. 점진학교는 안창호와 최광옥 이석원이 교사로 있었다. 점진이란 교명에서 안창호의 실력양성론이라는 구국의 방략을 알 수 있다. 안창호가 점진학교를 설립한 것은 그의 힘의 철학을 실천하고자 한 첫 번째의 시도였다 할 수 있다.

1902년 9월 안창호는 미국유학을 떠났다. 10월 샌프란시스코에 도착한 안창호는 미국의 소학교에서 어학을 공부하였다. 그는 1903년 리버사이드[河邊]로 이주하면서 학업을 중단하였다. 그에게 자신의 학업보다는 한인 동포들의 생활 개선과 직업 주선 등의 사업이 보다 중요한 것으로 여겨졌기 때문이다. 당시 처한 한국의 실정이 그로 하여금 교육학자나 신학자의 길이 아닌 한인지도자로서의 길을 강요했다 할 수 있다. 안창호는 1903년 리버사이드에서 한인노동자들과 공립협회를 조직하였다. 일종의 야학으로 시작된 공립협회는 한인들의 생활의 중심체가 되었다. 한인들의 수가 증가하면서 치안을 위한 경찰도 두었다. 안창호는 리버사이드에서의 공립협회가 자리를 잡게 되자 1905년 4월 샌프란시스코에서 공립협회를 설립, 초대회장에 취임하였다. 패시픽거리에 3층집을 사서 그해 11월 문을 열고 공립신보를 발행하였다. 공립협회의 목적은 한인들의 상부상조와 민족의식 고취에 있었다. 공립협회는 미주의 리버사이드 외에 오클랜드, 레드랜드, 라크 스프링스와 시베리아와 원동, 만주에 지회를 설립하였다. 이 공립협회는 1909년 국민회가 창립되면서 발전적 해체를 하였다.

2. 항일독립운동

안창호는 1907년 귀국하였다. 그는 1907년 2월 일본 동경에 들러 태극학회의 간부인 김지간 등을 만나 시국을 토론하고 그들의 요청으로 유학생들에게 연설을 하기도 하였다. 귀국한 후 전국 각지를 다니면서 연설활동을 하여 국민을 계몽하였으며, 국내의 독립지사들과 1907년 4월경 비밀단체인 신민회(新民會)를 조직하였다. 창립위원에는 안창호와 양기탁 이동휘 전덕기 이동녕 이갑 유동열 등 7인이었다. 총감독은 양기탁이 맡았으며 안창호는 집행원으로 신입회원의 자격 심사를 담당하였다. 안창호는 애국사상이 확고하고 국권회복과 독립운동에 몸 바칠 인물을 선발하였다. 이

갑 노백린 등 일본 육사출신의 군관들 역시 신민회의 주요간부였다. 신민회에서는 만주 지역에 무관학교를 세워 독립전쟁을 위한 장교를 양성하고자 하였으니 이들이 필요했던 것이다. 또한 안창호는 의병들과도 연결을 시도했던 것으로 보인다. 1907년 8월 강제 해산된 군인들이 일본군과 전투를 벌였을 때 안창호는 팔에 적십자 완장을 두르고 부상자를 병원에 호송케 하였으며 이즈음 의병장들에게 격려 편지를 한지에 써 노끈으로 꼬아 보내기도 하였다.

신민회에서는 대한매일신보 같은 민족지를 경영하여 항일의식을 고취함은 물론 평양의 대성학교, 정주의 오산학교, 강화의 보창학교 안악의 양산학교 등을 설립하여 민족교육을 시켰다. 또한 평양에 자기회사와 태극서관을 세웠다. 안창호는 인격수련을 목적으로 한 청년학우회를 설립하였다. 청년학우회의 강령에 의하면 1)무실 2)역행 3)자강 4)충실 5)근면 6)정제 7)용감을 목적으로 하였으며, 이를 위한 훈련방법으로 1)덕육 2)체육 3)지육으로 삼았다. 후일 안창호는 이를 정리하여 흥사단의 이념과 방법으로 삼았다.

1909년 10월 안중근 의거가 있자 일제는 국내의 독립운동가들을 총검거하였다. 안창호는 이때 평양의 대성학교에서 체포되어 한 달 여 옥고를 치르고 석방되었다. 석방된 안창호는 통감 이토 히로부미의 이른바 '도산내각설'을 뿌리치고 동지들과 망명의 길을 택했다. 중국의 위해위(威海衛)에 상륙한 안창호는 청도(靑島)로 갔다. 이곳에서 청도회담(靑島會談)이 열렸다. 청도회담은 이종호의 자금을 운용하는 방법에 대한 내용이 주 의제였다. 이 회의에는 두 의견이 제안되었다. 그중 하나는 유동렬 김희선 등이 낸 의견으로 청도에서 신문과 잡지를 간행하자는 것이었다. 그러나 이 의견은 청도의 독일총독으로부터 정치적인 신문과 잡지는 허가할 수 없다는 통고를 받고 폐기되었다 이에 따라 안창호와 이강 등이 제안한 둘째 안인 신한민촌 건설과 무관학교 설립에 사용하자는 것이 채택되었다. 이들은 밀산현에 있는 미국인 소유의 땅을 사서 독립군기지로서의 신한민촌을 만들고, 동시에 무관학교를 세우고자 하였다. 그러나 이 계획은 이종호가 출자를 거부함으로 실현되지 못하였다. 이때 이강이 우선 블라디보스토크에 가서 연해주와 만주의 상황을 시찰하고 태도를 결정하자는 중재안을 내 안창호는 1910년 9월경 이강과 블라디보스토크에 갔다.

안창호는 블라디보스토크에서 독립군기지를 창건하여 독립 투사를 양성함이 민족의 독립운동에 힘이 될 것을 역설하였으나 유동열 김희선 등은 "당장 나가서 싸우다 죽을 것이다"라고 항일군을 조직할 것을 주장하고 이종호가 유동열 등의 독립군 조직을 지지함에 안창호의 계획은 실패하고 말았다. 그러나 유동렬 등은 독립군을 조직하기 위해 크라스키노에 갔다가 일본 관헌에 체포되어 독립군조직 계획도 실패하고 말았다. 이때 안창호의 낙담은 실로 컸다. 그의 낙담은 처음에는 독립운동의 방략을 가지고 경쟁하다가 끝내는 지방 싸움이 벌어지고 동포간의 중상 모략이 성행하는 것을 보고 이것이 독립운동의 큰 약점으로 싹틔워지는 것을 본 때문이었다.

안창호는 이때부터 독립운동 단체의 통합적 활동의 필요성을 절감하였다. 그리고 통합이 안되는 이유로 남의 아래에 서는 것을 싫어하는 성격 때문이라고 보고 독립운동의 성공을 위해서는 민족 구성원 개개인의 인격 혁명이 필요하다고 생각하게 되었다. 1911년 미국으로 건너간 안창호는 1913년 샌프란시스코에서 흥사단을 설립하여 "건전한 인격을 작성하고 신성한 단결을 조성하여 우리 민족 전도 대업의 기초를 준비하자"고 한 것은 이때의 경험에서 나온 결과라 하겠다. 건전한 인격과 신성한 단결은 안창호의 구국운동의 방법론이었다. 신성한 단결을 주장한 것은 단체 활동이 중상과 파쟁으로 실패로 돌아간 쓰라린 경험에서 나온 것으로 질적으로 신성한 경지에까지의 단결을 추구하고자 한 것이다. 이처럼 청도회담의 실패는 안창호에게 엄청난 좌절을 안겨주었으며, 또한 안창호의 독립운동의 방략이 실력양성론에서 대동통일론으로 바뀌는 계기도 되었다.

안창호는 하와이 멕시코 쿠바 등지를 다니며 흥사단 조직을 강화시키는 활동을 하던 중 1919년 상해에 임시정부가 수립된 후에는 내무총장 및 국무총리 대리, 노동국 총판 등의 직무를 수행하면서 임시정부를 중심으로 한 독립운동을 전개하였다. 안창호는 대한인국민회에 요청하여 2만5천 달러를 가져다가 프랑스 조계에 임시정부의 청사를 마련하는 자금동원력을 발휘하기도 하였다. 이때 안창호가 수행한 주요 업무로는 국무령 제1호로 공포한 연통제가 있다. 연통제는 경남과 강원도를 제외한 10개 도에 설치되었는데 독립운동의 선전과 임정의 재정모금에 그 목적이 있었다. 안창호는 한편으로 흥사단 원동위원부를 조직하여 안정근을 비롯한 상해 일대의 지사들을 흥사단에 가입케 하기도 하였다.

안창호는 각지에 있는 지도자들을 상해로 모아 독립운동 세력의 통합을 시도하였다. 그 일환으로 이승만을 임시대통령에, 이동휘를 국무총리에 선출하여 표면적인 통합에 성공하였다. 그러나 이동휘를 비롯한 러시아와 북경세력이 이승만을 배척하고, 1920년 1월에는 내무총장 이동녕이 사표를 제출하였으며, 4월에는 차장들의 총사표 제출이 결의되었다. 안창호의 수습 노력에도 불구하고 1921년 4월에 임시의정원에서 이승만 탄핵안이 제출되었다. 이처럼 임정을 중심으로 한 독립운동의 통합 노력이 실효를 거두지 못하자 안창호도 1921년 5월 사임하고 독립운동계가 안고 있던 현안

문제들을 협의하기 위한 독립운동자 회의의 필요성을 역설하였다. 당시 상해는 사회주의 세력을 중심으로 임정을 부정하고 새 정부를 창조하자는 주장이 제기되었다. 이에 대해 안창호는 임정을 개조하여 독립운동 세력의 대표기관으로 만들 것을 밝혔다. 임정은 지역별 이념별 갈등으로 내분되어 독립운동의 주도적 위치를 상실하고 있었으며, 만주 노령지역의 독립운동 단체들도 독립군의 통일적인 구성이나 조직적인 활동이 이루어지지 못한 상태였다. 이에 안창호는 김규식 여운형 원세훈 등 25인과 함께 임정 개조를 위한 국민대표회의의 개최를 발기하게 된 것이다.

안창호는 1921년 5월 상해에서 국민대표회의의 소집을 요구하는 연설회를 개최하였으며, 1922년 4월 다시 연설회를 개최하여 국민대표회의의 소집이 최대의 과제임을 역설하였다. 자금문제 등으로 지연되던 국민대표회의는 결국 1923년 1월 3일 상해에서 개최되기에 이르렀다. 세계 각 지역의 135개 단체에서 158명의 민족대표들이 참석하는 대성과를 거두었다. 안창호가 임시의장이 되어 개회한 회의에서 의장에 김동삼, 부의장에 안창호와 윤해가 선출되어 5월 15일까지 63회에 걸친 회의를 가졌다. 그러나 이 회의는 임정을 혁파하고 새로이 조직하자는 이르크츠크 공산당 계열이 중심이 된 창조파와 안창호를 비롯한 김동삼 홍진 등의 임정을 개조하자는 개조파로 나뉘어 양파간의 첨예한 대립이 노정되었다. 결국 개조파가 회의를 탈퇴하기에 이르렀으며, 창조파는 단독으로 새정부령을 발표하였으나 소련의 정책 변경으로 신정부의 설치가 허가되지 않았기 때문에 창조파의 신정부안도 와해되고 말았다. 이로써 독립운동계의 통합이라는 당초의 목적을 달성하지 못하고 독립운동계의 반목과 대립은 오히려 심화되었으며 이념과 방략 역시 혼란을 초래하고 말았다.

국민대표회의의 실패는 안창호에게 낙담과 큰 충격을 남겨주었다. 안창호가 그토록 노력했던 대동통일운동이 허사로 돌아감은 물론 더욱 첨예한 대립과 반목의 결과를 낳고 말았기 때문이었다. 그러나 안창호는 독립운동계의 통일운동을 포기하지 않았다. 안창호는 1926년 7월 삼일당에서 '우리 혁명운동과 임시정부 문제에 대하여'라는 연설을 통하여 전민족의 대동단결과 무력에 의한 혁명의 방법으로 자주 독립의 신국가를 건설할 것을 주장하였다. 이같은 구국이념으로 안창호는 북경과 만주일대를 다니면서 민족주의자는 물론 반임정계 인물, 무정부주의자, 공산주의자들까지 만나 군사단체의 통일과 대독립당의 결성을 토의하였다. 그 과정에서 1927년에는 길림에서 동포들에게 연설 도중 중국 경찰에 감금되기도 하였다. 안창호의 이러한 노력의 결과 1928년 이동녕 이시영 김구 엄항섭 조완구 조소앙 등 28명과 뜻을 함께 할 수 있었으며 그 결실은 한국독립당의 결성으로 이어졌다.

한국독립당은 1930년 1월 상해의 프랑스 조계 보경리 제4호에 있는 대한교민단사무소에서 결단식을 거행하고 창립되었다. 이들 중 흥사단계 인물로는 안창호를 비롯하여 선우혁 김홍서 조상섭 송병조 이유필 차리석 김붕준 박창세 장덕로 등으로 가장 많고 신민회 출신이 9명에 이른다. 한국독립당은 결당과 더불어 당의 당의(黨義)와 당강(黨綱)을 제정하였다. 이 당의와 당강은 안창호와 이동녕 이유필 김두봉 안공근 조완구 조소앙 등 7인이 기초위원이 되어 작성하였다. 최근에 조소앙의 글에서 그 자세한 내용이 알려지고 있으나 처음에 만들어진 당의와 당강은 안창호의 구상에 의해 만들어졌고 그 내용은 반일과 민주사상을 근간으로 하였다. 그러나 안창호는 대독립당 운동이 제대로 결실을 보기도 전인 1932년 4월 29일 윤봉길의거가 있던 날 체포되어 영어의 몸이 되고 말

아 그가 평생 노력했던 독립운동계의 통일과 광복을 볼 수 없게
되었다.

3. 독립운동방략

1) 실력양성론

안창호는 청일전쟁이 국내에서 벌어지는 것을 보고 그의 이른바
'힘의 철학'을 깨우쳤다. 우리의 실력이 부족하여 외국군에 의해
국토가 유린당한다고 생각한 것이다. 따라서 그의 실력양성론은
민족의 생존권과 관련되어 제기된 구국의 방략으로 국권회복과 독
립을 쟁취하기 위한 원대한 계획이요 현실적인 대안이었다.

안창호는 우리가 서구에 비해 과학기술과 무기, 그리고 경제적
인 면에서 뒤떨어짐을 보고 자강을 통해 이를 극복하고자 한 것이
다. 이를 위하여 그는 국민들에게 서구의 사회사상에 기반한 근대
의식을 연설회 또는 학교교육을 통해 계몽시키고자 하였다. 동시
에 그는 자신(自新)과 신민(新民)을 내세우면서 민주주의 사상에 기
초하여 민력의 양성을 꾀하고자 하였다. 이처럼 안창호의 실력양
성론은 개화를 통한 지식의 개발과 근대화를 통한 민력의 양성을
목표로 하였음을 알 수 있다. 그러나 안창호는 단지 서구화만을
강조하는 서구지향적인 태도는 아니었다. 그는 근대의식과 더불어
민족의식을 고취시키는 데도 심혈을 기울였다. 대성학교에서의 민
족교육이나 자기회사의 설립을 통한 한국 고유문화의 계승을 위한
노력에서 보여지듯이 안창호의 실력양성론은 철저한 민족자존적
태도에 기반한 자강독립론이라 할 수 있다.

안창호는 실력양성론을 적극적으로 실천하였다. 단체의 설립과 연설회의 개최, 그리고 언론 등을 통해 국민을 계몽하였으며 사립학교의 설립과 신민회 같은 비밀단체의 설립 등을 통해 그의 실력양성론을 실천에 옮겼다. 또한 일제와의 투쟁에서 민족의 단결을 주장하였으며 단체운동을 통한 민족의 힘의 총결집을 요구하였다. 그는 독립협회에 참여하면서부터 단체의 힘을 깨닫기 시작하였다. 그 후 미주에서의 공립협회와 흥사단, 그리고 국민회의 설립, 국내에서의 신민회와 청년학우회의 설립, 서북학회에의 참여 등의 활동에서 살 수 있듯이 그의 실력양성론은 언제나 단체운동으로 실천되었음을 알 수 있다.

2) 독립전쟁준비론

독립전쟁준비론이란 일제로부터의 독립의 길은 무력항전을 통한 방법이 가장 확실한 길이며, 무력항쟁을 결행할 만한 무력을 준비해야 독립을 쟁취할 수 있다는 독립운동의 방략론이라 하겠다. 안창호를 비롯하여 민족운동자들은 1907년 군대의 강제 해산과 고종의 강제 퇴위 등의 일제의 강압정치를 당하자 교육과 실업 등의 진흥을 통한 실력양성론으로는 국권을 회복할 수 없다고 인식하기 시작하였다.

안창호는 군대해산 직후부터 독립을 위해서는 무력적 방법을 동원해야 한다는 인식을 하기 시작한 것으로 보인다. 1907년 8월 구한국 군대가 강제로 해산되자 박성환 대대장의 자결을 계기로 하여 군인들의 항일전이 남대문 일대를 중심으로 벌어졌다. 이때 안창호는 일본군과의 전투에서 부상당한 해산군인의 간호를 진두 지휘하였으며, 세브란스병원에서 묵으면서 의병장들을 격려하는 이른바 '노끈서신'을 비밀리에 발송하기도 하였다. 신민회의 독립군 창건운동도 이 시기부터 검토되었던 것으로 알려지고 있다.

안창호는 이러한 국내의 정황에 일제와의 항전을 위한 독립군 양성, 그중에서도 특히 사관양성의 필요성을 절감하였다. 이와같은 안창호의 독립전쟁준비론은 신민회에 의한 독립군기지창건운동과 사관학교 설립 등으로 실천되었으며, 1919년 임시정부에 참여하면 서부터 더욱 강조되었다. 안창호는 1919년 6월 25일 교민친목회 사 무소에서 행한 연설에서 "일본이 피로 우리나라를 빼앗았으니 우 리도 피로 회복할 것을 생각합시다."라면서 '최후의 승리는 혈전'에 있음을 강조하였다. 1919년 6월 28일 내무총장에 취임하면서 행한 연설에서도 "군사상 준비를 하여야 합니다. 우리 일이 평화적으로 안되면 반드시 군사적으로 하여야 하겠소."라고 군사 부분을 강조 하였다. 1920년 1월 3일과 5일 이틀에 걸친 신년을 축하하는 모임 에서 '우리 국민이 결단코 실행할 6대사'라는 주제로 연설을 행하 였다. 그는 이 자리에서 독립운동의 방략으로 1)군사 2)외교 3)교육 4)사법 5)재정 6)통일의 6대 사업을 제시하였다. 이때 안창호는 군 사경험자를 모집하여 군사훈련을 시켜 전쟁을 준비할 것 등 독립 전쟁준비론을 역설하였다. 그는 또한 "내 동포를 죽이고 태우고 욕 함을 보고 죽음을 결심함은 당연한 일이다. 어떤 나라는 남의 나라 를 위하여 싸우거든 우리는 우리 자신을 위하여 싸우는 것이 마땅 하지 아니하오. 우리는 의리로든지 인정으로 든지 싸워야 하오"라 고 하는 등 강한 항전의식을 나타냈음을 볼 수 있다.

안창호는 독립전쟁준비론의 실천 방책으로 구한국군인과 의병 을 초모하여 장교를 양성할 것을 주장하였다. 1921년 2월 3일 상해 의 노백린 방에서 그는 먼저 교민을 모으고 지원병을 모집하며 다 음에는 '장사(將士)'를 양성할 것을 제시하였다. 2월 6일 김규식의 방에서도 같은 방안을 반복하여 제기하였다. 1921년 5월 12일 임시정부의 직을 사퇴하면서 행한 연설에서도 3~5만 명의 군사를 모집할 것과 사관양성에 힘쓸 것을 강조하였다. 한편 그는 국민전체에게 군사훈련을 시키는 국민개병주의의 방법을 주장하기도 하였다. 안창호는 이러한 독립전쟁준비론에 입각하여 무력에 의한 혁명적방법으로서만이 독립이 가능함을 주장하면서 국내에서의 개조론이나 자치론을 비판하였다. 따라서 안창호의 독립운동노선이 민족개량주의에 흐르고 도덕주의에 빠졌다고 비판함은 안창호의 구국방략을 제대로 이해 못한 단견이라 할 것이다.

3) 대동통일론

대동통일론이란 지방 종교 이념 정파 등의 차이를 극복하고 대동단결하여 민족의 역량을 총결집하여 항일독립전쟁을 전개하자는 구국 방략이라 할 수 있다. 안창호는 청도회담의 실패후 민족운동가들의 통일적 활동이 이루어지지 못함을 안타까이 여겼으며, 이것이 이루어지지 못한다면 자주적인 독립은 기대하기 어렵다고 생각하였다. 안창호는 미주에 체류하면서도 한인 전체의 대단결을 주장하였다. 그는 대한인국민회 중앙총회장에 취임하면서도 우리민족이 단결력이 박약하여 국가를 잃었다고 민족의 단결을 역설하였다.

그의 대동통일론은 1919년 임정에 참여하면서 더욱 강조되었다. 1920년 1월 신년축하회에서 6대사업을 제기하면서 그중의 하나로 '통일'사업을 들면서 "인구와 금력과 지력이 아무리 많더라도 통일이 부족하면 망하는 것은 다 알지요"라 하여 독립운동의 방략으로 전쟁론이나 외교론이 중요하고 민지의 개발과 재정의 확충이 이루

어진다 하더라도 통일이 없이는 독립을 쟁취할 수 없다고 하였다. 안창호는 이어서

> 내가 통일 한다고 많이 부르짖은 고로 '안창호의 통일독립'이란 별명까지 있지만은, 독립을 성하려면 우리 민족적 통일력이 아니고는 될 수가 없으니 독립을 바라는 우리는 통일의 완성을 위하여 노력을 아니 할 수 없습니다 (중략). 모든 운동의 실현 못됨이 다 이 통일의 궤도를 잃은 때문이외다.

라 하여 독립운동이 제대로 성사되지 못하는 이유는 군사 외교 등 모든 운동이 통일적인 구심체가 없이 상호 대립적이고 '불통일적' 형태로 이루어지기 때문이라고 지적하였다. 이처럼 안창호에게 통일적 독립운동의 실천이야말로 최고의 목표였다 할 수 있다.

안창호의 대동통일론은 이념과 정파를 초월하는데 특성이 있다. 그는 민족주의자는 물론 무정부주의자, 사회주의자까지의 통일을 추구하였다. 또한 임정계는 물론 반임정계도 포용하고자 하였다. 안창호의 이러한 노력의 결과 국민대표회의에 세계 각 지역에서 135개 단체의 대표들이 이념과 정파 그리고 지역을 초월하여 집결할 수 있었다. 그러나 국민대표회의는 결국 계열간의 대립으로 실패로 끝나고 말았다. 이후 안창호는 1926년 북경의 원세훈, 장건상과 만나 유일당운동을 전개하였다. 하지만 민족유일당운동도 결렬되고 1929년 좌익계에서 유호한국독립운동자동맹을 결성하자 안창호는 1930년초 기호파인 이동녕 등과 연합하여 한국독립당을 창립하여 범민족진영의 통합을 우선적으로 이루기에 이른다. 그러나 1932년 체포되고 말아 그가 평생 목표로 했던 전민족의 대동통일운동은 더 이상 진전시키지 못하고 말았다.

안창호의 대동통일론은 평등사상에 기반하고 있다. 일찍 기독교

신자가 되어 미국에서 생활한 안창호는 민족주의자이면서 민주주의
자였다. 동시에 사회주의까지 포용할 수 있는 이념적 개방성을 갖
고 있었다.

이처럼 안창호의 사상은 민족주의에 근거하였으나 사회민주적
인 성격을 띤 것으로 보인다. 안창호는 민족평등, 정치평등, 경제
평등, 교육평등의 4평등론을 주장하였다. 안창호는 광복 후 이 4평
등론을 기초로 한 민주공화국을 건설하고자 한 것이다. 이러한 안
창호의 사상이 한국독립당의 건설이념이 되었다.

4. 독립운동방략의 현재적 의미

안창호의 독립운동방략은 실력양성론과 대동통일론에 기반한
독립전쟁준비론이 중심이라 할 수 있다. 안창호의 실력양성론은
청일전쟁 때 힘의 철학을 깨우치면서 성립되었으며, 신민회를 비
롯한 계몽주의 계열의 주요한 구국방략이 되었다. 안창호의 실력
양성론은 군대해산 후 전국적인 항일의병의 전개상을 직접 목도한
후 질적인 변화를 보여준다. 단지 교육과 식산의 진흥만이 아닌
무력의 필요성을 절감하였으며, 그 결과 국외에 사관학교의 건립
을 통한 장교의 육성과 독립운동을 위한 근거지의 건설을 추진하
는 등 독립전쟁준비론의 방략으로 전환하기에 이른 것이다. 안창
호는 청도회담의 실패 후에는 항일전쟁에서의 완전한 승리를 위한
민족의 대동통일론을 강조하였다.

안창호의 독립운동방략은 각 시기마다 일정한 성과를 거둔 실천
적인 방법이었다. 계몽운동기 그의 실력양성론은 국민의 근대의식
과 민족의식을 고취시키는데 지대한 공헌을 한 바 있다. 한편 안

창호의 독립전쟁준비론은 사관의 양성과 국민개병주의는 물론, 혈전의 방법까지 주장되었다.

대동통일론 역시 독립운동의 주요한 방략의 하나로 채택되었다. 안창호는 독립전쟁을 수행하되 일제와의 투쟁에서 산발적이고 소규모적인 방법이 아닌, 전민족적인 전면전을 감행해야 만이 완전한 광복을 쟁취할 수 있다고 믿었다. 이에 따라 그는 공산주의계를 포함한 민족운동단체의 연합을 시도했으며, 그 과정에서 각 계파들의 분파적 대립과 갈등을 극복하기 위한 개개인의 인격훈련의 방법까지 동원하였다. '건전한 인격과 신성한 단체'를 건립할 것을 목표로 한 흥사단은 이러한 배경 하에 출현되었다. 이는 민족을 구원하고자 하는 원대하고 보다 근원적인 해결방법이라 할 수 있다. 이를 안창호가 무장투쟁을 주장하지 못하고 민족의 개조를 주장하는 등 도덕주의에 빠졌다고 한다면 안창호의 독립운동의 방략을 전체적인 안목에서 파악하지 못한 결과라 할 것이다.

한편 안창호의 대동통일론에 입각한 독립운동 전선의 통합노력은 국민대표회의를 성립시키는 결과를 보기도 하였다. 비록 이념의 대립이라는 장벽에 부딪혀 국민대표회의가 무산되었으나, 안창호의 계속된 노력으로 민족진영의 통합체인 한국독립당이 수립된 것은 성과라 할 것이다. 안창호의 이러한 대동통일론에 기반한 독립운동은 안창호의 수감 후에도 좌우합작운동을 지속적으로 전개할 수 있게 한 원동력이 되었다 할 수 있다.

안창호의 대동통일론은 남북이 분단되고 지역 할거주의가 팽배한 현대사회에서도 절실히 요구되는 이론이며, 건전한 인격과 신성한 단결에 기반한 독립운동방략은 오늘날 정치 사회운동에 더욱 필요한 규범적 의미를 갖는다. 이처럼 안창호는 파쟁적이고 중세적인 의식을 극복하지 못했던 독립운동계 일각의 한계를 민주적인 방법으로 극복하고자 노력한 선각적인 혁명운동가라 할 것이다.

⬚ 참고문헌

『順興安氏族譜』 권7.

도산안창호선생전집편찬위원회, 도산안창호전집(전14권), 도산안창호선생기념
　　　사업회, 2000.

주요한, 『안도산전서』상, 범양사, 1990.

김희곤, 『중국관내 한국독립운동단체 연구』, 지식산업사, 1995.

이명화 『도산 안창호의 독립운동과 통일노선』, 경인문화사, 2002.

서중석, 「한말 일제침략하의 자본주의 근대화론의 성격 - 도산 안창호의 사상
　　　을 중심으로 - 」, 『손보기박사정년기념한국사학논총』, 1988.

한시준, 「상해 한국독립당 연구」, 『용암차문석교수화갑기념 사학논총』, 1989.

박만규, 「도산 안창호의 대공주의에 대한 일고찰」, 『한국사론』 26, 1991.

_____, 「한말 안창호의 비밀결사조직과 독립전쟁준비론」, 『도산학술논총』 2,
　　　1992.

조동걸, 「민족운동가로서의 도산」, 『도산사상연구』 2, 1993.

이명화, 「도산 안창호의 독립운동과 노선」, 『안도산전서』 하, 범양사, 1993.

유병용, 「대공주의 정치사상 연구」, 『한국근현대사연구』 2, 1995.

김상기, 「도산 안창호의 독립운동방략론」, 『죽당이현희교수화갑기념한국사학
　　　논총』, 동방도서, 1997.

송규: 종교를 통한 건국운동

박 맹 수
원광대학교 원불교학과 교수

1. 소태산 박중빈 대종사와의 만남

정산(鼎山) 송규(宋奎, 1900~1962, 이하 송정산이라 칭함)는 근현대 한국을 대표하는 종교사상가요 사회운동가, 교육운동가이다. 1916년에 소태산(少太山) 박중빈(朴重彬, 1891~1943, 이하 소태산) 대종사의 '대각(大覺)'을 계기로 성립된 원불교(圓佛敎)의 제2대 종법사(宗法師)를 역임했다. 본관은 야성(冶城)이요 본명은 도군(道君)이며 법명은 규(奎)이다. 호는 정산(鼎山)이라고 한다.

대표적 저서로는 대승불교의 핵심 경전인 『금강경』을 한글로 풀이한 『금강경 경해(金剛經 經解)』(1936), 『일원상(一円相)에 대하여』(1937), 『불법연구회창건사(佛法硏究會創建史)』(1938), 『건국론』(1945), 『예전(禮典)』(1952), 『정산종사법어(鼎山宗師法語)』(1972) 등 다수가 있다.

송정산은 1900년 8월 4일에 경상북도 성주(星州)에서 부(父) 송벽조(宋碧照)와 모(母) 이운외(李雲外)의 장남으로 태어났다. 주지하듯이, 송정산이 태어난 경북 성주는 한말개화기부터 일제강점기에 이르기까지 다수의 민족운동가를 배출한 민족운동의 요람지였다.

정산 종사 진영

한계(韓溪) 이승희(李承熙, 1847~1916)
와 심산(心山) 김창숙(金昌淑, 金昌
淑 1879~1962)을 비롯하여, 송정산
의 유년기 사상형성 과정에서 지
대한 영향을 끼친 공산(恭山) 송준필
(宋浚弼, 1869~1943)의 출신지 역시
송정산의 고향과 같다.

　송정산은 9세 때부터 조부의
사숙(私塾)에서 한학(漢學)을 배웠
다. 그러나 마음 한 가운데 훌륭
한 스승을 만나고자 염원하던 중,
1918년에 젊은 구도자 소태산(少
太山) 박중빈(朴重彬)을 전라북도 정읍에서 만나 "내 마음이 바로
그의 마음이 되고, 그의 마음이 바로 내 마음이 되었다(『원불교전서』
「대종경」 신성품 18장)"고 할 정도로 깊은 신뢰를 받고 소태산의 수
제자(首弟子)가 되었다. 여기서 송정산의 스승이며, 또한 그에게 결
정적인 사상적 영향을 끼친 소태산에 대해 언급해 두고자 한다.

2. 소태산 박중빈 대종사는 누구인가

　소태산은 조선왕조 말기에서 일제 식민지시대에 걸쳐 살았던 근
대한국의 종교사상가이자 사회운동가 가운데 1인이다. 본관은 밀
양(密陽)이며, 어렸을 때 이름은 진섭(鎭燮)이고, 자는 처화(處化),
호는 소태산(少太山)이라고 하며, 원불교 교단 내에서는 대종사(大
宗師)로 존경받고 있다.

소태산은 전라남도 영광군 백수읍 길룡리에서 평범한 농민이었던 부친 박성삼(朴成三)과 모친 유정천(劉定天)의 4남 1녀 가운데 3남으로 태어났다. 7세 때부터 서당(書堂)에 들어가 한학(漢學)을 배우기 시작한 그는 9세가 될 무렵에는 우주와 인생의 근본 이치에 대해 깊은 의문을 품게 되었다. 그러나 한학의 배움으로는 그의 머리를 가득 채우고 있던 의문을 해결할 수 없었기 때문에 그는 보통 사람과는 달리 높은 차원에 있는 어떤 존재로부터 해답을 얻고자 했다. 그래서 먼저 산신(山神)을 만나기 위해 산상에서 기도를 올리는 생활을 하였고, 그 다음에는 도인(道人; 원불교 초기 기록인『불법연구회창건사』에는 '도사(道士)'라고 쓰여 있다)을 만나 자신의 의문을 해결하고자 구도 생활을 계속했다. 그러나 그 모든 것이 제대로 이루어지지 못해 "이 일을 어찌 할꼬"라고 고민했던 그는 마침내 22세 전후부터는 어떤 외부의 존재를 통해 문제를 해결하려는 길을 단념하고 홀로 깊은 사색과 기도에 전념하는 생활을 계속했다.

그러나 그 어떤 기성의 수행법을 선택하는 것도 불가능했던 그는 24-25세 무렵부터는 입정삼매(入定三昧)의 경지에 들어 망아(忘我)의 침잠 상태에 드는 '대입정(大入定)'의 경지를 체험하는 경지에 이르렀다. 그러나 주변 사람들은 오히려 그 같은 소태산을 '폐인(廢人)' 취급을 하곤 했다. 그러나 소태산은 1916년 4월 28일 이른 아침, 마침내 동쪽 하늘이 서서히 밝아올 때 우주만유와 인생의 근본 이치를 깨닫는 결정적 체험(『불법연구회창건사』에서는 이 결정적 체험을 '대각(大覺)'이라 표현하고 있다)을 하기에 이르렀다. 소태산이 깨달은 경지는 바로 "만유(萬有)가 한 체성(體性)이요, 만법(萬法)이 한 근원(根源)이로다. 그 가운데 불생불멸의 진리와 인과보응의 이치가 한 뚜렷한 기틀을 지었도다"(「대종경」 서품 1

장)라는 내용에서 잘 드러나고 있다. 소태산은 이 같은 '대각'을 얻은 기쁨을 "청풍월상시(淸風月上時)에 만상자연명(萬像自然明)이라 -맑은 바람 불고 달이 떠오를 때, 만물의 실상은 자연히 드러난다 -"(「대종경」 성리품 1장) 라고도 표현하였다. 대각 직후, 소태산은 유교, 불교, 도교 등 3교의 경전을 비롯하여 그리스도교의 성서(聖書)까지도 두루 섭렵하였는데, 그 중에서도 특히 불교의 『금강경(金剛經)』의 내용이 자신이 깨달은 진리와 일치한다는 것을 알게 되었다. 그래서 그 근본 진리를 밝히는 데는 '불법(佛法)이 제일(第一)'이라고 생각하여 석가모니(釋迦牟尼)를 선각자로서 존숭하는 동시에 불교와 인연을 맺게 되었다.

그러나 그는 자신이 깨달은 진리를 펴기 위해서는 기존 불교와 사원(寺院)의 구태의연한 모습 그대로는 안 된다고 생각하여 기존 불교와는 전혀 다른 새로운 불교, 새로운 교단을 설립하지 않으면 안 된다고 생각했다. 그래서 "물질이 개벽(開闢)되니 정신을 개벽하자"(『원불교교전』, 「개교표어(開敎標語)」)라는 슬로건을 내걸고 새 교단 창립을 선언하는 한편, "수신(修身)의 요법, 제가(齊家)의 요법, 강자약자(强者弱者)의 진화상(進化上) 요법, 지도인(指導人)으로서 준비할 요법"(『원불교교전』, 「최초법어(最初法語)」) 등 세계를 구제할 새로운 대책을 「최초법어」라는 이름으로 발표하였다. 그와 더불어 소태산은 기존 불교와 같은 불상(佛像)이 아니라 '일원상(一圓相; 圓의 형태) 법신불(法身佛)'을 신앙(信仰)의 대상, 수행(修行)의 목표로 정하는 한편, 불교의 시대화, 대중화, 생활화를 주장하여 시주(施主), 탁발(托鉢), 공양(供養) 등을 폐지하고, 그 대신에 신자 각자가 정당한 직업에 종사하여 교화(敎化) 사업을 시행하는 '생활불교(生活佛敎)'를 표방하였다.

이렇게 새로운 종교 공동체를 열겠다는 의사를 표명하자 같은 동네 주민들을 중심으로 근처에서 40여 명이 모여 들었다. 소태산은 그 가운데 김기천(金幾千)·김광선(金光旋) 외 8명을 고제(高弟)로 선발했다. 그리고 대각 다음 해인 1917년에 먼저 저축조합(貯蓄組合)을 조직하여 경제자립 운동에 착수했다. 소태산이 전개한 저축조합 운동은 단순한 조합이 아니라, 근검저축(勤儉貯蓄), 허례폐지(虛禮廢止), 미신타파(迷信打破), 금주단연(禁酒斷煙), 공동출역(共同出役; 공동노동) 등을 주지(主旨)로 하는, 민중들의 자주적인 신생활운동(新生活運動)이라는 성격을 지닌 것이었다. 그리고 다시 1918년에는 방언공사(防堰工事; 간척지 개척공사)를 실시했다. 방언공사란 소태산의 탄생지인 전라남도 영광군(靈光郡) 백수면(白岫面) 길룡리(吉龍里) 앞 바다의 갯벌을 제방으로 막는 간척사업으로써, 이 간척지 개척공사를 통해 2만 6천여 평 정도의 농지가 조성되었으며, 그 새로 조성된 농지를 뒷날 송정산은 '정관평(貞觀坪)'이라는 이름을 붙였다. 간척사업을 성공리에 마친 뒤로도 소태산은 엿공장, 과수원, 농축산, 양잠, 한방약국 등을 경영하여 탁발과 공양을 폐지한 가운데, 종래 불교와는 전혀 새로운 차원의 교단 건설에 필요한 경제적 기반을 확립했다.

이상과 같이 전남 영광을 중심으로 새로운 교단 창립의 기초를 다진 소태산은 1919년부터 약 5년간 전라북도 부안 변산에 칩거하면서 새 교단 창립에 필요한 교리와 제도를 정비한 뒤, 1924년부터 전북 익산을 무대로 '불법연구회(佛法硏究會)'라는 이름으로 공개적이면서도 합법적인 종교운동에 착수하기에 이른다.

3. 소태산의 불법연구회를 계승하다

송정산은 원불교 교단이 최초로 행한 대사업인 영광의 방언공사 도중인 1918년경에 처음으로 참가하여 눈부신 활동을 벌임으로써 소태산으로부터 높은 평가를 받았다.(1918년경에 소태산이 송정산을 수제자로 받아들이는 과정은 『불법연구회창건사』에는 매우 '신비롭게' 묘사되어 있다. 그러나 최근 역사학계의 연구에 의하면, 송정산이 경상도에서 전라도로 건너오게 되는 역사적 배경에는 1900년대 초부터 경북 성주를 중심으로 활발하게 전개되었던 민족운동이 자리하고 있었다는 사실이 밝혀지고 있다. - 주) 방언공사 곧 간척사업이 끝나자마자 송정산은 고제(高弟)의 반열에 들어 이후 교단 내에서 중추적인 역할을 담당하게 된다.

1919년 3.1운동이 전국적으로 전개되던 시기에 소태산은 진리의 감응을 얻기 위해 송정산을 비롯한 9인 제자들과 함께 대기도(大祈禱) 운동을 전개하게 하였고, 기도운동을 시작한지 3개월 뒤에 있었던 최종 기도에서는 '백지혈인(白紙血印)의 법인성사(法認聖事)'라는 기적(奇跡)이 일어났다. 이로써 무아봉공(無我奉公)과 신성(信誠), 단결(團結), 공심(公心)이라는 정신적 기초가 확립되어 결속을 한층더 견고하게 하였으니, 이것이 바로 원불교 교단의 창립정신(創立精神)이 되었다. 약관(弱冠) 19세에 수위단(首位團; 원불교의 최고 의결기관) 중앙(中央; 소태산을 보필하는 최고 수제자) 단원으로 발탁되었던 송정산은 이 대기도 운동 과정에서 중심적인 역할을 맡았다.

1919년 늦가을(음력 10월경)부터 몇몇 제자들은 소태산과 함께 전라북도 부안군(扶安郡) 산내면(山內面)의 봉래정사(蓬萊精舍)에 은거하여 새 교단의 교리를 이론화하고 교단의 새 제도를 구상하게

되었다. 송정산도 소태산과 함께 5년간에 걸쳐 원불교 초기교서(初
期敎書) 편찬과 교단 제도 구축 작업에 진력하였다. 이 같은 노력
뒤인 1924년에 서중안(徐中安) 등이 발기인이 되어 원불교의 전신
인 '불법연구회(佛法研究會)'를 설립하여 소태산을 총재(總裁)로 추
대하는 한편, 전라북도 이리의 신용리(현재의 전라북도 익산시 신
용동)에 총부를 건설하여 새로운 종교운동을 개시하였다.

소태산은 약 20년에 걸쳐 '불법연구회'를 지도하면서 "동정일여
영육쌍전(動靜一如 靈肉雙全), 처처불상 사사불공(處處佛像 事事佛
供), 불법시생활 생활시불법(佛法是生活 生活是佛法)" 등의 교리를
내걸고, 불교의 시대화, 생활화, 대중화를 지향하는 새 불교운동을
전개하였다. 예를 들면, 1926년에는 신정의례(新定儀禮)를 발표하
여 예법개혁(禮法改革)을 통해 당시 한국 민중이 구속당하고 있던
번잡한 유교적(儒敎的) 의례개혁을 시도하였으며, 다시 1935년에
는『조선불교혁신론(朝鮮佛敎革新論)』을 간행하여 생활불교 운동에
박차를 가했다.

한말개화기 및 일제 강점기를 살다간 소태산은 종교가(宗敎家)
인 동시에 사회개혁가(社會改革家), 농촌운동가(農村運動家)로서도
활동하여 허례폐지, 미신타파, 근검저축 등 농민의 계몽과 생활개
선의 선두에 섰다. 이처럼 소태산이 새로운 종교운동을 펼쳤던 시
기는 일본의 식민지시대였다. 그렇기 때문에 소태산이 전개한 새
로운 종교운동은 총독부(總督府)의 정책에 정면으로 부딪치는 것을
피하면서도, 또한 그것에 동조하지도 않는 가운데 식민지하 한국
민중들 스스로 자신들의 물질적 조건과 사회적 조건, 그리고 정신
적 소양을 자발적으로 향상시켜 가는 길을 지향하도록 하는, 보통
사람으로서는 생각지도 못한 눈에 보이지 않는 깊은 사려가 들어
있었음에 틀림이 없다. 소태산이 행한 불교혁신의 주된 내용은 이

하의 강령(綱領)에 단적으로 드러나고 있다.

① 일원상(一圓相)을 신앙의 대상과 수행의 표본으로 하여 받들고, 사은 신앙(四恩信仰)과 삼학수행(三學修行)을 통해 모든 종교의 진리를 통합, 활용한다.

② 모든 경전(經典)과 교서(敎書)는 누구나 배우기 쉽도록 쉬운 말과 문장으로 평이간명(平易簡明)하게 편찬한다.

③ 교당(敎堂)은 교도(敎徒)가 많은 곳에 세우며, 남녀 교역자(敎役者; 교단 활동 종사자)를 양방으로 양성하여 원활한 교화를 지향한다.

④ 모든 신자(信者)는 정당한 직업을 가지고 자력(自力) 생활을 영위하며 사회발전에 공헌하고, 영혼구제(靈魂救濟)에만 치우치지 아니하고 정신생활과 육신생활을 조화시킨다.

⑤ 모든 의식(儀式)과 예법(禮法)은 진리와 사실에 기초하여 간편을 주로 하며, 시대에 맞게 대중(大衆)이 모두 실천할 수 있도록 한다.

⑥ 재가(在家) 출가(出家)의 차별을 없애고 법위(法位)의 고하(高下)만 따르도록 한다.

⑦ 출가 교역자에 대해 결혼(結婚)을 법으로 제한하지 아니하고 각자의 의사(意思)로 결정하도록 한다.

⑧ 교단(敎團) 운영에 재가와 출가, 남성과 여성이 함께 참여한다.

그렇다면 일제강점기 소태산이 이끄는 불법연구회에서 송정산은 어떤 역할을 맡았을까? 정산은 불법연구회가 창립된 최초 6년 간은 전남 영광에 자리하고 있는 영산지부(靈山支部)에서 성지(聖地)를 건설하는 사업에 전념하는 가운데, 때로는 연구부장, 교무부장, 총무부장, 교정원장 등을 역임하면서 소태산을 지근거리에서 보좌하였다. 1942년부터 송정산은 스승 소태산의 『불교정전(佛敎正典)』 편찬을 도왔다. 그러나 그 작업 도중인 1943년 6월 1일에 소태산이 53세를 일기로 열반하자 송정산은 종통(宗統)을 계승하여 후임 종법사(宗法師)에 취임하였다. 그렇지만 이미 태평양전쟁(太平洋戰爭)을 수행하고 있던 당시 제국주의일본의 식민지 권력은 '국가총동원(國家總動員)'체제라는 이름 아래 불법연구회에 대해서도 해산하든지 아니면 일본불교(日本佛敎)로 동화(同化)하든지 하는 양자택일(兩者擇一)을 강요하고 있었다. 이 때문에 교단 최고지도자로서 송정산은 다른 일은 제쳐두고서라도 우선은 조선총독부와 군부(軍部)의 정치적 압력에 대항하면서 교단을 유지해야 하는 지극히 곤란한 과제에 대처하지 않으면 안 되게 되었다.(일제 강점기 말엽에 송정산이 일제의 식민지배에 어떠한 방식으로, 어떻게 대응하였는가는 향후 더욱 구체적으로 해명할 필요가 있다. – 주)

4. 독립 후 국가가 나아가야 할 길을 제시하고, 민중을 교육, 구제하다

1945년 8월 15일, 제국주의일본이 태평양전쟁에서 패배함으로써 식민지조선은 독립을 맞이하게 되었다. 해방을 맞이한 송정산은 1946년에 교단 명칭을 불법연구회(佛法硏究會)로부터 '원불교(圓佛敎)'로 개칭하여 그 재정비를 추진하였으며(교단 재정비는 식민지 잔재 청산이라는 의미도 동시에 지니고 있었다.) 또한 같은 해에『원불교교헌』(圓佛敎敎憲)을 제정하여 원불교 교단조직의 기초를 확립함과 함께, 또한 독립한 지 얼마 되지 아니한 국가건설의 방향을 제시하는『건국론(建國論)』(1945년 10월)을 발표하였다.(사진-2『건국론』표지 참조)

송정산은『건국론』에서 나라를 다스리는 길로써 '일원상의 진리'에 입각한 사회개혁 및 국가건설에 필요한 세 가지 경륜을 제시

『건국론』 표지

하였다. 그 내용은 먼저 모든 사람들에게 우주의 진리를 깨닫게 하는 '도치(道治)'의 길이며, 다음은 지도자가 솔선하여 바른 일을 행하는 모범을 보여 대중을 덕화하는 '덕치(德治)'의 길이며, 마지막으로는 법의 위엄과 정의(正義)에 의해 다스리는 '정치(政治)'의 길로써 이들을 함께 실행하지 않으면 안 된다고 하는 내용이었다.

그와 동시에 송정산은 민중의 긴급 과제를 해결하기 위해 전(全) 교단적인 역량을 모아 건국에 필요한 3대 사업을 추진하였다. 첫째가 전재동포(戰災同胞) 구호사업이었다. 송정산은 서울, 이리(익

산), 전주, 부산 등에 임시구호소를 설립하여 일본과 만주, 중국 등
지로부터 철수해 오는 한국인을 구호하는 한편, 전쟁고아를 수용
하여 양육하도록 하였다. 두 번째는 한글보급운동이었다. 이를 위
해서 송정산은 먼저 전국의 교역자를 소집하여 한글교육을 실시하
고 나서 그들을 각 지방에 순회시켜 한글보급, 문맹퇴치(文盲退治)
운동을 전개하도록 하였다. 세 번째는 교육 사업으로써 장래세대
의 인재를 육성하기 위해 교육이념으로써 사회정화와 봉공정신을
내걸고 유일학림(唯一學林, 뒤에 원광대학교로 승격)을 설립하여
중등부와 고등부를 설치하였으며, 중고일관(中高一貫)의 여자학교
인 원광여자중고교를 설립하였다. 또 동산선원(東山禪院)과 중앙선
원(中央禪院)을 창설하여 후진양성에도 진력했다.

송정산은 1953년부터 스승 소태산의 언행록(言行錄)인 『대종경
(大宗經)』의 편수 발간을 개시했지만(1962년 완료), 그것이 완결되
기 전인 1962년 1월 22일(24일의 誤記 – 번역자 주), 문명의 진전에
대응한 이상세계에 대한 전망과 스승이 제시한 일원상의 진리에
대한 자각에 바탕하여 전 인류가 밝아가야 할 세 가지 대동화합(大
同和合)의 길로써 '삼동윤리(三同倫理)'를 설법한 뒤에 입적하였다.

5. 송정산의 삼동윤리

19세기부터 20세기 전반에 걸친 한국 사회에서는 자국, 자민족
의 자주독립과 일본을 비롯한 열강의 군사적, 경제적 압력, 전통과
근대, 유교 불교 도교 및 동학 등의 전통 종교와 서양 그리스도교,
한국 토착문화와 일본문화 서양문화, 그러한 것들이 서로 갈등하
면서 경쟁하고 있었다. 그런 시대를 산 송정산의 스승 소태산 박

중빈은 이 물질상극에 동반한 인간성 상실, 타자에 대한 원망(怨望), 공익의 도외시 등 마음병과 불신 탐욕 나태 우치라는 악연이 일어나고 있는 현실을 직시하고, "물질이 개벽되니 정신을 개벽하자"라는 슬로건을 내걸고 생활불교를 제창하였다.

그리고 소태산은 상생(相生)의 낙원세계는 인류의 정신세력을 양성하고, 현실생활에서 물질을 선용하며, 생활을 개선하는 데에 있다고 설파했다. 물질은 올바른 정신에 의해 선용되거나 활용되지 않으면 안 된다, 그러기 위해서는 물질상극을 치유할 필요가 있다고 주창하고, 의식주생활에서 본연의 정신을 실천하는 것이 정신적으로 개벽된 생활이라고 호소했다. 송정산은 스승 소태산이 깨달아 제시한 '일원상의 진리'를 표본으로 하면서 그의 사상을 발전시켜 삼동윤리(三同倫理)에서 보은상생(報恩相生)에 이르는 상생 사상을 강조하였다. 삼동윤리란 (1) 동원도리(同源道理), (2) 동기연계(同氣連契), (3) 동척사업(同拓事業)을 말한다.(사진-3 참조)

정산 종사 삼동윤리

同源道理
同氣連契
同拓事業

글씨: 강암 송성용

정산 종사 게송

한 울안 한 이치에
한 집안 한 권속이
한 일터 한 일꾼으로
일원 세계 건설하자

글씨: 이상 박정훈

▣ 참고문헌

송 규, 「불법연구회창건사」, 『회보』 37-49호, 불법연구회, 1937.8~1938.11

_____, 『건국론』, 프린트본, 1945.

_____, 『정산종사법어』, 원불교출판사, 1972.

박정훈 편, 『정산종사 법문과 일화: 한 울안 한 이치에』(증보판), 원불교출판
사, 1987.

김낙필, 「정산종사의 생애와 사상」, 『원불교칠십년정신사』, 원불교출판사, 1989.

박맹수, 「영광지부 임원회록 해제」, 『논문집』 2, 원불교영산대학, 1994.

백낙청, 「통일사상으로서의 건국론」, 『정산종사 탄생백주년기념 한국원불교학
회 '97추계학술대회 자료집』, 1997.

양은용, 「구산 송인기의 천황모독사건과 일제말기 원불교의 수난」, 『한국종교
사연구』 7, 1999.

박맹수, 「정산 송규 일가의 '민족운동'과 그 성격」, 『독립기념관 한국독립운동
사연구소 제315회 월례발표회 자료집』, 2015.

후 기

　　조선사회연구회는 성고(省皐) 이성무(李成茂) 교수님을 중심으로
결성된 학문공동체이다. 처음 모임을 가진 이래 어느덧 사반세기
가 지났다. 그 동안 우리는 매년 겨울과 여름에 1회씩 한 번도 빠
지지 않고 세미나를 가져왔다. 이 모임은 회원들이 한 학기 동안
연구한 결과물들을 발표하고 토론하는 자리였다. 이 세미나는 회
원들을 단련시키고 격려하는 용광로가 되었으며, 즐거운 친목 모
임이 되기도 하였다. 우리 회원들의 즐거운 추억은 대부분 이 세
미나에서 이루어졌다. 어느 해의 저녁 모임에서는 전원이 만취하
여 쓰러진 일도 있었다.

　　이성무 교수님은 만년에 인물사(人物史) 연구에 주력하셨고, 많
은 책과 논문을 저술하셨다. 특히 우리 역사 속에서 위인들을 찾
고 선양하는 일에 주력하셨는데, 이는 인성 함양을 중시하는 우리
인문학의 전통을 계승하는 일이기도 하였다. 선생님은 늘 우리 회
원들에게 인물사의 중요성을 말씀하셨고, 우리도 기꺼이 선생님의
가르침을 따랐다. 그래서 많은 회원들이 인물사 연구에 몰두하였
고, 많은 저술을 남길 수 있었다. 이 책은 그 결과물을 요약하여
정리한 것이라고 할 수 있었다.

　　이 책은 조선시대의 인물들에 대한 이야기를 모은 것이다. 우리
는 인물들을 선정할 때 특정한 주제에 한정하지 않고 연구자들의
취향에 따라 비교적 다양하게 고르도록 하였다. 그래서 26명이나

되는 많은 인물들을 수록하게 되었다. 이들 중에는 퇴계 이황, 오리 이원익, 미수 허목, 홍의장군 곽재우와 같이 저명한 위인들도 포함되어 있지만, 대부분의 인물은 일반인들에게 생소한 분들이다. 이분들 중에는 신분이 왕족인 분들도 있고 미천한 노비 출신도 있지만, 모두가 한 분야에서 특출한 재능을 발휘하여 일가를 이루었던 분들이다. 그 중에는 극심한 가난과 고통 속에서도 스스로 단련하여 위인의 경지에 이른 분들도 있었다. 이 책의 의도가 인물들의 도덕성에 있었던 것은 아니었지만, 회원들이 집필한 분들은 대부분 누구나 흠모할 만한 분들이 되고 말았다. 이를 두고 '도모하지 않아도 저절로 뜻이 합친다'고 하는 것이다.

성고 선생님은 최근에 조선시대 정승들의 인품과 업적에 대하여 깊이 연구하시고 그 중에서 특별히 모범적인 관료 두 분을 소개해 주셨다. 우리 회원들이 집중적인 관심을 가졌던 분들은 조선시대의 성리학자 9분과 실학자 2분이다. 그 중에서 특히 여성 성리학자 3분이 포함된 것은 주목할 만한 것이다. 왕실 인물 5명이 포함된 것도 이 책의 특색이며 그 밖에 독특한 활동을 보였던 의병, 무관, 역관들과 근대의 선각자 4분도 포함되어 있다. 이분들의 이야기는 우리가 진심으로 일반인들에게 전해드리고 싶었던 것이다.

이 책은 우리의 작은 결실을 사회에 돌려드리고자 엮은 것이다. 우리 역사 속에 묻혀있던 위인들의 이야기가 모두의 가슴 속에 하나의 섬광이 되고, 삶의 지침이 되기를 소망해 본다. 특별히 국사를 공부하려는 분들에게는 이 책이 조그만 자극제가 되기를 기대한다.

2016. 1
조선사회연구회 회장 **이 영 춘**

조선인물 이렇게 본다

초판 인쇄 | 2016년 2월 17일
초판 발행 | 2016년 2월 25일

저   자 | 조선사회연구회
발 행 인 | 한정희
발 행 처 | 경인문화사
등록번호 | 제10-18호(1973년 11월 8일)
주   소 | 파주시 회동길 445-1 경인빌딩 B동 4층
전   화 | 031-955-9301
팩   스 | 031-955-9310
홈페이지 | http://kyungin.mkstudy.com
이 메 일 | kyunginp@chol.com

ISBN   978-89-499-1185-4 93910
값 29,000원